Teologia Pública Reformada

Teologia Pública Reformada

...

Uma visão abrangente para a vida

Matthew Kaemingk

ORGANIZADOR

Thomas Nelson
BRASIL

Título original: *Reformed public theology: a global vision for life in the world.*
Copyright © 2021, de Matthew Kaemingk.

Edição original por Baker Academic, uma divisão do Baker Publishing Group. Todos os direitos reservados.

Copyright de tradução © 2023, de Vida Melhor Editora LTDA.

Os pontos de vista desta obra são de responsabilidade de seus autores e colaboradores diretos, não refletindo necessariamente a posição da Thomas Nelson Brasil, da HarperCollins Christian Publishing ou de sua equipe editorial.

PUBLISHER	*Samuel Coto*
EDITOR	*Guilherme H. Lorenzetti*
ESTAGIÁRIA EDITORIAL	*Giovanna Staggemeier*
TRADUÇÃO	*Leandro Bachega e Marisa Lopes*
PREPARAÇÃO	*Pedro Marchi e Renata Litz*
REVISÃO	*Guilherme Cordeiro e Rosa M. Ferreira*
CAPA	*Rafael Brum*
DIAGRAMAÇÃO	*Luciana di Iorio*

Dados Internacionais de Catalogação na Publicação (CIP)
(BENITEZ Catalogação Ass. Editorial, MS, Brasil)

T411	Teologia pública reformada : uma visão abrangente
1.ed.	para a vida / tradução Marisa Lopes, Leandro Bachega ; [organizador Matthew Kaemingk] – 1.ed. – São Paulo : Thomas Nelson Brasil, 2023. 432 p.; 15,5 x 23 cm.
	Título original: Reformed public theology: a global vision for life in the world. Bibliografia. ISBN : 978-65-56895-82-6
	1. Igreja reformada – Doutrinas. 2. Sociologia cristã – Igreja reformada. 3. Teologia pública. I. Lopes, Marisa. II. Bachega, Leandro. III. Kaemingk, Matthew.
01-2023/63	CDD 261.088

Índice para catálogo sistemático:
1. Igreja reformada : Teologia pública 261.088
Bibliotecária: Aline Graziele Benitez CRB-1/3129

Thomas Nelson Brasil é uma marca licenciada à Vida Melhor Editora LTDA.

Todos os direitos reservados à Vida Melhor Editora LTDA.
Rua da Quitanda, 86, sala 218 — Centro
Rio de Janeiro — RJ — CEP 20091-005
Tel.: (21) 3175-1030
www.thomasnelson.com.br

SUMÁRIO

Dedicatória, 9
  Richard Mouw, Political evangelism
Introdução: rumo a uma teologia pública reformada, 17
  Matthew Kaemingk

Primeira parte: Cultura pública

IMIGRAÇÃO

1 Imigrantes, refugiados e solicitantes de refúgio: a origem
  migratória da teologia pública reformada, 45
  Rúben Rosario Rodríguez

LÍNGUA

2 Que toda língua confesse: diversidade linguística e teologia pública
  reformada, 62
  James Eglinton

DESCOLONIZAÇÃO

3 Descolonização da África e teologia reformada, 79
  Nico Vorster

EUTANÁSIA

4 Os holandeses e a morte: observações pastorais e reflexões
  teológicas, 98
  Margriet van der Kooi e Cornelis van der Kooi

PLURALISMO

5 Pluralismo religioso na Indonésia: reflexões reformadas, 113
  N. Gray Sutanto

Segunda parte: Mercados públicos

TRABALHO

6 Uma teologia reformada do trabalho em Nova York, 131
Katherine Leary Alsdorf

ECONOMIA

7 Economia política no Brasil: uma resposta reformada, 148
Lucas G. Freire

DIREITOS TRABALHISTAS

8 Direitos trabalhistas na China: uma defesa reformada dos
sindicatos, 165
Agnes Chiu

Terceira parte: Justiça pública

IDEOLOGIAS

9 Ideologias políticas modernas: uma alternativa reformada, 183
Bruce Riley Ashford e Dennis Greeson

POPULISMO

10 Política do poder nas Filipinas, 200
Romel Regalado Bagares

ATIVISMO

11 Reflexões de uma ativista reformada, 219
Stephanie Summers

Quarta parte: Estética pública

ARTE

12 Estética japonesa e teologia reformada, 239
Makoto Fujimura

POESIA

13 Poesia e a tradição reformada, 254
James K. A. Smith

MODA

14 Recursos reformados para pensar sobre moda, 269
Robert S. Covolo

CIDADES

15 Ruas de *shalom*, 284
Eric O. Jacobsen

Quinta parte: Academia pública

CAMPUS

16 Participando do campus pluralista, 301
Bethany L. Jenkins

PESQUISA

17 Um entendimento reformado dos estudos acadêmicos, 318
Nicholas Wolterstorff

RAÇA

18 A teoria crítica da raça, a cultura do campus e a tradição
reformada, 333
Jeff Liou

Sexta parte: Culto público

CEIA

19 Um migrante à mesa do Senhor, 353
Alberto La Rosa Rojas

ORAÇÃO

20 Trauma e oração públicos, 370
John D. Witvliet

BATISMO

21 Sexismo, racismo e a prática do batismo na África do Sul, 385
   Nico Koopman

CONFISSÃO

22 Confissão, 400
   Kyle David Bennett

PIEDADE

23 Piedade e vida pública, 415
   Jessica Joustra

DEDICATÓRIA

O evangelho em sua plenitude deve dirigir-se a todas as dimensões da vida humana. A obra expiatória de Cristo oferece libertação para as pessoas em seus empreendimentos culturais, em sua vida familiar, em suas atividades educacionais, em sua busca por realização sexual, em seu desejo de estar bem fisicamente. Também oferece libertação no que concerne à construção de instituições políticas e à elaboração de políticas públicas.

Richard Mouw, *Political evangelism*

O SANTO MUNDANISMO DE RICHARD MOUW

Este livro foi escrito em homenagem a Richard Mouw (1940–), uma das principais vozes do mundo nas áreas de filosofia reformada, ética e teologia pública. Com uma carreira acadêmica de mais de cinquenta anos, Mouw publicou mais de vinte livros e centenas de artigos, e já viajou pelo mundo para falar sobre uma ampla gama de temas públicos, entre eles política, raça, ciência, globalização, diálogo inter-religioso, desarmamento nuclear, pobreza, ética de mercado e educação cristã.

Quando aborda essas questões globais complexas, Richard Mouw tem sempre extraído *insights* e inspiração da tradição reformada. Os hinos e os catecismos, os devocionais e as orações; as obras históricas de filosofia e de teologia da tradição reformada; tudo isso informa a maneira como Mouw aborda a vida pública. Por mais de cinquenta anos, Mouw fez carreira colhendo esses recursos teológicos e os articulando, de maneira criativa e fértil, de modo que eles possam informar o envolvimento do cristão na vida pública.

Embora Richard Mouw ame a teologia reformada, ele a ama com apreciação crítica, não com adoração cega. O chauvinismo calvinista lhe causa arrepios. Mouw nomeia, sem titubear, as fraquezas e os pontos cegos da tradição. E repetidamente pede a seus companheiros calvinistas que sejam humildes, ouçam seus críticos e aprendam com outras tradições, outras religiões e outras culturas. Depois de ouvir com genuína curiosidade e vulnerabilidade, Mouw apela à tradição que confesse publicamente, levante-se e reforme-se uma vez mais.[1]

Para Mouw, a teologia pública reformada jamais pode ser um exercício intelectual abstrato. Pelo contrário, ela deve tratar cuidadosamente da profunda complexidade, da beleza e do quebrantamento que é *a vida neste mundo*. Assim, a obra de Mouw deve ser entendida como uma busca constante por um "santo mundanismo", como ele mesmo diz, uma maneira santa de estar no mundo. Desejando transitar com fidelidade pelas complexas avenidas e artérias da vida pública, os escritos de Mouw são permeados por essa busca por um santo mundanismo.[2]

A BUSCA PELO SANTO MUNDANISMO

Richard Mouw atingiu a maioridade na década de 1960, e sua teologia pública se desenvolveu em meio à tempestade que era a vida pública americana na era revolucionária. Como estudante do doutorado em filosofia na Universidade de Chicago e igualmente um cristão evangélico e um ativista apaixonado, Mouw estava particularmente engajado com

---

[1] O tríplice padrão de apreciação, crítica e *aggiornamento* (atualização) adotado por Mouw, dentro da tradição reformada, pode ser encontrado por toda a sua obra. Uma amostra disso inclui *Talking with mormons: an invitation to evangelicals* (Grand Rapids: Eerdmans, 2012); "Reflections on my encounter with the Anabaptist-Methodist tradition", *Mennonite Quarterly Review 74*, n. 4 (2000): 571-6; "Calvinists and Catholic renewal", *Reformed Journal 25*, n. 2 (1975): p. 6-7; "State Theology", in: *The Kairos covenant: standing with South African Christians*, Willis W. Logan, org. (New York: Friendship Press, 1988), p. 50-8; "A kinder, gentler Calvinism", *Reformed Journal 40* (outubro de 1990): p. 11-3; "It's time for Charismatic Calvinism", *The Banner 133*, n. 11 (25 de maio de 1998): p. 18-9; *The challenges of cultural discipleship: essays in the line of Abraham Kuyper* (Grand Rapids: Eerdmans, 2011) e *Abraham Kuyper: A short and personal introduction* (Grand Rapids: Eerdmans, 2011).

[2] Podemos captar melhor essa busca de Mouw pelos títulos que ele escolheu para três livros que escreveu para os leigos: *Called to holy worldliness* (Philadelphia: Fortress, 1980); *Calvinism in the Las Vegas Airport: making connections in today's world* (Grand Rapids: Zondervan, 2004); e *Praying at Burger King* (Grand Rapids: Eerdmans, 2007).

Dedicatória

questões como pobreza, racismo e direitos civis. Ele era um membro ativo do movimento antiguerra e do SNCC (sigla em inglês que designa o Comitê de Coordenação Estudantil Não Violenta). Em todas essas frentes, Mouw era alimentado por um amor profundo e piedoso por Cristo e um desejo ardente de ver a justiça de Cristo manifestar-se na vida pública. Ele estudava a filosofia política de Kant, Locke e Rousseau durante a semana e depois dividia seus fins de semana entre a manifestação nas ruas e o culto no santuário. Desde tenra idade, Mouw estava convencido de que poderia, e de fato *deveria*, cantar canções de louvor e canções de protesto. O reino de Deus tinha de ser proclamado não apenas na igreja, mas também na cidade. Desde muito jovem, esses três chamados à reflexão filosófica, à ação política e à devoção espiritual estavam em constante ebulição na mente e no coração de Mouw, de maneira incômoda, mas profundamente produtiva.[3] Mais tarde, na primeira página de seu primeiro livro, Mouw escreve: "Meu treinamento dentro do ambiente do cristianismo 'evangélico-conservador' não me forneceu um arcabouço teológico adequado para lidar com preocupações sobre justiça social, racismo e militarismo, que tão grande espaço tiveram nos anos em que passei fazendo pós-graduação em universidades seculares. No entanto, pareceu-me, na época, [...] que tais preocupações deveriam ser integradas à preocupação mais ampla por uma teologia sã e um testemunho fiel".[4]

Inconformado com o imaginário público tanto da direita quanto da esquerda cristãs, o jovem Mouw por fim encontrou morada na teologia pública reformada. Daí Mouw ter passado sua carreira desenvolvendo e incorporando o que poderíamos chamar de "terceira via" para os cristãos americanos se envolverem na vida pública. Essa terceira via vem à tona no uso um tanto brincalhão que Mouw faz de expressões paradoxais como "santo mundanismo", "evangelismo

---

[3] Para uma visão de sua luta com essa interseção entre o culto cristão e a vida pública, veja Richard J. Mouw, "Baptismal politics", *Reformed Journal 28*, n. 7 (1978): p. 2-3.

[4] Richard J. Mouw, *Political evangelism* (Grand Rapids: Eerdmans, 1973).

político", "civilidade convicta", "pluralismo de princípios", "política batismal" e "graça comum". Em cada uma dessas expressões, Mouw convida seus leitores a questionarem seus próprios paradigmas mais estreitos ou ideologicamente vinculados, a fim de refletir sobre as conexões entre fé e vida pública. E se o "evangelismo" for tanto espiritual quanto material? E se o batismo for tanto pessoal quanto político? E se os cristãos forem chamados a ser uma força pública de convicções *e* civilidade, de princípios *e* pluralismo? E se a graça de Deus se manifestar de maneira única na cruz de Jesus Cristo e, ainda assim, também virmos a bondade de Deus se manifestando misteriosamente em nossos vizinhos muçulmanos? Ao escrever para uma audiência estadunidense dominada por ideologias míopes desprovidas de humildade, criatividade ou imaginação, o questionamento bem-humorado e a curiosidade vulnerável de Mouw modelam consistentemente um imaginário teológico público que atrai um diálogo criativo, em vez de um monólogo professoral. O diálogo não se fecha: ele se abre.

Após terminar seus estudos de doutorado na Universidade de Chicago, Richard Mouw mudou-se para Michigan, no verão de 1968, para trabalhar como professor de filosofia cristã no Calvin College. Enquanto esteve lá, ele e sua esposa, Phyllis, ajudaram a estabelecer uma comunidade cristã intencional no coração de um dos bairros mais pobres de Grand Rapids. Na época, Worden Street era um bairro majoritariamente de negros que havia sido duramente atingido por forças econômicas e segregadoras dentro da cidade. Moradores brancos (muitos deles reformados) fugiram desse bairro em busca do conforto e da segurança de bairros mais afastados nos subúrbios. Richard e Phyllis, junto com seu filho ainda pequeno, Dirk, juntaram-se a várias outras famílias cristãs para reinvestir no bairro. Essas famílias compraram algumas casas em Worden Street e fundaram o que chamavam de "a Comunidade". O propósito quádruplo da "Comunidade" veio a encarnar muito da teologia pública sobre a qual Richard Mouw escreveu nos cinquenta anos seguintes. Primeiro, eles se reuniam regularmente para fazer refeições,

Dedicatória

orar, adorar e estudar as Escrituras. Em segundo lugar, eles acolhiam e orientavam jovens estudantes do Calvin. Terceiro, eles viviam lado a lado, aprendiam, serviam e investiam nos vizinhos e na vizinhança circundante. Quarto, eles apoiavam a escola cristã local do bairro e seus esforços para servir às crianças do bairro com educação cristã de alta qualidade. Aqui na "Comunidade", vemos uma combinação sem igual de educação e ação, de piedade e comunidade, de amizade e mentoria, como se mostra na vida e na carreira de Richard Mouw.[5]

Em 1985, depois de dezessete anos servindo no Calvin College (hoje, Calvin University), Mouw e sua família deixaram Worden Street e se mudaram para a Califórnia, onde Richard serviu como professor de ética e filosofia cristã no Fuller Theological Seminary. Lá, o potencial de Mouw para a liderança institucional desenvolveu-se rapidamente, quando foi nomeado para os cargos de reitor, em 1989, e de presidente, em 1993. Durante seu mandato como presidente, Mouw tornou-se um líder nacionalmente reconhecido nas áreas de educação teológica e administração. Por muitos anos ele serviu como uma voz de importância crítica dentro da Associação de Escolas Teológicas dos Estados Unidos e Canadá. Mais tarde, ele foi nomeado vice-presidente da associação.

Como líder de um dos maiores seminários no âmbito do evangelicalismo americano, Mouw serviu regularmente como uma voz pública para o movimento e um parceiro de importância crítica no diálogo com as comunidades católica, judaica, mórmon e muçulmana dos Estados Unidos. Viajando, dando palestras e pregando ao redor do mundo em nome do Fuller, Mouw investiu uma quantidade significativa de tempo na construção de relacionamentos institucionais com comunidades cristãs na China, Coreia do Sul, Coreia do Norte, Japão e Holanda. Essas experiências internacionais e esses diálogos

---

[5] Veja Jeff Bouman, Don DeGraaf, Mark Mulder, et al., "Connecting the mind, heart, and hands through intentional community at Calvin College", *Journal of College and Character 6* (2005): 5.

inter-religiosos moldaram e informaram seus escritos posteriores das mais variadas maneiras.

Após se aposentar da presidência, em 2013, Mouw investiu grande parte do seu tempo orientando estudantes de doutorado. A pesquisa desses estudantes colocava a teologia reformada em um diálogo criativo com uma ampla gama de questões públicas, tais como política e literatura, imigração e trabalho, racismo e Islã, moda e videogames.[6] Vários desses pesquisadores contribuíram com importantes ensaios para este volume.

Quem é Richard Mouw como professor? Como um de seus alunos de doutorado, tenho três breves comentários a fazer. Primeiro, Mouw trata as reuniões individuais com seus alunos com uma ansiosa expectativa — como se essas discussões fossem uma oportunidade pessoal

---

[6] Mouw supervisionou diretamente ou contribuiu para as seguintes dissertações de 2013 a 2020: Justin Ariel Bailey, "The Apologetics of Hope: Imagination and Witness in the Age of Authenticity with Special Consideration of the Work of George MacDonald and Marilynne Robinson" (Fuller Seminary, 2017); Kyle David Bennett, "Involved Withdrawal: A Phenomenology of Fasting" (Fuller Seminary, 2013); Agnes Chiu, "Common Grace and Common Good for China: An Exposition of Abraham Kuyper and Leo XIII on Labor Struggles in Twenty-First Century China" (Fuller Seminary, 2017); Clay Cooke, "World-Formative Rest: Cultural Discipleship in a Secular Age" (Vrije Universiteit and Fuller Seminary, 2015); Robert Covolo, "What Has Paris to Do with Jerusalem? New Horizons in Theology and Fashion" (Fuller Seminary, 2016); Bradley Hickey, "A Neo-Calvinist Theology of Video Games" (Fuller Seminary, forthcoming); Brant M. Himes, "For a Better Worldliness: The Theological Discipleship of Abraham Kuyper and Dietrich Bonhoeffer" (Fuller Seminary and Vrije Universiteit, 2015); Eric Jacobsen, "The Role of Ecclesial Thresholds and Practices in Enacting, Engaging, and Transforming the Public Realm" (Fuller Seminary, 2007); Marinus de Jong, "The Church Is the Means, the World Is the End: The Development of Klaas Schilder's Thought on the Relationship between the Church and the World" (Theologische Universiteit Kampen, 2019); Jessica R. Joustra, "Following the Way of Jesus: Herman Bavinck and John Howard Yoder in Dialogue on the Imitation of Christ" (Fuller Seminary, 2019); Matthew Kaemingk, "Mecca and Amsterdam: Christian Ethics between Islam and Liberalism" (Vrije Universiteit and Fuller Seminary, 2013); Alexander E. Massad, "Witnessing God: Missiology through Neo-Calvinism, Reformism, and Comparative Theology" (Fuller Seminary, 2020); Louise Prideaux, "Approaching the Complex, Cultural Other: Towards a Renewal of Christian Cultural Engagement in the Reformed Tradition" (University of Exeter, 2020); Cory B. Willson, "Shaping the Lenses on Everyday Work: A Neo-Calvinist Understanding of the Poetics of Work and Human Flourishing" (Vrije Universiteit and Fuller Seminary, 2015 e 2016).

Dedicatória

para ele aprender algo *conosco*. Ele reage ao nosso trabalho não com monólogos ou soluções prontas, mas com novas perguntas e novas tensões com as quais ele próprio tem se debatido há anos. As reuniões são sua oportunidade de nos convidar para esse embate. Em segundo lugar, Mouw é alguém que luta por seus alunos. Ele está sempre procurando criar espaços, oportunidades e conexões para que seus alunos se desenvolvam e cresçam. Não é incomum ouvir um relato de segunda mão de alguma conferência distante dizendo que Richard Mouw teceu elogios a um de seus alunos. Com seu altruísmo pessoal, Mouw conseguiu cultivar uma comunidade acadêmica na qual os alunos de doutorado servem, apoiam e encorajam uns aos outros (imagine só!). Terceiro e último, a razão pela qual tantos estudantes de doutorado vieram estudar com Richard Mouw é bastante simples. Suspeitávamos que ele pudesse ser contagioso. Perguntávamos a nós mesmos: "Se ficarmos com ele por tempo suficiente, será que conseguiremos assimilar um pouco de seu caráter?"

Em 2020, após trinta e cinco anos no Seminário Fuller, Mouw se aposentou e voltou para a Calvin University, onde atua como pesquisador sênior no Paul B. Henry Institute para o Estudo do Cristianismo e da Política. Lá, como pesquisador, Mouw volta ao seu primeiro amor: a interseção entre filosofia política e teologia reformada. Neste momento da vida pública americana, as forças políticas do populismo e do nacionalismo formam um turbilhão. Sempre receptivo aos tempos, Mouw está desenvolvendo uma teologia reformada do patriotismo. Esperamos, com grande expectativa, por sua terceira via.

A busca continua

Os tópicos abordados neste livro honram a vida e o legado de Richard Mouw, mas não repetindo sua obra, e sim seguindo com essa busca por um santo mundanismo. Os colaboradores são oriundos de diversas culturas, origens e áreas de estudo. Entramos pelas portas que Richard Mouw e inúmeras outras vozes reformadas abriram para nós. Estamos em dívida com ele e com todos os demais. Honramos suas vozes, não as idolatrando, mas dando continuidade ao seu legado de explorar os contornos desse santo mundanismo para um novo tempo.

> Servimos a um Deus que se preocupa com as profundidades — e com as larguras e as alturas — da realidade que ele criou: "Do Senhor é a terra e a sua plenitude, o mundo e todos os que nele habitam" (Salmos 24:1). Nós, acadêmicos, estudamos vários aspectos deste mundo, mas devemos fazê-lo com a consciência de que aquilo em que focamos com certeza faz parte da plenitude de uma realidade criada, a qual também somos chamados a amar. [...] O mundo precisa desesperadamente de pessoas que amem a realidade criada.[7]

---

[7] Richard J. Mouw, *Called to the life of the mind: some advice for evangelical scholars* (Grand Rapids: Eerdmans, 2014), p. 56.

INTRODUÇÃO:
rumo a uma teologia pública reformada

Matthew Kaemingk

Os cristãos enfrentam uma série complexa de questões públicas no mundo de hoje. À medida que transitam pelas arenas dinâmicas da política e da saúde, da mídia e do mercado, da raça e da cultura, esses mesmos cristãos muitas vezes buscam textos bíblicos e temas teológicos que possam dar sentido às suas vidas no espaço público. Nadando em meio às ondas da globalização, os cristãos buscam na igreja e nas Escrituras alguma forma de orientação, resposta ou esperança para a vida pública.

O que a teologia reformada tem a dizer, se é que tem alguma coisa a dizer, sobre as complexas questões públicas que os cristãos ao redor do mundo enfrentam todos os dias? O que ela tem a dizer, quando trabalhadores nas minas de carvão são mortos, enquanto trabalhavam em minas chinesas sem segurança? O que ela tem a dizer, quando uma igreja em Jacarta luta para saber como permanecer fiel em uma nação de maioria muçulmana? O que ela tem a dizer, quando estudantes universitários debatem a teoria crítica da raça em um campus universitário de Los Angeles? O que ela tem a dizer, quando um capelão se senta com uma mulher em seu leito de morte, em um hospital holandês, e luta com a questão da eutanásia? O que ela tem a dizer, quando uma comunidade de falantes do gaélico, na Escócia, começa a desaparecer sob a pressão pública de uma maioria de língua inglesa? O que ela tem a dizer, quando uma criança negra é batizada em uma igreja racialmente diversificada na África do Sul do *apartheid*? Ou, o que ela tem a dizer, quando uma guerra contra as drogas assola as Filipinas?

Essas questões não são teóricas. Elas representam apenas alguns dos momentos públicos concretos discutidos nos ensaios que seguem. O que a teologia reformada *tem a dizer* nesses momentos? O que a teologia reformada *tem a aprender* quando se engaja neles?

Este livro explora a interseção entre a teologia reformada e a vida pública. Nele, algumas das principais vozes reformadas de todo o mundo discutem questões e arenas públicas complexas, através das lentes interpretativas da fé reformada. São filósofos e teólogos, artistas e advogados, líderes empresariais e ativistas, capelães e especialistas em ética. Eles abordam essas questões a partir de vários contextos e áreas de estudo, na Ásia e na Europa, na África e nas Américas.

A despeito de suas diferenças, esses autores compartilham um desejo reformado comum de glorificar a Deus, não apenas na privacidade da própria casa ou igreja, mas também em praça pública. Cada um deles encontrou, dentro da tradição reformada, um recurso teológico interpretativo que os habilita a transitar em mundos complexos como a medicina e o mercado, a arte e a moda, a política e a poesia. Esses autores ocasionalmente apontam falhas da tradição reformada, pontos cegos e áreas em que ela precisa de julgamento e confissão, correção e crescimento. No entanto, dentro da tradição, eles também encontraram um poço teológico profundo do qual continuam a extrair água.

Nesta introdução, concentro-me em três coisas. Primeiro, apresento brevemente a "teologia pública" como uma disciplina global e ecumênica emergente. Em segundo lugar, proponho alguns marcos de uma abordagem distintamente *reformada* para se engajar na teologia pública. E, terceiro, encerro com algumas notas editoriais sobre como ler este livro.

TEOLOGIA PÚBLICA: UMA DISCIPLINA GLOBAL E ECUMÊNICA

> Precisamos, em suma, não apenas defender o caráter público da teologia, mas desenvolvê-lo.
>
> —**Linell Cady,** "A model for public theology"

Introdução

Embora a disciplina internacional e ecumênica formalmente conhecida como "teologia pública" tenha surgido apenas no final do século 20, os debates sobre fé e vida pública são tão antigos quanto o próprio cristianismo. Podemos testemunhar sementes da teologia pública nos debates dos primeiros cristãos sobre violência, sexualidade e política do Império Romano. Podemos vê-la nas antigas respostas cristãs a órfãos, enfermos e pobres, a impostos e perseguições, a filosofia pagã e a magia. Podemos ver gotas da teologia pública escorrendo das bem-aventuranças de Cristo e de suas interações com cobradores de impostos, soldados, mercadores, autoridades e mulheres. Podemos vê-la nas lamentações dos profetas contra as injustiças nos mercados, nos campos e nos tribunais de Israel. Podemos traçar seu desenvolvimento nas vidas de Ester, Daniel e José, enquanto eles transitavam por palácios estrangeiros na Pérsia, na Babilônia e no Egito.

Yahweh se apresenta pela primeira vez ao povo de Israel como aquele que salva, não em uma abstração espiritual, mas calcado na realidade pública concreta da economia escravagista egípcia. Assim, *Yahweh* é revelado a Israel como uma divindade peculiar que se dedica à sua plena libertação — uma libertação política e econômica, cultural e espiritual. Sob o reinado público de *Yahweh*, Israel recebe a ordem de "andar nos caminhos do Senhor", em todas as áreas de suas vidas (cf. Dt 30:16, NRSV). Na agricultura e no comércio, na sexualidade e na saúde, na política e na oração: todos os aspectos da vida pública de Israel devem exibir santa integridade.

Hoje, a disciplina acadêmica contemporânea conhecida como "teologia pública" ainda é jovem, encontra-se em desenvolvimento e é contestada. Sua definição e metodologia precisas são objetos de considerável debate. Fundada em 2007, a *Global Network for Public Theology* é composta por estudiosos vindos de uma ampla diversidade de contextos culturais, políticos e teológicos.[1] O *International Journal for Public Theology* publica regularmente uma ampla gama de luteranos

---

[1] Elaine Graham, *Between a rock and a hard place: public theology in a post-secular age* (London: SCM, 2013), p. 75.

europeus, anglicanos africanos, batistas norte-americanos, adeptos da teologia da libertação da América Latina, congregacionais da Oceania e muitos outros mais. Emergindo de contextos tão diversos, esses estudiosos nutrem uma ampla variedade de preocupações públicas e pontos de ênfase teológica, como era de se esperar. Dada a profunda contestação dentro desse campo, pode até ser melhor falarmos em teologias públicas, no plural.

Embora a diversidade global desse campo seja profunda, alguns padrões comuns estão começando a surgir na literatura. Abaixo, resumi nove "marcas" da teologia pública. Cada uma delas é questão de considerável debate e contestação. Dito isso, sua prevalência dentro desse campo é inegável. Estou me baseando intensamente no trabalho basilar de vários teólogos públicos importantes, entre eles Elaine Graham, Nico Koopman, Heinrich Bedford-Strom, Dirk Smit, Katie Day e Sebastian Kim.[2] Os leitores que buscam uma análise mais

---

[2] Para um pano de fundo sobre o desenvolvimento histórico e metodológico da teologia pública, veja Sebastian Kim e Katie Day (orgs.), *A companion to public theology* (Leiden: Brill, 2017); Sebastian Kim, *Theology in the public sphere: public theology as a catalyst for open debate* (London: SCM, 2011); Dirk J. Smit, "The paradigm of public theology: origins and development", in: *Contextuality and intercontextuality in public theology*, Heinrich Bedford-Strohm, Florian Hohne e Tobias Reitmeier (orgs.) (Berlin: Lit, 2013), p. 11-23; William F. Storrar e Andrew R. Morton (orgs.), *Public theology for the 21st century* (London: T&T Clark, 2004); Deirdre King Hainsworth e Scott R. Paeth (orgs.), *Public theology for a global society: essays in honor of Max L. Stackhouse* (Grand Rapids: Eerdmans, 2010); Heinrich Bedford-Strohm, *Position beziehen: Perspektiven einer offentliche Theologie* (Munich: Claudius, 2012); Graham, *Between a rock and a hard place*.

Alguns dos primeiros desenvolvimentos da expressão "teologia pública" podem ser encontrados em Martin Marty, "Reinhold Niebuhr: public theology and the American experience", *Journal of Religion* 54, n. 4 (October 1974): p. 332-59; Marty, *Public church: Mainline–Evangelical–Catholic* (New York: Crossroad, 1981); David Tracy, "Defending the public character of theology", *Christian century* (April 1, 1981), p. 352; Tracy, *The analogical imagination: Christian theology and the culture of pluralism* (New York: Crossroads, 1981); Max Stackhouse, "An ecumenist's plea for a public theology", *This World* 8 (1984): p. 47–79; Robert N. Bellah, "Public philosophy and public theology in America today", in: *Civil religion and political theology*, org. Leroy S. Rouner (Notre Dame: Notre Dame University Press, 1986), p. 79–97; Linell E. Cady, "A model for a public theology", *Harvard theological review* 80, n. 2 (1987): p. 193-212.

Alguns dos primeiros livros sobre teologia pública são Max L. Stackhouse, *Public theology and political economy: Christian stewardship in modern society* (Grand Rapids: Eerdmans,

Introdução

abrangente do desenvolvimento do campo da teologia pública devem consultar as obras desses teólogos.[3]

1. *Escritura e teologia como algo público.* Os teólogos públicos sustentam que tanto a Escritura quanto a teologia carregam em si valor, autoridade e consequências públicos. Portanto, o campo da teologia pública explora as implicações e o impacto de mandamentos e narrativas bíblicas, de metáforas e temas teológicos para a vida pública. Embora os métodos precisos usados para interpretação e aplicação textuais sejam questões de debate significativo, a natureza pública das Escrituras e da teologia não é. Nesse aspecto, a teologia pública desafia diretamente a pressão ocidental moderna de relegar a fé a uma esfera privada de valores e espiritualidade pessoais.[4] Diante disso, a verdadeira teologia pública deve emergir de um encontro profundo e transformador com fontes bíblicas e teológicas. Se os teólogos públicos de qualquer época se desvincularem dessas fontes, seu trabalho deixa de ser a teologia pública propriamente dita e se torna outra coisa qualquer.

Por fim, o fluxo interpretativo da teologia pública não segue em uma única direção, da reflexão bíblica para a aplicação pública. Esse campo também está profundamente interessado nas maneiras pelas quais nossas vidas públicas informam nossas leituras das Escrituras e da teologia. Os leitores não abordam esses textos em um vácuo pessoal ou espiritual. Suas leituras de Deus (e da missão de Deus no mundo) são impactadas pelas formas como esses leitores vivem a vida pública. Nesse ponto, os teólogos públicos têm o cuidado de lembrar aos

---

1991); e Ronald F. Thiemann, *Constructing a public theology: the church in a pluralistic culture* (Louisville: Westminster John Knox, 1991).

[3] "Pelo modo que o projeto de teologia pública se desenvolveu, não há um *corpus* único e identificável de ortodoxia que tenha sido produzido, mas algumas 'marcas' foram geralmente reconhecidas como essenciais para o processo de uma teologia pública construtiva. Embora os estudiosos possam variar no peso que lhes atribuem, há um consenso emergente a respeito dos indicadores que distinguem [...] uma teologia pública como tal". Katie Day e Sebastian Kim, "Introdução", em Kim e Day, *Companion to public theology*, p. 10.

[4] Kathryn Tanner, "Public theology and the character of public debate", *Annual of the Society of Christian Ethics* 16 (1996): p. 79.

cristãos que os limites perceptíveis entre texto e contexto, entre a igreja e o mundo, são todos profundamente porosos.

2. *Ouvir o público.* A teologia pública assume que pode e *deve* ouvir o mundo ao seu redor. Consequentemente, assume uma postura de curiosidade e abertura para o mundo e suas muitas vozes. Essa postura pode ser testemunhada no caráter profundamente interdisciplinar desse campo. Nele, teólogos públicos mergulham em outros campos de estudo, entre eles teoria política e social, economia, literatura, estudos culturais e assim por diante. Os teólogos públicos também procuram aprender com diferentes culturas, religiões, atividades e inclinações políticas. Um cientista muçulmano no Cairo, um artista ateu em Berlim, um empresário agnóstico em Nova York e um ativista socialista em Mumbai — cada um deles tem percepções importantes para compartilhar. Um bom teólogo público estará pronto e disposto a ouvir.

Por último, muitos teólogos públicos atribuem valor teológico especial no ouvir as vozes daqueles que ocupam as camadas inferiores do poder global. Muito pode ser aprendido sobre a verdadeira natureza dos sistemas e das estruturas sociais dando ouvidos àqueles que veem essas estruturas de baixo. Ao ouvir suas vozes e caminhar ao seu lado, os teólogos públicos esperam captar percepções mais profundas sobre a verdadeira natureza dos principados e potestades do mundo.

3. *Discurso público.* Tendo ouvido atentamente, os teólogos públicos começam a desenvolver suas próprias formas singulares de discurso público. Com o tempo, eles se tornam cada vez mais bilíngues ou até mesmo multilíngues. Neste ponto, desenvolvem pouco a pouco a competência de falar de *ambas* as formas, ou seja, de forma teológica e pública, com diversos interlocutores da igreja e do mundo, da academia e das ruas.

Os teólogos públicos tentam falar — ainda que de modo titubeante — de uma forma que cruze as fronteiras de diversas culturas e disciplinas, religiões e ideologias. Embora suas habilidades multilíngues

Introdução

sejam sempre parciais, imperfeitas e incompletas, os teólogos públicos se esforçam para servir como tradutores e construtores de pontes entre mundos há muito divididos. Quando falam, os teólogos públicos tendem a se engajar em duas formas primárias de discurso: a persuasão pública e a crítica pública.

4. *Persuasão pública.* Os teólogos públicos acreditam ser possível aos cristãos se envolver em diálogos persuasivos que perpassem profundas diferenças culturais e religiosas. Embora divirjam sobre *como* exatamente essas conexões discursivas sejam possíveis, eles acreditam que, pelo poder de Deus, podem fazer seus argumentos teologicamente informados serem entendidos e persuasivos *mesmo* no âmbito de um espaço público religiosamente diversificado.

Alguns teólogos públicos apelam para uma lei natural, uma razão ou uma consciência moral de caráter universal; outros apelam para uma obra divina de providência universal, uma revelação geral, uma graça comum ou simplesmente para o poder do Espírito Santo. Qualquer que seja sua base, os teólogos públicos nutrem certo nível de confiança de que o discurso público teologicamente informado pode de fato se conectar com seus próximos e persuadi-los.

Em suma, embora seus métodos específicos e níveis de otimismo divirjam, os teólogos públicos acreditam que os cristãos têm a responsabilidade de tentar ser persuasivos na vida pública.

5. *Crítica pública.* Alguns teólogos públicos vão além dos limites da persuasão e se envolvem em atos contundentes de crítica pública. Eles se veem como alguém que tem um chamado profético de Deus para dizer a verdade sobre a injustiça, a feiura e a maldade no âmbito público. Para eles, não basta apenas refletir teologicamente sobre os principados e potestades; eles também devem expô-los e enfrentá-los publicamente.[5]

---

[5] "Forrester contrasta duas abordagens à teologia pública, a 'magisterial' e a 'libertadora', sendo que a primeira é mais 'de cima para baixo' e a segunda, mais 'de baixo para cima'. A primeira tende a refletir a perspectiva dos teólogos acostumados a falar com os poderes

Alguns teólogos públicos chegam a criticar o próprio construto da "praça pública" e as próprias regras do "discurso público". Eles apontam que populações marginalizadas estão sendo ativamente excluídas da vida pública: o que se chama de "consenso público" é, na realidade, apenas o consenso dos dominantes. Nesse caso, o construto social de quem conta como "voz pública" e o que conta como "temas públicos" se sujeita ao escrutínio profético desses teólogos.[6]

Embora sua crítica profética seja frequentemente direcionada ao "mundo", também podemos encontrar teólogos públicos criticando as maneiras destrutivas pelas quais a igreja se faz presente na vida pública. Nesse aspecto, os teólogos públicos apontam as múltiplas maneiras pelas quais as comunidades e teologias cristãs têm infligido as mais variadas formas de destruição à vida pública.

6. *Práxis e reflexão*. A melhor teologia pública é a que se desenvolve nas ruas. Ela é performática, encarnada e vivenciada. Os teólogos públicos enfatizam a importância da reflexão teológica concreta e baseada na prática. Como disciplina acadêmica, a teologia pública procura evitar perder-se em abstrações teóricas.[7] Sendo assim, a teologia pública mostra o seu melhor quando se desenvolve *na* comunidade cristã e

---

constituídos, enquanto a segunda tende a refletir a perspectiva dos teólogos próximos aos menos poderosos." Andrew R. Morton, "Duncan Forrester: a public theologian," in: Storrar e Morton, *Public theology for the 21st century*, p. 34.

[6] Veja Stephen Burns e Anita Monroe, orgs., *Public theology and the challenge of feminism* (New York: Routledge, 2014). Veja também Nancy Fraser, "Rethinking the public sphere: a contribution to the critique of actually existing democracy", *Social text* 25/26 (1990): 56-80. Aqui, Fraser critica construtos europeus modernos, como espaço público, sociedade civil e discurso público, que deixam de incluir as vozes marginalizadas: "Esta rede de clubes e associações — filantrópicas, cívicas, profissionais e culturais — era tudo, menos acessível a todos. Pelo contrário, era a arena, o campo de treinamento e, mais tarde, a base de poder de um estrato de homens burgueses que estavam começando a se ver como uma 'classe universal' e se preparando para afirmar sua aptidão para governar" (60).

[7] Dentro da teologia pública "não há uma via de sentido único que vai da reflexão teológica até sua aplicação ao contexto social; em vez disso, há duas vias interativas. A teologia está sendo produzida enquanto é realizada ou expressa na esfera pública. A ação desafia e informa o entendimento teológico e, ao mesmo tempo, a teologia questiona os métodos do ativismo". Day and Kim, "Introduction", p. 18.

na ação pública, bem como por meio de ambas, e em questões, tempos e espaços específicos.

Isso é de importância crítica. Ser discípulo de Jesus é *uma maneira de caminhar* no mundo e pelo mundo. A fé é ativa, encarnada e vivida. O caminho de Jesus não pode ser reduzido a um conjunto de ideias ou dogmas desencarnados. A teologia cristã — do mesmo modo que o povo cristão — não pode pairar acima das lutas. Os cristãos devem realmente andar com Cristo pelas ruas e ruelas de Tóquio e Kinshasa, Seattle e São Paulo. *A teologia pública é uma reflexão ativa nessa caminhada.*

7. *A diversidade de públicos e teologias.* Não há uma única "praça pública" na qual todos os cristãos globais são chamados a se engajar. Há, em vez disso, uma multiplicidade de praças públicas, cada qual com seus respectivos e singulares desafios e oportunidades. Há uma praça pública da arte nova-iorquina, da moda parisiense, da agricultura paquistanesa, das telecomunicações mexicanas, das moradias vietnamitas e da assistência médica egípcia. Obviamente, são públicos diversos que demandam diversas formas de engajamento cristão.

Assim como existem muitos espaços públicos, também existem muitas épocas públicas diferentes. Considere a Berlim dos anos de 1940, 1980 e 2020. Considere as diversas maneiras pelas quais os cristãos podem ter sido chamados a habitar Berlim nessas épocas distintas. É por isso que não é nada útil falar de "praça pública" como se fosse uma coisa única ou estável na qual todos os cristãos são chamados a se engajar.[8] Em vez disso, os teólogos públicos tentam captar as maneiras como tempos e lugares distintos exigiram respostas cristãs distintas.

Para complicar ainda mais as coisas, existem também várias tradições teológicas por meio das quais os cristãos podem interpretar a vida

---

[8] "A dicotomia entre 'público' e 'privado' não é útil para definir a teologia pública. A teologia pública não deve ser entendida como um campo que se interessa apenas por questões públicas, em oposição a questões domésticas ou privadas. O termo 'público' não se refere ao lugar em que se faz teologia, mas à abertura da teologia para que qualquer parte se envolva no debate; tem a ver com um acesso universal e um debate aberto a todos os membros da sociedade." Kim, *Theology in the public sphere*, p. 10.

pública e nela se engajar. Globalmente falando, há uma multiplicidade de formas para se engajar na teologia pública, como, por exemplo, as formas luterana e católica, pentecostal e pós-colonialista, fundamentalista e feminista.

Ao reconhecer essa diversidade um tanto quanto avassaladora, os teólogos públicos muitas vezes procuram fazer duas coisas ao mesmo tempo. Primeiro, buscam focar em sua própria tradição teológica específica e desenvolvê-la em diálogo com seu respectivo contexto público. Em segundo lugar, eles procuram "olhar por cima do muro" e aprender com outras tradições teológicas engajadas em outros contextos.[9]

Uma última observação: quando os teólogos públicos prestam extrema atenção aos seus respectivos contextos e tradições teológicas, sua especificidade e sua particularidade não necessariamente os desconectam do público global mais amplo. De fato, sua especificidade pode na realidade *possibilitar* suas conexões com outras tradições e outros discursos públicos. A obra de Benjamin Valentin no contexto da teologia pública latina é representativa desse fenômeno. Em sua obra, ele demonstra como sua identidade, seu contexto e sua tradição teológica bastante particulares o ajudam a se conectar melhor com questões e comunidades globais mais amplas.[10] Dessa maneira, formas diversas de teologia pública podem ser entendidas como algo que sofreu uma espécie de "glocalização".[11] Assim, os teólogos públicos objetivam estar profundamente enraizados em suas comunidades locais e, ao mesmo tempo, estar familiarizados com outros contextos. Esse fenômeno

---

[9] "Encarar vários públicos significa não estar à vontade com nenhum deles, mas estar sempre distante do lugar ao qual realmente se pertence. Essa experiência de estar deslocado é um desconforto que gera a teologia, parte do processo de moagem neste cadinho da simultaneidade de públicos." Morton, "Duncan Forrester", p. 33.

[10] Veja Benjamin Valentin, *Mapping public theology: beyond culture, identity and difference* (New York: Bloomsbury, 2002).

[11] Para obter informações sobre o desenvolvimento inicial da glocalização, consulte Roland Robertson, "Glocalization: time-space and homogeneity-heterogeneity", in: *Global modernities*, orgs. Michael Featherstone, Scott Lash e Roland Robertson (London: Sage, 1995), p. 25-44.

Introdução

nasce à medida que o local e o global se cruzam, repetidamente e de maneiras fascinantes, inesperadas e "glocais".

8. *Reforma em vez de revolução.* Por meio da persuasão pública, do confronto e da ativa participação, os teólogos públicos buscam submeter e reformar principados, potestades e instituições do mundo para que sigam em direções mais justas e vivificantes. Esse método distingue a teologia pública de outras formas de discurso teológico que clamam por uma postura e uma prática mais "revolucionárias". Os discursos revolucionários na teologia tendem a ver estruturas e instituições dominantes da vida pública como, em geral, irreparáveis e irredimíveis. Tentativas de concessão, deliberação e negociação públicas são temerárias. Acreditar na reforma é loucura. Não há nada a fazer senão desconstruir o que aí está e construir o que poderia ser. Embora os teólogos públicos divirjam em seus métodos e níveis de otimismo, eles tendem mais à reforma pública do que à revolução pública.

9. *Florescimento complexo.* A marca final da teologia pública é sua preocupação com o florescimento multifacetado de criação e cultura, de indivíduos e instituições e de uma ampla variedade de públicos globais. Aqui, "florescimento" não é algo que possa ser medido estritamente por uma única métrica. Esse florescimento não pode ser reduzido a um aumento acentuado em riqueza econômica, justiça política, beleza estética, descobertas intelectuais, lazer ou adoração religiosa.[12] Os seres humanos são criaturas complexas e multifacetadas; seu florescimento envolve um conjunto complexo de bens públicos. O florescimento de um indivíduo requer o florescimento de escolas e famílias, tribunais e empresas, associações de artistas e times desportivos, jornais e sindicatos, igrejas e sistemas de saneamento. Os teólogos públicos, portanto, recusam-se a restringir sua concepção teológica de florescimento apenas ao político,

---

[12] "No entanto, em contraste com a teologia política, a teologia pública não se preocupa exclusiva ou primordialmente com a política e as instituições políticas; [...] [teólogos públicos muitas vezes] propõem uma noção mais expandida das áreas da vida às quais a teologia pública deve atender." E. Harold Breitenberg, "To tell the truth: Will the real public theology please stand up?", *Journal of the Society of Christian Ethics* 23, n. 2 (2003): p. 59.

ao econômico, ao espiritual ou ao estético. Em vez disso, eles visam promover o florescimento múltiplo da vida pública.

Elaine Graham, uma importante teóloga pública do Reino Unido, oferece uma definição de teologia pública que, embora não seja abrangente, conecta-se bem com os ensaios que se encontram neste livro. Ela define a teologia pública como "uma disciplina acadêmica e um discurso eclesiástico" que "procura comentar e refletir criticamente, a partir de uma perspectiva teológica, sobre aspectos da vida pública como economia, política, cultura e mídia. Tradicionalmente, a teologia pública se vê enraizada nas tradições religiosas, mas em intenso diálogo com o discurso secular e as instituições públicas."[13] Nico Koopman, um teólogo público sul-africano, propõe um enquadramento cristocêntrico muito bem-vindo ao campo, argumentando que a teologia pública "reflete sobre a implicação da confissão do senhorio de Cristo para a vida e para o viver em conjunto em todas as esferas públicas, desde a mais íntima até a mais social, global e cósmica".[14]

Embora os ensaios deste livro não se unam em torno de uma única definição de teologia pública, essas nove marcas vêm à tona reiteradamente. Agora, tendo pesquisado o campo internacional e ecumênico da teologia pública, a próxima seção detalhará e considerará sucintamente as marcas distintivas de uma abordagem *reformada* à teologia pública.

RUMO A UMA TEOLOGIA PÚBLICA *REFORMADA*

Mesmo a leitura mais superficial da história da Reforma revela que a tradição reformada tem sido um empreendimento profundamente público, desde o seu início. João Calvino e os primeiros reformadores estavam constantemente às voltas com questões de língua e cultura, arte e vestuário, imigração e pobreza, dívida e juros, sexo e política.[15] Esses primeiros

---

[13] Graham, *Between a rock and a hard place*, p. xix.

[14] Nico Koopman, "Public theology in the context of nationalist ideologies: A South African example", in: Kim e Day, *Companion to public theology*, p. 161.

[15] Para análises históricas da intersecção entre fé e vida pública no início da Reforma, veja John Witte Jr. e Amy Wheeler, orgs., *The Protestant Reformation of the church and the world* (Louisville: Westminster John Knox, 2018); William A. Dyrness, *The origins of Protestant*

Introdução

líderes reformados estavam enfrentando profundos desafios públicos e desenvolvendo uma tradição teológica, tudo ao mesmo tempo.

O que hoje chamamos de "teologia reformada" não foi formulado em um campus universitário remoto; foi forjado nos mercados e nas ruas.[16] Podemos ver o desenvolvimento de uma teologia pública reformada nas primeiras cartas dos reformadores aos príncipes e reis. Podemos vê-la em seus apelos públicos às câmaras municipais de seu tempo. Podemos lê-la em suas propostas de leis civis sobre comércio e vestuário, saneamento e blasfêmias, agricultura e estrangeiros. Podemos ver a teologia pública reformada tomando corpo institucional em seus hospitais, universidades e empresas recém-fundadas. Ela está encarnada em suas primeiras organizações de caridade dedicadas a servir refugiados, viúvas e pobres.

Esses primeiros líderes buscavam uma reforma não apenas da igreja, mas também das estruturas, instituições, padrões e moral públicos que moldavam sua vida em comum.[17] Embora os católicos romanos

---

aesthetics in early Modern Europe: Calvin's Reformation poetics (Cambridge: Cambridge University Press, 2019); John Witte Jr., *The Reformation of rights: law, religion and human rights in early Modern Calvinism* (Cambridge: Cambridge University Press, 2015); Kirsi Stjerna, *Women and the Reformation* (Oxford: Wiley-Blackwell, 2008); David P. Henreckson, *The immortal Commonwealth: covenant, community, and political resistance in early Reformed thought* (Cambridge: Cambridge University Press, 2019); Timothy J. Demy, Mark J. Larson, e J. Daryl Charles, *The Reformers on war, peace, and justice* (Eugene: Pickwick Publications, 2019); W. Fred Graham, *The constructive revolutionary: John Calvin and his socio-economic impact* (Richmond: John Knox, 1971); Harro M. Hopfl, *The Christian polity of John Calvin* (Cambridge: Cambridge University Press, 1982); R. Po-Chia Hsia e Henk van Nierop, *Calvinism and religious toleration in the Dutch golden age* (Cambridge: Cambridge University Press, 2002); John Bowlin, org., *The Kuyper Center review*, vol. 4, *Calvinism and democracy* (Grand Rapids: Eerdmans, 2014).

[16] Para uma análise do impacto da teologia reformada na vida intelectual e pública da Europa, veja Gijsbert van den Brink e Harro M. Hopfl, *Calvinism and the making of the European mind* (Leiden: Brill, 2014). Para uma análise da influência formativa dos primeiros conflitos teológicos públicos de Calvino, veja Gary Jenkins, *Calvin's tormentors: understanding the conflicts that shaped the reformer* (Grand Rapids: Baker Academic, 2018).

[17] "Para Calvino, o mundo real deveria ser levado a sério e, para ele, o mundo real incluía sapateiros, produtores gráficos e relojoeiros, bem como fazendeiros, acadêmicos, cavaleiros e clérigos. [...] Calvino assume sombriamente que todo empreendimento humano está contaminado pelo mal — uma suposição razoável — e se propõe a tornar o evangelho relevante para a cidade mercantil em que ele vivia e trabalhava. [...] Em outras palavras, a

medievais tendessem a se ver como parte de uma ordem social natural que estava estabelecida, dada e consolidada, os primeiros reformadores tendiam a se ver como agentes morais que eram fundamentalmente responsáveis pelos padrões políticos, econômicos e eclesiásticos da vida pública. Nicholas Wolterstorff explica que, à medida que a Reforma continuou a se desenrolar, seus líderes começaram a se ver como moral e publicamente "responsáveis pela estrutura do mundo social em que se encontravam. Essa estrutura não se trata meramente de parte da ordem da natureza; pelo contrário, é resultado da decisão humana, e pode ser alterada por um esforço conjunto. Na verdade, *deve* ser alterada, pois sua estrutura caída precisa de reforma".[18] Em 1641, um pastor puritano fez um sermão revelador à Câmara dos Comuns do Reino Unido, encarregando os líderes da nação dessa tarefa sagrada e pública: "A reforma deve ser universal [...] Reformar todos os lugares, todas as pessoas e vocações; reformar as bancadas de julgamento, os magistrados inferiores [...] Reformar as universidades, reformar as cidades, reformar os países, reformar as escolas de ensino do interior, reformar o sábado, reformar as ordenanças e o culto a Deus [...] Vocês têm mais trabalho a fazer do que eu sou capaz de citar [...] Toda planta que meu Pai celestial não plantou será arrancada".[19] O zelo pela reforma tanto da igreja quanto da vida pública era obviamente intenso, às vezes bastante farisaico e até mesmo intolerável. E, no entanto, seu constante apelo à reforma pública vinha de uma convicção reformada central: somente Deus, e não o rei, era soberano sobre a ordem pública, e as Escrituras Sagradas eram um guia confiável para uma renovação e reforma dessa ordem.

---

verdadeira religião não apenas visita os doentes e cuida das viúvas e dos órfãos, mas também busca ver a relevância do evangelho no resto do mundo que existe." Graham, *Constructive revolutionary*, p. 79.

[18] Nicholas Wolterstorff, *Until justice and peace embrace* (Grand Rapids: Eerdmans, 1983), p. 3.

[19] Citado em Michael Walzer, *Revolution of the saints: a study in the origins of radical politics* (Cambridge: Harvard University Press, 1990), p. 10-1.

Introdução

Para os reformadores, o mundo não era um poço amaldiçoado do qual as almas da humanidade seriam resgatadas. Em vez disso, o mundo era um espaço performativo no qual a glória de Deus se manifestaria na criação e por meio dela. No âmbito da visão global de João Calvino, segundo argumenta Susan Schreiner, toda a criação se torna o grande "teatro da glória de Deus". [20] Aqui está o ponto-chave: a glória de Deus brilharia não apenas através da obra divina de criação, mas também através da obra, da adoração e do serviço santos da humanidade no mundo. Nesse sentido, o mundo torna-se um palco performativo sobre o qual as pessoas podem servir e glorificar a seu Deus através do cultivo do campo e da criação de famílias, orando e limpando ruas, cozinhando refeições e abrigando refugiados. Toda vocação é um chamado público para a obra santa e para a adoração. Pois, como Calvino escreve, "os fiéis, a quem [Deus] deu olhos, veem centelhas de sua glória, por assim dizer, brilhando em todas as coisas criadas. O mundo foi, sem dúvida, feito para ser o teatro da glória divina".[21]

À luz dessa compreensão teológica da vida pública, não é por acaso que as pinturas de Rembrandt, Vermeer e van Gogh se gloriam positivamente nas vocações de lavradores e donas de casa, marinheiros e cozinheiros. Não é por mero acaso que seus pincéis iluminam a glória criacional de campos, céus e mares. Criados no solo da Reforma holandesa, sua imaginação teológica e estética via a glória divina irrompendo tanto na criação quanto na cultura. Como escreve o teólogo público sul-africano John de Gruchy: "Para os artistas imbuídos do espírito da Reforma, a verdadeira piedade não deveria ser encontrada nos mosteiros, mas sim nos mercados e nos lares, em meio a coisas e eventos comuns da vida".[22] Uma estética teológica que é informada pela tradição de Calvino

---

[20] Susan Elizabeth Schreiner, *Theater of his glory: nature and the natural order in the thought of John Calvin* (Grand Rapids: Baker, 1995).

[21] Calvin's *commentary on Hebrews*, em Hebreus 11.4; citado em W. David O. Taylor, *The theater of God's glory: Calvin, creation, and the liturgical arts* (Grand Rapids: Eerdmans, 2017), p. 36, pontuação ajustada.

[22] John W. de Gruchy, *Christianity, art, and transformation* (Cambridge: Cambridge University Press, 2001), p. 46.

"não encoraja a fugir do mundo, mas pressupõe a participação cristã na missão de Deus de transformar o mundo".[23] De Gruchy argumenta que "ninguém expressou isso melhor do que Vincent van Gogh, filho de um pastor reformado holandês que se voltou para a arte apenas quando não conseguiu se tornar um teólogo. Ao rejeitar pinturas [católicas] como *Anunciação, O Cristo no jardim das oliveiras* e a *Adoração dos magos*, de seu amigo Émile Bernard, van Gogh declarou: 'Eu me curvo diante daquele ensaio, poderoso o bastante para fazer um Millet tremer — de camponeses levando para o estábulo da fazenda um bezerro que nasceu nos campos'".[24] Em vez de pintar a Virgem Maria, artistas como van Gogh pintaram a obra santa e a adoração de trabalhadores comuns trabalhando nos campos e cozinhas de Deus. Rembrandt, Vermeer e van Gogh retratam na pintura o que Calvino descreve em seu comentário sobre os Salmos: "O mundo inteiro é um teatro para a exibição da bondade, sabedoria, justiça e poder divinos".[25]

AS MARCAS DA TEOLOGIA PÚBLICA REFORMADA

De muitas maneiras, a busca por uma abordagem decididamente reformada à teologia pública é um projeto fadado ao fracasso desde o início. Nem João Calvino nem as muitas gerações dos seus seguidores em momento algum criaram uma denominação ou confissão reformada única, na qual todas as outras se enquadrariam. A tradição reformada, no que concerne a seu método teológico e a sua expressão pública, sempre foi profundamente contestada.[26]

Ao contrário da tradição luterana, cuja identidade teológica pública inicial foi construída em torno da identidade cultural do povo alemão, a identidade reformada estendeu-se pelos reinos da Suíça e da

---

[23] De Gruchy, *Christianity, art, and transformation*, p. 129.

[24] Ibidem, p. 46.

[25] João Calvino está comentando Salmos 135:13 em seu *Commentary on the Psalms*, vol. 5, trad. James Anderson (reimpr., Grand Rapids: Baker Books, 2003), p. 126.

[26] Wallace M. Alston Jr. e Michael Welker, *Reformed theology: identity and ecumenicity* (Grand Rapids: Eerdmans, 2003).

Escócia, da Hungria e da Holanda, da França e depois da Nova Inglaterra. Desde muito cedo, a tradição reformada foi forçada a abrir espaço para uma diversidade de nações, culturas, línguas, etnias e arranjos políticos. Por ser um fenômeno multinacional, os líderes reformados tiveram de lutar com as consequências públicas de sua teologia em diversos contextos.

Hoje, a polêmica discussão global entre teologia reformada e vida pública continua. Comunidades reformadas em todo o mundo continuam a se debater com os textos que apreciam e os contextos para os quais foram chamadas. Podemos assistir, em tempo real, a comunidades reformadas em Jacarta e Cidade do Cabo, São Paulo e Nova York, Amsterdá e Hong Kong — cada qual envolvida em um embate com as clássicas questões da teologia reformada e da vida pública.[27] E todo ano novas vozes se juntam a esse diálogo reformado, que certamente virá a se tornar um diálogo multidisciplinar e multinacional dos mais diversos.

De diversas maneiras, a teologia pública reformada tem muito em comum com o projeto ecumênico mais amplo da teologia pública global. Como veremos nos ensaios apresentados a seguir, os teólogos públicos reformados também procuram examinar a natureza pública das Escrituras e da teologia. Eles ouvem diversas disciplinas, culturas, contextos e pessoas que estão na camada mais baixa do poder, e com eles aprendem. Eles mergulham em linguagens disciplinares específicas, como economia, *design* urbano e teoria crítica da raça. Eles encontram maneiras de falar com diferentes públicos e contextos de maneiras que sejam apropriadas e compreensíveis. Às vezes, tentam o diálogo público e a persuasão; em outras ocasiões, assumem a postura de crítica profética e refutação contundente. Muitos dos autores desta obra são praticantes, em primeiro lugar, e teóricos, em segundo. A orientação da teologia pública em torno de uma combinação de práxis

---

[27] Para um diálogo sociopolítico queniano com a teologia de João Calvino, veja David Kirwa Tarus, *A different way of being: towards a Reformed theology of ethnopolitical cohesion for the Kenyan context* (Cumbria: Langham, 2019).

e reflexão é um estilo de vida para eles. Por fim, esses autores abordam uma diversidade de temas públicos, entre eles, o direito na China, o sexismo na África, o *design* urbano no Brasil, o racismo na América, o idioma na Escócia, o mundo dos negócios em Nova York e o Islã na Indonésia.

Embora a teologia pública reformada tenha muito em comum com o projeto ecumênico que descrevemos como "teologia pública", alguns pontos de ênfase parecem diferenciar a tradição. Ainda que não sejam propriedade exclusiva da tradição reformada, estas marcas aparecem reiteradamente no imaginário público da tradição. Deixamos claro, porém, que tais marcas não são universalmente defendidas por todos os cristãos reformados ao redor do mundo. No entanto, nos diversos ensaios que integram a presente obra, esses pontos de ênfase surgirão reiteradamente. De certa forma, podemos considerá-los "hábitos públicos do coração reformado".

1. *Ouvir os leigos*. A teologia pública reformada não é propriedade de nenhuma organização específica de teólogos acadêmicos ou de clérigos ordenados. A ênfase da tradição no sacerdócio de todos os crentes exige que os leigos sejam participantes ativos em qualquer projeto de teologia pública elaborado pela tradição.

Embora esses ensaios sejam obras de teologia pública, muitos dos autores não se consideram "teólogos públicos". Eles são ativistas e artistas, pintores e filósofos, advogados e líderes empresariais, capelães e líderes comunitários, todos eles reformados — todos em busca de se envolver na vida pública de uma maneira informada pela teologia. Embora muitos deles sejam formados em teologia, filosofia e ética, tive o cuidado de incluir várias vozes cuja teologia brotou principalmente por meio da ação pública encarnada em salas de reunião, tribunais, estúdios, campi de universidades e em protestos de rua. Como Richard Mouw escreve: "Todos nós acharíamos estranho se alguém que morou a vida inteira em Paris escrevesse um livro sobre como viver uma vida de discipulado na América Latina. [...] Da mesma forma, há algo de estranho quando clérigos e teólogos profissionais tentam falar com

Introdução

autoridade sobre situações enfrentadas por mecânicos, corretores de seguros e agricultores".[28]

2. *Dispersar o poder*. Os teólogos públicos reformados parecem estar particularmente preocupados em dispersar o poder *para baixo e para fora*, por toda a sociedade. Quando dispersam o poder *para baixo*, demonstram uma aversão teológica particular às consolidações hierárquicas do poder social. Na política, no mercado, na igreja e além, líderes e facções dominadores estão fora do aceitável. Quando dispersam o poder *para fora*, os teólogos públicos reformados também demonstram uma aversão pública à dominação singular pelo Estado, pelo mercado ou pela igreja. Nenhuma instituição ou esfera da vida pública deve dominar as demais. Em vez disso, o poder público deve ser dispersado *para fora*; deve ser estendido com generosidade às artes e às ciências, aos mercados e aos tribunais, às universidades e às organizações sem fins lucrativos.

Na presente obra e além dela, os teólogos públicos reformados discordam veementemente sobre especificidades da dispersão do poder; no entanto, em geral, esse anseio teológico de dispersar o poder público, tanto para baixo quanto para fora, por toda a sociedade, destaca-se repetidamente na obra de todos eles.

Muito pode ser dito sobre as origens dessa aversão reformada ao acúmulo e à consolidação do poder público. Por ora, farei uma breve menção aos desdobramentos públicos de uma teologia reformada da Criação e da Queda. Primeiro, na Criação, os teólogos reformados veem o Criador dotando toda a humanidade com uma gama diversificada de dons, vocações e responsabilidades. Esses dons não são dados exclusivamente a uma classe específica das elites ou a uma determinada instituição ou esfera da vida (como o Estado, o mercado ou a igreja). Em vez disso, esses dons divinos e essas responsabilidades são amplamente distribuídos por toda a sociedade humana. Portanto, qualquer consolidação de poder nas mãos de um único líder, de uma

---

[28] Richard J. Mouw, *Called to holy worldliness* (Philadelphia: Fortress, 1980), p. 25.

só comunidade ou instituição é interpretada pelos teólogos reformados como uma forma de roubar a Criação. Essa consolidação de poder furta de diversos indivíduos e instituições os seus dons particulares, de suas vocações e responsabilidades *dadas por Deus*.

Em segundo lugar, nessa queda rebelde da sociedade humana no pecado, todo líder, toda instituição e todo discurso públicos lutam para acessar, interpretar e fazer a vontade de Deus. Nenhuma força pública tem um conhecimento perfeito da vontade pública de Deus. À luz da cegueira e da depravação coletivas da sociedade, os teólogos públicos reformados argumentam que é sábio e prudente dispersar amplamente o poder público, difundindo-o cada vez mais para baixo e para fora.

Por último, na presente obra, ao discutir males públicos complexos, como racismo, colonialismo e opressão econômica, as vozes reformadas não buscam fazer simplesmente uma análise espiritual da questão; elas também buscam uma análise estrutural. E encontram, dentro da tradição reformada, recursos teológicos para pensar sobre a natureza sistêmica, institucional e estrutural do poder. Dentro desses complexos sistemas sociais de poder, enxergam potencial tanto para o florescimento divino quanto para a destruição humana.

3. *Ter consciência temporal.* Reiteradamente, os ensaios desta obra parecem estar profundamente preocupados com a questão de os cristãos na vida pública reconhecerem "que tempo é [este]". Os autores insistem em que os cristãos se tornem mais conscientes da época divina em que vivem. De acordo com seus "relógios" teológicos, os cristãos vivem, trabalham e desfrutam a vida no âmbito temporal do "já" e do "ainda não" de Deus. O reino de Deus já irrompeu no mundo, na pessoa e na obra de Jesus Cristo. O Espírito Santo já está vivo e ativo no âmbito das estruturas e dos sistemas sociais do mundo. Dito isso, porém, o cumprimento da missão e da obra do Senhor ainda não está totalmente manifestado. A criação ainda geme. Os principados e potestades ainda empunham suas espadas. As lágrimas ainda não foram todas enxugadas.

Introdução

À medida que os cristãos se movimentam na vida pública e através dela, essas vozes reformadas enfatizam a necessidade de que lutem com esse seu *locus* temporal *entre* épocas divinas. Esses teólogos particularmente se preocupam com as consequências públicas daqueles cristãos que nutrem uma compreensão ultrarrealizada ou sub-realizada da chegada do reino à esfera pública hoje.

4. *Ter humildade histórica.* Os autores desta obra citarão, de um só fôlego, uma voz do século 16 sobre teologia e uma voz do século 21 sobre teoria crítica da raça, teoria da moda ou *design* urbano. Embora os autores reconheçam plenamente os vastos abismos históricos que existem entre esses dois mundos, estão convencidos de que vozes históricas de dentro da tradição reformada têm algo importante a oferecer aos cristãos quanto à vida pública nos dias de hoje. A disposição peculiar dos autores de aprender com a sabedoria histórica da tradição reformada pode ser uma contribuição para um movimento de teologia pública mais amplo, que poderia crescer em meio a essa disposição de envolver fontes históricas.

5. *Ter uma proximidade estética.* Enquanto o movimento ecumênico em prol de uma teologia pública tende a concentrar a maior parte de sua energia em questões de política, economia e cultura, questões relativas à arte e à estética pública são um pouco menos destacadas. Esta obra — com ensaios que exploram a importância pública de campos como poesia e pintura, cerâmica e moda, *design* urbano e arquitetura — destaca um interesse reformado na importância da estética para a vida pública.

Nesse ponto, a teologia pública reformada está apontando para a estética como um meio pelo qual os cristãos são chamados a amar e servir ao próximo. Assim, os cristãos podem conviver e se engajar na vida pública através de criatividade artística e arquitetônica, decoração e vestuário, rimas poéticas e ritmos musicais.

6. *Criar cultura.* Embora grande parte da teologia pública contemporânea tenda a se concentrar em formas verbais e intelectuais dos

discursos e intercâmbios públicos, nestes ensaios podemos ver uma preocupação reformada mais ampla com as formas não verbais e mais comuns pelas quais se dá o envolvimento leigo na esfera pública no dia a dia. Observamos alguém criando um plano de negócios ou uma nova instituição, um professor dando uma aula ou os pais criando seu filho, alguém escrevendo um romance ou elaborando uma nova estratégia de investimento: tudo isso são formas profundas e encarnadas pelas quais os cristãos impactam a vida pública em seu dia a dia. Através desse *criar* a cultura, em vez de simplesmente criticá-la, arquitetos, empresários, agricultores e urbanistas cristãos oferecem a seus próximos novas formas de viver e de estar na esfera pública.

Embora a comunidade da teologia pública tenha historicamente se preocupado com o intercâmbio público de palavras, ideias e crenças, a teologia pública reformada enfatiza que as obras culturais que *criamos* constituem um aspecto crítico do intercâmbio público e do discurso global dos cristãos.[29]

7. *Deleitar-se com o público*. Como observamos anteriormente, uma marca universal da teologia pública é um desejo de ouvir e aprender com a sabedoria de diversas culturas, disciplinas e religiões. Nesse sentido, a tradição reformada não oferece nada de especial em sua crença de que Deus tem, no mundo e por meio dele, algo a ensinar à igreja.

Dito isso, algo um tanto distinto parece acontecer nesses ensaios, quando os autores examinam o valor teológico das palavras e das obras do mundo. Nisso detectamos uma demonstração bastante singular de alegria, gratidão e deleite, à medida que esses autores refletem teologicamente sobre a beleza e a inspiração que encontram no mundo exterior.

Por meio de seus ensaios, começamos a suspeitar que *Deus* de fato se alegra com a sabedoria cultural, a inspiração, a virtude e a criatividade daqueles que estão fora da igreja. Os ensaios argumentam repetidamente que os cristãos não devem apenas aprender com seus próximos que

---

[29] Para uma discussão sobre essa forma de engajamento público, veja Andy Crouch, *Culture making: recovering our creative calling* (Downers Grove: InterVarsity, 2013).

Introdução

não são cristãos: os cristãos também devem *ser gratos* a eles e se *deleitar* com suas contribuições para a praça pública global. Quer esses ensaios estejam analisando bairros bem projetados, novas tendências da moda, cerimônias de chá japonesas, cafeterias brasileiras ou poesia afro-americana, detecta-se neles um chamado à gratidão cristã e ao deleitar-se no mundo. Nesse ponto, os autores refletem as palavras de João Calvino: "Não é pouca honra o fato de que Deus, pensando em nós, tenha adornado de forma tão magnífica o mundo, a fim de que possamos não apenas ser espectadores deste belo teatro, mas também desfrutar da múltipla abundância e variedade de boas coisas que nele nos são apresentadas".[30]

8. *Viver uma vida litúrgica.* Em uma sociedade machista e misógina, uma mulher é batizada e declarada membro pleno do sacerdócio de todos os santos. Preso em um estado de limbo legal entre o Peru e os EUA, um imigrante sem documentação encontra um lar na Mesa do Senhor. Inundada por notícias econômicas angustiantes sobre a pandemia da covid-19, uma congregação aprende a oferecer suas petições e intercessões diante de Deus em oração pública. Uma nação exige que um político mentiroso confesse publicamente seus pecados e busque absolvição. Estas são apenas algumas das muitas interseções entre a adoração cristã e a vida pública que são discutidas neste livro.

A melhor teologia pública emerge de uma robusta liturgia pública. Dentro desta obra, uma seção inteira de ensaios é dedicada ao desejo reformado de criar uma conexão mais profunda entre adoração e vida pública. Esta seção argumenta repetidamente que as paredes que separam o santuário da rua devem se tornar cada vez mais porosas. Os padrões de graça que são cantados no santuário devem se refletir nos padrões de vida que são vividos no mundo. Da mesma forma, os fardos públicos que as pessoas carregam no mundo devem ser levados diretamente para o santuário e colocados sobre o altar. A integridade tanto do culto quanto da vida pública depende disso.

---

[30] Calvino, *Commentary on the Psalms*, sobre Salmos 104:31, citado in: Taylor, *Theater of God's glory*, p. 37.

9. *Ter uma solidariedade liberada*. Finalmente, esses ensaios se empenham continuamente em um duplo desejo de libertar indivíduos de instituições e comunidades opressoras e, ao mesmo tempo, de conceber instituições e comunidades nas quais os indivíduos possam florescer. Aqui, o imaginário público reformado preocupa-se particularmente em evitar ficar entre Cila e Caríbdis, ou seja, evitar o dilema *tanto* do individualismo desarraigado *quanto* do coletivismo opressor.

Esses ensaios revelam um profundo anseio, dentro da tradição reformada, de articular uma visão da liberdade individual que seja rica em nuances e possa ser encontrada *dentro* das comunidades, instituições e estruturas cívicas. O imaginário reformado sustenta uma forte recusa em aceitar a noção moderna de que a liberdade individual e a solidariedade comunitária são mutuamente excludentes. Articular uma relação de mutualidade entre indivíduos e instituições é uma constante preocupação reformada.

Como (não) ler este livro

Como a teologia reformada pode abordar leis trabalhistas chinesas, tendências da moda de Nova York, colonialismo africano ou a guerra às drogas nas Filipinas? Este livro foi concebido especificamente para servir como uma introdução do tipo "prove e veja" a uma variedade de caminhos em que a teologia reformada e a vida pública se cruzam.

Este livro não é de forma nenhuma detalhista. Em função de rígidas restrições de espaço, os autores não tiveram permissão para oferecer um relato exaustivo de seus contextos ou de suas categorias teológicas. Em vez de esgotarem suas penas com páginas e páginas de metodologia teológica ou de análise cultural, os autores foram instruídos a mergulhar de cabeça, arregaçar as mangas e realmente fazer teologia pública. Eles foram convidados a mostrar em vez de só falar. Os leitores que procuram discussões mais intrincadas e matizadas dos contextos e das categorias teológicas dos autores são convidados a consultar as notas de rodapé. Muitos dos autores escreveram extensamente sobre esses assuntos em outros livros, dissertações e artigos de sua autoria.

Introdução

Em geral, os autores foram instruídos a explorar as maneiras pelas quais a teologia reformada influencia *positivamente* sua participação na vida pública. Embora ocasionalmente desafiem e critiquem fracassos, erros e francas injustiças da tradição reformada, seu interesse principal é elucidar de forma construtiva os recursos generativos que encontraram dentro da tradição.

Projetar o livro dessa maneira oferece vários perigos para o leitor. Primeiro, pode dar a impressão de que os autores veem a tradição reformada através de lentes cor-de-rosa — como se a tradição não tivesse pecados públicos ou pontos cegos teológicos pelos quais deva se explicar. Além disso, pode até dar a impressão de que acreditamos que não há nenhum questionamento público para o qual a teologia reformada ainda não tenha a resposta. Isso é claramente falso. Se houvesse espaço suficiente, esses autores poderiam discorrer sobre os diversos caminhos em que diferem da tradição reformada. Eles reconhecem a condição caída e os pés de barro de heróis reformados como Calvino e Edwards, Barth e Kuyper. Como todos nós, os autores também sabem que a tradição reformada é cúmplice de inúmeros pecados públicos, sejam políticos, culturais, raciais ou coloniais.

Em segundo lugar, um livro como este pode inspirar em seus leitores um tipo horrendo de chauvinismo teológico, no qual a teologia reformada é retratada como algo superior a todas as outras tradições teológicas. Mais uma vez repito, se fossem dados o espaço e o tempo necessários, muitos desses autores teriam expressado sua profunda dívida ecumênica para com a sabedoria de vozes católicas, luteranas, pós-colonialistas, evangelicais e pentecostais. Esses ensaios não existem como uma ilha isolada da teologia reformada "pura". Eles existem como parte de um arquipélago católico mais profundo. Como católicos reformados, estamos conectados a uma linhagem ecumênica de diversas tradições teológicas profundamente ligadas sob a superfície de mar. O jingoísmo calvinista não tem lugar aqui.

Ao selecionar os autores para este livro, nossa esperança era demonstrar uma diversidade quádrupla de disciplinas, denominações, questões e contextos. Embora tenhamos conseguido incluir uma diversidade impressionante de denominações e questões, é importante citarmos brevemente as deficiências da obra. Não abordamos questões importantes como meio ambiente, questões de gênero e tecnologia.[31] Não temos autores que representem as regiões criticamente importantes do Oriente Médio ou do subcontinente indiano. Não temos autores que representem disciplinas como ciência, psicologia ou literatura. A lista de autores continua sendo fortemente americana, sobretudo masculina, e centrada principalmente na comunidade da academia teológica. Essas deficiências sinalizam que, apesar do louvável progresso da tradição, muito mais ainda precisa ser feito.

Feitas essas observações e ressalvas, daremos prosseguimento à nossa tarefa. O propósito dominante deste livro é explorar uma série de maneiras pelas quais a teologia reformada e a vida pública se cruzam no mundo de hoje. Neste projeto e através dele, nossa esperança é demonstrar a capacidade contínua da tradição reformada de aprender e crescer, explorar e servir, sempre no contexto dos complexos espaços públicos para os quais foi chamada.

> **Matthew Kaemingk** (PhD, Vrije Universiteit e Fuller Theological Seminary) é professor assistente de Ética Cristã no Fuller Theological Seminary e deão associado no Fuller Texas. em Houston. Matthew atua como pesquisador no Center for Public Justice em Washington, D.C. Ele é autor de dois livros sobre teologia pública: *Christian hospitality and Muslim immigration* (Eerdmans, 2018) e *Work and worship: reconnecting our labor and liturgy* (Baker Academic, 2020), escrito em parceria com Cory Willson.

---

[31] Para envolvimentos reformados contemporâneos com essas questões, veja, por exemplo, Derek Schuurman, *Shaping a digital world: faith, culture, and computer technology* (Downers Grove: IVP Academic, 2013); Steven Bouma Prediger, *For the beauty of the Earth: A Christian vision for creation care*, 2ª. ed. (Grand Rapids: Baker Academic, 2010); Amy Plantinga Pauw e Serene Jones, orgs., *Feminist and womanist essays in Reformed dogmatics* (Louisville: Westminster John Knox, 2011).

Primeira parte
...
Cultura Pública

IMIGRAÇÃO

1 IMIGRANTES, REFUGIADOS E SOLICITANTES DE REFÚGIO:
a origem migratória da teologia pública reformada

Rubén Rosario Rodríguez

A imigração foi uma característica marcante do início da Reforma.[1] Seja fugindo da perseguição política, seja buscando liberdade religiosa, seja enviando missionários, seja acolhendo refugiados em seu meio, os reformadores do século 16 eram um povo em movimento. Eles estavam constantemente interagindo com diferentes idiomas e culturas, cruzando fronteiras, plantando igrejas em novos solos e pelejando com as exigências bíblicas para proporcionar justiça e hospitalidade aos estrangeiros.

A Genebra de João Calvino oferece um estudo de caso fascinante de uma comunidade de fé que lutou para abrir espaço para recém-chegados e, ao mesmo tempo, resistiu às tentações da xenofobia e do protecionismo nativista. Como comunidade, Genebra estava intimamente ciente dos dois lados da experiência do imigrante. A cidade não apenas reunia milhares de refugiados deslocados de culturas e reinos de toda a Europa, como também enviava colonizadores, missionários e pastores para diferentes nações por todo o continente e além dele. Como observa o historiador Carter Lindberg, "Genebra não só acolhia refugiados, ela os criava".[2] As experiências migratórias dos primeiros

---

[1] Veja Mack P. Holt, "International Calvinism", in *John Calvin in context*, org. R. Ward Holder (Cambridge: Cambridge University Press, 2020), p. 375-82.

[2] Carter Lindberg, *The European Reformations*, 2. ed. (Malden: Wiley-Blackwell, 2010), p. 249.

Teologia pública reformada

reformadores tiveram um profundo impacto na compreensão que o movimento tinha de si mesmo. Suas respostas espirituais e políticas a essas profundas experiências de deslocamento têm muito a oferecer aos cristãos do século 21, enquanto lutam com a questão contemporânea (e persistente) da imigração.

João Calvino, ele próprio um exilado político francês, havia fugido para Estrasburgo e mais tarde se estabeleceu em Genebra, onde fundou uma ordem eclesiástica que especificamente permitiu à cidade se tornar um abrigo para refugiados protestantes que fugiam da perseguição que havia por toda a Europa. Ao longo de sua vida, Calvino trabalhou incansavelmente em favor dos protestantes perseguidos, especialmente daqueles provenientes da França, sua terra natal (os huguenotes). A perseguição na França enviou uma onda maciça de refugiados para Genebra entre 1545 e 1555. Durante esse período, os estreitos limites geográficos da cidade e seus recursos limitados impediram seus cidadãos de acolherem permanentemente todos os refugiados. A falta de espaço combinada à paixão pela missão global acabou por inspirar várias missões protestantes de reassentamento por toda a Europa e além. Em meio a tudo isso, João Calvino e seus colegas reformadores fomentaram um movimento internacional diversificado e complexo que era tanto migratório quanto hospitaleiro, transnacional e ecumênico. A mentalidade persistente da Genebra do século 16 era, simplesmente, oferecer hospitalidade quando se está em posição privilegiada, pois você pode se ver na condição de migrante em busca de hospitalidade antes do que espera.[3]

Hoje, nos Estados Unidos, por ironia, muitos que se dizem calvinistas apoiam voluntariamente líderes anti-imigrantes (e racistas limítrofes) bem como políticas de imigração cruéis. Esses calvinistas às

---

[3] Veja Kaarin Maag, *Seminary or university? The Genevan academy and Reformed higher education, 1560–1620* (Aldershot: Scolar, 1995). Sob a liderança de Calvino, Genebra teve forte envolvimento no trabalho missionário, sobretudo na França, sendo que muitos dos pastores franceses estudaram em Genebra e, depois, foram servir igrejas huguenotes repatriadas.

Cultura pública: Imigração

vezes até tentam usar sua fé como uma ferramenta por meio da qual possam calmamente afastar os refugiados e ignorar os horrores morais perpetrados na fronteira sul dos EUA. Seu quietismo moral e político às vezes será fomentado por interpretações politicamente passivas de Romanos 13 e por uma vaga ênfase na aceitação submissa de leis e líderes que Deus investiu de autoridade.

Em 2020, as políticas de tolerância zero no controle de fronteiras, adotadas pelo governo dos EUA, criaram instalações de detenção que funcionavam na prática como campos de concentração. Esses campos perversamente jogaram fora vidas inocentes,[4] separaram crianças de seus pais e sujeitaram os detidos mais vulneráveis (mulheres e crianças) a abusos físicos e sexuais nas mãos de seus carcereiros.[5] O silêncio e a submissão dos calvinistas diante de tal crueldade são, na melhor das hipóteses, uma aprovação tácita dessas políticas e, na pior, cumplicidade para com uma nova onda de violência nativista anti-imigrante que atualmente assola a nação.[6]

Este capítulo demonstra que o quietismo moral e político dos calvinistas é uma trágica traição de um longo legado calvinista em acolher estrangeiros, resistir a tiranos, fazer justiça e atravessar fronteiras e culturas em vulnerabilidade e fé. Este capítulo também desacreditará o equívoco comum de que João Calvino foi um defensor rigoroso, frio e farisaico do Estado de Direito. Em lugar disso, oferecerá um retrato mais preciso de João Calvino como um reformador humanista, cujas políticas eclesiástica e civil buscavam que "todo residente de Genebra

---

[4] Cynthia Pompa, "Immigrant kids keep dying in CBP Detention Centers, and DHS won't take accountability", in: *ACLU: 100 Years* (Junho 24, 2019), disponível em: https://www.aclu.org/blog/immigrants–rights/immigrants–rights–and–detention/immigrant-kids-keep-dying-cbp-detention.

[5] Veja Richard Gonzales, "Sexual assault of detained migrant children reported in the thousands since 2015", in: National Public Radio (Fevereiro 26, 2019), disponível em: https://www.aclu.org/other/sexual-abuse-immigration-detention-raquels-story.

[6] Tyler Anbinder, "Trump has spread more hatred of immigrants than any American in history", *Washington Post*, Novembro 7, 2019, disponível em: https://www.washingtonpost.com/outlook/trump-has-spread-more-hatred-of-immigrants-than-any-american-in-history/2019/11/07/7e253236-ff54-11e9-8bab-0fc209e065a8_story.html.

Teologia pública reformada

[fosse] integrado a uma comunidade compassiva". Ao contrário de nossas modernas redes de bem-estar social, esses ministérios liderados pela igreja eram projetados para serem "verdadeiras redes de cuidado".[7] Como o reformador escocês John Knox disse, após um período de permanência temporária em Genebra, a cidade "é a mais perfeita escola de Cristo que já existiu na face da terra, desde os dias dos apóstolos".[8] John Bale, um colega refugiado que fugia da perseguição de Maria Tudor, acrescentou: "Genebra me parece o maravilhoso milagre do mundo inteiro. [...] Não é maravilhoso que espanhóis, italianos, escoceses, ingleses, franceses, alemães, discordando sobre modos, falas e vestuário, [...] [mas] unidos apenas pelo jugo de Cristo, devam viver assim [...] como uma congregação espiritual e cristã?".[9] Ao equilibrar a exigência bíblica por um Estado de Direito (Rm 13) com a exortação de Pedro de que "Devemos obedecer a Deus antes que a qualquer autoridade humana" (At 5:29, NRSV), Calvino preferia pender para o lado da compaixão pelo imigrante.[10] Ele estava firmemente convicto de que, como cidadãos e cristãos, somos chamados a "assumir uma posição tão enérgica quanto pudermos contra o mal".[11]

REFUGIADOS REUNIDOS EM GENEBRA

Durante o mandato pastoral de Calvino em Genebra (1538-1564), a Reforma estava lutando pela própria sobrevivência. O movimento

---

[7] Robert M. Kingdon, "Calvinist discipline in the old world and the new", in: *The Reformation in Germany and Europe: interpretations and issues*, volume especial, *Archive for Reformation history /Archiv für Reformationsgeschichte* 84, orgs. Hans R. Guggisberg e Gottfried Krodel (Gutersloh: Gutersloher Verlagshaus, 1993), p. 665-79.

[8] John Knox, *The works of John Knox*, org. David Laing (Edinburgh: Bannatyne Society, 1848), 4:240.

[9] Citado in: John T. McNeill, *The history and character of Calvinism* (New York: Oxford University Press, 1967), p. 178.

[10] Veja David M. Whitford, "Robbing Paul to pay Peter: The reception of Paul in Sixteenth Century political theology", in: *A Companion to Paul in the Reformation*, org. R. Ward Holder (Leiden: Brill, 2009): 573-606. O autor argumenta que Calvino priorizou a declaração de Pedro, em Atos (5:29), sobre a de Paulo, em Romanos 13.

[11] John Calvin, *Sermons on 2 Samuel: Chapters 1-13*, trad. Douglas Kelly (Carlisle: Banner of Truth Trust, 1992), p. 419.

Cultura pública: Imigração

estava enfrentando perseguição católica em toda a Europa. Em 1555, uma enxurrada de refugiados franceses, fugindo de perseguição, tomou conta de Genebra. Os historiadores estimam que, no espaço de uma única década, a população de Genebra cresceu de 13.100 habitantes para 21.400.[12]

Nem é preciso dizer que este afluxo avassalador de refugiados sobrecarregou a já onerada infraestrutura de bem-estar social da cidade. Em um ano normal, cerca de 5% da população nativa de Genebra dependia do atendimento regular do hospital geral (mais de 500 pessoas). Acrescente a isso o fluxo maciço de refugiados, quando as agências de bem-estar social provavelmente tiveram que atender a mais de dez mil estrangeiros durante o período de um ano.[13] Felizmente, nem todos esses refugiados se estabeleceriam de forma permanente na pequena cidade de Genebra. Muitos simplesmente passariam por Genebra, rumo a outros assentamentos e asilos reformados. Essa necessidade premente de reassentar refugiados impactou (e informou) diretamente os esforços missionários posteriores de Genebra.

Uma das causas constantes de atrito entre Calvino e os nativos de Genebra era a sua insistência espiritual e política em oferecer hospitalidade aos exilados. Isso não foi uma disputa sem consequências práticas, pois, o que havia sido uma gota em 1523 tornou-se uma inundação trinta anos depois.[14] Em 1555, havia mais imigrantes do que cidadãos nativos da cidade. Não surpreende o fato de os nativos se queixarem. Eles reclamavam que os refugiados estavam tomando seus

---

[12] Citado in: Robert M. Kingdon, "Calvinism and social welfare", *Calvin Theological Journal* 17 (1982): 223.

[13] William Naphy, "Calvin's church in Geneva: constructed or gathered? Local or foreign? French or Swiss?", in: *Calvin and his influence, 1509-2009*, orgs. Irena Backus e Philip Benedict (Oxford: Oxford University Press, 2011), p. 114-5.

[14] Durante o mandato de Calvino, os refugiados protestantes eram atraídos para Genebra devido à popularidade de sua pregação e ao sucesso de sua igreja. Eles também eram atraídos pelas reformas civis hospitaleiras que Calvino ajudou a promover. Embora muitas das instituições de caridade de Genebra sejam anteriores à chegada de Calvino, seu sucesso e impacto de longo prazo se beneficiaram da inteligente reorganização da igreja e do governo civil feita por Calvino.

empregos e esgotando os recursos, que ricos nobres franceses exilados estavam tomando o controle da cidade, que a cultura da cidade seria destruída e que a própria Genebra entraria em declínio.

Apesar de tudo, podemos ser sensíveis às preocupações dos nativos de Genebra. Podemos até entender seu ressentimento. Em meados do século 16, todos seus pastores locais eram estrangeiros. Quando reivindicaram a independência de sua cidade anos antes, os genebrinos se libertaram da nobreza local. Agora, eles tinham que testemunhar nobres que fugiam da França e da Itália, entravam pelos portões de Genebra e exerciam uma dose desproporcional de influência em questões econômicas.[15]

O sentimento anti-imigrante atingiu seu ápice em 1555, sob a liderança de Ami Perrin, que se autodenominava um patriota genebrino. Perrin incitou uma multidão nas ruas a ameaçar os negócios de estrangeiros na cidade. A multidão se reuniu do lado de fora do conselho municipal para intimidar os magistrados. O próprio João Calvino entrou na briga. Ele se postou no meio da multidão enfurecida, que cantava "Matem os franceses", e proclamou: "Se vocês precisam derramar sangue, que o meu seja o primeiro".[16] Perrin mais tarde procurou destituir Calvino pela força, mas foi derrotado e exilado da cidade. A vitória pública de Calvino permitiu-lhe consolidar sua autoridade como pastor e direcionar seu apoio político para atender melhor às necessidades dos refugiados.

Foi criado em Genebra o Fundo Francês (*Bourse française*) para prestar cuidados diaconais aos protestantes franceses que fugiam da perseguição católica. O próprio João Calvino apoiou discretamente a obra do Fundo Francês, por muitos anos, com sua modesta renda. Além de ajuda de emergência e cuidados médicos, os diáconos usavam esse fundo para arrumar moradia para famílias de refugiados e para

---

[15] Veja William C. Innes, *Social concern in Calvin's Geneva* (Eugene: Wipf & Stock, 1983), p. 205-36.

[16] Lindberg, *European Reformations*, p. 251.

Cultura pública: Imigração

ajudá-los a conseguir emprego na cidade. O fundo fornecia ferramentas para que os refugiados pudessem trabalhar por conta própria. Até pagava treinamento vocacional para garantir que os refugiados não dependessem de caridade para sua subsistência a longo prazo. Desde o início, qualquer refugiado de qualquer nação que estivesse passando do genuína necessidade recebia assistência do Fundo Francês. No entanto, à medida que a perseguição se espalhou pela Europa, fundos semelhantes foram criados em Genebra para as diversas comunidades étnicas em busca de refúgio (italiana, espanhola, polonesa etc.).

O caráter multinacional da Reforma embasou o compromisso de Calvino com as práticas sociais e econômicas do ministério diaconal em Genebra. Um caráter cosmopolita semelhante também foi encarnado na fundação da Academia de Genebra. Essa escola internacional foi concebida com a finalidade de educar clérigos e médicos para servirem nas comunidades protestantes nascentes de diversas nações e culturas da Europa e, posteriormente, do mundo.

Não é surpresa, portanto, que, no âmbito dessa reforma internacional e migratória, a visão de Calvino para a ordem da igreja e para a comunhão eclesial ao longo das fronteiras evidenciasse um certo nível do que hoje poderíamos chamar de "localismo" ou "tolerância multicultural". Em vez do universalismo imposto de cima para baixo por Roma, Calvino tomou medidas para trazer diversas congregações a uma "rede de igrejas, geograficamente separadas, cada qual possuindo sua própria confissão".[17] Essa "rede [internacional e multicultural] pretendia ser, ao mesmo tempo, mutuamente solidária e mutuamente corretiva, uma família na qual havia espaço para alguma diversidade na comunhão comum".[18] Os catecismos eram uma maneira de diversas igrejas, não obstante fronteiras políticas e culturais, reconhecerem

---

[17] Elsie Anne McKee, "The character and significance of John Calvin's teaching on social and economic issues", in: *John Calvin rediscovered: the impact of his social and economic thought*, orgs. Edward Dommen e James D. Bratt (Louisville: Westminster John Knox, 2007), p. 19.

[18] McKee, "Calvin's Teaching", p. 19.

mutuamente umas às outras e formarem uma comunidade unificada, ainda que marcada pela diversidade.

UMA TEOLOGIA ESPIRITUAL E TEMPORAL DA COMPAIXÃO

Em suas *Institutas*, Calvino argumenta que Deus estabeleceu os governos para "que se possa manter a humanidade entre os homens";[19] e vê os magistrados como protectores e guardiões divinamente designados do bem-estar público, "um chamado não apenas legítimo diante de Deus, mas também o mais sagrado e de longe o mais honroso de todos os chamados, em toda a vida dos homens mortais".[20] Por essa visão, os governos temporais existem "para nutrir e proteger a adoração exterior a Deus, defender a sã doutrina da piedade e a posição da igreja, ajustar nossa vida à sociedade dos homens, moldar nosso comportamento social à justiça civil, reconciliar-nos uns com os outros e promover a paz e a tranquilidade gerais".[21]

Segue-se que existem formas de governo preferíveis para Calvino. Apesar de acreditar em uma divisão operacional entre governo *espiritual* (igreja) e governo *temporal* (Estado), Calvino argumenta que o "estabelecimento temporal da justiça civil e da moralidade exterior" está fundamentado e brota "daquele reino espiritual e interior de Cristo, de modo que nós devemos saber que ambos não estão em desacordo. Pois o governo espiritual, de fato, já está nos iniciando, aqui na terra, em certos princípios do Reino Celestial, e propicia nesta vida mortal e fugaz uma certa antevisão de uma bem-aventurança imortal e incorruptível".[22] Por esse entendimento, nem a igreja nem o Estado representam comunidades perfeitas e santas, mas ambos são sociedades mescladas de santos e pecadores, de eleitos e réprobos, o que torna

---

[19] John Calvin, *Institutes of the Christian Religion*, ed. John T. McNeill, trad. Ford Lewis Battles, 2 vols. (Philadelphia: Westminster, 1960), 4.20.3.

[20] Calvin, *Institutas* 4.20.6.

[21] Calvin, *Institutas* 4.20.1-2.

[22] Calvin, *Institutas* 4.20.2.

Cultura pública: Imigração

necessário reconhecer certas ambiguidades e tensões no âmbito dos governos espiritual e temporal.

Mesmo quando defendia alguma separação entre igreja e Estado, Calvino não separava a teologia da política. Uma razão pela qual a teologia precisava envolver a vida pública era para garantir que a obrigação cristã fundamental de compaixão para com os necessitados fosse cumprida adequadamente. Para Calvino e para aquelas tradições influenciadas por ele, o estabelecimento de uma ordem social justa é parte inegociável da vida cristã. O chamado para ministrar a pobres, enfermos, viúvas, órfãos, refugiados e prisioneiros (Mt 25:34-40) é questão de preocupação tanto para o Estado quanto para a igreja, pois é antes de tudo uma preocupação espiritual para todos os cristãos. Como Calvino pregava: "Assumamos uma posição tão enérgica contra o mal quanto pudermos. Esta ordem é dada a todos, não apenas a príncipes, magistrados e oficiais de justiça, mas também a todos os indivíduos comuns".[23]

A resistência de Genebra à imigração continuou ao longo de todo o ministério público de Calvino, e além. Foi apenas em 1559 que o primeiro filho de um imigrante foi autorizado a ocupar uma cadeira no Conselho dos Duzentos, e foi somente 35 anos depois disso, em 1594 — muito depois da morte de Calvino — que o primeiro filho de um imigrante ocupou uma cadeira no Pequeno Conselho, que era a verdadeira sede do poder político.

Calvino discordava teológica e politicamente do grupo anti-imigração, com base no simples dever cristão. Comentando a passagem em Hebreus (13:2) sobre aqueles que acolheram anjos sem o saber, ele escreve:

> Ele não está falando apenas sobre o direito de hospitalidade que era praticado entre os ricos, mas está ordenando que os pobres e os necessitados sejam acolhidos, pois naquela época eram muitos

---

[23] Calvin, *Sermons on 2 Samuel: Chapters 1–13*, p. 419.

os refugiados que haviam sido expulsos de suas casas pelo Nome de Cristo. Com o intuito de conferir ainda mais louvor a esse tipo de dever, ele diz que anjos às vezes foram acolhidos por pessoas que pensavam estar recebendo homens. Não tenho dúvidas de que ele está pensando em Abraão e Ló. [...] Se alguém objetar, alegando que isso foi uma ocorrência incomum, tenho uma resposta pronta no fato de que recebemos não apenas anjos, mas o próprio Cristo, quando recebemos os pobres em seu nome.[24]

REFUGIADOS DISPERSADOS PARA O BRASIL

Ao contar a história da conquista e da colonização europeia do Novo Mundo, há certas narrativas que continuam a predominar. Exemplo disso são as alegações de que o protestantismo se estabeleceu primeiro na Nova Inglaterra ou que a América Latina foi colonizada exclusivamente pela Igreja Católica Romana. A breve história de Forte Coligny, um assentamento protestante nos arredores do atual Rio de Janeiro, desafia esses pressupostos predominantes. Para nossos propósitos, Forte Coligny fornece um breve, embora esclarecedor vislumbre da natureza, da visão e do caráter da migração no início da Reforma.

Em 1555, as igrejas reformadas de Genebra decidiram plantar sua primeira missão protestante nas Américas. Mais de 60 anos antes de os protestantes de língua inglesa fundarem Plymouth, na Nova Inglaterra, refugiados huguenotes de língua francesa embarcaram rumo a uma nova colônia, então conhecida como "França Antártica", no atual Brasil.

Genebra, abarrotada de refugiados huguenotes, abençoou e enviou colonos e dois pastores que foram treinados e financiados pelo consistório de Genebra. Os imigrantes de Genebra experimentaram uma profunda sensação de deslocamento, que vinha do fato de serem

---

[24] John Calvin, *Calvin's New Testament commentaries*, vol. 12, *The Epistle of Paul the Apostle to the Hebrews and the First and Second Epistles of St. Peter*, org. T. F. Torrance (Grand Rapids: Eerdmans, 1994), p. 204-5.

Cultura pública: Imigração

hóspedes não convidados e desprovidos de direitos políticos em uma terra estranha.

Esses colonos reformados optaram por vir para a América Latina, mesmo esta sendo um território sob domínio espanhol e português e vista como campo missionário exclusivo da Igreja Católica Romana pela bula papal *Inter caetera* (1493).[25] Consequentemente, o delicado destino dos protestantes na América Latina frequentemente foi este: "Eles eram prontamente detectados, capturados e julgados pela Inquisição. Sob as provas do ordálio, a maioria se retratava, principalmente para evitar punição, mas alguns, que permaneciam leais até o fim, foram queimados na fogueira".[26] A experiência migratória desses primeiros calvinistas foi marcada por perigo, vulnerabilidade e deslocamento.

Em 1555, a coroa católica francesa autorizou a construção de uma fortaleza insular que abrigaria seiscentos cidadãos franceses, como parte de uma aventura exploratória no Novo Mundo. A iniciativa recebeu o nome de Forte Coligny, em homenagem a Gaspard de Coligny, huguenote e almirante francês.[27] O forte estava sob o comando do vice-almirante Nicolas Durand de Villegagnon, um recém-convertido ao protestantismo. Villegagnon convenceu o almirante Coligny a guarnecer a fortaleza com refugiados huguenotes.[28] Muito pouco se sabe

---

[25] Essa bula papal concedeu a Fernando e Isabel de Espanha, soberanos católicos, todas as terras a "oeste e sul" de uma linha que ia de polo a polo, cem léguas a oeste e sul de qualquer uma das ilhas dos Açores ou das ilhas de Cabo Verde.

[26] G. Baez-Camargo, "The Earliest Protestant Missionary Venture in Latin America", *Church History* 21, n. 2 (Junho 1952): p. 135.

[27] O almirante Coligny é lembrado como um dos líderes dos huguenotes durante as guerras religiosas na França (1562-1598); ele tinha uma relação próxima com o rei Carlos IX da França, amizade muito contestada pela mãe deste, Catarina de Médici, que conspirou para assassinar Coligny em 22 de agosto de 1572. Isso desencadeou o massacre do Dia de São Bartolomeu (24 de agosto de 1572), que resultou na morte de mais de dez mil huguenotes em Paris e nas províncias periféricas. Veja R. J. Knecht, *The French Civil Wars, 1562-1598* (London: Routledge, 2014), p. 157-70.

[28] Coligny conseguiu o apoio da coroa para estabelecer uma colônia no Brasil, a qual serviria de refúgio para huguenotes franceses; mesmo com esse incentivo, ainda tiveram de vasculhar as prisões parisienses para "conseguir homens suficientes [...] para se juntarem ao

sobre esse empreendimento colonial, uma vez que os dois únicos relatos de testemunhas oculares foram escritos por huguenotes, os quais logo foram mortos, quando o forte foi invadido pelos portugueses, em 1560.[29] O rei católico, em última instância, apoiou esse empreendimento protestante por causa das vantagens políticas e econômicas que ele poderia obter fundando uma colônia no Novo Mundo.[30]

Os colonos de Coligny tiveram de superar muitas dificuldades em seu novo lar. Uma carta de Villegagnon relata que seus soldados e também os refugiados huguenotes enfrentaram severa escassez de alimentos e lutaram para sobreviver no novo clima. Em meio a essa luta, ele descreve os imigrantes huguenotes como "uma raça temente a Deus, paciente e gentil", que realizaram a maior parte do trabalho e se tornaram seus "melhores trabalhadores [e] exerceram boa influência sobre os demais".[31] Villegagnon ficou tão impressionado com os colonos que escreveu ao rei Henrique II e aos magistrados de Genebra, solicitando que mais artesãos reformados, bem como ministros reformados, fossem enviados de Genebra para o Forte Coligny. Essas cartas não existem mais. De acordo com as atas do consistório, a Igreja de Genebra enviou mais dois ministros, Peter Richier e William Chartier, que trouxeram cartas de João Calvino para Villegagnon, no Brasil. As cartas chegaram em 7 de março de 1557.

Assim, com o apoio de uma coroa católica francesa, Forte Coligny tornou-se um refúgio protestante para imigrantes reformados em busca de liberdade religiosa e desejosos de evangelizar a população local. Foi assim que, em 1557, o primeiro culto reformado com Santa

---

seu contingente huguenote". Veja James I. Good, "Calvin and the New World", *Journal of the Presbyterian Historical Society 5*, n. 4 (dezembro de 1909): p. 179.

[29] Veja John McGrath, "Polemic and History in French Brazil, 1555–1560", *Sixteenth Century Journal 27*, n. 2 (julho-agosto de 1996). p. 385 97. Essas memórias foram publicadas no *Livro dos mártires*, do protestante Foxe (1563), e usadas pelos protestantes em suas discussões com os católicos, durante as guerras religiosas na França; portanto, são amplamente desacreditadas como fontes confiáveis pelos historiadores.

[30] Good, "Calvin and the New World", p. 179.

[31] Citado em Good, "Calvin and the New World", p. 180.

Cultura pública: Imigração

Ceia (seguindo a Ordem da Igreja de Genebra) foi celebrado no Novo Mundo — não na Nova Inglaterra, mas sim no Brasil.[32]

Uma carta de Villegagnon e outras cartas dos dois ministros foram enviadas a Calvino e ao Consistório de Genebra, pelo navio que retornava, em abril de 1557. Em sua carta, Villegagnon expressa alegria pela chegada dos ministros protestantes. Ele também menciona uma série de preocupações com ameaças da população indígena, as dificuldades físicas de sobrevivência na região e lamentações porque alguns colonos "voltaram para a França, por causa das dificuldades que enfrentaram, sendo que ele próprio ficou um pouco desanimado com as dificuldades. Mas quando se lembrou de que o objetivo da viagem era promover o reino de Cristo, sentiu que desonraria Seu nome [o nome de Cristo] se fosse dissuadido pelos perigos".[33] A carta de Villegagnon demonstra tolerância para com os colonos huguenotes e termina com palavras de apoio ao esforço missionário de Calvino: "Nosso Senhor Jesus Cristo preserve a ti e teus colegas de todo mal, te fortaleça com seu Espírito e prolongue tua vida para a obra da Igreja".[34]

Infelizmente, o apoio de Villegagnon a Calvino — que era enraizado no pragmatismo e morno, na melhor das hipóteses — erodiu quando o luterano Jean Cointat levantou objeções à celebração local da Ceia do Senhor e do batismo segundo a ordem de culto de Genebra. Villegagnon ficou do lado de Cointat e acabou proibindo a ordem de culto de Genebra, apesar da promessa e das garantias que fizera a Calvino de que adeririam à Ordem da Igreja de Genebra.[35] Quaisquer

---

[32] Veja R. Pierce Beaver, "The Geneva Mission to Brazil", *Reformed Journal* 17 (Julho–Agosto 1967): 14-20.

[33] Citado em Good, "Calvin and the New World", p. 181.

[34] Good, "Calvin and the New World", p. 181.

[35] Em sua carta de abril de 1557 a João Calvino, Richier e Chartier asseguraram a Calvino que haviam presidido a celebração apropriada da Ceia do Senhor, e até relataram que o vice-almirante Villegagnon havia feito uma profissão de fé pública. Alguns meses depois (em junho), Villegagnon colocou Chartier em um navio para Genebra, para que consultasse Calvino sobre como resolver o assunto, enquanto Richier foi autorizado a continuar pregando e dirigindo o culto, desde que não celebrasse os sacramentos. Veja Charles E. Nowell, "The French in Sixteenth-Century Brazil", *The Americas* 5, n. 4 (abril de 1949): p. 388-91.

que fossem as intenções originais do almirante Coligny, a profissão de fé protestante de Villegagnon se mostrou insincera: ele acabou impondo a doutrina católica romana sobre todo o Forte Coligny, proibiu o culto reformado (embora este continuasse sendo celebrado em segredo) e, por fim, expulsou os huguenotes da ilha. Estes se tornaram refugiados mais uma vez.

Ironicamente, foi durante esse exílio no continente brasileiro que os huguenotes iniciaram seus verdadeiros esforços missionários, evangelizando a tribo Topinambu (Tupinambá) que os acolheu em seu estado vulnerável.[36] Seus esforços missionários, infelizmente, foram de curta duração: Villegagnon os acusou de serem hereges, prendeu-os como espiões e os sentenciou à morte. Um deles se retratou, mas três foram executados — Peter Bourdon, John Bortel e Matthew Vernuil —, tornando-se os primeiros mártires a morrerem por causa da doutrina e da missão protestantes no Novo Mundo. Um quinto elemento, John Boles, estabeleceu-se ao sul do Forte Coligny e tornou-se um pregador tão bem-sucedido entre as tribos indígenas que os jesuítas o prenderam e encarceraram por oito anos, antes de queimá-lo na fogueira, em 1567, "o primeiro auto de fé protestante na América".[37]

CONCLUSÃO

Nas *Institutas*, Calvino conecta hospitalidade e cuidado com pobres, refugiados e estrangeiros diretamente às doutrinas teológicas da graça e da imagem de Deus na humanidade. Em um dos trechos, Calvino parece estar falando especificamente sobre refugiados religiosos, quando argumenta que, dentre eles, a imagem divina "deve ser observada com mais cuidado". Com base nisso, Calvino instrui:

---

[36] Nessa época, Jean De Léry, um dos colonos, chegou a desenvolver um dicionário da língua tupinambá para os futuros missionários. Para uma tradução do breve relato de De Léry sobre sua aventura missionária, veja Francis Parkman, *Pioneers of France in the New World* (Boston: Little, Brown, 1865), p. 16-27.

[37] Good, "Calvin and the New World", p. 185.

Cultura pública: Imigração

> Portanto, não temos motivos para rejeitar quem quer que seja que vier perante nós precisando de nossa ajuda. Se dissermos que essa pessoa é estrangeira, o Senhor gravou nele um sinal que conhecemos [a imagem de Deus]. [...] Se alegarmos que é desprezível e inútil, o Senhor responde mostrando-nos que honrou esse indivíduo, fazendo sua própria imagem brilhar nele. Se dissermos que nada lhe devemos, o Senhor nos diz que trouxe esse indivíduo diante de nós para que nele vejamos as muitas benesses que lhe devemos. Se dissermos que esse alguém não é digno de que demos sequer um passo em seu favor, a imagem de Deus, que devemos enxergar nessa pessoa, é bastante digna de que demos por ela tudo o que somos e temos. Mesmo quando se trata de alguém que não só é inútil, mas também nos insultou e feriu, isso não é motivo suficiente para deixarmos de amá-lo, agradá-lo e servi-lo.[38]

Não basta dizer que Calvino, ele próprio um exilado, defendeu outros que também eram exilados. Há uma linha direta que liga os ministérios de hospitalidade e equidade social de Calvino com os imigrantes em Genebra e os esforços missionários de Calvino no Brasil. As duas narrativas refletem uma verdade mais ampla sobre o caráter migratório e multinacional do movimento do início da Reforma. A Genebra multicultural fazia "parte de uma luta internacional (ou, melhor dizendo, talvez, universal) mais ampla pela verdade em uma batalha que ultrapassou os limites de qualquer jurisdição cívica".[39]

As narrativas de Genebra e de Coligny desafiam os cristãos contemporâneos a abordarem a questão subjacente (e que nos assombra) dos nossos dias: *O que Deus exige dos seguidores de Cristo em relação ao menor de nossos irmãos e irmãs* (Mt 25)? A hospitalidade dos anfitriões reformados em Genebra e a vulnerabilidade, o perigo e o sofrimento dos imigrantes reformados no Forte Coligny devem informar

---

[38] Calvino, *Institutas* 3.7.6.
[39] Jesse Spohnholz, "Refugees", in: *John Calvin in context*, org. R. Ward Holder (Cambridge: Cambridge University Press, 2020), p. 147.

nossas experiências e lutas nos dias de hoje em torno da questão da imigração global.

Seguir a Cristo fielmente neste mundo envolve mover-se; é uma jornada, uma peregrinação. Para Calvino, carregar a própria cruz sempre envolve sofrimento. Esse nosso mover-se fiel, argumenta ele, é possível quando "aprendemos que esta vida, quando julgada em si mesma, é conturbada, turbulenta, infeliz de inúmeras maneiras e em nenhum aspecto claramente feliz; que todas as coisas que julgamos como bens são incertas, passageiras, vãs e viciadas por muitos males que se mesclam. A partir disso, ao mesmo tempo, concluímos que nesta vida não devemos buscar e esperar nada além de lutas".[40]

Mas há esperança. Por causa da cruz de Cristo, por causa de seu sacrifício por nós, os seguidores de Cristo podem carregar uma cruz pelos outros, enquanto se movem e migram por este mundo. O doar-se gracioso de Cristo por nós exige uma resposta pública e até mesmo política. Para João Calvino, ficar de braços cruzados, enquanto pobres, imigrantes e refugiados políticos sofrem e são explorados — isso é um ato pecaminoso, uma violação da "imagem de Deus".[41] É nosso dever cristão não apenas aliviar esse sofrimento por meio de ministérios de compaixão, mas também reordenar nossa vida política em fidelidade a Deus para eliminar tal sofrimento.

Idolatria e calvinismo são antitéticos entre si, absolutamente hostis. Para o calvinista, somente Deus é soberano. *Nada* pode competir com a imagem de Deus, a lei de Deus ou o poder soberano de Deus, nem diminuí-los. Quando cristãos reformados nos Estados Unidos ignoram o sofrimento de refugiados (que são a imagem de Deus em seu meio), quando se escondem silenciosamente atrás de um Estado de Direito injusto (colocando as leis da nação acima das leis de Deus), quando se submetem passivamente a um líder injusto (colocando a soberania do líder acima da soberania de Deus) — tais cristãos

---

[40] Calvino, *Institutas* 3.9.1.
[41] Calvino, *Institutas* 3.7.6.

reformados estão correndo o risco não apenas de cometer injustiça contra seu próximo, mas também de cometer idolatria contra Deus.

O século 21 já é marcado por uma massiva migração global. Perseguição religiosa, crise econômica, ódio racial e conflitos políticos são todos a força motriz por trás de enormes deslocamentos de almas e corpos criados à imagem de Deus. Enquanto os cristãos reformados ao redor do mundo lutam para saber como responder a esse deslocamento sem precedentes, eles fariam bem em aprender com seu próprio passado migratório.

Rubén Rosario Rodríguez (PhD, Princeton Theological Seminary) é professor de Teologia Sistemática na Saint Louis University. Suas publicações recentes incluem *Dogmatics after Babel: beyond the theologies of word and culture* (Westminster John Knox, 2018) e o *T&T Clark Handbook of political theology* (Bloomsbury/T&T Clark, 2019). Rosario lida com a migração global e questões de justiça social como diretor do Mev Puleo Program in Latin American Theology, Politics and Culture na Saint Louis University e por meio do trabalho de advocacia com o Missouri Immigrant and Refugee Advocates.

LÍNGUA

2 QUE TODA LÍNGUA CONFESSE:
diversidade linguística e teologia pública
reformada

James Eglinton

Uma língua pode tanto unir quanto dividir, tanto libertar quanto oprimir — um fato da vida bem conhecido por meu grupo étnico, os celtas falantes de *Gàidhlig* das Terras Altas da Escócia e das Hébridas Exteriores. A palavra *dàimheil* no idioma *Gàidhlig*[1] descreve a sensação de se sentir em casa na companhia de um sujeito que fala esse idioma, mesmo que ele seja um completo estranho. Apesar de toda a sua calorosa beleza, no entanto, esse senso de parentesco brota de uma longa experiência de exclusão e opressão linguística. A partir do século 17, nossa língua sofreu em consequência da anglicização forçada. Mesmo em meados do século 20, era normal que as crianças *Gàidhlig* recebessem tapas de seus professores de língua inglesa por usarem sua língua materna. Essas crianças eram obrigadas a adotar nomes ingleses. Ainda em 2003, uma família escocesa teve de recorrer ao sistema judiciário para poder registrar o nome completo de sua filha em *Gàidhlig*, e não em inglês.[2]

Embora esse idioma hoje receba apoio estatal explícito (ainda que limitado), o *Gàidhlig* continua sendo desprezado por muitos no Reino

---

[1] Para maior clareza: o idioma celta falado na Escócia, o *Gàidhlig*, e o idioma intimamente relacionado falado na Irlanda, o gaélico, são comumente — e muitas vezes de forma bem confusa — chamadas em inglês simplesmente de "gaélico".

[2] Shirley English, "Father Registers a Protest after Daughter's Gaelic Name Is Barred," *The* [*UK*] *Times*, 31 de maio de 2003.

Unido e até na própria Escócia. Em 2014, ao registrar o nascimento de meus filhos gêmeos nas Câmaras Municipais de Edimburgo, dei seus nomes em *Gàidhlig* à funcionária, que então me perguntou: "Você tem certeza de que quer fazer isso?", antes de revirar os olhos com desdém. Nos dias atuais, o número de falantes fluentes do *Gàidhlig* diminuiu para pouco mais de 1% da população escocesa. Não é de admirar, portanto, que nos sintamos *dàimheil* quando encontramos um estranho que fala a nossa própria língua.

Nosso mundo em rápida globalização possui hoje mais de sete mil línguas vivas. Os linguistas estimam que, até o final do século, quase a metade dessas línguas pode estar extinta. Como os cristãos devem avaliar e responder teologicamente à diversidade linguística e às forças políticas e culturais que podem colocá-las em perigo? Que obrigações éticas os cristãos têm para com os grupos linguísticos minoritários? Finalmente, o que a *teologia* cristã tem a dizer, se é que tem alguma coisa a dizer, a esse mundo de línguas minoritárias diversas e muitas vezes vulneráveis?

CRISTIANISMO E MULTILINGUISMO

Em 2021, os cristãos falam, adoram, oram e estudam as Escrituras em mais idiomas do que em outro qualquer momento anterior da história da igreja. A tradução da Bíblia para mais e mais idiomas continua em ritmo acelerado. Nos últimos anos, povos tão diversos quanto os Ifés do Togo e Benin, bem como meu próprio grupo étnico, receberam o Novo Testamento em suas próprias línguas.[3] Essa disposição de se submeter à tradução está profundamente enraizada no cristianismo, que tem sido uma fé multilíngue desde o início.

Logo após o Pentecostes, os primeiros cristãos — partos, medos, líbios, judeus, egípcios, árabes — estavam bem cientes de suas

---

[3] A tradução anterior da Bíblia para o *Gàidhlig* foi publicada em 1801, em um dialeto que há muito se extinguiu e que não é facilmente compreensível para os dialetos de muitos falantes modernos.

diferenças de língua materna (At 2:7-11), assim como reverenciavam as Escrituras que foram escritas em hebraico, aramaico e grego. Eles pertenciam a uma comunidade dentro da qual a Palavra de Deus era passível de ser traduzida para as línguas humanas; não havia um grupo linguístico isolado que ocupasse uma posição de privilégio e distinção simplesmente por utilizar uma língua em particular.

Nesse aspecto, o cristianismo era uma espécie de anomalia no Império Romano, onde o grego e o latim disputavam o domínio do império.[4] As línguas locais eram vagamente toleradas, e o idioma dos não romanos (os chamados bárbaros) foi reduzido a uma caricatura subumana: "bar bar bar". Os romanos pagãos viam a diversidade linguística como um problema a ser resolvido, e não algo a ser elogiado. Cícero, por exemplo, afirmava que um povo só poderia ser unido quando tivesse uma etnia, uma nacionalidade e um idioma em comum.[5] Naquela época, a prontidão com a qual os cristãos estavam dispostos a aceitar uns aos outros, independentemente das diferenças linguísticas, era impressionante.

Em contraste com a típica característica romana de desprezar as línguas minoritárias,[6] o pai da igreja Agostinho de Hipona (354-430) descreveu como "a Cidade Celestial chama cidadãos de todas as nações e, assim, reúne uma sociedade de estrangeiros, falando todas as línguas".[7] No contexto do imaginário político pagão de Roma, a ideia

---

[4] Para a propagação inicial do cristianismo fora do mundo romano, bem como na África e na Ásia, veja Vince Bantu, *A multitude of all peoples: engaging Ancient Christianity's global identity* (Downers Grove: IVP Academic, 2020).

[5] Cicero, *De officiis* 1.53, "Eiusdem gentis, nationis, linguae, qua maxime homines coniunguntur".

[6] Frédérique Briville argumentou que os romanos pré-cristãos evitavam o conceito de multilinguismo (uma noção suficientemente extensa para manter as línguas da humanidade juntas *ad infinitum*) e, em vez disso, favoreciam uma alternativa distintamente romana: o trilinguismo (*trilinguis*). Em vez de considerar todas as línguas em conjunto, a noção preferida pelos romanos lidava apenas com o latim, o grego e (em um ato de condescendência) qualquer língua local que fosse falada naquela respectiva parte do império. Briville, "Multilingualism in the Roman World", *Oxford Handbooks Online*, 10 de setembro de 2018, https://www.oxfordhandbooks.com/view/10.1093/oxfordhb/9780199935390.001.0001/oxfordhb-9780199935390-e-101.

[7] Agostinho, *Cidade de Deus* 19.17.

Cultura pública: Língua

de um reino cujos fatores de unificação não precisassem de uma língua comum deve ter soado realmente estranha.

Um desdobramento surpreendente (e bastante decepcionante) na história do cristianismo diz respeito a como a prontidão da igreja primitiva em ouvir a beleza existente em cada língua bárbara se esvaiu sob o peso de um latim recém-cristianizado. Nos séculos que se seguiram a Agostinho, o latim passou a ser visto como a língua única e sagrada da igreja. Todas as outras línguas eram consideradas seculares em comparação com o latim.[8]

Em vários pontos da longa história do cristianismo, no entanto, a receptividade histórica da igreja à diversidade linguística voltou com força. Pense, por exemplo, nos esforços de Martinho Lutero para traduzir as Escrituras em um novo tipo de alemão que fosse compreensível tanto para o príncipe quanto para o camponês; ou a opção de Calvino de escrever as *Institutas* em latim e em francês; ou, mais recentemente, a explosão do cristianismo nos países emergentes através do pentecostalismo, um ramo do protestantismo com sua própria abordagem idiossincrática à diversidade linguística.

No século 21, a maioria dos cristãos toma a traduzibilidade das Escrituras e a diversidade linguística da comunidade cristã como coisas líquidas e certas. Assim como era para os romanos pré-cristãos, eles as consideram simplesmente um fato ordinário da vida, algo que pode unir e dividir. Embora o catolicismo a princípio tenha resistido ao retorno da Reforma ao vernáculo, em meados do século 20, o Concílio Vaticano II (1962-1965) promoveu o uso de diversas línguas na celebração da missa. Nos dias atuais, a igreja é uma comunidade completamente global, multiétnica e multilíngue — como era no início. Quando esse quadro é examinado mais de perto, no entanto, um duplo paradoxo se torna evidente.

---

[8] Veja Christine Mohrmann, "How Latin Came to Be the Language of Early Christendom", *Studies: An Irish Quarterly Review* 40, n. 159 (setembro 1951): p. 277-88.

A SOMBRA DE BABEL

Primeiro, é impressionante que, apesar do passado e do presente multilíngues do cristianismo, muitos cristãos (ao longo da história e atualmente) tenham uma visão rasa da diversidade linguística. Eles a consideram uma maldição em vez de uma bênção.[9] Mesmo Lutero e Calvino, que defendiam a prática de teologizar na linguagem do povo, consideravam a existência de múltiplas línguas de maneira rígida e negativa. Para Lutero, essa "semente de todos os males e discórdias" era causa da divisão e da confusão linguísticas por toda a raça humana.[10] Embora Calvino tenha visto o surgimento das línguas sob uma luz mais positiva, ele, no entanto, sustentava que o rápido distanciamento da humanidade de sua origem monolíngue era evidência de um terrível julgamento divino pelo pecado.[11]

Na tradição cristã (interpretada de uma forma ampla), as visões de Lutero e de Calvino são bastante comuns. Elas mostram a realidade estranha e paradoxal de uma religião que simultaneamente abraça e despreza sua própria natureza multilíngue. As distintas tradições cristãs certamente têm suas próprias maneiras de abordar o multilinguismo. Pentecostais, calvinistas e católicos romanos, por exemplo, são moldados por tradições particulares que legam concepções bastante distintas em relação às línguas. Em sua maior parte, no entanto, a concepção cristã em relação à existência de múltiplas línguas, ao longo das tradições, foi profundamente moldada por um ícone da cultura: a história da torre de Babel (Gn 11). Nessa passagem, segundo concluem os leitores, Deus humilhou arrogantes monolíngues ao confundir sua

---

[9] Theodore Hiebert, "Babel: Babble or Blueprint? Calvin, Cultural Diversity, and the Interpretation of Gen. 11:1–9", in: *Reformed theology: identity and ecumenicity*, orgs. Wallace Alston e Michael Welker (Grand Rapids: Eerdmans, 2007), 2:127-45.

[10] Martin Luther, *Luther's works*, vol. 2, *Lectures on Genesis: Chapters 6–14*, org. Jaroslav Pelikan (St Louis: Concordia, 1960), p. 226.

[11] John Calvin, *Commentary on the First Book of Moses, called Genesis*, trad. John King (Edinburgh: Calvin Translation Society, 1848), p. 331.

Cultura pública: Língua

língua. Não mais capazes de se entenderem, eles abandonaram sua torre ainda incompleta.

Ao traçar a história da recepção da narrativa de Babel, Theodore Hiebert observa que mesmo "fora da erudição bíblica, essa leitura da história de Babel recebeu ampla legitimidade cultural em clássicos como *Paraíso perdido* de Milton, em muitas obras de arte como a obra-prima de Pieter Brueghel, bem como em todas as Bíblias de histórias infantis".[12] Babel informa as mais amplamente aceitas sensibilidades cristãs em relação ao multilinguismo. Baseada no pecado, na desobediência e no julgamento divino, a narrativa de Babel fez com que gerações de cristãos fossem inclinadas a encarar a diversidade linguística de maneira negativa.

Não é de admirar, portanto, que o cristianismo frequentemente tenha dificuldades para contar sua própria história plurilíngue em termos positivos. Como poderia ser de outra forma? Por que, por exemplo, a igreja deveria celebrar a tradução das Escrituras para o *Gàidhlig* ou para o *Ifé*? Claramente, o fato de ter acesso às Escrituras é um bem evidente. Mas, se as línguas *Gàidhlig* e *Ifé* existem apenas por causa do pecado humano, existem razões teológicas convincentes para investir recursos consideráveis no fortalecimento dessas línguas minoritárias, por meio de novas traduções da Bíblia? Por que simplesmente não encorajar essas pessoas a lerem as Escrituras no idioma da maioria circundante (o inglês para os gaélicos, e o francês para os Ifés)?

Depois de Babel, qual bem intrínseco, se é que há algum, os cristãos podem atribuir a essas línguas minoritárias? Existe algo além do mero pragmatismo para aproveitar oportunidades segundo estratégias evangelísticas? Quanto mais se olha para essas questões, mais elas parecem ser um nó intrincado de tensões teológicas.

---

[12] Theodore Hiebert, "The tower of Babel and the origin of the world's cultures", *Journal of Biblical Literature* 126, n. 1 (2007): p. 29.

DA TORRE AO JARDIM RUMO A UMA EXPLICAÇÃO CRIACIONAL DA DIVERSIDADE LINGUÍSTICA

O segundo paradoxo que devemos discutir é que relativamente pouco trabalho teológico foi feito para ajudar os cristãos a pensarem de forma construtiva sobre a diversidade linguística. Em sua maioria, os teólogos cristãos pouco fizeram para ajudar a igreja a superar seu estranho e paradoxal misto de autoaceitação e autonegação multilinguísticos.[13]

Tanto no judaísmo quanto no cristianismo, desvios da explicação da diversidade linguística baseada no pecado e centrada em Babel são surpreendentemente raros.[14] No entanto, uma explicação minoritária fez certo progresso nessa direção: o pensamento de Calvino e, mais tarde, um ramo da tradição que anos depois levou seu nome, o neocalvinismo.

Como Lutero, Calvino acreditava que a língua humana se dividiu em Babel.[15] Diferentemente de Lutero, porém, Calvino foi capaz de ver algo bom, e até mesmo divino, movendo-se em meio à diversidade linguística do mundo. Deus, segundo argumentou Calvino, estava respondendo a este mundo plurilíngue de forma ativa e providencial com uma combinação amorosa de graça especial e graça comum.

Por um ato de graça especial, conforme o pensamento de Calvino, o Espírito Santo capacitou a igreja a se comunicar e a se conectar de modo a cruzar fronteiras de vastas diferenças linguísticas. Pela graça, Deus "proclamou um evangelho, em todas as línguas, por todo o

---

[13] Para uma visão geral das obras que tratam deste tópico, veja James Eglinton, "From Babel to Pentecost via Paris and Amsterdam: multilingualism in neo-Calvinist and revolutionary thought", in: *Neo-Calvinism and the French Revolution*, orgs. James Eglinton e George Harinck (London: Bloomsbury T&T Clark, 2014), p. 31-60.

[14] Hiebert, "Babel: babble or blueprint?", p. 129-30. Para um relato sobre as atitudes em relação à existência de múltiplas línguas no judaísmo hassídico, veja Simeon D. Baumel, *Sacred speakers: language and culture among the Haredim in Israel* (New York: Berghahn Books, 2006). Veja também Nahum M. Sarna, *Genesis: the traditional Hebrew text with New JPS translation*, The JPS Torah Commentary (New York: Jewish Publication Society, 1989), p. 80-1.

[15] Calvin, *On the First Book of Moses*, p. 326.

Cultura pública: Língua

mundo, [...] de maneira que aqueles que antes estavam miseravelmente divididos se reuniram na unidade da fé".[16]

Por um ato de graça comum, Deus continua a conceder aos seres humanos a capacidade de aprender mais de uma língua. Nesse dom comum e gracioso, o Espírito Santo concede a pessoas, em diversas culturas ao redor do mundo, a habilidade de superar potenciais hostilidades acentuadas por diferenças linguísticas. Por meio desta divina providência, as "nações mantêm uma comunicação mútua entre si, embora em línguas diferentes".[17]

Além disso, a interpretação de Calvino admitiu a possibilidade de que a diversidade e o desenvolvimento das línguas já estivessem ocorrendo de forma orgânica antes de Babel (Gn 10, por exemplo, já registra a existência de diferentes línguas nos v. 5, 20 e 31). Nesse aspecto, a diversidade linguística não precisa ser consequência exclusiva do pecado e do julgamento.[18] Calvino argumentou que uma boa e piedosa dispersão de seres humanos pela face da terra — uma migração "[d]aqueles que o Senhor antes havia distribuído com honra em várias

---

[16] Calvin, *On the First Book of Moses*, p. 331.

[17] Calvin, *On the First Book of Moses*, p. 331.

[18] A importância da exegese particular que Calvino faz de Gênesis 10—11 é que o capítulo 10 indica a presença de grupos humanos divergentes, que já estavam espalhados por diferentes locais (e que falavam línguas diferentes), enquanto Gênesis 11 trata de um grupo étnico (monolíngue) em um determinado local e que é, então, disperso (espacial e linguisticamente falando) por julgamento de Deus. Exegetas que afirmam que a diversidade humana, incluindo a diversidade de línguas, foi instigada pelo julgamento de Deus em Babel (em Gn 11) historicamente argumentaram que os respectivos conteúdos desses capítulos não devem ser entendidos como uma sequência cronológica (nos termos que Sherman memoravelmente descreve como "Discronologia e Flashback"), de modo que os eventos em Gênesis 11 ocorreram antes na história, mas estão localizados após a imagem de Gênesis 10 de uma humanidade dispersa e multilíngue, como uma explicação subsequente de como eles vieram a ser assim. Veja Phillip Michael Sherman, *Babel's Tower Translated*: Genesis 11 and Ancient Jewish Interpretation (Leiden: Brill, 2014), p. 48. Calvino divergiu dessa interpretação a fim de argumentar que os capítulos foram de fato escritos em sequência cronológica e que Deus já estava orquestrando a dispersão de humanidade por toda a terra — um propósito divino que sofreu resistência por parte dos arrogantes babelitas. Assim, o processo de crescente diversidade linguística parece ter sido posto em marcha independentemente dos eventos que giram em torno da ira de Deus na torre de Babel.

moradas"[19] — já estava em andamento antes que Ninrode e seu bando monolíngue pusessem um único tijolo na planície de Sinear. Assim, embora Calvino tivesse se comprometido com a visão de que Deus, em um esforço para conter o avanço do pecado, havia inundado o mundo com palavras em Babel, Calvino também deixou a porta aberta para outra possibilidade: *mesmo sem Babel, sem a queda no pecado, ainda assim teria surgido uma diversidade harmoniosa e sagrada de línguas.*[20]

Nesse ponto, as semelhanças entre Lutero e Calvino tornam-se superficiais. Em vez de ver uma "semente de todo o mal", a explicação de Calvino para a diversidade linguística apontava — ainda que muito sutilmente — para a semente do jardim do Éden. Em vez de fundamentar a diversidade linguística na doutrina do pecado (hamartiologia), abre-se caminho para fundamentar nossas muitas línguas na doutrina da criação (protologia).

Plantada no solo do Éden, a diversidade linguística podia agora crescer e desenvolver-se a partir da ordem criacional, dada por Deus aos primeiros seres humanos, para "serem frutíferos e se multiplicarem". Em forma de semente, Calvino insinuou uma expectativa teológica de que Deus seria glorificado por esse lento desenrolar de diversidade e desenvolvimento da humanidade. A diversidade linguística poderia fazer parte da propagação e multiplicação frutífera da humanidade por toda a criação de Deus. A abordagem de Calvino, ainda que

---

[19] Calvin, *On the First Book of Moses*, p. 332.

[20] Assim, o ponto de partida teológico da explicação de Calvino sobre a diversidade linguística torna-se menos exclusivamente ligado a Babel e à doutrina do pecado e do juízo. Para ele, o julgamento divino explicava uma aceleração anormalmente rápida no início da mudança linguística em Babel. Normalmente, pensava Calvino, a língua mudava em um ritmo glacial. Na ausência da intervenção divina, uma língua não se tornaria centenas de novas línguas da noite para o dia. Pelo contrário, seu padrão normal de mudança era mais suave, preservando a familiaridade e um senso de parentesco entre grupos étnicos ao longo de séculos, apesar de suas maneiras de falar mudarem gradualmente. Babel foi diferente. Ali, em um instante, Deus impôs uma mudança drástica de língua para substituir o parentesco próximo dos babelitas por um completo distanciamento. Esse foi um julgamento distinto e terrível.

Cultura pública: Língua

incipiente,[21] sinalizou uma mudança importante na linguística teológica. Vemos nela o início do louvor teológico à diversidade linguística como um fenômeno que agrada e até glorifica a Deus.

DESENVOLVENDO UMA TEOLOGIA REFORMADA DA DIVERSIDADE LINGUÍSTICA

Infelizmente, nos três séculos que se seguiram a Calvino, a sutileza da exegese que Calvino fez de Gênesis 10 e 11 mal foi notada por seus descendentes reformados. Eles, assim como seus primos luteranos, seguiram em frente praticamente sem pensar nas distinções hamartiológicas ou protológicas antes mencionadas. Nos séculos 16, 17 e 18, o consenso cristão padrão era que a língua fora criada por Deus para ser algo de natureza estática e que qualquer mudança que a tenha acometido fora evidência do desagrado de Deus nos dias de outrora.[22]

No século 19, esse modorrento acordo cristão foi violentamente abalado por uma nova disciplina científica: a linguística evolutiva. Liderados por August Schleicher (1821-1868), seus proponentes argumentavam que a língua existia em um processo constante de mudança dinâmica e era mais bem compreendida nos termos evolucionários darwinianos. A língua não era estática nem monolítica, segundo Schleicher. Pelo contrário, era como uma série de organismos vivos que dava mostras de desenvolvimento, maturidade e, por fim, declínio.[23] Para Schleicher e seus seguidores, a noção de uma humanidade normativamente monolíngue e tornada multilíngue apenas por intervenção divina contrariava sua nova ciência. Afinal, eles podiam apontar com

---

[21] Notoriamente, a extensa produção de comentários bíblicos por Calvino não incluiu um comentário sobre o livro do Apocalipse, uma tarefa exegética que teria exigido que ele explicasse a aparente presença de diversidade linguística e étnica no *eschaton* (Ap 7:9).

[22] Eglinton, "From Babel to Pentecost", p. 33.

[23] August Schleicher, "The Darwinian Theory and the Science of Language (1863)", trad. Alexander V. W. Blikkers, in: *Linguistics and evolutionary theory: three essays by August Schleicher, Ernst Haeckel, and Wilhelm Bleek*, org. Konrad Koerner, v. 6 de Amsterdam Classics in Linguistics, e na Série 1 de Amsterdam Studies in the Theory and History of Linguistic Science, 1800-1925 (Amsterdam: John Benjamins, 1983), p. 1-72.

confiança para conexões entre línguas na Índia e na Europa, bem como postular explicações plausíveis de sua ancestralidade linguística compartilhada (e de padrões previsíveis de desenvolvimento linguístico).

Alguns protestantes reagiram a essa nova ciência com desdém e continuaram a insistir em sua velha visão estática da língua.[24] No entanto, na Holanda, uma forma moderna e ressurgente de calvinismo estava em pleno andamento; e ali, as sementes lançadas pela delicada exegese que Calvino fez de Gênesis 10—11 finalmente começaram a germinar.[25]

O neocalvinista Herman Bavinck (1854-1921) oferece um excelente exemplo desse desenvolvimento na linguística da teologia reformada em sua *Dogmática Reformada* de quatro volumes. Tanto a protologia como a escatologia de Bavinck abordam a questão da língua e da diversidade linguística de maneiras marcadas por uma interpretação calviniana de Babel. Ao escrever sobre a doutrina da criação, Bavinck argumenta:

> Em Gênesis 11, as Escrituras, portanto, traçam a origem das línguas e dos povos a um único ato de Deus, pelo qual ele interveio no desenvolvimento da humanidade. [...] Quanto mais selvagem e rude a humanidade se tornar, mais as línguas, as ideias e coisas do gênero seguirão caminhos diferentes. Quanto mais as pessoas viverem isoladas, mais as diferenças linguísticas aumentarão. A confusão das línguas resulta da confusão nas ideias, na mente e na vida. Ainda assim, em meio a toda essa divisão e a essa condição caída, a unidade foi preservada. A ciência da linguística descobriu parentesco e unidade de origem onde, no passado, nem mesmo remotamente suspeitavam.[26]

---

[24] Por exemplo, Henry Morris, *The biblical basis for Modern Science* (Green Forest: Master Books, 2002), p. 385-406.

[25] Em outro lugar, escrevi extensamente sobre as interações de Abraham Kuyper com as novas ideias apresentadas pela linguística evolutiva do século 19. Argumentei que suas contribuições são mais bem vistas como um complexo misto de preocupação científica e conveniência política. Veja Eglinton, "From Babel to Pentecost", p. 45-56.

[26] Herman Bavinck, *Reformed dogmatics*, v. 2, *God and creation*, org. John Bolt, trad. John Vriend (Grand Rapids: Baker Academic, 2004), p. 525.

Cultura pública: Língua

Nesse ponto, a influência de Calvino é palpável. Bavinck pensava que o desenvolvimento de múltiplas línguas fora ocasionado por pecado e julgamento divino. No entanto, Babel não sintetiza toda a história das relações de Deus com a linguística humana. Baseando-se em Calvino, Bavinck argumenta que Deus continua a intervir graciosamente nas línguas do mundo, desenvolvendo, conectando e superando as barreiras linguísticas. Curiosamente, embora a herança calvinista de Bavinck lhe desse os recursos exegéticos para afirmar a existência de múltiplas línguas antes de Babel (com base na leitura que Calvino faz de Gn 10), Bavinck não parece ter feito essa afirmação. Independentemente disso, Bavinck não era ludita: ele elogiava a nova ciência da linguística de Schleicher e achava que sua própria exegese de Gênesis era compatível com ela.

Uma das contribuições críticas de Bavinck para uma teologia reformada das línguas consiste em colocar as reflexões anteriores de Calvino sobre linguística, baseadas em Gênesis, em diálogo com a escatologia e o livro do Apocalipse. No quarto volume de sua *Dogmática*, Bavinck reflete sobre Apocalipse 7 e as diversas nações da terra sendo reunidas na Nova Jerusalém:

Sem dúvida, as divisões da igreja de Cristo são causadas pelo pecado; no céu não haverá mais lugar para elas. Mas isso está longe de ser a história toda. Deus ama a diversidade na unidade. Havia diversidade entre todas as criaturas, mesmo quando ainda não havia pecado. Como resultado do pecado, essa diversidade foi pervertida e corrompida, mas a diversidade em si é boa e importante também para a igreja. As diferenças de sexo e idade, de caráter e disposição, de mente e coração, de dons e bens, de tempo e espaço também são vantajosas para a verdade que está em Cristo. Ele coloca todas essas diferenças a seu serviço e adorna a igreja com elas. Na verdade, *embora a divisão da humanidade em povos e línguas tenha sido ocasionada pelo pecado, ela tem em si algo de bom, que é trazido para a igreja, e assim, preservado para a eternidade.* A partir das muitas raças, línguas, povos e nações, Cristo reúne sua igreja na terra.[27]

Bavinck fez um movimento totalmente calvinista nesse ponto. Por bem ou por mal, Deus fará algo de bom a partir da criação e do povo de Babel. Deus encorajará uma humanidade caída a tomar parte no mandato da criação (Gn 1:28): a se dispersar por toda a criação, a se multiplicar, a explorar, a nomear as criaturas e a encher a terra com diversas manifestações culturais e linguísticas.

Uma vez que uma pessoa faça esse movimento teológico, um forte fluxo de ideias necessariamente começa a fluir. Como Deus não é o autor do pecado, sua introdução providencial da diversidade linguística não foi a criação de algo pecaminoso. Deus não é um Pai que alimenta seus filhos com pedras ou escorpiões. Pelo contrário, Babel foi um ato divino, um dom gracioso, que trouxe um povo arrogante de volta à ordem criacional de Deus para que se multiplicasse, enchesse [a terra] e se desenvolvesse. Ao dispersar o povo de Babel, Deus enviou a humanidade para as diversas regiões da criação com o intuito de explorar e se diversificar, de acordo com a vontade criacional de Deus. A diversidade das línguas humanas, segundo Bavinck, teria ocorrido sem a queda no pecado. Além disso, na nova criação, a diversidade linguística continuará a se proliferar por toda a eternidade. Aqui a história bíblica da diversidade linguística repousa não apenas em Babel, mas também na criação e no *eschaton*.

Por estar sobre os ombros de Calvino, Bavinck foi capaz de traçar um nítido arco ao longo da história da redenção nas Escrituras, à medida que retrata a *imago Dei* multilíngue. Este arco bíblico aponta não apenas para uma realidade futura de harmoniosa diversidade linguística no novo céu e na nova terra, mas aponta também para uma realidade presente, na qual Deus se compraz grandemente com a diversidade das

---

[27] Herman Bavinck, *Reformed dogmatics*, v. 4, *Holy Spirit, church, and new creation*, org. John Bolt, trad. John Vriend (Grand Rapids: Baker Academic, 2008), p. 318, ênfase acrescentada.

Cultura pública: Língua

línguas humanas aqui e agora. Richard Mouw, um filósofo e teólogo cristão que segue a linha de Calvino e Bavinck, capta isso com maestria:

> A decisão de Deus em Babel de espalhar os povos foi lamentável. Foi uma resposta necessária à rebelião humana, o que significou que o desenvolvimento histórico seguiu linhas muito diferentes do que ocorreria se o pecado não tivesse se intrometido nos assuntos humanos. Isso não significa, porém, que o desenvolvimento da humanidade em meio ao pecado não tenha produzido bem nenhum. De fato, as fronteiras linguísticas, raciais e nacionais forneceram a estrutura para uma variedade de experimentos culturais e sociais envolvendo o espírito humano. Quando o fim da história chegar, então, haverá aproveitamento. Diversas riquezas culturais serão trazidas para a Cidade Celestial. O que foi dividido na história humana deve agora ser reunido para a glória do Criador.[28]

De acordo com esta leitura reformada, as línguas *Ifé* e *Gáidhlig* serão acolhidas na Nova Jerusalém, para glória e deleite de seu Criador. À luz dessa verdade escatológica, a atual inclusão do *Ifé* e do *Gáidhlig* na igreja global contemporânea é uma maneira concreta de os cristãos anteciparem e participarem desse reino multilíngue do já e ainda não.

UMA TEOLOGIA PÚBLICA PARA MINORIAS LINGUÍSTICAS

Para além da igreja, essa abordagem tem consequências consideráveis para uma teologia pública das línguas em um mundo globalizado. Como os cristãos devem responder à questão pública da diversidade linguística em geral e das minorias linguísticas vulneráveis em particular?

Proponho aqui o entendimento cristão de "mordomia criacional" como uma forma de estruturar teologicamente uma resposta cristã. A humanidade é chamada a cuidar e a proteger a complexidade da boa criação de Deus, à medida que esta se desdobra em tudo o que nos

---

[28] Richard J. Mouw, *When the kings come marching in: Isaiah and the New Jerusalem*, ed. rev. (Grand Rapids: Eerdmans, 2002), p. 86.

cerca: na flora e na fauna, nas aves do céu e nos peixes dos mares, e nas línguas faladas pelos filhos e filhas de Adão e Eva. A boa mordomia desta complexa criação é um imperativo teológico.

Hoje, uma grande parte da humanidade aprendeu a entender, monetizar e consumir tanto a criação quanto a cultura humana para seus próprios propósitos econômicos. A existência de árvores, animais, paisagens, povos e línguas diversas se justifica em vocábulos econômicos brutos. Como um exemplo dessa questão, gerações de crianças escocesas foram historicamente ensinadas que não "valia a pena" falarem a sua própria língua *Gàidhlig*, porque ela não era economicamente "útil". Afinal, por que aprender uma língua falada apenas por "camponeses", quando se poderia aprender a língua dos burgueses?.

Ao tentar defender o futuro da língua *Gàidhlig*, alguns defensores adotam esse discurso financeiro e tentam jogar o jogo da economia. Eles argumentam que a indústria turística escocesa poderia promover o uso de rótulos *Gàidhlig* para alimentos e bebidas, em um esforço para oferecer aos turistas uma experiência escocesa mais "autêntica". Os rótulos em *Gàidhlig*, segundo argumentam, podem angariar muitos milhões de libras para a indústria escocesa de alimentos e bebidas. (É claro que esses rótulos farsantes em *Gàidhlig* em uísques e lojas de kiltes — onde sequer uma palavra em *Gàidhlig* é realmente falada — são praticamente irrelevantes para a pequena minoria de nós para quem o *Gàidhlig* continua sendo uma língua viva.)

A doutrina da mordomia criacional fornece uma abordagem totalmente diferente para as línguas minoritárias vulneráveis, sustentando que elas devem ser protegidas, cuidadas e cultivadas como as diferentes flores do Éden.

Para ilustrar o ponto, alguém poderia perguntar: se a Grande Barreira de Corais morresse, tal morte deveria importar para os cristãos? Deveria, mas não primeiramente por razões financeiras. Em vez disso, a morte da barreira de corais deve importar porque, acima de tudo, sua complexa ecologia existe para o florescimento da terra e para a glória

Cultura pública: Língua

de Deus. Sua beleza e sua complexidade não têm preço. O mesmo vale para as línguas minoritárias — mesmo aquelas rotuladas como "financeiramente inviáveis".

As raízes dessa ideia eram bem mais antigas do que João Calvino. No quinto século, Agostinho, um cristão profundamente consciente da dinâmica do poder linguístico do Império Romano, defendeu publicamente a língua púnica — uma língua minoritária falada nas áreas rurais ao redor de Cartago.[29] Embora o púnico tenha sido no passado uma língua economicamente importante no contexto do outrora grandioso Império Fenício, na época de Agostinho seu uso rural estava em declínio sob a pressão urbana e imperial do latim.

Bastante ciente disso, Agostinho defendeu e promoveu essa linguagem sitiada. Ele citava com apreço provérbios púnicos (e os traduzia para o latim, para pessoas que não falavam o púnico). Agostinho brigava por traduções teológicas para o púnico. Ele chegou até a pedir ao Papa Celestino a nomeação de um bispo que falasse a língua púnica para a região que falava o púnico em torno de Fussala.[30] Em resposta aos insultos de Máximo, um gramático pagão, referentes ao aparente atraso dos pais que dão aos filhos nomes púnicos em um mundo latino, Agostinho escreveu: "Se você rejeita a língua púnica, você praticamente nega o que tem sido admitido pela maioria dos homens instruídos, que muitas coisas foram sabiamente preservadas do esquecimento em livros escritos em língua púnica. Ora, você deveria até mesmo se envergonhar de ter nascido no país onde o berço dessa língua ainda está quente, isto é, onde essa língua era originalmente, e até muito recentemente, a língua do povo".[31]

---

[29] Sobre a história do púnico, veja Charles R. Krahmalkov, *A Phoenician-Punic Grammar* (Leiden: Brill, 2001), p. 10-4.

[30] M'hamed-Hassine Fantar, "Death and Transfiguration: Punic Culture after 146", in: *A companion to the Punic Wars*, org. Dexter Hoyos (Hoboken: Wiley-Blackwell, 2015), p. 462.

[31] Citado in Mark Ellingsen, *The richness of Augustine: his contextual and pastoral theology* (Louisville: Westminster John Knox, 2005), p. 9.

A defesa pública que Agostinho fez de uma língua minoritária ameaçada de extinção deu-se em um contexto em que dois pesos-pesados linguísticos, o latim e o grego, lutavam pelo domínio do império, e a existência rural do púnico estava gravemente ameaçada.[32] De fato, a última referência histórica ao púnico como língua viva vem daquilo que Agostinho escreveu sobre esse idioma. Cerca de um século depois do tempo em que Agostinho viveu, o púnico praticamente desapareceu. A justificativa teológica para sua defesa pública de uma língua minoritária moribunda não foi detalhada. Essa lacuna, no entanto, pode ser preenchida pelas reflexões sobre o multilinguismo encontradas nos escritos agostinianos de Calvino e Bavinck. Talvez não seja uma grande surpresa o fato de que aqueles que se apoiam nos ombros desses dois gigantes — sendo Mouw um excelente exemplo disso — tornaram-se defensores públicos da diversidade linguística por razões distintamente cristãs.

James Eglinton (PhD, University of Edinburgh) é professor associado Meldrum de Teologia Reformada na University of Edinburgh, na Escócia. Ele é autor de *Bavinck: a critical biography* (Baker Academic, 2020) e escreve extensivamente sobre a história das ideias do movimento neocalvinista. Como defensor apaixonado da diversidade linguística e da importância das linguagens minoritárias na teologia, sua obra — escrita, pregação, transmissões e ensino — é comunicada em inglês, gaélico escocês, holandês e francês.

---

[32] Hugh Elton, *Frontiers of the Roman Empire* (Bloomington: Indiana University Press, 1996), p. 25.

DESCOLONIZAÇÃO

3 DESCOLONIZAÇÃO DA ÁFRICA E TEOLOGIA REFORMADA

Nico Vorster

João Calvino descreveu de maneira célebre o pecado como "cegueira".[1] Aqui, na África do Sul, minha própria visão foi recentemente desafiada por um grupo de estudantes jovens, em sua maioria negros, que protestaram contra práticas de exclusão em nossas universidades. Levantando suas vozes, os alunos buscavam abrir os olhos de seus colegas e professores para as frustrações e os desafios que vivenciam. Evidentemente, isso é uma prática padrão em qualquer protesto estudantil. Mas havia uma realidade mais profunda que meus próprios olhos, cegos, precisavam contemplar e considerar. Posso tentar examinar e entender as estruturas de opressão a partir de uma posição superior. Mas nunca consigo visualizar essas estruturas com a mesma clareza de quem as vê a partir de uma posição inferior. Se Calvino está certo, se o pecado é como uma "cegueira", alguém precisa me ajudar a enxergar.

O discurso da descolonização africana alega que padrões e práticas de poder, solidificados durante o período colonial, continuam a determinar a imagem que o continente tem de si mesmo, bem como suas práticas, experiências e estruturas sociais. O discurso identifica esse estado de ser como "colonialidade".[2] Em contrapartida, a *descolonização*

---

[1] João Calvino, *Ioannis Calvini Opera quae supersunt omnia: Ad fidem editionum principium et authenticarum ex parte*, orgs. J. Guilielmus Baum, A. Eduardus Cunitz e Eduardus W. E. Reuss, Corpus Reformatorum (Berlin: C. A. Scwetschke & Son, 1863-1900), 2:49.

[2] A colonialidade retrata "padrões de poder de longa data que surgiram como fruto do colonialismo, mas que definem cultura, trabalho, relações intersubjetivas e produção de

africana significa um amplo esforço interdisciplinar para examinar, libertar e transformar sociedades previamente colonizadas. O objetivo final é reorganizar as matrizes globais de poder e livrar as sociedades africanas de todas as formas de "colonialidade".

Neste capítulo, coloco uma variedade de discursos de descolonização em diálogo com a tradição teológica reformada. O diálogo corre devidamente nas duas direções. Espero explorar não apenas como a tradição reformada pode contribuir para esses discursos de descolonização, mas também como a tradição reformada pode aprender com esses importantes discursos.

Pela história que contei no início, fica claro que minhas reflexões não procedem de um lugar de neutralidade cultural, racial ou teológica. Fui inevitavelmente influenciado por minha própria formação, que é reformada, branca e sul-africana; contudo, espero apresentar uma perspectiva justa sobre o assunto. O descolonialismo é uma questão premente na África do Sul e em todo o mundo. As comunidades cristãs estão lutando para saber como devem responder a isso. À medida que mais e mais culturas lutam com essas questões, não resta à tradição reformada outra escolha senão se envolver com o discurso de descolonização.

DUAS CORRENTES DE PENSAMENTO

Como na maioria dos discursos acadêmicos, a teoria de descolonização existe nas mais diversas formas, tamanhos e nuances. Elas variam de moderadas a radicais e extremistas. Até o presente, duas grandes tradições do pensamento de descolonização tomaram forma na academia africana. Essas duas tradições se reúnem em torno do trabalho inovador de duas figuras: Frantz Fanon e Ngũgĩ wa Thiong'o. A interpretação de Fanon se preocupa em grande parte com a libertação psicológica, política e socioeconômica da África. A interpretação de

---

conhecimento de um modo que vai muito além das estritas limitações das administrações coloniais". Nelson Maldonado-Torres, "On the Coloniality of Being: Contributions to the Development of a Concept", *Cultural Studies* 21, nos. 2-3 (2007): p. 243.

Ngũgĩ concentra-se amplamente no impacto epistemológico e linguístico do (des)colonialismo na África. As duas correntes de pensamento não são mutuamente excludentes: elas têm em comum premissas e compromissos básicos. Dito isto, suas agendas diferem até certo grau.

Frantz Fanon (1925-1961), psiquiatra e filósofo político argelino, estava preocupado com as maneiras pelas quais a "lógica perversa" do colonialismo criava patologias entre os africanos.[3] Ele argumentava que o colonialismo fez com que os africanos internalizassem complexos de inferioridade.[4] Pois, segundo seu argumento, se pessoas de fora projetarem, de forma suficientemente consistente, certa imagem em um povo, os seus integrantes provavelmente adotarão essa imagem para si. No caso dos africanos, a imagem projetada era a de serem colonizados e viverem em um espaço de servidão.[5]

Fanon sugere que os africanos precisam se libertar conscientemente dessas patologias coloniais. Ele critica os movimentos de libertação nacionalistas, que ganharam o poder no período pós-colonial das décadas de 1950 e 1960. Fanon argumenta que eles meramente imitavam a conduta machista e racista do colonialismo.[6] Para uma libertação genuína, todas as estruturas e sistemas coloniais precisavam ser completamente destruídos — através de violência, se necessário. Nada poderia permanecer. Somente então poderiam ser erguidas estruturas radicalmente novas, que servissem aos interesses dos desgraçados (*damnés*, em francês) e refletissem suas perspectivas.[7]

---

[3] Veja Walter D. Mignolo, "Delinking", *Cultural Studies* 21, n. 2 (2007): p. 450.

[4] Veja Frantz Fanon, *Black skin, white masks*, trad. C. L. Markmann (New York: Grove, 1967); Fanon, *The wretched of the Earth*, trad. Constance Farrington (New York: Grove, 1968).

[5] Para serem "aceitáveis" em uma sociedade colonizada, os africanos tendiam a adotar "uma máscara branca", assimilando os valores coloniais europeus. Fanon identifica o cristianismo ocidental exportado para a África como totalmente cúmplice na colonização da psiquê negra. Fanon, *The wretched of the Earth*, p. 42.

[6] Veja Achille Mbembe, "Decolonising Knowledge and the Question of the Archive", série de palestras proferidas no Wits Institute for Social and Economic Research, em 2015, disponível em https://africaisacountry.atavist.com/decolonizing-knowledge-and-the-question-of-the-archive.

[7] Frantz Fanon, *Towards the African revolution*, trad. Haakon Chevalier (New York: Grove, 1967), p. 36. Veja também Mignolo, "Delinking", p. 458.

A verdadeira descolonização, conforme argumenta, somente poderia se materializar se uma "certa espécie de homens" fosse substituída por "outra espécie de homens".[8] Em outras palavras, a África precisa de um novo modo de existência humana.[9] Para Fanon, a descolonização começa pelo "autodomínio", por tomar de volta o poder dos outros e proteger esse poder, pela força, se necessário.[10]

Desde a década de 1970, muitos intelectuais e ativistas africanos[11] trabalharam em cima dos princípios básicos de Fanon. Entre os temas que persistem estão a derrubada ampla e radical das estruturas coloniais; críticas aos governos pós-coloniais que imitam a conduta racista e opressora dos regimes coloniais; esforços para desenvolver uma consciência negra livre de estereótipos coloniais negativos; a importância de reformar a iconografia dos espaços públicos; resistência ao capitalismo global e desenvolvimento de uma democracia de base que dê voz aos pobres.

LÍNGUA DESCOLONIZANTE

A obra e o testemunho de Ngũgĩ wa Thiong'o (1938–), romancista e acadêmico queniano, concentram-se na necessidade de descolonização nas áreas da epistemologia, linguística e educação. Segundo ele, as potências coloniais europeias fizeram mais do que dividir, rearranjar e dominar a África através do *hard power*[12] da política; elas também usaram o *soft power* da linguagem e da educação.

---

[8] Fanon, *Black skin, white masks*, p. 35.

[9] Segundo Mbembe, o que Fanon entende por "uma nova espécie de homem" é uma nova categoria de ser humano não "limitado ou predeterminado" pela aparência, respeitado por quem realmente é. Mbembe, "Decolonising knowledge".

[10] Mbembe, "Decolonising knowledge".

[11] Mais notadamente Steve Biko, Barney Pityana, Achille Mbembe, Nigel C. Gibson e Sabelo J. Ndlovu-Gatsheni.

[12] *Hard power* e *soft power* são conceitos de poder que se aplicam ao campo das relações internacionais. Foram criados por Joseph Nye, cientista político estadunidense. *Hard power*, também chamado poder duro, é a capacidade de levar o outro país a fazer o que queremos recorrendo a meios de demonstração de força, que podem ser avanços militares, sanções

Cultura pública: Descolonização

Ngũgĩ argumenta que a linguagem e a educação carregam poder cultural, político e psicológico. Considere, por exemplo, que as complexas línguas, tribos e culturas da África passassem a ser vistas (e a se verem) como falantes do inglês, do francês ou do português.[13]A imposição colonial das línguas e da educação europeias sobre o povo africano permitiu que as potências imperiais controlassem o "universo mental dos colonizados".[14] Por meio da linguagem e da educação, segundo argumenta Ngũgĩ, o colonialismo alienou as crianças africanas de seus próprios ambientes culturais naturais. Esses sistemas pedagógicos e linguísticos retratavam a Europa como o centro do universo cultural e agravavam ainda mais o senso de alienação da África.[15] Assim, "a criança agora estava sendo exposta exclusivamente a uma cultura que era produto de um mundo externo a ela. Estava sendo forçada a ficar fora de si mesma para olhar para si mesma".[16]

Em resposta a isso, Ngũgĩ reivindica a descolonização do conhecimento, o que ele descreve como "a busca por uma perspectiva libertadora no âmbito da qual nos vejamos com clareza em relação a nós mesmos e aos outros no universo".[17] Ele defende um renascimento cultural africano no qual o ensino, o estudo e a escrita em línguas africanas assumam o centro do palco. A autoimagem dos africanos seria reparada através do poder cultural da linguística e da educação. Isso abriria "novos caminhos para nossa imaginação criativa".[18] Os *insights* fundamentais de Ngũgĩ sobre essa epistemologia

---

econômicas ou incentivos financeiros. É uma forma de influência direta que nem sempre incluirá conflitos armados. *Soft power*, também chamado poder brando, é definido como a habilidade de modelar os desejos do outro, ou seja, é a capacidade de inspirar tamanha atração que o outro escolha seguir seu exemplo. É uma forma de influência indireta sobre o outro. A cultura, por exemplo, é uma das grandes fontes de *soft power* (N. da T.).

[13] Ngũgĩ wa Thiong'o, *Decolonising the mind: the politics of language in African culture* (Nairobi: Heinemann, 1986), p. 5.

[14] Ngũgĩ wa Thiong'o, *Decolonising the mind*, p. 16.

[15] Ngũgĩ wa Thiong'o, *Decolonising the mind*, p. 17.

[16] Ngũgĩ wa Thiong'o, *Decolonising the mind*, p. 17.

[17] Ngũgĩ wa Thiong'o, *Decolonising the mind*, p. 87.

[18] Ngũgĩ wa Thiong'o, *Decolonising the mind*, p. 73.

descolonizante inspiraram a obra de muitos outros intelectuais e ativistas na África e além.[19]

TEOLOGIA DA DESCOLONIZAÇÃO AFRICANA

À medida que os ventos da revolução e da libertação política varriam o continente, na década de 1960, a teologia africana precisava responder. Os teólogos cristãos desenvolveram teologias africanas contextuais que não apenas abordavam as necessidades e os anseios dos africanos, mas também se engajavam criativamente com a herança religiosa e cultural da África. Vários teólogos fizeram tentativas de conectar, traduzir e construir teologicamente uma ponte, sobre a divisão entre as religiões tradicionais africanas e os principais conceitos cristãos.

Outros teólogos consideraram esses esforços de construir pontes muito moderados. Fortemente influenciados por Frantz Fanon, teólogos como Steve Biko e Dibinga wa Said fomentaram uma teologia mais radical e autenticamente africana. Eles buscaram um novo método teológico que não repetisse apenas as doutrinas ocidentais com roupagens africanas, mas que também oferecesse diferenças de substância e de forma. Assim, eles questionaram a subserviência do cristianismo africano aos missionários ocidentais, que impuseram um "Jesus branco" e um "Deus branco" aos africanos. Também criticaram a apropriação acrítica de uma "teologia branca" pela igreja africana.

Dibinga wa Said retrata o colonialismo como um projeto de escravização. De acordo com ele, Jesus de Nazaré estava em uma espécie

---

[19] Exemplos são Kwasi Wiredu e Vuyisile Msila, bem como filósofos da descolonização sul-americana como Walter D. Mignolo, Rámon Grosfoguel e Aníbal Quijan. Os temas predominantes aqui são a busca por conectar o conhecimento a práticas transformadoras, utilizando fontes de conhecimento pré-coloniais, desvinculando o pensamento intelectual de metanarrativas universalistas, buscando uma pluriversalidade que reconheça a legitimidade de uma variedade de epistemologias e promovendo o aprendizado através da vivência, ou seja, adquirir conhecimento a partir das experiências e das escolhas que uma pessoa faz. Alguns desses tópicos também são eminentes na teologia da descolonização africana.

Cultura pública: Descolonização

de missão de descolonização: em Lucas 4:18,19, Jesus afirma que veio à terra para libertar os que estavam cativos.[20]

Citando Fanon, Said afirma que os cristãos precisam executar uma descolonização enquanto "programa de desordem". A violência em nome da descolonização, conforme argumenta, pode constituir perfeitamente uma forma legítima de ação cristã.[21]

Steve Biko, ativista político sul-africano, argumenta que a teologia cristã nunca deve ser praticada em termos abstratos e universais; deve ser sempre contextualizada e situacional, por natureza. A tarefa da teologia negra é relacionar Deus com as experiências e os sofrimentos cotidianos dos negros.[22] Deus criou os negros, e os criou deliberadamente negros. Os negros, portanto, precisam se libertar do sentimento de inferioridade que o colonialismo lhes impôs e assegurar-se da vontade singular de Deus para a humanidade negra.[23]

Escrevendo na África do Sul durante o *apartheid*, Biko é altamente crítico em relação à igreja institucional e sua cumplicidade na manutenção do poder e do privilégio dos brancos.[24] Biko acusa a igreja de ser obcecada por pecados individuais, enquanto ignora a transmissão perpétua do mal através de estruturas injustas.[25] Ele também critica as denominações que têm uma adesão majoritariamente negra e, ainda assim, são controladas principalmente por um clero branco. Ele fomenta a descolonização das estruturas denominacionais e encoraja os negros a assumirem o controle.[26]

---

[20] Dibinga wa Said, "An African Theology of Decolonization", *Harvard Theological Review* 64, n. 4 (1971): p. 503.

[21] Said, "An African Theology of Decolonization", p. 503.

[22] Steve Biko, *I write what i like: selected writings*, org. Aelred Stubbs (Chicago: Chicago University Press, 2002), p. 59.

[23] Veja Graham Duncan, "Steve Biko's Religious Consciousness and Thought and Its Influence on Theological Education, with Special Reference to the Federal Theological Seminary of South Africa", in: *The Legacy of Stephen Bantu Biko: Theological Challenges*, org. Cornel W. du Toit (Pretoria: UNISA Research Institute for Theology and Religion, 2008), p. 3.

[24] Biko, *I write what I like*, p. 56.

[25] Biko, *I write what I like*, p. 56-7.

[26] Biko, *I write what i like*, p. 59.

Teologia pública reformada

Vários teólogos seguiram Biko e Said em seus esforços para tratar a autoimagem dos negros, relacionar Cristo às experiências das pessoas negras, libertar os negros das estruturas coloniais opressoras e mudar a liderança e as estruturas eclesiásticas.[27] Embora não tipifiquem necessariamente suas teologias como "descolonizadas", as premissas básicas de Fanon são intrínsecas a seu método teológico.

Um novo capítulo na teologia descolonilizada, influenciado pela vertente de descolonização epistemológica de Ngũgĩ, foi introduzido com a ascensão em 2015 dos movimentos *fallistas*[28] em prol da transformação do ensino superior.[29] Os teólogos seguiram o exemplo: o trabalho anterior de filósofos e teólogos descolonilizadores respirou ares renovados, e novas questões teológicas surgiram para discussão.

Uma crítica recente voltou-se às distinções ocidentais entre espiritual e físico, público e privado, natural e sobrenatural.[30] Os teólogos africanos geralmente consideram essas categorias binárias ininteligíveis e problemáticas. Eles as veem como se separassem o sujeito do objeto, o conhecedor daquilo que é conhecido, como se pudéssemos "conhecer o mundo sem fazer parte desse mundo".[31] Conhecer algo requer engajamento; não podemos observar algo (ou alguém) objetivamente, à distância. O mundo de Deus não pode ser compartimentalizado em categorias; a criação é interconectada, dinâmica, intrinsecamente espiritual e recíproca.[32]

---

[27] Aqui podemos mencionar Alan Boesak, Gwinyai Muzorewa, Manas Buthelezi e Kwesi Dickson.

[28] O termo *fallista* nasceu de uma frase usada no protesto em prol da retirada da estátua de Cecil Rhodes, na Universidade da Cidade do Cabo, em 2015: "Rhodes Must Fall" [Rhodes deve cair]. A campanha para que retirassem a estátua levou a um movimento mais amplo para descolonizar a educação em toda a África do Sul (N. da T.).

[29] Teddy Chalwe Sakupapa, "The Decolonizing Content of African Theology and the Decolonization of African Theology: Reflections on a Decolonial Future for African Theology", *Missionalia* 46, n. 3 (2018): p. 406-7, 417.

[30] Veja Kwasi Wiredu, "Toward Decolonizing African Philosophy and Religion", *African Studies Quarterly* 1, n. 4 (1998): p. 19.

[31] Mbembe, "Decolonising Knowledge".

[32] Veja Pascah Mungwini, "The Question of Recentering Africa: Thoughts and Issues from the Global South", *South African Journal of Philosophy* 35, n. 4 (2016): p. 531.

Cultura pública: Descolonização

Os teólogos da descolonização olham com profunda desconfiança para grandes metanarrativas que fazem afirmações totalizantes e defendem "verdades absolutas". Eles as acusam de decretarem "colonialização epistemológica", ao forçarem o pensamento humano a se encaixar em sistemas fixos, enquanto marginalizam outras narrativas.[33] Como resposta, eles propõem que os africanos *desvinculem* suas epistemologias das metanarrativas ocidentais. Rejeitando a universalidade, a teologia deve lutar pela *pluriversalidade*.

Para alguns, esse "desvincular" exige um abandono total do diálogo com a teologia ocidental e uma dependência exclusiva da sabedoria das sociedades autóctones pré-coloniais. Para outros, o "desvincular" não anula o diálogo, mas na verdade indica uma exploração ativa dos recursos que os sistemas de conhecimento autóctones oferecem, bem como um exame crítico das maneiras pelas quais os cristãos africanos adotam acriticamente as estruturas ocidentais.[34]

Um terceiro tema na teologia da descolonização africana é a "justiça epistêmica". Trata-se de inúmeras empreitadas inter-relacionadas, inclusive o desejo de ler as Escrituras através de lentes africanas, o desejo de reescrever a história da igreja africana a partir da perspectiva dos colonizados e o desejo de transformar a educação teológica de modo que reflita a missão de descolonização.

Quando se trata de hermenêutica bíblica, os teólogos da descolonização seguem os teólogos da libertação, apoiando uma abordagem das Escrituras orientada para o leitor, utilizando a localização social, especificamente o cenário colonial, como um dispositivo heurístico. Hulisani Ramantswana, por exemplo, sustenta que as Escrituras precisam ser lidas a partir da perspectiva dos *damnés* [desgraçados].[35]

---

[33] Mungwini, "Question of Recentering Africa", p. 528.

[34] Veja Wiredu, "Toward Decolonizing African Philosophy," p. 22; Mungwini, "Question of Recentering Africa", p. 530.

[35] A posição social da "brancura" nas sociedades pós-coloniais é, de acordo com Ramantswana, de privilégio e "vantagem estrutural", enquanto a posição da negritude é governada pela opressão, discriminação e desigualdade. Veja Hulisani Ramantswana,

Conforme argumenta, isso é um ato libertador de "destronar a branquitude".[36]

Na educação teológica, a justiça epistêmica tenta se contrapor à hegemonia curricular da teologia e da epistemologia ocidentais. Os teólogos da descolonização argumentam que os currículos devem estar enraizados nas realidades africanas e que a teologia eurocêntrica deve ser deslocada para a periferia.[37] Eles também propõem um processo de aprendizagem de baixo para cima, fundamentado na práxis transformadora que envolve as comunidades de base como participantes ativas no processo de criação do conhecimento.

AFIRMAÇÃO TEOLÓGICA REFORMADA

A teologia da descolonização oferece vários *insights* que os teólogos reformados podem e devem afirmar. Sua crítica das categorias dualistas do pensamento ocidental é crucial. A visão iluminista do mundo como uma "coisa" que está fora de nós, como algo que podemos observar, conhecer e controlar objetivamente cultivou um *ethos* instrumentalista, segundo o qual o homem moderno busca dominar e controlar tanto a natureza quanto a sociedade. Essas categorias nos tornam propensos não apenas à cegueira epistemológica, mas também à violência ecológica, cultural e política.

A teologia reformada, quando corretamente entendida, deve encorajar uma epistemologia humilde e uma forma humilhada de racionalidade humana. Os efeitos noéticos do pecado na mente humana caída são reais. Fora dos portões do Éden, as epistemologias reformadas, se corretamente concebidas, enfatizam a realidade do "ainda não" do conhecimento humano. A ênfase da tradição nos efeitos

---

"Decolonising Biblical Hermeneutics in the (South) African Context", *Acta Theologica* 24 (2016): p. 182-4.

[36] Ramantswana, "Decolonising Biblical Hermeneutics", p. 184.

[37] Veja Nontando M. Hadebe, "Commodification, Decolonization and Theological Education in Africa: Renewed Challenges for African Theologians", *HTS Teologiese Studies* 73, n. 3 (2017): p. 6.

Cultura pública: Descolonização

epistemológicos e noéticos do pecado deve apoiar os esforços de descolonização para desmascarar narrativas idólatras de "domínio", que impõem ideais utópicos hegemônicos às sociedades.

As poderosas críticas de Calvino à razão humana são tão relevantes hoje quanto o foram no século 16. Para Calvino, o conhecimento está sempre relacionado ao dilema do eu pecador. O pecado afeta nossas faculdades de raciocínio e nos expõe a "mal-entendidos". Afastada de Deus, a razão tende a idolatrar a si mesma e a criar "todo tipo de espectros no lugar de Deus".[38] A visão básica de Calvino serve como um lembrete de que cientistas sociais e teólogos precisam se proteger contra tentativas epistemológicas ousadas de explicar ou "controlar" ambientes naturais e políticos através do uso da razão humana.[39] Os teólogos reformados podem e devem apoiar de todo o coração investigações de descolonização sobre as maneiras pelas quais padrões pecaminosos de pensamento contribuem para a injustiça.

Uma segunda característica importante da teologia da descolonização é seu compromisso com a defesa e a restauração da dignidade dos oprimidos. Esse é um tema proeminente no cânon cristão, especificamente nos Evangelhos e na literatura profética, e — quando corretamente entendido — deve ocupar um lugar central na reflexão teológica reformada. O próprio Calvino insistia no dever das autoridades civis de proteger as liberdades dos cidadãos e de tratar todas as pessoas, inclusive os pobres, como iguais perante a lei.[40] Ele considerava o amor aos pobres e aos refugiados como parte intrínseca da vida cristã. Calvino fundamentava o alcance universal do amor cristão no fato de a humanidade compartilhar de uma só carne, por ser universalmente criada à imagem de Deus.[41] Em um sermão sobre Deuteronômio 24:14-18, Calvino aborda especificamente a conexão entre pobreza e injustiça. Ele argumenta que a pobreza se deve, em parte, à violação

---

[38] Calvino, *Opera*, 2:9.

[39] Veja Nico Vorster, *The brightest mirror of God's works: John Calvin's theological anthropology* (Eugene: Pickwick Publications, 2019).

[40] Calvino, *Opera*, 5:354.

[41] Calvino, *Opera*, 37:330. Veja Vorster, *Brightest mirror of God's works*, p. 86.

Teologia pública reformada

dos direitos dos pobres. Calvino adverte os ricos e os fartos: "Os clamores dos pobres sobem aos céus, e não devemos pensar que seremos achados sem culpa diante de Deus".[42]

Os teólogos reformados também podem aprender muito com os teóricos da descolonização sobre a questão das patologias psicológicas e sociais que atuam nos sistemas de opressão.[43] Fazer justiça aos pobres, como Calvino ensinou, exige que exploremos as patologias psicológicas e políticas da opressão colonial.

O valor que os teólogos da descolonização atribuem a culturas e línguas vernaculares e nativas é uma posição que a tradição reformada pode e deve apoiar. Desde o início, o calvinismo tem sido uma tradição multinacional e multicultural. Em suas primeiras décadas, essa tradição caminhou pela França, Suíça, Holanda, Escócia e Inglaterra. A tradução linguística, a adaptação cultural e a governança localmente específica foram preocupações centrais desde o início do calvinismo. A tradição reformada acolheu a diversidade cultural, teológica e eclesiástica entre essas nações e enfatizou especialmente a importância de traduzir a Bíblia para línguas vernaculares e de pregar e proclamar a Palavra nos idiomas locais. Essa sensibilidade e esse interesse reformados para com uma pluriformidade cultural precisam ser ressuscitados urgentemente.

As línguas africanas contêm uma riqueza de expressões idiomáticas, ditados de sabedoria e provérbios que proporcionam uma profunda visão filosófica e teológica para a igreja global.[44] A teologia reformada pode se enriquecer ao se envolver e aprender com esses sistemas autóctones. Infelizmente, a pregação reformada na África nem sempre

---

[42] John Calvin, *Sermons on Deuteronomy: Facsimile of the 1583 Edition*, trad. Arthur Golding (London: Banner of Truth Trust, 1987), p. 1716; Calvino, *Opera*, 28:188.

[43] Isso é especificamente relevante quando se trata de questões como o mal que os opressores podem causar aos outros por projetarem neles uma imagem negativa; os perigos envolvidos na obra missionária que confunde valores religiosos com costumes culturais; as maneiras pelas quais as estruturas sociais podem desumanizar os seres humanos, e as patologias criadas por exageros na doutrina do pecado.

[44] Como essas contribuições africanas nem sempre podem ser traduzidas diretamente para as línguas europeias, é necessário um esforço teológico renovado para reviver e envolver as línguas e narrativas africanas.

Cultura pública: Descolonização

conseguiu envolver de forma adequada suas cosmovisões e sistemas de conhecimento autóctones. Com demasiada frequência, esperava-se que os congregantes africanos empregassem liturgias ao estilo eurocêntrico durante os cultos, bem como formas tipicamente ocidentais de se reunir nos sínodos e nas assembleias da igreja.

A teologia da descolonização está correta em chamar a tradição reformada à autocrítica sobre sua complexa cumplicidade no projeto colonial. Embora a tradição tenha feito importantes contribuições políticas para o desenvolvimento de ordens políticas equânimes e justas na Europa, o mesmo não pode ser dito da fé reformada que foi exportada para as colônias. Na África do Sul, as doutrinas calvinistas em torno da predestinação, do pacto e da soberania das esferas foram todas distorcidas pelos proponentes do *apartheid* com o intuito de justificar a segregação e a injustiça racial.[45] Doutrinas do pecado que postulavam a completa destruição da *imago Dei* após a Queda foram usadas para contrariar esforços no sentido de enaltecer os direitos humanos.[46] Denominações reformadas de 1600 a 1900 mostraram pouco interesse em combater o tráfico de escravos: muitos congregantes reformados participaram desse mal monstruoso e o perpetuaram. Nenhum sistema teológico está imune às tentações da opressão social. *A disciplina de ouvir os que se encontram na camada inferior da escala de poder é absolutamente crítica para o futuro global da teologia reformada.*

UMA CRÍTICA TEOLÓGICA REFORMADA

Os métodos teológicos reformados e os de descolonização, por natureza, não caminham de mãos dadas. Para começar, eles partem de

---

[45] Veja John de Gruchy, *Apartheid is a heresy* (Grand Rapids: Eerdmans, 1983); Robert R. Vosloo, "The Bible and the Justification of Apartheid in the 1940's in South Africa: Some Historical, Hermeneutical and Theological Remarks", *Stellenbosch Theological Journal* 1, n. 2 (2015): p. 195-215; Nico Vorster, "Christian Theology and Racist Ideology: A Case Study of Nazi Theology and Apartheid Theology", *Journal for the Study of Religions and Ideologies* 7, n. 19 (2008): p. 144-61.

[46] Veja Vorster, "Christian Theology and Racist Ideology", p. 149.

premissas hermenêuticas diferentes. A teologia reformada clássica parte da autoridade e da inspiração divinas das Escrituras. Os teólogos da descolonização geralmente abordam as Escrituras com certa dose de suspeita. Eles a consideram uma fonte potencial de reflexão e um modelo para a experiência, em vez de um texto infalível ou divinamente inspirado. A hermenêutica da descolonização consiste em um processo fortemente orientado para o leitor. A localização social é usada como uma ferramenta hermenêutica investida de autoridade para gerar novos horizontes de revelação divina. Esses novos horizontes podem ultrapassar a intenção original do texto bíblico.[47]

A hermenêutica reformada, em contrapartida, enfatiza um esforço voltado para a mensagem original do texto, levando em conta a intenção dos autores bíblicos, o contexto histórico e as considerações estruturais e textuais da passagem, como gênero, recursos literários e assim por diante. Estudiosos reformados podem perfeitamente empregar métodos orientados para o leitor, mas eles veem a imposição excessiva de significado ao texto como um perigo hermenêutico que precisa ser cuidadosamente evitado.

É neste ponto que a hermenêutica reformada oferece uma palavra de advertência a seus irmãos e irmãs adeptos da descolonização. Primeiro, abordagens às Escrituras radicalmente orientadas para o leitor podem com extrema facilidade levar ao abuso dos textos e, eventualmente, até mesmo ao abuso de outras pessoas. Quando a intenção original dos autores bíblicos não for mais considerada um mecanismo de proteção, novas formas de violência podem surgir. Em segundo lugar, uma interpretação deliberadamente subjetiva das Escrituras impossibilita diálogos e debates construtivos com outros cristãos. Interpretações subjetivas não podem ser contestadas com evidências textuais objetivas. Quando uso de forma seletiva passagens bíblicas que se adequam à minha agenda descolonizadora e rejeito de antemão aquelas que não

---

[47] Leitores adeptos da descolonização também podem querer subverter passagens bíblicas sustentadas por antigos interesses de poder.

Cultura pública: Descolonização

comungam com minhas reivindicações, corro o risco de me tornar tão evasivo que outros não possam me ter como interlocutor.

Do ponto de vista reformado, a justificação de Fanon para o uso da violência na descolonização, como meio de subverter estruturas de opressão, é potencialmente problemática. Por certo, a tradição reformada não é de orientação pacifista. Historicamente, sustenta a tradição da guerra justa com base no argumento de que, sob certas condições extremas, a violência pode se justificar em nome da justiça, da ordem e da paz. O massacre de protestantes por católicos, após o Dia de Bartolomeu, em 1572, inspirou teólogos e juristas reformados como Teodoro de Beza (1519-1605) e Johannes Althusius (1557-1638) a desenvolverem uma defesa teológica da resistência.[48] Uma ou duas décadas após o massacre, Althusius argumentou que Deus, o príncipe e o povo mantêm um relacionamento pactual uns com os outros. Ele acreditava que tanto o príncipe quanto o povo são obrigados a "agir com justiça um para com o outro".[49] Se um príncipe transgride os termos da aliança com Deus, ele se torna um tirano. Como tirano, ele pode ser destituído à força por magistrados inferiores. Para os reformadores, esse processo potencialmente violento de destituição deve ser feito mediante um processo jurídico estatal e deve buscar a restauração da ordem social.[50]

Apesar de sua abertura à resistência política violenta em circunstâncias extremas, a tradição reformada não abre espaço para a violência revolucionária mais anárquica e expansiva permitida por Frantz Fanon. A noção de resistência social de Fanon está preocupada com a subversão total de uma ordem social existente e a criação de uma nova ordem revolucionária a partir do zero. Tendo uma visão mais pessimista da natureza humana, a teologia política reformada argumenta que

---

[48] David P. Henreckson, "Resisting the Devil's Instruments: Early Modern Resistance Theory for Late Modern Times", *Journal of the Society of Christian Ethics* 38, n. 1 (2018): p. 43-57.

[49] Henreckson, "Resisting the Devil's Instruments", p. 47.

[50] Henreckson, "Resisting the Devil's Instruments", p. 47-8.

as revoluções políticas (mesmo aquelas com grandes ideais), quando combinadas com a violência anárquica desenfreada, não conseguirão estabelecer um novo céu e uma nova terra. É mais do que provável que revoluções como essas apenas aumentem a força da injustiça, da violência e da instabilidade.

Também é preciso que se façam sérios questionamentos sobre a natureza altamente racializada do discurso de descolonização e sobre a teologia resultante. O descolonialismo rejeita a linguagem não racializada, considerando-a um discurso neutro que conspira para negar as realidades da opressão racial e defender o *status quo*. Em contraste, afirma a raça como um fator — senão *o* fator — determinante da sociedade, do discurso e da análise africanos,[51] no qual a "negritude" está associada a ser oprimido e desfavorecido, enquanto a "branquitude" é identificada com oprimir e ser privilegiado.

Não há algo "essencialista", porém, na maneira como os teóricos da descolonização definem seus oponentes através das lentes de "branquitude" e "negritude"? Sua análise social essencializante está verdadeiramente de acordo com a realidade contemporânea? Historicamente falando, os africanos brancos de fato se beneficiaram do colonialismo; mas será que todos eles realmente exercem o poder social hegemônico que alegam os teóricos da descolonização? Do ponto de vista fático, eles constituem uma pequena minoria na África subsaariana, perderam poder político substancial e sua mobilidade social ascendente foi significativamente tolhida por fatores como a legislação pós-colonial de ações afirmativas, reformas agrárias (especialmente no Zimbábue) e programas de empoderamento negro.[52] A vasta complexidade das

---

[51] Nico Vorster, "Reformed Theology and Decolonised Identity", *HTS Teologiese Studies* 74, n. 4 (2018): p. 5.

[52] Veja Theuns Eloff, "The Historical and Recent Sociopolitical Context for Considering Racism and Related Concepts in South Africa", in: *Togetherness in South Africa: religious perspectives on racism, xenophobia, and economic inequality*, orgs. Jan Du Rand, Koos Vorster e Nico Vorster (Pretoria: Aosis, 2017), p. 1-28; Ferial Haffajee, *What if there were no whites in South Africa?* (Johannesburg: Picador Africa, 2015).

Cultura pública: Descolonização

dinâmicas culturais e políticas na África torna cada vez mais problemático usar a raça de forma simplista, como se representasse unilateralmente uma vantagem ou uma desvantagem.

O mesmo tipo de questão surge quando se trata da rejeição simplista por parte da teologia da descolonização de todo o discurso intelectual ocidental. Podemos tipificar todo o pensamento ocidental como uma metanarrativa dominadora e opressora que não tolera epistemologias alternativas? Certamente o discurso ocidental entrou em uma fase pós-moderna e globalizada há muito tempo. O que chamamos de "discurso ocidental" está se tornando cada vez mais plural, diverso, fluido e permeável, em consequência da desconstrução pós-moderna e da globalização. Da mesma forma, o discurso teológico ocidental não é esse Outro monolítico e opressor como é tão frequentemente retratado pelos teólogos da descolonização.

Uma última crítica diz respeito à plausibilidade do objetivo que a teologia da descolonização tem de purificar suas fontes de conhecimento, de retornar a uma teologia nativa pré-colonial. Graham Ward resume esse "projeto de reversão" como "retirar as camadas da colonização, a fim de chegar ao núcleo pré-colonial do querigma, muitas vezes em termos da língua original do povo". Entretanto, ele descreve o projeto como "altamente ingênuo", pois a realidade não consiste em meras camadas de superestruturas e subestruturas. O conhecimento funciona mais como um ecossistema, envolvendo "conjuntos sempre mutáveis de intrincadas relações".[53] Nunca podemos fazer rupturas descolonizadas "precisas, perfeitas" entre o "passado e o presente".[54] Pelo contrário, uma vez iniciada a "retirada das camadas", corremos o risco de ficar sem nada ao final do processo.[55]

---

[53] Graham Ward, "Decolonizing Theology", *Stellenbosch Theological Journal*, 3, n. 2 (2017): p. 561-84, aqui, p. 577.

[54] Ward, "Decolonizing Theology", p. 574-5.

[55] Ward continua argumentando que o "projeto de reversão" é, em si, profundamente um "projeto colonial que apenas replica, embora de uma maneira diferente, a mentalidade colonial". Para ele, é semelhante ao projeto de desmitologização de Rudolf Bultmann e

Teólogos reformados concordariam com Ward. Embora a teologia reformada enfatize a importância do aspecto *semper reformanda*, ela também reconhece a obra e a sabedoria do Espírito Santo nas gerações passadas. Jogar o passado fora não é uma opção. Sim, devemos rearticular nossa fé em cada novo contexto, mas não podemos simplesmente descartar a sabedoria que a tradição cristã desenvolveu ao longo do tempo. Gostemos ou não, estamos sobre os ombros das gerações passadas. Sim, eles eram pecaminosamente cegos, mas nós também o somos.[56]

CONCLUSÃO

A teologia da descolonização propõe desafios criticamente importantes para a fé reformada, questões dignas de consideração e que precisam ser respondidas: Que papel público as doutrinas reformadas desempenharam nas estruturas coloniais opressoras? Que papel elas precisam desempenhar na reforma dessas estruturas hoje? O que significa ser reformado em contextos não ocidentais? Como a hermenêutica reformada deve lidar com os contextos do leitor?

O diálogo com tradições, narrativas e experiências não reformadas é absolutamente crítico para a vitalidade e a fidelidade da imaginação teológica reformada. Quando uma tradição se isola da crítica externa, padrões não saudáveis de pensamento e atitudes injustas de comportamento público se instalam.

João Calvino estava certo: nossos pecados nos cegam. Lutamos para ver nosso poder e privilégio; lutamos para ver as estruturas injustas que nos sustentam e empurram os outros para baixo. Em nossa cegueira pecaminosa, não ousemos ignorar os relatos daqueles que foram inferiorizados: Cristo pode muito bem estar usando essas pessoas para abrir nossos olhos pecadores. A crítica de quem é de fora pode doer.

---

outros racionalistas iluministas, que queriam descartar a Idade das Trevas para chegar a um querigma purificado. Ward, "Decolonizing Theology", p. 576-8.

[56] Veja Cornelis van der Kooi e Gijsbert van den Brink, *Christian dogmatics: an introduction* (Grand Rapids: Eerdmans, 2017), p. 65-6.

Pode parecer que lama e cuspe estão sendo esfregados em nossos olhos. Mas, como vemos nos Evangelhos, Cristo usará essas coisas para fazer os cegos verem.

> **Nico Vorster** (ThD, Potchefstroom University) é professor de Teologia Sistemática na North-West University, na África do Sul. Seus estudos focam sobre a antropologia teológica e assuntos relacionados aos direitos humanos, dignidade e justiça social na África do Sul. Ele publicou recentemente *The brightest mirror of God's works: John Calvin's theological anthropology* (Pickwick Publications, 2019).

EUTANÁSIA

4 OS HOLANDESES E A MORTE: observações pastorais e reflexões teológicas

Margriet van der Kooi e Cornelis van der Kooi

Quem comanda as alavancas da vida e da morte? Quem decide quando uma vida foi "plenamente vivida"? A eutanásia é tema de acalorado debate em muitos países e culturas ao redor do mundo. Este capítulo se concentra na Holanda, país famoso (ou notório) por sua abordagem progressista e experimental à questão do fim da vida. O contexto cultural da Holanda merece uma reflexão teológica sobre este assunto porque, em muitos aspectos, representa a vanguarda cultural da ética médica secular e modernista. Os holandeses, afinal, foram o primeiro povo do mundo a legalizar a eutanásia, em 2001. Em um mundo globalizado, as perguntas que estão sendo feitas na Holanda sem dúvida serão feitas em outros lugares.

Esperamos delinear algumas das questões centrais que estão sendo levantadas no contexto holandês sobre questões ligadas ao fim da vida e à medicalização da sociedade moderna. Ao longo do capítulo, colocamos essas questões em um diálogo criativo com a teologia reformada.

Como coautores, somos ambos cidadãos holandeses nativos e pastores da comunidade reformada local. Oferecemos essas reflexões teológicas a partir de dois pontos de vista pastorais diferentes. Margriet trabalhou como capelã em hospitais por quarenta anos. Ela acompanhou e orou com inúmeros pacientes e suas famílias, enquanto tomavam decisões difíceis em relação ao fim da vida. Kees (Cornelis) trabalhou como pastor por oito anos e ensinou teologia sistemática

Cultura pública: Eutanásia

por vinte e sete anos. Como somos um casal, questões sobre a morte e sua relação com a teologia reformada têm sido tópico de conversas em casa há muitos anos.

Começamos com uma breve história que ilustra uma atitude em relação à morte que é proeminente em alguns círculos holandeses de hoje. Margriet também contará outras histórias de sua experiência como capelã. Suas narrativas seguem lado a lado com a exposição teológica de Kees; porém, não como meros enfeites ornamentais: essas pessoas e suas experiências profundas são teologicamente informativas em si e por si mesmas.[1]

> Eu (Margriet) fui convidada para falar em uma igreja local sobre a morte e a vida "completa". Costumo começar essas apresentações fazendo uma pergunta simples ao público: "O que fez você vestir seu casaco e vir aqui esta noite?". Naquela noite, uma senhora de aparência amigável levantou o dedo. "Vou começar", disse ela. "Nosso neto recentemente me perguntou algo que provavelmente resume por que estou aqui. Sua outra avó sofre de Alzheimer. Ela deixou por escrito que, quando sua família sentir que sua vida estiver "completa", será hora de acabar com ela. Meu neto, então, virou-se para mim e perguntou: 'Você vai pedir uma injeção, quando sentir que está muito velha?'. Eu não sabia como responder a ele. As complexas questões e lutas que envolvem a vida e a morte podem ser resolvidas com uma simples injeção?"

A MORTE NA HOLANDA

Quando as crianças são criadas para acreditar que uma injeção é a maneira de resolver o "problema" da velhice, da doença e do sofrimento, o que podemos dizer sobre a atmosfera cultural circundante? Essa breve

---

[1] Nesta apresentação, tentamos honrar a abordagem narrativa de Richard Mouw. Em seus discursos, artigos e livros, frequentemente histórias são usadas, não como mero enfeite ou exemplo, mas sim como aspecto crítico de um discurso teológico mais amplo. As narrativas funcionam como uma forma generosa de alcançar e construir pontes sobre divisões culturais e ideológicas. A abordagem narrativa de Mouw é fundamentada em solo teológico: a doutrina da graça comum. A benevolência e a bondade de Deus não se detêm nos limites da igreja cristã. O mundo em sua plenitude pertence ao Senhor. Sua luz e graça podem despontar em todos os lugares, e a teologia cristã deve estar pronta para perceber e valorizar isso.

história revela dois aspectos importantes do discurso em torno da eutanásia na Holanda. Primeiro, os holandeses são relativamente abertos e sinceros em suas discussões sobre vida e morte. Em segundo lugar, muitos deles tendem a ver essas discussões através das lentes hermenêuticas do modernismo secular, da escolha autônoma e do controle individual. Eu decido quando minha vida está "completa". Eu decido quando não tenho mais nada a oferecer. Eu decido quando e como ela vai acabar.

A cultura holandesa obviamente é bem mais complexa do que simplesmente suas características de ser direta ou individualista, moderna ou secular. Somos uma nação que contém muitas minorias culturais e religiosas. As notícias internacionais sobre a eutanásia na Holanda normalmente exageram suas proporções e seu significado cultural. Retratos simplistas dos holandeses não servem. Portanto, antes de refletirmos teologicamente sobre a eutanásia, precisamos dedicar mais atenção à complexa cultura que trouxe esse assunto ao palco global.

Medicalização

A capacidade da medicina moderna de mudar e de prolongar a vida humana cresceu exponencialmente no último século. Doenças que antes eram fatais, bem como enfermidades e dores crônicas, foram superadas em virtude de avanços na ciência e na tecnologia médicas. Embora a medicina tenha desempenhado um papel relativamente limitado na vida dos holandeses do século 19, hoje ela parece ser quase onipresente. O setor da saúde é imenso. À medida que o poder e o alcance da medicina se expandem, o investimento em tecnologia médica, a dependência de tratamentos médicos e a confiança nos profissionais da área médica continuam a crescer. Muitos cidadãos holandeses hoje esperam que toda doença ou lesão que tiverem seja superada pelo poder da técnica médica. À medida que o escopo e o poder da medicina se expandem, nossas vidas estão se tornando cada vez mais *medicalizadas*.[2]

---

[2] Veja James Kennedy, *Een weloverwogen dood: Euthanasie in Nederland* (Amsterdã: Bert Bakker, 2002).

O aumento de nossa capacidade tecnológica de prolongar a vida, ainda que seja genuinamente bem-vindo, apenas aprofunda a questão ética sobre como e quando uma vida *deve* ser prolongada.[3] Neste ponto, a medicalização chega a um beco sem saída do ponto de vista moral e espiritual. A medicina é incapaz de definir o que é a vida "completa". Um aparelho de raios-X não pode nos dizer quando é hora de morrer. Um radiologista não pode nos preparar para morrer bem. A cada ano que passa, a medicalização da nossa sociedade moderna levanta mais e mais perguntas — e perguntas essas que não pode responder.

SECULARIZAÇÃO

A sociedade holandesa secularizou-se rapidamente a partir da década de 1960. O centro do discurso nacional em torno da ética médica passou do cristianismo para o individualismo moderno. Hoje, *o* valor sagrado é o controle soberano do indivíduo sobre seu corpo, sua vida e (para fins de nossa análise) sua morte. Os indivíduos devem ter o direito e a capacidade de definir o que é uma boa vida e, até mesmo, uma boa morte, bem como ter controle sobre ambas.

Antes da secularização, a "boa vida" na Holanda estava amplamente circunscrita à comunidade e à igreja. A vida (e a morte) de um indivíduo era definida e delimitada por certas normas religiosas — normas maiores que preferências individuais. Na década de 1960, a compreensão nacional do que era uma "boa vida" começou a mudar drasticamente. Cada vez mais, a "boa vida" era definida como uma vida *individual* longa, saudável, feliz, livre e autenticamente própria. A sociedade holandesa se reorganizou para proteger e produzir esse tipo de vida autêntica e autônoma. Os indivíduos hoje desfrutam de

---

[3] Durante o século 19, doenças e ferimentos graves normalmente tiravam a vida de uma pessoa de forma muito rápida. A medicina era relativamente impotente para resistir ao poder da morte. Hoje, a medicina tem a capacidade de manter um corpo respirando e um coração pulsando, apesar de traumas físicos de tremenda intensidade. Hoje, as famílias holandesas enfrentam difíceis decisões sobre o fim da vida que seus ancestrais do século 19 jamais poderiam ter imaginado.

acesso generoso a cuidados médicos, bem-estar e previdência social, bem como educação para todos. Esses sistemas foram projetados para proteger os indivíduos e lhes dar poder de fazerem as próprias escolhas e viverem as próprias vidas.

No final do século 20, a crença secular de que a "boa vida" é aquela que você escolhe livremente para si levou a uma segunda conclusão: a "boa morte" é aquela que você escolhe livremente para si. A geração dos anos 1960, os jovens que brandiram as bandeiras revolucionárias da liberdade individual, estava envelhecendo. À medida que envelheciam, carregavam seus dogmas sobre empoderamento pessoal para os hospitais e começaram a exigir poder sobre a própria morte. A geração dos anos 1960 com sua narrativa secularizante assumiu grande peso na imaginação política, moral e cultural dos holandeses. Tudo isso teve um papel influente na legislação que se seguiu.

A LEI DA EUTANÁSIA

Em 2001, após um longo debate nacional, os Países Baixos aprovaram a *Wet op levensbeëindiging* (lei que regulamenta o fim da vida).[4] Ao longo das décadas de 1980 e 1990, os médicos cada vez mais recebiam pedidos e pressão para pôr fim a vidas. O público acompanhou de perto e debateu várias ações judiciais sobre o assunto. Esses processos judiciais confrontavam o público com assustadoras realidades como envelhecimento, doenças, sofrimento e morte. Os debates públicos e os conflitos aumentaram. No final, o público decidiu que, em vez de a eutanásia existir secretamente nas sombras, eles precisavam de uma lei para garantir que as pessoas se envolvessem na prática com transparência e cuidado, à luz do dia.

Como regra geral, a eutanásia continua sendo ilegal na Holanda. A lei de 2001 abre *exceções* à regra geral para situações "de sofrimento

---

[4] Antes de 2001, os médicos na Holanda eram proibidos de participar de suicídio assistido, embora existissem algumas pequenas exceções médicas.

insuportável e sem solução".[5] Não deve ser surpresa o fato de que essa linguagem bastante vaga tenha deixado a lei aberta tanto à interpretação subjetiva quanto à incerteza pública. Alguns médicos temem que um juiz os condene por interpretar mal essa regra ou por abusar da exceção. Alguns pacientes entendem mal a lei, como se ela fosse uma carta branca para a eutanásia a qualquer momento.[6]

REFLEXÕES TEOLÓGICAS

Como os cristãos holandeses devem reagir a tudo isso? De quais recursos teológicos capelães e pastores podem lançar mão, quando acompanham famílias em um quarto de hospital? Não há espaço suficiente para dizer tudo o que precisa ser dito. No entanto, no texto a seguir há uma série de recursos teológicos cruciais que estão disponíveis dentro da tradição reformada. Esses recursos têm sido inestimáveis para nós enquanto servimos a vivos e a moribundos aqui na Holanda.

COLOCANDO A MEDICINA EM SEU DEVIDO LUGAR

Os cristãos não podem ignorar para sempre realidades inevitáveis como enfermidades, envelhecimento e morte. As pessoas são finitas. A tecnologia médica pode funcionar como uma maneira conveniente e tentadora de os cristãos evitarem discussões difíceis, embora importantes, sobre sua própria mortalidade. Enquanto são jovens, fortes e saudáveis, os cristãos podem em grande parte evitar enfrentar a própria

---

[5] O médico só pode agir a pedido do paciente e deve levar em consideração vários requisitos cuidadosamente delineados.

[6] Nos últimos anos, alguns liberais políticos têm defendido tornar a eutanásia inteiramente legal. Eles argumentam que os indivíduos devem ter a liberdade irrestrita de escolher quando querem acabar com a própria vida. No momento, não há apoio suficiente para a legalização total. Um estudo recente do governo, no entanto, questiona a "liberdade" sob a qual alguns indivíduos fazem essas escolhas. Eles encontraram evidências de que essas escolhas às vezes são feitas de forma precipitada, durante experiências momentâneas de ansiedade e frustração. Veja E. van Wijngaarden, G. van Thiel, I. Hartog, et al., *Perspectieven op de doodswens van ouderen die niet ernstig ziek zijn: De mensen en de cijfers* [Perspectivas sobre o desejo de morrer em pessoas mais velhas que não estão gravemente enfermas: as pessoas e as estatísticas] (Den Haag: ZonMw, 2020).

finitude e a soberania de Deus sobre ela. Contudo, como nos lembra o escritor de Eclesiastes, devemos "lembrar-nos do nosso Criador" nos dias de nossa juventude, "antes que venham os dias de angústia e se aproximem os anos em que dirás: 'Não tenho neles prazer'" (12:1).

> Meu pai estava morrendo. A pior parte foi que, mesmo no final, meus pais e eu ainda não conseguíamos falar abertamente sobre o que estava acontecendo. Isso ainda me esgota. Não podíamos falar sobre nada importante. Quando ele ficou doente, meus pais ficaram inconformados. Passavam todo o tempo em seus computadores, procurando novos tratamentos e terapias alternativas. Eles se concentraram na busca de uma cura. Isso era tudo para eles. Gastaram uma fortuna. Estavam sempre viajando e procurando por isso. Nunca paravam. E nunca quiseram se perguntar: "Isso é sábio?". Nós nunca podíamos simplesmente falar sobre isso. Os médicos não aconselhavam essa busca interminável, mas meus pais diziam que era sua única esperança. Sua única esperança! Eu esperava conversar com meu pai sobre sua vida, sobre nós, sobre mim, sobre deixar esta vida, sobre as coisas das quais ele se orgulhava e daquelas das quais se arrependia, e assim por diante. Mas não, nada disso. Nada do consolo que o Catecismo de Heidelberg nos ensina, que "não sou meu, mas pertenço — na vida e na morte, de corpo e alma — ao meu fiel Salvador Jesus Cristo". Não era com isso que eles estavam lidando agora. Tudo isso fora totalmente esquecido. Tudo girava em torno de medicamentos, vitaminas e terapia. Fiquei profundamente decepcionado, e ainda estou.

Em vez de se esconder da amarga realidade da morte, a teologia reformada pode ajudar os cristãos a enfrentarem sua finitude e a verem sua mortalidade à luz da ressurreição de Cristo. Essa luz da ressurreição não nega nem suaviza o aguilhão da morte, não o disfarça nem o ignora. Em vez disso, a ressurreição reposiciona a morte dentro do âmbito maior da luz e da vida de Cristo. A seguir, oferecemos três breves exemplos de três vozes reformadas: João Calvino, Karl Barth e Abraham Kuyper.

Cultura pública: Eutanásia

A vida durante o século 16 era, como Thomas Hobbes gracejaria mais tarde, "desagradável, brutal e curta". João Calvino, como todos os pastores daquela época, era muito franco sobre a mortalidade das pessoas; os pastores tinham de ser assim. Nem a teologia de Calvino nem seu ministério tentaram se esconder da onipresença sombria de doenças, sofrimento e morte. Quando lemos Calvino no relativo conforto da modernidade, suas sinceras reflexões teológicas sobre o sofrimento e a morte nos ferem os ouvidos como algo um tanto áspero e rude.

Diante da dor e do sofrimento na era medieval, Calvino não adotou uma apatia estoica nem um distanciamento resignado. Em vez disso, ele perguntou o que os cristãos podiam aprender com essas inevitáveis realidades da vida. Ainda mais importante, ele investigou como, em meio ao sofrimento, um coração pode ser redirecionado para a verdadeira fonte da vida eterna.[7] Para Calvino, a doença e o sofrimento, desde que corretamente compreendidos, poderiam direcionar os desejos e os anseios de um discípulo para seu verdadeiro lar. Com isso, o crente aprende que, mesmo em meio a grandes perdas, ele ganha algo que jamais lhe pode ser tirado: uma comunhão imediata e interminável com Cristo.[8]

Para Karl Barth, os seres humanos são criados como criaturas finitas, destinadas a viver em uma aliança de amor e confiança com Deus. Essa finitude não é um mal: é um bem criado por Deus. Através do pecado, a aliança foi quebrada e a finitude da humanidade de repente se tornou uma realidade ameaçadora, uma maldição. Por causa do pecado, a morte é agora um lembrete assustador e indesejável do julgamento de Deus e do nosso distanciamento dele.

---

[7] Essa comunhão contínua com Cristo foi a motivação mais profunda de Calvino para sua veemente defesa da imortalidade da alma em sua *Psychopannuchia*, uma obra que ele escrevera em 1534, antes de sua ruptura com a Igreja Católica Romana, e que foi publicada em 1542 sob o título *Vivere apud Christum non dormire animis sanctos* (Strasbourg: Rihel). Veja também João Calvino, *Institutas da Religião Cristã*, org. John T. McNeill, trad. Ford Lewis Battles, 2 vols. (Philadelphia: Westminster, 1960), 3.9; Heiko A. Oberman, "Calvin's Legacy: Its Greatness and Limitations", in: *The two Reformations: the journey from the last days to the new world*, org. Donald Weinstein (New Haven: Yale University Press, 2003), p. 116-68, especialmente p. 126-7.

[8] Veja João Calvino, *Calvini Opera quae supersunt omnia: Ad fidem editionum principium et authenticarum ex parte*, orgs. J. Guilielmus Baum, A. Eduardus Cunitz e Eduardus W. E. Reuss, Corpus Reformatorum (Berlin: C. A. Scwetschke & Son, 1863–1900), 5:177-232.

Mas Barth também argumenta que as experiências universais de enfermidades e de morte da humanidade têm outra face. A morte em si é um aspecto de nossa rebelião caótica contra Deus, um sinal da ira divina, "da qual não há libertação sem a misericórdia de Deus em Jesus Cristo".[9] E, no entanto, nesta última frase a outra face da morte é revelada. Na experiência da morte, encontramos a libertação divina em nossa dependência absoluta da graciosa iniciativa de Deus. Por meio da confiança em Jesus Cristo como aquele que é a face de Deus e sua palavra final de misericórdia, um discípulo pode enfrentar a doença e a morte, enquanto entrega sua vida finita nas mãos graciosas de Deus.

Essa dependência absoluta não significa que Barth propague um quietismo estoico ou espiritual em relação à doença e à morte. A iniciativa divina não deve gerar a resignação humana. Barth via a busca ativa da ciência e da medicina como um aspecto importante da criação de Deus, um dom de Deus em Jesus Cristo. Precisamente *porque* são dons divinos, as ciências médicas e a tecnologia devem ser desenvolvidas como parte da cultura e da atividade humanas.

Esse ponto sobre a virtude divina da medicina, da ciência e da tecnologia foi defendido com extrema clareza e veemência por Abraham Kuyper, bem como neocalvinistas posteriores no século 20.[10] Para eles, se Deus deseja saúde e desenvolvimento para os corpos humanos que criou, os cristãos devem seguir essa iniciativa divina e dar passos no sentido de melhorar a saúde e o desenvolvimento corporal. Avanços na ciência médica; medicamentos encontrados em plantas; o cuidado, a criatividade e a sabedoria dos médicos — todas essas coisas são evidências da misericórdia e da graça comum de Deus em favor de uma criação que geme com doenças e morte.

---

[9] Karl Barth, *Church dogmatics*, III/4, *The doctrine of creation*, orgs. G. W. Bromiley e T. F. Torrance, trad. A. T. Mackay et al. (Edinburgh: T&T Clark, 1961), p. 366-7.

[10] Veja particularmente Abraham Kuyper, *Common grace: God's gifts for a fallen world*, orgs. Jordan J. Ballor e Stephen J. Grabill, trads. Nelson D. Kloosterman e Ed M. van der Maas, 3 vols., Collected Writings in Public Theology (Bellingham: Lexham, 2015-20), vol. 2, especialmente cap. 68, sobre os meios de combater o sofrimento e as enfermidades.

Cultura pública: Eutanásia

Essa atitude positiva em relação à medicina não competia com a forte ênfase de Kuyper na questão da absoluta dependência e confiança de uma pessoa na soberania de Deus. A consideração mútua de Kuyper por esses dois elementos pode ser vista em sua própria vida. Kuyper defendia com veemência a formação de médicos cristãos e o desenvolvimento da ciência e da tecnologia médica. Ele e muitos outros fundaram uma escola de medicina em sua universidade reformada precisamente com esse propósito. Kuyper também escreveu com paixão sobre seu último desejo de "estar perto de Deus" em seus devocionais diários.[11] Baseando-se na espiritualidade dos Salmos, Kuyper argumentava que o objetivo último da vida era permanecer sob o abrigo das asas de Deus. Estar *com* Deus, mesmo na sombra da morte.

Embora Barth e Kuyper exaltassem as virtudes da medicina moderna, nenhum deles a divinizou. A tecnologia médica não era Deus: ela era um dom de Deus. Saúde e juventude são coisas boas, mas não são a única coisa. Nesse aspecto, a teologia reformada exige que façamos uma distinção cuidadosa entre criação e Criador. Olhar para a medicina moderna como nosso salvador é um exemplo de confundi-los.[12]

Fica claro o desenvolvimento de uma tensão entre o desejo reformado de descansar na vontade soberana de Deus e o desejo moderno de descansar no poder da tecnologia médica e da medicalização da fragilidade humana. Calvino, Barth e Kuyper querem colocar o cristão no leito de morte em relacionamento direto com o Deus vivo em Cristo. Eles querem convidar esse cristão a buscar na oração um refúgio mais profundo em Cristo, o único lugar onde o coração e o corpo do ser humano podem encontrar descanso final.

Aqueles que se apegam a essa visão reformada não desejam descartar a medicina moderna: eles querem colocar os cuidados médicos em seu devido lugar. Posicionada dentro da economia e da missão mais amplas

---

[11] Abraham Kuyper, *To be near unto God*, trad. J. H. deVries (Grand Rapids: Eerdmans-Sevensma, 1918); Kuyper, *In the shadow of death: meditations for the sick-room and at the sick-bed* (Audubon: Old Path, 1994). Essas são apenas duas das várias obras em que algumas das meditações de Kuyper foram publicadas.

[12] Barth, *Church Dogmatics*, III/4:367-8.

de Deus, a medicina pode ser apreciada como uma dádiva divina. Médicos e enfermeiros podem aliviar as doenças, a dor, a solidão e o medo. De muitas maneiras, eles refletem a natureza gentil e restauradora de Cristo.

Os profissionais da área médica, porém, não substituem Cristo, a cura nem a vida que somente ele pode dar. Na verdade, profissionais da área médica, adeptos de quaisquer crenças, não gostam quando os pacientes impõem expectativas salvíficas em seu trabalho. Esses profissionais não florescem em culturas medicalizadas que lhes atribuam qualidades divinas. Colocar a medicina em seu devido lugar não se trata apenas de honrar o Médico dos médicos; também permite que médicos, pacientes, famílias e capelães colaborem, como seres humanos, de forma eficaz e graciosa, enquanto caminham juntos por essa jornada das experiências humanas de doença e morte.

VIDA E MORTE NO "AINDA NÃO"

Não entender "em que tempo estamos" na história de Deus pode ser perigoso quando se trata de nossas experiências de envelhecimento, doença e morte. A juventude sem fim, a saúde plena e a vida eterna ainda não chegaram. Elas não chegarão até a consumação final da criação de Deus. Assim, ignorar que atualmente vivemos na parte do "ainda não" da história de Deus gera ansiedade e desapontamento no ser humano.

Sem essa qualificação extremamente importante, nossas experiências com o envelhecimento ficam impregnadas de mais pressão e intensidade. Felicidade e sucesso devem ser alcançados agora, nesta vida presente. A doença, a velhice e a morte devem ser mantidas à distância — a qualquer custo. Cristãos que vivem em países ocidentais como a Holanda muitas vezes caem nessa armadilha moderna. Resistindo à própria finitude, eles colocam grande pressão nas "listas de desejos" que elaboram sobre as coisas que devem fazer na presente vida. Deixando de confiar no tempo de Deus, eles resistem freneticamente ao envelhecimento. Situar nossas vidas dentro do "ainda não" de Deus libera o presente dessa pressão.

Cultura pública: Eutanásia

Sem essa qualificação, a juventude e a saúde tornam-se ídolos escravizadores. Experiências naturais como envelhecimento, sofrimento e enfermidades não são mais oportunidades para aprofundar nossa união com Cristo; são batalhas supremas que devem ser travadas e vencidas. Dessa forma, a teologia reformada desafia a idolatria do presente. Ela nos diz "em que tempo estamos" dentro da história mais ampla de Deus. Também situa nosso sofrimento presente dentro da obra passada, presente e futura de Deus. Nesse sentido, a obra temporal de criação, redenção, santificação e consumação de Deus dá um contexto para nossas experiências atuais com a doença e a morte.

Infelizmente, alguns cristãos têm dificuldade de enxergar essa história mais ampla. Eles se fixam em um momento específico dentro da história. Alguns esperam a cura imediata, pois estão vivendo na era da ressurreição ou na era do Espírito Santo. Mas a ressurreição de Jesus Cristo não foi a vitória final, como também não o foram sua exaltação e o derramamento de seu Espírito. A história de Deus é maior do que tudo isso. Muito mais aconteceu e ainda vai acontecer.

Nesse aspecto, a teologia reformada nos ajuda a fazer tais importantes distinções temporais na história de nossas vidas e na história de nosso Deus. Ela nos ajuda a perceber a diferença entre o "já" e o "ainda não". Em síntese, ela nos ajuda a "contar o tempo". Ao fazê-lo, estamos mais bem preparados para situar nossos sofrimentos presentes e nossa morte no contexto mais amplo da história da graça de Deus. Saber que a batalha final contra a morte será de Deus, e não nossa, coloca a medicina em seu devido lugar. Isso nos permite descansar e sermos gratos pelo que a medicina pode fazer no presente.

Finalmente, no contexto deste "ainda não" do presente, a igreja tem uma missão para com os que estão morrendo. Quando ora pelos enfermos e unge os que sofrem, a igreja traz corpos humanos frágeis ante a face do Deus que vivifica.[13] A cura pode ocorrer, pela graça e pela mise-

---

[13] A metáfora da unção é o fio inusitado na casa da teologia reformada. Veja Cornelis van der Kooi, *This incredibly benevolent force: The Holy Spirit in Reformed theology and spirituality* (Grand Rapids: Eerdmans, 2018), p. 99-101.

ricórdia de Deus, mas a essência da missão da igreja no final da vida é a oração. Por meio da oração, a igreja oferece sua finitude, fragilidade e temor a Deus, fonte de vida e esperança. Esta é a tarefa da igreja.[14]

Não se engane: em uma sociedade medicalizada, tal missão é profundamente contracultural. Esse ministério se recusa a entregar os momentos finais da doença e da morte à completa soberania da prática médica. A igreja tem práticas próprias. Suas práticas de oração, unção e adoração lembram pacientes, famílias e médicos da soberania e da misericórdia de Jesus Cristo, sempre maiores. As práticas da igreja colocam a medicina e o sofrimento em seus devidos lugar e tempo.

AMBIGUIDADE MORAL

Viver e morrer no tempo do "ainda não" significa que as respostas nem sempre são claras. Decisões relativas ao fim da vida muitas vezes envolvem experiências marcadas por ambiguidade moral.[15] Pessoas de todas as crenças — e pessoas sem uma fé — muitas vezes não têm a menor ideia de como devem proceder. Sentimentos de ambiguidade e confusão são sempre difíceis, mas são particularmente desafiadores quando um ente querido está doente e morrendo. Queremos fazer a coisa certa e, no entanto, nenhum caminho claro se apresenta diante de nós. Nenhuma voz clara nos fala. Os médicos ficam fazendo perguntas, mas não há uma resposta clara. Esperar e ouvir é difícil. Queremos decidir. Queremos agir. Mas, às vezes, essa preferência humana por agir em vez de contemplar precisa ser resistida.

> Uma mulher de oitenta e seis anos foi trazida ao hospital com o quadril quebrado. Ela já não consegue falar claramente. Sentada ao lado de sua cama, a filha explica que sua mãe havia se perdido novamente. A filha sugere que um salmo e uma oração seriam um consolo. Como capelã dela, atendo alegremente ao pedido. Logo uma jovem

---

[14] Cf. Allen Verhey, *Remembering Jesus: Christian community, Scripture, and the moral life* (Grand Rapids: Eerdmans, 2002), p. 114-5.

[15] Verhey, *Remembering Jesus*, p. 115.

Cultura pública: Eutanásia

cirurgiã chega ao quarto. A questão em tela é se essa mulher deve se submeter a uma cirurgia no quadril. Puxando um banquinho e sentando-se, a cirurgiã deixa claro que não tem pressa para tomar uma decisão. A linguagem corporal da cirurgiã comunica paciência e calma. Não há pressa. Em meu coração, bato palmas para essa médica. A cirurgiã explica gentilmente à filha que a cirurgia de quadril será uma experiência dramática, invasiva e arriscada para sua mãe. A anestesia por si só pode aumentar seus níveis atuais de confusão. Ela aconselha a filha que não há absolutamente nenhuma pressa para tomar uma decisão, e recomenda que a família espere alguns dias para ver como a mãe reage. A filha se inclina e diz à mãe que ficará com ela no hospital. Ministro uma bênção à mãe e oro por ambas, mãe e filha.

Quando volto, na manhã seguinte, a velha senhora tinha acabado de falecer. Sou grata por aquela jovem médica. Ela respondeu à ambiguidade com paciência em vez de ação. Ela conhecia seu ofício: sempre confortar os pacientes; muitas vezes aliviar sua dor e às vezes curá-los. A família estava agradecida pela mãe ter sido poupada de uma cirurgia dolorosa e dramática: ela não morreu em uma fria mesa de cirurgia; morreu sendo acariciada e abençoada, abraçada e cercada por aqueles que amava. Isso é cuidar bem.

Diante da ambiguidade, às vezes precisamos resistir à tentação de agir e aceitar a ambiguidade como um convite que Deus nos faz para esperarmos, ouvirmos e contemplarmos.

Conclusão

Embora tenhamos criticado a cultura médica da Holanda, devemos encerrar este capítulo com uma nota de louvor e esperança. Cada vez mais médicos e famílias na Holanda estão optando por menos intervenções e medicamentos no final da vida. Em vez de ocupar seus últimos meses de vida com cirurgias, medicamentos e tratamentos desesperados e dramáticos, os pacientes estão cada vez mais optando por passar tempo de qualidade com seus entes queridos. A preferência cultural por qualidade em vez de quantidade está aumentando constantemente.

Teologia pública reformada

As práticas cristãs como o ouvir a Deus, a contemplação e a confiança nunca são fáceis, especialmente em tempos de sofrimento e morte. No final, quando não soubermos como proceder, podemos ser auxiliados por uma metáfora que se destacou na vida e na teologia de Calvino: a peregrinação.[16] De acordo com Calvino, os crentes são peregrinos, viajantes exilados que estão no meio de uma jornada para casa. A peregrinação é incerta e finita. Quando somos jovens, fortes e saudáveis, e nos vemos envolvidos por questões relacionadas à vida, à carreira, à família e às amizades, tendemos a esquecer essa finitude. Não temos paciência para pensar nisso. Às vezes, porém, nossa vida é interrompida; o futuro de nossa jornada se torna incerto. Encontramo-nos à beira de uma colina, aproximando-nos de um horizonte desconhecido. Em tempos assim, a liturgia do antigo culto reformado holandês oferece garantia para a jornada à nossa frente: "Ele não abandonará as obras de suas mãos".

Cornelis van der Kooi (PhD, Vrije Universiteit) é professor emérito de Teologia Sistemática na Vrije Universiteit Amsterdam e conferencista honorário na Erasmus University Rotterdam. Entre suas muitas publicações estão suas Warfield Lectures de 2014, *This incredibly benevolent force: the Holy Spirit in Reformed theology and spirituality* (Eerdmans, 2018) e *Christian dogmatics: an introduction* (Eerdmans, 2017).

Margriet van der Kooi (MA, Vrije Universiteit) é capelã no Netherlands at the Daan Theeuwes Centrum, um centro de reabilitação para jovens com lesões cerebrais e na medula espinhal. Ela é pastora ordenada e atua como capelã há quarenta anos. É uma autora prolífica na Holanda em questões sobre o pastorado e o fim da vida. Seu capítulo "Spirit, chaplaincy, and theology: why should a chaplain read dogmatics?" foi publicado recentemente em *The Spirit is moving* (Brill, 2019).

---

[16] Cf. Oberman, "Calvin's Legacy", p. 156-65.

PLURALISMO

5 PLURALISMO RELIGIOSO NA INDONÉSIA: reflexões reformadas

N. Gray Sutanto

Indonésia: o maior país islâmico do mundo. Essa talvez seja a maneira mais comum de descrever a Indonésia na mídia global. Embora seja verdade que a Indonésia é a nação de maioria muçulmana mais populosa do mundo, o país reconhece e protege institucionalmente as liberdades de seis das principais religiões do mundo: o islamismo, o catolicismo romano, o protestantismo, o budismo, o hinduísmo e o confucionismo. Além disso, como as muitas ilhas e regiões que compõem a Indonésia são separadas por mares e terrenos acidentados, cada cultura nativa desenvolveu trajetórias religiosas distintas. Embora em Java, Aceh e Lombok, por exemplo, a maior parte seja de adeptos do islamismo, Bali continua sendo uma ilha predominantemente hindu; e os manadoneses, os bataks e os amboneses adotaram em larga escala valores e crenças cristãs. Há também diversidade dentro de cada ilha. Por exemplo, o norte de Bali — a área mais próxima da Ilha Menjangan — tem mais contato econômico e social com a população de Java Oriental e, portanto, abriga uma população de maioria muçulmana, separada do resto da ilha de maioria hindu por uma grande área montanhosa. Os cristãos professos, tanto católicos quanto protestantes, representam cerca de 10% da população do país, ou cerca de vinte e cinco milhões de pessoas, número que não deixa de ser substancial.[1]

---

[1] Para um extenso panorama sobre a história do cristianismo na Indonésia, veja Jan Sihar Aritonang e Karel Steenbrink, orgs., *A history of Christianity in Indonesia* (Leiden: Brill, 2008).

Assim, esse retrato torna a Indonésia uma das nações com maior diversidade religiosa do mundo; tanto é assim que, em 2016, o *The Atlantic* publicou um extenso artigo atribuindo a falta de recrutas do ISIS oriundos da Indonésia — em comparação com o número de recrutas do ISIS vindos da Europa Ocidental e do Oriente Médio — em parte à ênfase da nação sobre a "liberdade de expressão", fomentando a sensação de que a violência é desnecessária para a propagação das cosmovisões preferidas das comunidades locais.[2]

De fato, minha própria pessoa reflete essa diversidade. Eu venho de uma descendência sino-indonésia. Meu pai é um confucionista agnóstico e minha mãe é católica romana professa. Eu sou um protestante reformado, e minha esposa e sua família eram muçulmanas antes de se converterem ao cristianismo. Cresci com amigos secularistas que jejuavam com seus vizinhos muçulmanos apenas por solidariedade amigável, e todos passávamos as férias em Bali e visitávamos templos hindus como atração turística. Eu visitava os templos de meus ancestrais durante o Ano Novo Chinês e prestava meus respeitos aos avós muçulmanos de minha esposa no Eid al-Fitr. Os casamentos também eram cerimonialmente inter-religiosos. Casais que tinham católicos e protestantes em suas famílias celebravam casamentos duplos para agradar os dois lados: um casamento ao estilo católico romano e outro casamento segundo a tradição protestante, em diferentes igrejas. Claramente, o pluralismo é intrínseco ao imaginário indonésio.

O desenvolvimento dessa diversidade se tornou possível em razão de "cinco princípios", chamados *Pancasila*, que constituem as bases da filosofia constitucional e pública da Indonésia. Criados particularmente pelo presidente Sukarno, o primeiro presidente da República da Indonésia, os princípios foram gerados com o objetivo de satisfazer islâmicos, cristãos e nacionalistas seculares. Os cinco princípios são

---

[2] Edward Delman, "ISIS in the World's Largest Muslim Country: Why Are So Few Indonesians Joining the Islamic State?", *The Atlantic*, January 3, 2016, https://www. theatlantic.com /international /archive/2016 /01/isis-indonesia-foreign-fighters/422403/.

Cultura pública: Pluralismo

estes: (1) a crença em uma divindade suprema, (2) a dignidade de toda a humanidade, (3) a unidade da Indonésia como nação, (4) a implementação de uma democracia sábia e (5) a priorização da justiça social. O primeiro princípio, relativo à adoração de uma divindade suprema, implica ainda que a religião é um assunto entre o indivíduo e Deus e que as expressões de adoração específicas de cada religião são todas formas publicamente reconhecidas de se relacionar com esse Deus.

Esses cinco pilares são, com amparo legal, difundidos nas escolas e lidos em voz alta, mensalmente, nas cerimônias cívicas em homenagem à bandeira que são realizadas por todo o país. Juntos, esses princípios inculcam uma espécie de religião civil, que prioriza a diversidade da expressão religiosa com o intuito de promover o bem-estar e a unidade da nação. O lema nacional, *"Bhinneka Tunggal Ika"* (Unidade na Diversidade), consagra esses valores. Os grupos étnicos devem colaborar para a unidade nacional de uma maneira que preserve suas respectivas identidades étnicas, culturais e religiosas. Embora a coexistência desses ideais públicos abertamente pluralistas com as aspirações da população de maioria muçulmana e de outras religiões exclusivistas — entre elas, o cristianismo ortodoxo — muitas vezes tenha criado tensões e distúrbios sociais, eles decididamente "posicionaram a Indonésia como um Estado que não é laico nem islâmico, mas sim um Estado religioso ou piedoso".[3]

Essas condições ideológicas públicas estão prontas para uma reflexão frutífera por parte do teólogo reformado. O que se segue são

---

[3] Chang-Yau Hoon, "Religious Aspirations among Urban Christians in Contemporary Indonesia," *International Sociology* 31 (2016): 416. Sobre a complexidade da coexistência entre *Pancasila*, secularismo, cristianismo e Islã, veja também Hoon, "Between Evangelism and Multiculturalism: The Dynamics of Protestant Christianity in Indonesia", *Social Compass* 60 (2013): 457-70; Karel Steenbrink, "Muslim-Christian Religions in the *Pancasila* State of Indonesia", *Muslim World* 88 (1998): 320-52; Steenbrink, "Towards a *Pancasila* Society: The Indonesian Debate on Secularization, Liberation and Development, 1969–1989", *Exchange* 54 (1989): 1-28. Na tentativa de afastar o comunismo, "A Nova Ordem Administrativa promoveu ativamente a afiliação religiosa. [...] Todos os indonésios eram obrigados a registrar uma religião à qual aderissem". Chang-Yau Hoon, "Mapping 'Chinese' Christian Schools in Indonesia: Ethnicity, Class, and Religion", *Asia Pacific Education Review* 12 (2011): 405.

Teologia pública reformada

reflexões que sugerem que (1) globalmente, os cristãos podem aprender com a função inerentemente *limitante* do *Pancasila* para a fé cristã; e que (2) esses princípios públicos requerem fundamentos teológicos especificamente *cristãos* para serem executados de forma prática e articulados de forma coerente. Embora um cidadão cristão possa ser tentado a responder a essas realidades pluralistas na Indonésia com uma perspectiva triunfalista, a fim de "recuperar" o país para Cristo, eu defendo uma postura comedida, positiva e ainda assim teológica em relação a elas. Na verdade, sugiro que o cristianismo ofereça ao pluralismo constitucional da Indonésia uma base firme a partir da qual possa ser implementado, e que o *Pancasila*, como uma estrutura civil, relembre aos cristãos os temas exílicos das Escrituras, que tantas vezes são silenciados nas tentativas de apreender ou de manter um bastião cultural para o cristianismo no Ocidente. Portanto, sugiro que a teologia reformada permita que os cristãos indonésios respondam ao *Pancasila* com gratidão teológica e, ainda assim, ofereçam uma crítica útil e cristocêntrica.

Este capítulo, portanto, desenvolve-se em três etapas. Primeiro, esboça as limitações que o *Pancasila* impôs aos cristãos e as respostas triunfalistas que comumente surgem em reação a essas limitações. Em segundo lugar, propõe uma alternativa reformada em resposta ao *Pancasila* e em oposição ao triunfalismo. Por fim, o capítulo termina com algumas reflexões sobre a identidade teológica específica da divindade que o *Pancasila* parece exigir, a fim de capacitar os cidadãos a viverem pacificamente em diversidade religiosa.

OS LIMITES DO *PANCASILA* E O TRIUNFALISMO CRISTÃO

Na Indonésia, os cristãos têm o direito sancionado pelo Estado de se reunir, cultuar e promover suas convicções doutrinárias em coexistência com os fiéis de outras religiões. No entanto, precisamos ter em mente que o *Pancasila* tem um objetivo inerentemente *limitador* e pluralista. Ou seja, embora a filosofia civil da Indonésia proteja a liberdade de culto dos cristãos, também assegura que o cristianismo

Cultura pública: Pluralismo

seja apenas uma dentre muitas expressões religiosas públicas no país. Umas poucas políticas públicas manifestam esse objetivo limitante. A primeira é o Decreto Conjunto nº 1 de 1969, legislação emitida pelo Ministério da Religião e Assuntos Internos, que controla e monitora a capacidade de as igrejas construírem edifícios para espaços de culto. A Lei do Casamento, de 1974, efetivamente proíbe casamentos inter-religiosos: os parceiros agora precisam provar que ambos aderem à mesma fé, por exemplo, apresentando certidões de batismo como prova da conversão (essas certidões seriam emitidas pela igreja em que a pessoa foi batizada) ou mostrando, em suas carteiras de identidade, que pertencem à mesma religião. As leis também restringiram a admissão de trabalhadores estrangeiros em instituições religiosas e educacionais, com o intuito de evitar que uma religião avance mais do que outra e de garantir que o desenvolvimento das religiões seja motivado localmente.

Em outras palavras, o *Pancasila* e os decretos do Ministério da Religião, na Indonésia, garantem que o cristianismo não seja a força cultural predominante que muitas vezes pretende ser em alguns contextos globais. É fácil abordar essas condições com uma mentalidade cínica de que essas leis são meramente estabelecidas para garantir que a religião majoritária permaneça no controle; contudo, no papel, sua intenção é comunicar o direito de cada religião coexistir e manter sua vitalidade dentro do país. Mais uma vez, o modelo democrático e a filosofia teológica pública da Indonésia são inerentemente limitantes: protegem todas as principais religiões e procuram preservar suas expressões distintas dentro do país, impedindo assim as ambições de monopolização de qualquer religião, ainda que garantam a continuação de sua existência. O Islã pode ser a religião majoritária da nação e, portanto, sua presença poderosa continuará sendo uma grande influência no discurso público e na formulação de políticas da Indonésia; contudo, ao menos no papel, o Islã não será uma religião estatal imposta.[4]

---

[4] A influência da maioria islâmica é vista especialmente na aprovação de leis que delimitam as influências religiosas não islâmicas. Como Hoon sintetiza, o Estado, impulsionado

Teologia pública reformada

Talvez não seja surpresa que essas condições gerem uma fonte de ansiedade entre os cristãos a ponto de alguns cristãos desejarem encontrar maneiras de resistir estrategicamente a essas delimitações restritivas. A maneira mais comum de isso se manifestar é um triunfalismo que busca tomar a cidade em nome de Cristo, por meio da astúcia capitalista e do pragmatismo estratégico. Na Indonésia, a Rede Nacional de Oração e a Transform World Connection promoveram uma teologia particular do reino de Deus que é muitas vezes referida como o "Movimento das Sete Esferas". Ela guarda uma semelhança formal com uma compreensão reformada do espaço público como algo que abrange esferas da vida, seja a esfera das artes, a da ciência ou a do Estado. No entanto, de acordo com esse movimento, os cristãos têm o dever de assumir a liderança das diferentes esferas da vida no presente e de manter essas esferas sob sua autoridade, em preparação para a volta de Cristo. Tendo suas raízes no pensamento de teólogos evangélicos americanos como Bill Bright (1921—2003) e Loren Cunningham (1935—), esse movimento visa à classe empresarial das sociedades urbanas indonésias para seus próprios propósitos estratégicos. Como Hoon resume com propriedade:

> A Teologia das Sete Montanhas sustenta que os cristãos recebem ordens bíblicas para controlar todas as instituições terrenas até à segunda vinda de Cristo. As sete montanhas da cultura são adaptadas e abreviadas em ordem alfabética [em inglês], de A a G: Artes, mídia e entretenimento; Negócios e mercado; Igreja; Desenvolvimento social para os pobres; Educação; Família; e Governança.

---

por preocupações com o crescimento aparentemente rápido do cristianismo, "elabora várias legislações para coibir as atividades cristãs, entre elas o proselitismo religioso, o recebimento de ajuda estrangeira, casamentos inter-religiosos e a construção de locais de culto". "Aspirações Religiosas", p. 417. Isso significa que cristãos convertidos, para se casarem com outro cristão, precisam fornecer provas ao Estado de que realmente se converteram, sob a forma de certidões de batismo formais, pois as carteiras de identidade de ambos os cônjuges precisam indicar a mesma religião. Os missionários ocidentais também costumam entrar no país registrando-se como professores de inglês, e não como trabalhadores religiosos.

Cultura pública: Pluralismo

> Essas sete esferas apresentam um novo tipo de movimento cristão na Indonésia, o qual tenta transcender as divisões denominacionais e infiltrar os valores cristãos em *todos* os setores da sociedade. Este movimento é ambicioso, combativo, bem organizado e engenhoso. Seu foco urbano se esforça para captar as aspirações e imaginários da emergente classe média urbana do país. Também alega oferecer um contrapeso às degradações e polarizações sociais, familiares e morais vividas em uma cidade cercada por forças de crescente intolerância e conservadorismo islâmico na Indonésia. [...] A discussão também revelará o caráter pentecostal do movimento, levando a questionar se o fato de ser "transdenominacional" é um desejo, em vez de uma realidade.[5]

O movimento enfatiza que o favor de Deus sobre a vida de alguém consiste no ganho de saúde e de riqueza. Proliferado por meio de campanhas de cura, expansão capitalista e até mesmo por novelas de TV, o movimento das Sete Esferas está rapidamente se tornando uma grande influência dentro da classe empresarial, e encontrou um aliado no evangelho da prosperidade, que, por sua vez, está proliferando no mundo inteiro. A Associação de Homens de Negócio do Evangelho Pleno, entidade internacional, é uma manifestação desse movimento e tem utilizado suas amplas redes empresariais para promover essa teologia orientada para o reino. Embora essa teologia possa aderir formalmente ao princípio do senhorio de Cristo para motivar seu projeto, uma narrativa reformada fornece uma alternativa contundente, fundamentada precisamente em bases cristológicas.

UMA ALTERNATIVA REFORMADA AO TRIUNFALISMO

Que alternativa uma perspectiva reformada oferece, no contexto da religião civil da Indonésia? O movimento da teologia pública triunfalista, descrito acima, guarda apenas uma semelhança formal em relação

---

[5] Hoon, "Religious Aspirations", p. 421.

a uma narrativa genuinamente reformada sobre o engajamento público. Em vez dessa religião civil, que acredita que todas as religiões do mundo devem ser preservadas e coexistir com suas particularidades intactas, causando ansiedade nas mentes dos cristãos, sugiro que ela se aproxime do tipo de visão que Kuyper e Bavinck tiveram.

De fato, a visão reformada é sutil, mas poderosa. Proclamamos que o soberano é Cristo, *não* os cristãos, e que é prerrogativa *dele*, no tempo *dele*, trazer à unidade todas as esferas da vida nos últimos dias. Alguns conceitos-chave dentro da tradição reformada fluem dessa visão cristológica básica: a graça comum, os estágios do plano de Deus na história e o caráter do novo céu e da nova terra.

No mundo pós-Queda, que antecede a segunda vinda de Cristo, os cristãos vivem na era da graça comum, na qual Cristo governa o mundo com tolerância e paciência, desejando que ninguém pereça e que todos ouçam o evangelho. Até que ele volte, os cristãos vivem em um posto avançado no exílio, buscando o bem de suas cidades terrenas, conquanto sejam cidadãos de outro reino. Procurar ter o monopólio cultural e político ou realizar o reino agora é uma incompreensão da missão cristã e do lugar dos cristãos no plano histórico-redentivo de Deus. O Estado, portanto, tem sua própria "soberania", uma "soberania de esfera", que compreende seu propósito não redentor, ao mesmo tempo em que percebe que existe precisamente para "permitir que o Reino de Deus afete e penetre seu povo e nação".[6] No entendimento de Kuyper, somente Cristo tem a soberania e o direito de julgar o mérito e o valor das diferentes orientações religiosas das diversas comunidades nas nações. O Estado, então, não pode estender "seus tentáculos a ponto de sufocar toda a vida"; em vez disso, sua honra está precisamente na manutenção de "toda forma de vida de modo que cada uma cresça independentemente em sua própria e sagrada autonomia".[7]

---

[6] Herman Bavinck, "The Kingdom of God, the Highest Good", trad. Nelson D. Kloosterman, *The Bavinck Review* 2 (2011): p. 160.

[7] Abraham Kuyper, *Lectures on Calvinism* (Grand Rapids: Eerdmans, 1953), p. 96-7.

Cultura pública: Pluralismo

O reino de Deus, em outras palavras, é testemunhado não por uma nação específica que o encarne, mas pelos cidadãos celestiais exilados, na dispersão de cada tribo, língua e nação. Uma compreensão cristã do Estado entende que o objetivo do Estado é criar espaço e *permitir* a coexistência das várias esferas da vida, ao mesmo tempo em que reconhece que a perfeita unidade-na-diversidade das esferas da vida só poderá ser alcançada no novo céu e na nova terra. Somente a volta de Jesus pode instaurar uma teocracia global. A nova cidade é um reino que não será trazido à tona progressivamente, pelo esforço político dos cristãos, mas sim pelo próprio Deus, em uma mudança decisiva de eras, que recriará o mundo e manifestará a nova ordem escatológica da criação.

Nesse sentido, o *Pancasila* e o lema nacional *"Bhinneka Tunggal Ika"* (Unidade na Diversidade) transmitem, talvez de forma não intencional, uma visão de filosofia pública coerente com a posição em que estamos no plano de Deus na história. Isso desafia as tentativas cristãs de garantir alguns privilégios públicos ou de se sagrar vencedor de uma suposta guerra cultural. O cristianismo ocidental, conforme expresso em alguns dos esforços políticos da direita cristã nos EUA, pode estar perdendo essa visão de uma teologia pública neocalvinista reformada que entende sua existência no presente como a de um exilado que dá testemunho de uma cidade melhor, e não como a de um agente redentor que traga essa cidade aqui para a terra. Essa compreensão histórico-redentiva de ver o presente século como uma era "má" (Gl 1:4), que está em dores de parto, aguardando a plenitude da redenção de Deus (Rm 8), refreia as ambições cristãs que recorrem a concessões éticas para "ganhar" alguma guerra pública ou cultural para Cristo. Em outras palavras, nossa era não é o momento do reino escatológico plenamente realizado de Deus, mas sim de aguardá-lo com paciência. A tentativa de garantir o reino de Deus hoje, por meio da estratégia capitalista ou recorrendo a concessões éticas, portanto, mostra uma incompreensão do presente século dentro do plano de Deus para a história.

Além disso, ao contrário dos esforços inteiramente transformacionistas do movimento das Sete Esferas, Herman Bavinck enfatiza que a futura ordem escatológica será exclusivamente trazida tão-somente pelo poder divino. De fato, o "arquiteto e construtor da Nova Jerusalém é o próprio Deus":[8] confundir o ganho material do mundo presente com as glórias do reino de Deus é subestimar, em muito, a plenitude da glória escatológica. Em vez de ordenar aos cristãos indonésios assumirem o controle das diferentes esferas da sociedade e as governarem, em uma antecipação ao retorno de Cristo, Jesus deseja que cristãos engajados nas diferentes esferas da sociedade busquem o bem do próximo e proclamem o evangelho por meio da Palavra e do Espírito, não pela espada da política ou pela ardilosa expansão capitalista. A utilização de práticas comerciais e manobras políticas implacavelmente pragmáticas, portanto, vai contra a ordem de dar a vida pelo próximo e de sofrer virtuosamente, tendo Cristo como nosso exemplo.

Assim, o cristianismo oferece recursos produtivos para uma fé voltada para o exterior. Observe que a *base teológica particularmente cristã* auxilia na implementação coerente dos ideais pluralistas do *Pancasila*. Esta é a segunda reflexão. Uma teologia pública teologicamente afinada esclarece a importância do Estado. A soberania do Estado consiste em proteger as liberdades do povo e, assim, possibilitar o desenvolvimento da *diversidade estrutural* da sociedade. Embora seja papel do Estado preservar a justiça e garantir que os cidadãos possam desfrutar das estruturas de escolas, mercados e arte, o Estado estaria ultrapassando seus limites se tentasse determinar as trajetórias *direcionais* dessas estruturas. O bom funcionamento do Estado permite, assim, o desenvolvimento de uma sociedade pluralista saudável do ponto de vista direcional. Essa compreensão do Estado, portanto, passa por cima das tentativas de impor qualquer

---

[8] Herman Bavinck, *Reformed dogmatics*, vol. 4, *Holy Spirit, church, and new creation*, org. John Bolt, trad. John Vriend (Grand Rapids: Baker Academic, 2008), p. 720; cf. Hb 11:10.

Cultura pública: Pluralismo

cosmovisão específica, seja ela cristã ou secularista, em uma uniformidade ideológica. Os cristãos que esperam uma unidade teocrática no presente certamente não compreendem seu papel na sociedade e projetam uma escatologia hiper-realizada na ordem atual. Os secularistas que impõem suas cosmovisões não teístas por meio do Estado interferem indevidamente na liberdade de consciência e suprimem sistematicamente o senso de divindade dentro de toda a humanidade.[9] Para Kuyper, o calvinismo, portanto, é "fonte e baluarte de nossas liberdades constitucionais".[10] Talvez de forma contraintuitiva, portanto, uma ênfase na revelação cristã *específica* como princípio epistemológico na verdade resulte não em uma força que constranja à uniformidade, mas sim em um apoio teologicamente ancorado para o pluralismo de princípios.[11] Essa explicação se assenta confortavelmente sob os ideais do *Pancasila* e lhes dá uma base sólida.[12]

---

[9] A análise que J. H. Bavinck faz da relação entre revelação geral e diversidade religiosa continua sendo uma das mais incisivas. Veja em especial J. H. Bavinck, "Religious Consciousness and Christian Faith", in: *The J. H. Bavinck reader*, orgs. John Bolt, James Bratt e Paul Vissers (Grand Rapids: Eerdmans, 2013), p. 277-301. Destaco as continuidades entre Herman Bavinck (1854-1921) e seu sobrinho Johan Herman Bavinck (1895-1964) sobre revelação geral: Nathaniel Gray Sutanto, "Neo-Calvinism on General Revelation: A Dogmatic Sketch", *International Journal of Systematic Theology* 20 (2018): p. 495-516.

[10] Abraham Kuyper, "Calvinism: Source para Stronghold of Our Constitutional Liberties [1874]", in: *Abraham Kuyper: a centennial reader*, org. James Bratt (Grand Rapids: Eerdmans, 1998), p. 277-322.

[11] Harry Van Dyke chama esse ideal de "pluralismo de cosmovisão institucionalizado" em seu texto "Translator's Introduction" to Guillaume Groen van Prinsterer, *Unbelief and revolution*, trad. Harry Van Dyke (Bellingham: Lexham, 2018), p. xxvi. Para uma exposição contemporânea do ideal kuyperiano de pluralismo aplicado a algumas questões contemporâneas de diálogo religioso e imigração, veja Matthew Kaemingk, *Christian hospitality and Muslim immigration in an age of fear* (Grand Rapids: Eerdmans, 2018), especialmente os caps. 4 e 5. Veja também Nathaniel Gray Sutanto, "The Limits of Christian Pluralism, and the Relevance of Neo-Calvinism for Indonesia", *ABC Religion*, Março 8, 2018, https://www.abc.net.au/religion/the-limits-of-christian-pluralism-and-the-relevance-of-neo-calvi/10094918.

[12] Sobre a ênfase neocalvinista nas consequências epistemológicas da revelação cristã, veja Nathaniel Gray Sutanto, *God and knowledge: Herman Bavinck's theological epistemology* (London: Bloomsbury T&T Clark, 2020).

A IDENTIDADE DIVINA DA DIVINDADE SUPREMA DO *PANCASILA*

Voltemo-nos agora diretamente às alegações do próprio *Pancasila*, em vez de analisar as maneiras pelas quais os cristãos poderiam responder a ele. De fato, embora o *Pancasila* não estabeleça um Estado islâmico nem laico, mas sim um Estado "piedoso", vale a pena indagarmos que tipo de deus ou divindade suprema seria pressuposto por seus princípios, os quais contêm alegações sobre a dignidade humana e o acolhimento da diversidade religiosa e da igualdade social. Neste ponto precisamos lembrar que a divindade suprema das Escrituras cristãs não é apenas o Rei transcendente que governa o universo. Também é o Cristo, o Verbo encarnado, que desceu para se tornar nosso substituto e que condescendeu ao nível de suas criaturas. Cristo, o Deus-homem, nos mostrou que o Senhor do universo não veio para reinar sobre seus inimigos em julgamento imediato, mas sim para morrer por eles, para acolher os mais necessitados e até mesmo para amar aqueles que o rejeitam. Esse rei, portanto, também é um sacerdote amoroso, e é esse sacerdote que governa hoje. Se essa é a verdade que os cristãos proclamam, ela gera fé em uma divindade suprema, que os convida a verdadeiramente tolerar e abraçar aqueles que são diferentes do ponto de vista religioso e acolher aqueles que são estranhos com hospitalidade e acolhimento. Isso nos dá recursos singulares para responder pacientemente àqueles que discordam de nós do ponto de vista religioso.

O *Pancasila* tem uma teologia pública própria. Ela nos diz que existe um único Deus soberano e que várias religiões mundiais adoram esse Deus com idoneidade. Mas que tipo de Deus realmente acolheria a diversidade religiosa que o *Pancasila* imagina? Por que esse Deus seria paciente com a adoração deles? E que recursos morais essa divindade indefinida pode fornecer a nós, que diariamente vivemos em comum com aqueles que discordam de nós? Tudo o que uma divindade indefinida poderia fundamentar é um estofo autoritário, que nos diga para viver em paz com nosso próximo sem nos fornecer razões, exemplos

Cultura pública: Pluralismo

nem motivos para fazê-lo. Na pior das hipóteses, essa divindade indefinida acolheria as projeções teológicas naturais dos cidadãos a fim de preencher a identidade da divindade, construindo-a da maneira que bem entendessem e, assim, nos motivasse a acolher nosso próximo por meio de nossas próprias reflexões culturalmente condicionadas e inventadas, livre das amarras da revelação divina.

Portanto, sugiro que o *Pancasila* só poderia capacitar — e não apenas obrigar — seus cidadãos a viverem ao lado do Outro religioso, em paz e hospitalidade, se pressupusesse não uma crença teísta religiosamente amorfa, mas sim uma pessoa em particular que foi revelada. Ele requer o tipo de Deus que a fé cristã revelou: Jesus de Nazaré, o Salvador crucificado, ressuscitado e exaltado.

É precisamente esse evangelho cristão específico que também nos dá o tipo de poder que os cidadãos precisam para se tornar o povo acolhedor e virtuoso que o *Pancasila* imagina.[13] As alegações de possuirmos uma verdade absoluta de fato podem criar um tipo de exclusividade que incute em nós uma prepotência orgulhosa: "Eu tenho a verdade e você não." Mas o cristianismo proclama que aqueles que caminham "na" verdade estão na verdade por pura graça. Se assim for, é uma verdade que, se devidamente manuseada, gera uma pessoa humilde e arrependida, a qual não se vê como superior ao seu próximo. Como Tim Keller articula bem, temos aqui uma identidade que acolhe em vez de excluir:

> Se você crê na mensagem de Jesus, crê em uma verdade, mas não em uma verdade que leva à exclusão. Muitas vozes argumentam que é excludente afirmar que você tem a verdade, mas, como vimos, essa visão em si cria uma dicotomia entre você, como o heroicamente tolerante, e os outros, como vilões ou pateticamente intolerantes. Você não pode evitar alegações binárias de verdade.

---

[13] Para investigar como bases especificamente cristãs podem gerar cidadãos sábios, veja James K. A. Smith, *Awaiting the king: reforming public theology* (Grand Rapids: Baker Academic, 2017).

Teologia pública reformada

A verdadeira questão é, portanto, que tipo de verdade — e que tipo de identidade produzida pela verdade — levaria você a acolher pessoas que são profundamente diferentes de você? Que alegações de verdade o levariam a desprezar as pessoas que se opõem a você como tolas? Que alegações de verdade o levariam à comunidade? Que alegações de verdade ao mesmo tempo humilham e afirmam você, de modo que não tenha medo de pessoas diferentes de você, nem possa desprezá-las? Se eu construir minha identidade sobre o que Jesus Cristo fez por mim e sobre o fato de que tenho nele um nome para sempre, pela graça, eu não posso, por um lado, sentir-me superior a ninguém, nem, por outro, temer ninguém. [...] Minha identidade é baseada em alguém que foi excluído por mim, que foi expulso por mim, que amou seus inimigos, e isso vai me transformar em alguém que abraça o Diferente.[14]

Os princípios da teologia pública indonésia garantem que os cristãos subsistam como minoria em meio a uma nação religiosamente diversa. Requer, portanto, cidadãos que continuarão a se contentar em *ser* uma minoria e amar o próximo. Assim, o cristianismo oferece recursos que não só fundamentam o *Pancasila* epistemologicamente, mas também fornece os recursos morais que criam os cidadãos necessários para que o *Pancasila* seja uma realidade vivida, e não um mero ideal constitucional. Isso comunica, mais uma vez, que a teologia reformada nos permite apreciar o *Pancasila* com gratidão, e ainda lhe fazer críticas construtivas para que melhor cumpra seus objetivos. A teologia reformada enfatiza alegações específicas como a soberania de Deus, a graça comum, a história da redenção e a necessidade que os pecadores têm das boas-novas do evangelho; assim, continua altamente relevante para esse contexto único e global. Em vez de encorajar um triunfalismo que distancia os cristãos dos outros de religião diferente, motiva os cristãos a um engajamento público humilde, enquanto se

---

[14] Tim Keller, *Making sense of God: an invitation to the skeptical* (New York: Viking, 2016), p. 151.

Cultura pública: Pluralismo

contentam com a própria posição como uma fé minoritária. Os cristãos procuram, assim, ser ativos, a fim de serem um fermento gracioso para todos os indonésios, de todas as fés.

N. Gray Sutanto (PhD, University of Edinburgh) é professor assistente de Teologia Sistemática no Reformed Theological Seminary, Washington, D. C. Sutanto cresceu em Jacarta, Indonésia, e em Singapura. Ele atuou recentemente como presbítero na Covenant City Church em Jacarta. É autor de *God and knowledge: Herman Bavinck's theological epistemology* (Bloomsbury T&T Clark, 2020) e um dos editores e tradutores de *Christian worldview*, de Bavinck (Crossway, 2019). Sutanto também é ordenado pela International Presbyterian Church.

Segunda parte
...
Mercados Públicos

TRABALHO

6 UMA TEOLOGIA REFORMADA DO TRABALHO EM NOVA YORK

Katherine Leary Alsdorf

Nos últimos trinta anos, a cidade de Nova York tornou-se um destino popular para universitários recém-graduados, profissionais em alta e estrelas em ascensão no campo das artes e do entretenimento, das finanças, do direito, da saúde, dos negócios e da tecnologia. Em 2002, Richard Florida cunhou o termo "classe criativa", para descrever essa nova geração de profissionais que migraram para centros urbanos globais como Nova York.[1] Em 2018, quase 40% dos trabalhadores de Manhattan — pouco mais de um milhão — eram considerados integrantes dessa classe criativa.[2]

Essa concentração de juventude, ambição, criatividade e talento foi um benefício econômico e cultural para uma cidade que esteve à beira da falência em 1975. Com a ajuda de séries de televisão como *Sex and the City*, no final dos anos 1990, a qual narrava o cenário amoroso de solteiros nova-iorquinos belos e ricos, a cidade de Nova York tornou-se *o* lugar para se viver. Os jovens se mudavam para a cidade em busca de emprego, *status*, liberdade de estilo de vida, ideias românticas

---

[1] Este capítulo foi escrito no início de 2020, antes da pandemia da COVID-19 e da migração de um significativo número de jovens profissionais para fora da cidade de Nova York. É muito cedo para prever os efeitos de longo prazo da pandemia na dinâmica da cidade que discutimos aqui. Veja Richard Florida, *The rise of the creative class: and how it's transforming work, leisure, community, and everyday life* (New York: Basic Books, 2002).

[2] NYUSPS Urban Lab, "Manhattan: Powered by the Creative Class", *Medium*, março, 6, 2018, https://medium.com/@NYUurbanlab/manhattan-powered-by-the-creative-class-6b622af11eac.

ligadas a emoção e aventura ou simplesmente pela oportunidade de fazer parte de algo grande.

No entanto, Nova York pode ser uma cidade difícil. A concorrência é implacável. Cada setor da vida e do trabalho evidencia uma atroz luta darwiniana por sobrevivência e sucesso. As empresas de Wall Street contratam apenas os melhores alunos das escolas de administração. A Teach for America contrata somente 15% de candidatos qualificados. Mesmo as produções de teatro independentes, de baixo orçamento, escalam para o elenco apenas um em cada cinquenta dos talentosos atores que fizeram o teste.[3] Esses são apenas os desafios iniciais; à medida que os trabalhadores sobem os degraus da profissão, a concorrência só aumenta. A vida na "cidade que nunca dorme" também exige bastante do ponto de vista físico e emocional. Os banqueiros de Wall Street normalmente trabalham setenta e três horas por semana, com empregados mais jovens que trabalham mais de noventa horas. Promessas de bônus, promoções ou simplesmente não perder o emprego incentivam uma cultura de trabalho que consome tudo ao seu redor. Some a isso oportunidades onipresentes de consumir entretenimento e cultura na cidade. Se você perguntar a um nova-iorquino: "Como você está?" a resposta mais comum é: "Ocupado".

Essa ocupação constante é central para a identidade de um nova-iorquino; é um símbolo de *status*.[4] Quando ocupação constante, trabalho e carreira compõem o núcleo da identidade de alguém, uma gama de questões emocionais e espirituais tendem a surgir. Essa identidade é reforçada por todo um ambiente cultural preso a realizações e influência vinculados à carreira. Quando a identidade profissional de

---

[3] Anthony J. Piccione, "10 Pieces of Advice for Theatre People Moving to NYC", *OnStage Blog*, março, 22, 2018, https://www.onstageblog .com/columns/2018/3/22/10-pieces-of-advice-for-theatre-people-moving-to-nyc.

[4] Pesquisadores argumentam que "a ocupação constante e o excesso de trabalho, em lugar de uma vida de lazer, tornaram-se um símbolo de status". Silvia Bellezza, Neeru Paharia e Anat Keinan, "Conspicuous Consumption of Time: When Busyness and Lack of Leisure Time Become a Status Symbol", *Journal of Consumer Research* 44, n. 1 (June 2017): p. 119.

Mercados públicos: Trabalho

alguém é ameaçada por crises econômicas, demissões ou concorrência de profissionais mais jovens, os resultados podem ser devastadores em termos existenciais. Cada profissional procura forjar a própria identidade, escrever a própria história e gerar seu próprio significado; quando o trabalho em si passa a ser um meio de realização pessoal, o peso existencial colocado sobre a carreira profissional se torna um fardo esmagador.[5]

A CLASSE CRIATIVA E A IGREJA

Fundada em 1989, a Igreja Presbiteriana Redeemer cresceu, em grande parte, por se conectar aos anseios espirituais e vocacionais da emergente classe criativa de Nova York. Em 2002, a igreja lançou o Centro para Fé & Trabalho (em inglês, *Center for Faith & Work* ou CFW) especificamente para preparar, conectar e mobilizar a congregação para viver fielmente o evangelho através de suas vocações, na esperança de contribuir para a paz e a prosperidade da cidade (Jr 29:7).

Logo o CFW estava respondendo à demanda reprimida dentro da igreja e da cidade por conversas mais profundas em torno de fé, trabalho e vocação. O Centro promoveu essas conversas através de uma ampla gama de programas: aulas, retiros, grupos vocacionais, programas voltados para a arte, auxílio na busca de empregos, competições de planos de negócios e *coaching*.

Programas são uma coisa, vidas transformadas são outra. Como o CFW ajudaria esses profissionais a abrir mão de seus ídolos vocacionais, encontrar um propósito vocacional e se transformados pelo Evangelho de Jesus Cristo? Como o CFW os ajudaria a encontrarem paz, não em seu trabalho, mas na obra de Deus? Para fazer isso, o centro precisava de *uma teologia do trabalho* que sustentasse e dirigisse nossa missão.

---

[5] Robert N. Bellah, *Habits of the heart: individualism and commitment in American life* (Berkeley: University of California Press, 1985), p. 287-8.

Recursos reformados

Quando fui contratada em 2002 para conceber e liderar o Centro de Fé e Trabalho, eu vinha trabalhando na indústria de alta tecnologia há trinta anos. Estava familiarizada com muitos dos desafios, perguntas e crises vocacionais que os profissionais cristãos enfrentam no mercado. No entanto, embora eu conhecesse suas perguntas intimamente, não tinha instrução para lhes fornecer as respostas e recursos teológicos disponíveis na história e na teologia da fé cristã.[6]

Antes de chegar ao CFW, participei de várias oficinas cristãs sobre fé e trabalho no Vale do Silício e na cidade de Nova York, mas geralmente as achei decepcionantes. Muitos desses treinamentos estavam repletos de listas simplistas e individualistas do que os cristãos "devem ou não fazer" no trabalho: não trabalhar aos domingos, manter uma Bíblia em sua mesa de trabalho, não se envolver em fofocas de escritório. O evangelho se reduzia a moralismo. Seja uma "boa pessoa", coloque Deus em primeiro lugar, a família em segundo lugar e o trabalho em terceiro. As questões mais profundas e mais complexas do mercado de trabalho global nunca eram discutidas: De que modo nosso trabalho importa para Deus? O que seriam políticas de trabalho justas e honestas? Como os profissionais podem "andar humildemente com Deus" (Mq 6:8)? Se eu quisesse liderar bem o CFW, precisaria encontrar um leito teológico mais profundo para me municiar. Eu precisaria de recursos teológicos que pudessem se conectar com as questões vocacionais e existenciais que assombravam a classe criativa de Nova York.

Com o passar do tempo, encontrei esses recursos teológicos na tradição reformada. Puritanos como Jonathan Edwards e John Owen, presbiterianos escoceses como Thomas Chalmers, neo-calvinistas

---

6 Eu havia feito vários cursos na área de teologia, fé e trabalho no Regent College, em Vancouver, um seminário comprometido em ajudar as pessoas a integrarem sua fé com seu trabalho. O Regent lançou recentemente um programa de Mestrado em Liderança, Teologia e Sociedade, especificamente para profissionais cristãos que trabalham em todos os setores.

Mercados públicos: Trabalho

holandeses como Abraham Kuyper e Richard Mouw, e nosso próprio pastor presbiteriano, Tim Keller, nos forneceram a base e a imaginação teológicas de que tão desesperadamente precisávamos. A crença reformada de que o evangelho de Jesus Cristo informa e transforma todas as áreas da vida se tornou a convicção central e o princípio organizador para tudo o que fizemos no centro.

Inspirado por essa visão teológica, o CFW desenvolveu uma abordagem tríplice para a transformação vocacional. Em tudo o que fizemos, procuramos explorar como o evangelho impacta o coração, os relacionamentos e o mundo de um profissional. Ao transformar *corações*, Cristo liberta as pessoas de sua idolatria da profissão e lhes dá um novo direcionamento para o trabalho. Um coração transformado pelo evangelho ansiará por trabalhar não para sua realização pessoal, mas para o próximo, para a sua cidade e para Deus. Ao transformar *relacionamentos*, o evangelho impacta a maneira como os profissionais interagem com seus colegas e clientes, com seus funcionários e empregadores. Em Cristo, esses relacionamentos profissionais se tornam espaços de sacrifício pessoal, oportunidades de servir, de exibir justiça e graça. Por fim, o evangelho transforma o *mundo* de um profissional. Aqui, ele descobre que Deus já está agindo em seu mundo profissional, em suas indústrias e instituições. Cristo está convidando profissionais para seu ministério de reconciliação e transformação no mundo. Nesta visão tríplice de coração, relacionamentos e mundo vocacionais, os profissionais podem testemunhar a profundidade e a largura da convicção reformada de que a redenção de Cristo nunca é parcial, mas sempre abrangente. É espiritual e material, pessoal e profissional, relacional e estrutural. Como Cristo prometeu, "eu vim para que tenham vida e a tenham em abundância" (Jo 10:10).

A compreensão mais holística do trabalho que a tradição reformada tem está fundamentada na narrativa bíblica. As Escrituras afirmam a virtude de diversas capacidades para o trabalho humano incorporadas por Deus na criação. As Escrituras reconhecem a dor e a frustração do trabalho depois da Queda. E, finalmente, as Escrituras apontam para uma esperança holística de uma renovada participação de nosso trabalho cotidiano na presente obra de restauração e reconciliação de Cristo na criação. Nosso trabalho diário na cidade não é coadjuvante à missão e à obra de Deus no mundo, mas é intrínseca a tudo isso.[7]

Essa teologia holística do trabalho foi uma ruptura radical e disruptiva para muitos dos evangélicos que chegavam à Igreja Presbiteriana Redeemer pela primeira vez. Muitos deles vinham de um contexto eclesiástico que ignorava ou subvalorizava seu trabalho no mundo. Eles carregavam uma culpa latente por trabalharem fora do "ministério profissional". Ao entrarem nessa nova visão e nessa nova comunidade, eles encontraram uma nova motivação para o trabalho. De repente, eles eram capazes de conectar seu trabalho diário à obra cósmica de Deus.

A teologia do trabalho de Dorothy Sayers tem sido uma leitura fundamental para muitos de nós no centro. Ela nos inspirou a ver nosso trabalho "como uma atividade criativa, realizada por amor ao próprio trabalho".[8] Ao definir o trabalho cristão simplesmente como "bom trabalho é trabalho bem feito", Dorothy liberta muitos evangélicos da culpa equivocada que sentem por não trabalhar como pastores ou missionários. Os lampejos de prazer que sentem enquanto trabalham em áreas como a ciência, o mundo das finanças, das artes, da medicina e do marketing são um reflexo do Deus que se deleita em suas próprias obras complexas de criação. Esse Deus, como acabam descobrindo, ainda trabalha com prazer hoje, bem ao lado deles.

CORAÇÃO: OS ÍDOLOS DA VOCAÇÃO

Quando uma carreira constitui o núcleo da identidade de alguém — sua esperança maior de realização pessoal —, essa carreira é, dizendo

---

[7] Veja Steven Garber, *Visions of vocation: common grace for the common good* (Downers Grove: InterVarsity, 2014).

[8] Dorothy L. Sayers, "Why Work?", in: *Creed or chaos?* (New York: Harcourt, Brace, 1949), p. 53.

Mercados públicos: Trabalho

de forma bem simples e direta, um ídolo. Deus pretendia que o trabalho fosse um dom secundário, marcado por alegria, criatividade, liberdade e serviço. Quando o trabalho se torna objeto primário de adoração e identidade (um ídolo), ele escraviza, controla e, por fim, esgota o profissional/adorador.

Martinho Lutero definia a idolatria como a expectativa de que algo criado proporcionasse o que somente Deus pode nos dar.[9] O trabalho na cidade de Nova York é uma verdadeira caixa de Pandora de potenciais ídolos ou falsos deuses. Os profissionais são tentados a confiar na própria carreira e em suas promessas de lhes proporcionar poder, prazer, dinheiro, reconhecimento, instrução, habilidade ou beleza.

Em nosso ministério com a classe criativa, procuramos ajudar os profissionais a exporem seus próprios ídolos profissionais e a refletirem sobre eles. Embora tenha sido escrita em 1656, a obra teológica de John Owen sobre idolatria e pecado não só é relevante, mas também reveladora para profissionais do século 21 em Nova York. Os escritos de Owen os conduzem por um processo bastante incômodo de expor os efeitos difundidos do mal e da idolatria em suas próprias vidas e trabalho. Ele os chama a "mortificarem" seu pecado em Cristo. Esses profissionais podem mudar; por meio da graça de Deus, eles podem mortificar — cercear ou até mesmo matar — os ídolos vocacionais que conquistaram seus corações.

Calvinistas como John Owen discutem termos como "pecado", "depravação", "mal" e "idolatria" com incômoda regularidade. Obviamente, em um ambiente de trabalho pós-moderno e pós-cristão, termos como esses não são populares. Mesmo assim, Owen confronta direta e efetivamente os leitores com seus próprios corações pecaminosos e rebeldes. Ele os convida a considerar as maneiras pelas quais

---

[9] Veja Martin Luther, "The Large Catechism", in: *The Book of Concord: The Confessions of the Evangelical Lutheran Church*, orgs. Robert Kolb e Timothy Wengert, trads. Charles Arand et al. (Minneapolis: Fortress, 2000), p. 386.

seus padrões vocacionais de idolatria são destrutivos: pessoal e publicamente, emocional e economicamente. A cobiça, a concupiscência por reconhecimento e o fracasso em perdoar, todas essas coisas "endurecerão o coração do homem para sua ruína". Com isso, a "alma [do profissional] se torna indiferente à semente do pecado, à medida que este continua a crescer".[10]

A princípio, as palavras de Owen cortam fundo. Elas soam legalistas, avassaladoras e — ousamos até dizer — puritanas. No entanto, para profissionais "que buscam obter vitória sobre inquietantes concupiscências",[11] as palavras de Owen acabam sendo profundamente úteis e até esperançosas. Ano após ano, no CFW, jovens profissionais, pelo poder do Espírito Santo, apoderaram-se dos princípios e das práticas básicos de Owen para a mortificação do pecado,[12] assim minando suas idolatrias vocacionais.

Naturalmente, o processo de mortificação e regeneração espiritual perpassa a vida toda. As idolatrias e vícios profissionais não podem ser controlados; eles precisam ser nomeados, confessados e mortos. Nenhuma dose de força de vontade, meditação ou exercício pode libertar um coração caído. Somente a cruz de Cristo pode libertar o coração de um profissional da escravidão aos ídolos do mercado. Como Owen diz, uma pessoa "pode arrancar o fruto amargo de uma árvore má até se cansar, mas, enquanto a raiz da árvore continuar a manter sua força e seu vigor, arrancar o fruto de hoje não a impedirá de produzir mais frutos".[13]

---

[10] John Owen, *The mortification of sin* (Edinburgh: Banner of Truth Trust, 2004), p. 8.

[11] Owen, *Mortification of sin*, p. 54. Owen usa a palavra *lust* [traduzida literalmente como *luxúria*] de modo a abranger todo o pecado que nos habita, como em "a carne cobiça contra o Espírito, de modo que não podemos fazer as coisas que gostaríamos" (cf. Gl 5:17, KJV).

[12] Outros seguiram seu rastro e fornecem recursos úteis: James K. A. Smith, *You are what you love: the spiritual power of habit* (Grand Rapids: Brazos, 2016); Timothy S. Lane e Paul David Tripp, *How people change* (Greensboro: New Growth, 2006); Tim Keller, *Counterfeit gods: the empty promises of money, sex, and power, and the only hope that matters* (New York: Penguin, 2016).

[13] Owen, *Mortification of sin*, p. 35.

Mercados públicos: Trabalho

As afeições do coração de um profissional são poderosas. O coração está sempre procurando algo para adorar. O desafio pastoral é redirecionar os afetos do profissional para o único que é digno de nosso trabalho e adoração. Thomas Chalmers, um teólogo reformado do século 19, argumenta que a profunda mudança do coração resulta do "poder expulsivo de uma afeição maior". Ele afirma que "a maneira de desvincular o coração do amor positivo por um objeto grandioso e ascendente é vinculá-lo em amor positivo a outro". O coração é protegido da idolatria "não quando expomos a futilidade" de nosso "amor pelo mundo", mas quando orientamos o coração para "o valor e a excelência" de Deus.[14] Para o homem, é impossível "expulsar o mundo de seu coração" se ele "não tiver nada para substituí-lo". No entanto, "não é impossível para aquele que encontrou em Deus uma porção segura e satisfatória, [...] para aquele cuja visão foi aberta para a beleza e a glória das coisas do alto".[15]

Sintetizando, a tarefa não é sufocar os afetos vocacionais do profissional, mas sim reorientar esses anseios vocacionais para aquele que merece tal afeto maior. Desenvolvendo a famosa metáfora de C. S. Lewis, você não pode persuadir as crianças a desejarem uma viagem ao mar denegrindo a poça de lama em que brincam. Em vez disso, você precisa colocar diante delas a beleza e a maravilha que é o verdadeiro mar — permitir que seus olhos, seu coração, sua imaginação e seus afetos tenham a oportunidade de vislumbrar um novo horizonte.[16]

No centro, percebemos repetidamente que a transformação vocacional deve começar por uma reorientação dolorosa, mas libertadora, do coração do profissional. Assim, o profissional encontra descanso,

---

[14] Thomas Chalmers, "The Expulsive Power of a New Affection", in: *Select Works of Thomas Chalmers*, org. William Hanna, vol. 3 (Edinburgh: Thomas Constable, 1855), p. 253-4.

[15] Chalmers, "Power of a New Affection", p. 259.

[16] C. S. Lewis, "The Weight of Glory", in: *The weight of glory and other addresses* (New York: Harper Collins, 2001), p. 25-46; cf. http://www.wheelersburg.net/Downloads/Lewis%20Glory.pdf.

propósito e identidade para a sua vocação, e não apenas em seu próprio trabalho, mas de fato na obra de Deus.

RELACIONAMENTOS TRANSFORMADOS PELO EVANGELHO

Chris queria que seu colega fosse transferido ou demitido. Ele era irritante e frustrante. Chris era uma estrela em ascensão em uma empresa de consultoria nacional, e ele não tinha tempo e, falando francamente, nenhum respeito para com esse colega em particular.

À medida que o coração de um profissional é reorientado para Deus, seus relacionamentos no local de trabalho também passam por uma reorientação. Chris compartilhou seus problemas vocacionais com seu pequeno grupo, na igreja, e pediu oração. Seu pedido inicial era para que Deus tirasse esse colega de seu caminho. Ao ler a obra de John Owen, Chris ficou cada vez mais convencido de seu próprio egocentrismo e de sua falta de respeito por esse colega. Ele viu como seus desejos pessoais de ser reconhecido e crescer na carreira alimentavam seus comportamentos de hiperprodutividade e controle no local de trabalho. Chris foi humilhado. Ele desejava mudar a maneira como estava respondendo ao seu colega, na esperança de que Deus mudasse seu coração ao longo do caminho. Um ano depois, esse colega ainda está lá e continua sendo irritante às vezes. No entanto, existe agora uma relação subjacente de respeito e graça entre os dois homens. Chris relata que, em vez de acabar com o relacionamento, Deus o usou para refinar Chris e aproximá-lo do Senhor.

Repetidamente vemos que a mudança do trabalho egocêntrico para o trabalho centrado em Deus produz frutos relacionais no local de trabalho. Os profissionais começam a praticar abertamente a humildade e a vulnerabilidade: falando a verdade em amor (chamamos isso de "*feedback* redentivo"), eles começam a resolver conflitos, usando Mateus 18 como modelo; eles começam a estender graça a colegas que são incômodos e irritantes.

Mercados públicos: Trabalho

No Ocidente, os locais de trabalho têm um histórico bem documentado de monetização das relações de trabalho. Em indústrias nas quais os relacionamentos são constantemente alavancados por poder, dinheiro e *status*, um trabalhador que valorize profundamente os relacionamentos profissionais como fins em si mesmos pode ser disruptivo e transformador.

MUNDO TRANSFORMADO PELO EVANGELHO

Na cidade de Nova York, os profissionais da classe criativa costumam ser "de curto prazo". Eles vêm para a cidade em busca de um caminho rápido para sucesso e aventura, antes de partir para alguma outra parte do país. Esses profissionais de curto prazo querem aproveitar e *extrair* tudo o que puderem da cidade — dinheiro, cultura, educação, entretenimento e crescimento na carreira — e, no final, se estabelecer em outro lugar.

Tim Keller, pastor da Redeemer, usa Jeremias 29 para desafiar essa postura consumista em relação à cidade. Na carta de Jeremias aos exilados judeus (que se viam como moradores de "curto prazo" na Babilônia), o profeta os exorta a se estabelecerem, construírem casas, plantarem jardins e a "buscarem a paz e a prosperidade da cidade para a qual eu [Deus] os levei ao exílio. Orem ao Senhor por isso, porque, se a cidade prosperar, vocês também prosperarão" (29:7). Usando este texto, Keller argumenta que o evangelho reorienta mais do que os corações e os relacionamentos dos profissionais; ele também reorienta sua postura em relação à cidade. O evangelho muda a mentalidade dos profissionais, que passa de explorar a cidade para orar, servir e trabalhar por seu *shalom*. Investir na prosperidade da cidade pode assumir muitas formas, como doações de caridade, voluntariado e ação política. No entanto, no CFW da Redeemer, nos concentramos em como os cristãos podem amar e servir sua cidade *por meio de seu trabalho cotidiano.*

Mas como exatamente isso acontece? Como profissionais cristãos comprometidos devem realmente se envolver com a condição caída e a beleza desta cidade complexa e pluralista? Para encerrar, destaco dois conceitos reformados que têm sido fundamentais para ajudar nossos profissionais a servirem seus próximos e a glorificarem a Deus no mercado de trabalho de Nova York: a graça comum e a vocação.

GRAÇA COMUM: AMAR E TRABALHAR NA BABILÔNIA

Trabalhar de forma fiel e sustentável na "Babilônia" levanta muitos questionamentos e desafios para profissionais cristãos. Um deles é a solidão: muitos se sentem isolados e solitários, lamentando o fato de não conhecerem nenhum outro cristão em seu local de trabalho. Isso levanta um segundo questionamento: Como cristãos comprometidos podem trabalhar lado a lado, aprender e colaborar com colegas que são muito diferentes deles em termos de fé e valores?

É nesse aspecto que a doutrina reformada da graça comum se mostrou especialmente útil. No poder e na presença pervasiva do Espírito Santo, esses profissionais nunca estão sozinhos. Eles estão conectados a uma grande nuvem de testemunhas, e seu Deus está presente e ativo, trabalhando diante deles e ao seu lado. Além disso, por meio das obras de graça comum do Espírito Santo, seus colegas não cristãos são agraciados com muitas bênçãos de Deus. Esses colegas não cristãos recebem dons como criatividade, educação, virtude, generosidade, sabedoria e discernimento do Espírito Santo.

Portanto, os profissionais cristãos não apenas podem, mas também *devem* colaborar e aprender com o bom trabalho feito por seus colegas não cristãos, bem como celebrá-lo. Deus abençoou toda a humanidade com os dons da moralidade, da estética e da habilidade. Os profissionais cristãos podem apelar para a bondade, a ética e a excelência de seus colegas de trabalho porque — pela graça de Deus — estes também têm essas boas dádivas dentro de si.

Mercados públicos: Trabalho

Em várias ocasiões, Tim Keller disse que, por causa da graça comum, as obras — as ideias, as contribuições, as criações culturais, a ciência — dos descrentes nunca serão tão ruins quanto suas crenças erradas poderiam torná-las. Da mesma forma, por causa da depravação total, as obras — as ideias, as contribuições, as criações culturais, a ciência — dos crentes nunca serão tão boas quanto suas crenças corretas poderiam torná-las.

Entender que a obra de *todas as pessoas* pode participar da obra de Deus capacita o profissional cristão a atribuir um alto valor ao bom trabalho que está sendo feito na "Babilônia". Apesar da presença sempre aparente do pecado e da condição caída, Deus está sempre trabalhando na cidade e no mundo, mantendo-os unidos, embelezando-os, providenciando sua renovação. Nossa tarefa é observar e discernir onde e como Deus está trabalhando — até mesmo por meio de nossos colegas de trabalho — e unir nosso trabalho ao de Deus.

VOCAÇÃO: SUA ESFERA DISTINTA DE RESPONSABILIDADE

Logo no início de nosso ministério, descobrimos que cristãos que trabalhavam em setores específicos tinham uma demanda reprimida por se reunirem e discutirem as lutas e questões únicas que surgiam em seu setor. Cristãos que atuam em campos tão diversos como finanças, teatro, medicina e mídia encontram desafios espirituais, econômicos e culturais que são peculiares de seus respectivos campos. Profissionais envolvidos em várias linhas de trabalho desejam tempo e espaço para se reunir, orar, encorajar e apoiar uns aos outros.

O "trabalho", como viemos a perceber, não é uma experiência humana uniforme: é uma atividade profundamente diversificada e complexa. Sim, todos os profissionais cristãos são universalmente chamados a amar seu próximo e a glorificar seu Deus, mas esse mandamento de amor universal assume formas distintas em campos e indústrias diversos.

João Calvino e seus colegas reformadores entenderam o desejo de Deus de "que os seres humanos vivam em uma sociedade unida por necessidades comuns e serviço mútuo, ... [em que] cada membro contribua de acordo com seus talentos específicos e receba de acordo com sua necessidade".[17] Segundo Calvino, a diversidade de vocações é, em certo sentido, extremamente prática. Para sobreviver, a Genebra de Calvino precisava de açougueiros e padeiros, professores e construtores, soldados e mercadores. Martinho Lutero escreveu que essas diversas vocações eram as diversas "máscaras" que Deus usa para abençoar as cidades com o alimento, o abrigo e a beleza de que precisam para florescer.

Além disso, essa diversidade vocacional não serve apenas à humanidade, mas também agrada a Deus. Assim como Deus se deleita com a diversidade de flores e peixes, ele se deleita com profissionais diversificados, com sua variedade complexa e pluriforme de dons, talentos e ideias. Quando esses profissionais desenvolvem esses talentos diversificados em vocações únicas, como arquitetura e moda, culinária e policiamento, canto e pregação, o Criador se deleita com essa complexidade.

A teologia reformada concebe a criação como uma semente dotada de potencial de crescimento ou como uma flor cujas pétalas se abrem lentamente. Deus incutiu na criação padrões e potências diversos, que os seres humanos estão sempre descobrindo, explorando e desenvolvendo. No Centro para Fé e Trabalho, em nossos diferentes grupos vocacionais, os profissionais procuram explorar o desdobramento diversificado da virtude que Deus pode estar revelando para suas respectivas áreas de atuação.

Duas doutrinas reformadas mostraram-se extremamente úteis nesses esforços: "o sacerdócio de todos os crentes" e a "soberania das esferas". De acordo com o sacerdócio de todos os crentes, os profissionais

---

[17] Lee Hardy, *The fabric of this world: inquiries into calling, career choice, and the design of human work* (Grand Rapids: Eerdmans, 1990), p. 60.

cristãos são santos sacerdotes, cada qual ofertando vida e trabalho como sacrifícios de adoração santa a Deus. Esses sacerdotes têm acesso direto a Deus, à Palavra de Deus e ao mundo de Deus. Eles são sacerdotes pelo sacerdócio de Cristo. Nenhum mediador é necessário. Os profissionais-sacerdotes são chamados a discernir a direção do chamado de Deus em sua carreira, em livre submissão à Palavra de Deus e à comunidade cristã.

De acordo com a doutrina reformada da soberania das esferas, Deus tem um conjunto único e diversificado de propósitos e desígnios para o trabalho humano. As artes, o direito, o comércio, a ciência, a educação e o governo são espaços únicos de serviço cristão, com padrões e práticas próprios e singulares. Todas essas esferas únicas de trabalho e de responsabilidade dos seres humanos se engrenam na sociedade, como rodas dentadas, para permitir um florescimento rico e multifacetado da vida humana. À luz da soberania das esferas, diferentes profissionais são chamados a explorar suas respectivas esferas e suas vocações dentro delas.

À luz dessas duas doutrinas, cada grupo vocacional no CFW analisa cuidadosamente sua própria área de atuação ou esfera e responde a três perguntas:

- De que modo devem ser as coisas nesta esfera (como elas foram criadas por Deus para ser)?
- De que modo as coisas nesta esfera estão dando errado (por causa do mal sistêmico)?[18]
- De que modo Deus pode estar chamando a mim/a nós para nos juntarmos a ele na redenção e renovação desta esfera em particular?

---

[18] Al Wolters, *Creation regained: biblical basics for a Reformational worldview* (Grand Rapids: Eerdmans, 2005), p. 53. Os efeitos do pecado afetam toda a criação; nenhuma coisa criada (como estruturas sociais, atividades culturais ou funções corporais) encontra-se "em princípio, intocada pelos efeitos corrosivos da Queda".

Os advogados precisam lidar com os propósitos de Deus para o direito, com o que a justiça de Deus os está chamando a fazer neste tempo e lugar específicos e como eles devem buscar isso. Artistas, médicos e pastores não podem responder a essas perguntas pelos advogados. Eles são sacerdotes. Eles precisam lutar juntos pelos propósitos e responsabilidades únicos que Deus tem para eles.

Em 2008, quando a indústria financeira global desmoronou por todo lado, nosso grupo de profissionais do mercado financeiro pôde ver claramente a importância única de seu trabalho e sua responsabilidade singular pelo bem-estar do próximo. Juntos, em comunidade, esse sacerdócio de crentes começou a examinar o que havia se deteriorado em seu segmento. Como um corpo de crentes, eles começaram a repensar como as finanças deveriam funcionar dentro da economia de Deus. E muitos deles discerniram que Deus os estava chamando para se engajarem em ações redentoras e transformadoras bem no coração de seu segmento de atuação.

Conclusão

Nos últimos dezoito anos, os recursos teológicos e espirituais que encontramos na tradição reformada fizeram intensa e profunda diferença na vida vocacional de nossos profissionais. Um coração e uma carreira transformados, inseridos dentro da história das Escrituras e da economia de Deus, não apenas libertam profissionais do fardo de ter que forjar a própria identidade por meio de realizações profissionais, mas também conferem um propósito mais profundo e satisfatório às suas carreiras. Quando compreendem seu próprio pecado, esses profissionais trabalham em equipe com mais humildade, de forma mais graciosa e praticam mais o perdão. Quando compreendem a graça comum de Deus, esses profissionais ficam livres para aprender e colaborar com seus colegas não cristãos com alegria e gratidão altruístas. E, por fim, quando reconhecem que trabalham nesse "já e ainda não", isso encoraja seu trabalho de restauração no presente e os ajuda a reconhecer e a aceitar que alguns aspectos da restauração vocacional (dentre eles, o seu próprio coração) não serão totalmente alcançados até que Cristo volte.

> **Katherine Leary Alsdorf** (MBA, The Darden School, University of Virginia) é conselheira sênior do Global Faith & Work Initiative no Redeemer City to City, em Nova York. De 2002 a 2012, ela atuou como diretora fundadora para o Redeemer's Center for Faith and Work. Em parceria com Tim Keller, ela escreveu *Every good endeavor: connecting your work to God's work* (Dutton, 2012). Antes de entrar para o mundo da teologia e trabalho, Katherine ocupou cargos de CEO em três empresas de tecnologia especializadas em ensino a distância.

ECONOMIA

7 ECONOMIA POLÍTICA NO BRASIL:
uma *resposta reformada*[1]

Lucas G. Freire

"Se você quer abrir uma empresa, primeiro precisa de um endereço. Mas, para registrar o endereço, primeiro você precisa de uma empresa." Quando Marco Kerkmeester decidiu abrir uma empresa de café no Brasil, este foi apenas o começo do atoleiro legal e burocrático em que se veria. Natural da Nova Zelândia, Kerkmeester me concedeu uma entrevista, em seu escritório em São Paulo. O empresário certamente não queria iniciar seu primeiro dia de negócios no Brasil em um limbo jurídico. Mas o que ele deveria fazer? O amigo de Kerkmeester, que era advogado, disse simplesmente: "Não se preocupe, Marco. A lei está errada. Vá em frente".[2]

A experiência de Kerkmeester com a burocracia brasileira não é incomum. Os quilômetros de burocracia necessários para iniciar e administrar um negócio estão sufocando a economia do Brasil. O pântano jurídico aumenta o custo de correr atrás de uma oportunidade de negócios e, na verdade, o de fazer qualquer outra coisa.

A conversa com Kerkmeester ilustra uma pequena parte do imenso volume de contradições legais, ineficiências burocráticas e regulamentações mal concebidas que paralisam a inovação e o crescimento

---

[1] Gostaria de agradecer a Matthew Kaemingk por todo seu trabalho árduo em me fornecer apoio editorial para este capítulo.

[2] Marcos Antonio Franklin, Lucas Freire e Allan Augusto Gallo Antonio, "O que acontece quando um neozelandês empreende no Brasil?", *Centro Mackenzie de Liberdade Econômica*, Abril, 30, 2019, https://www.mackenzie.br/es/noticias/artigo/n/a/i/o-que-acontece-quando-um-neozelandes-empreende-no-brasil.

econômico no Brasil. As regulamentações trabalhistas desencorajam Kerkmeester de se arriscar na contratação de funcionários jovens ou sem experiência. O direito trabalhista dificulta a contratação de funcionários por um período de experiência. As empresas devem pagar uma taxa especial para registrar novos funcionários e devem celebrar um contrato de pelo menos três meses. Se a pessoa errada for contratada, a empresa é obrigada a pagar por todo o contrato, aconteça o que acontecer. Ninguém precisa ser economista para entender que leis e taxas como essas desencorajam as empresas de contratar trabalhadores.

Mesmo quando não estão contratando trabalhadores, as empresas precisam contratar um *despachante*. Essa é uma pessoa cujo trabalho é representar uma empresa nas repartições do governo. Ele fica em longas filas e assina pilhas e pilhas de documentos legais. As empresas contratam despachantes em parte porque todos os seus documentos precisam ter um carimbo especial do governo que só pode ser obtido em cartório. Um cartório é uma espécie de repartição notarial privada que detém privilégios especiais do governo para autenticar assinaturas, contratos e documentos com selos e carimbos oficiais. Fazendo uma comparação entre isso e o ambiente de negócios na Nova Zelândia, Kerkmeester diz: "Levo cerca de 15 minutos para abrir um negócio lá. Para encerrá-lo, se for on-line, leva 15 segundos. Despachante? Cartório? Nem pensar. Você imagina quanto isso custaria?".[3]

O custo esmagador para abrir e tocar uma empresa desencoraja grandemente o empreendedorismo no Brasil. O cidadão comum simplesmente não tem tempo, dinheiro, conexões políticas nem experiência com a burocracia para iniciar uma empresa. Como resultado, muitos brasileiros pobres com dons, sonhos e ambições para a área empresarial desistem e se juntam à burocracia.[4] A cada dia a energia

---

[3] Franklin, Freire e Antonio, "O que acontece quando um neozelandês empreende no Brasil?".

[4] Uma pesquisa mostrou que em 2016 havia cerca de 11,5 milhões de empregos públicos no Brasil. Na época, a força de trabalho era de cerca de 101 milhões de pessoas. Carlos Eduardo M. Feliciano, "O funcionalismo público no Brasil", *Migalhas*, 18 de janeiro de 2019, https://www.migalhas.com.br/depeso/294367/o-funcionalismo-publico-no-brasil.

empreendedora do povo brasileiro está sendo desperdiçada e reprimida, sob o peso da interferência do governo e do pântano burocrático. Os pequenos empresários no Brasil precisam ser libertos para criar, inovar, colaborar e produzir bens e serviços para o bem comum. Eles precisam de uma voz pública que fale por eles e pelo potencial socioeconômico que representam.

ECONOMIA POLÍTICA REFORMADA

Ouvir o empresário do ramo do café e perceber sua frustração me lembrou da luta pública de Abraham Kuyper pelos direitos políticos e econômicos dos *kleine luyden* (a gente pequena) na Holanda.[5] Como teólogo e político reformado, Kuyper falava em nome deles. Ele defendia publicamente que esses trabalhadores tinham dignidade e potencial. Embora as elites os ignorassem, Kuyper insistia que eles eram, de fato, a espinha dorsal da prosperidade econômica, política e espiritual da nação. Em vez de ignorar os *kleine luyden*, Kuyper defendia que o Estado holandês deveria capacitá-los e liberá-los para que trabalhassem e prosperassem para o bem de toda a nação. Neste capítulo, meu objetivo é explorar os desafios econômicos do Brasil, à luz da visão que Abraham Kuyper tinha de que questões ligadas a pobreza, trabalho e economia política precisam ser tratadas por meio de uma "crítica da arquitetura da própria sociedade humana".[6] Em essência, a solução para os problemas econômicos do Brasil não é simplesmente ter menos regulamentação por parte do governo, embora isso certamente seja um passo na direção certa. Em vez disso, o Brasil precisa promover uma discussão mais ampla sobre a natureza da relação entre o Estado, o mercado e os trabalhadores. Como seria se houvesse liberdade e prosperidade em meio a essas diferentes esferas da vida? Como elas devem

---

[5] Enne Kopps, "Abraham Kuyper: 'Klokkenist der kleine luyden'", *Historiek*, 14 de março de 2018, https://historiek.net/abraham-kuyper-klokkenist-der-kleine-luyden/57653/.

[6] Abraham Kuyper, *Christianity and the class struggle*, trad. Dirk Jellema (Grand Rapids: Piet Hein, 1950), p. 40.

Mercados públicos: Economia

interagir umas com as outras? Para que serve o mercado? Para que serve o Estado? Os políticos poderiam cortar algumas regulamentações aqui e acolá, e isso seria útil. Mas sem uma discussão mais ampla sobre a relação estrutural entre política, economia e sociedade, o poder sufocante da burocracia política sempre voltará sorrateiramente.

O FARDO DA REGULAÇÃO

Em setembro de 2019, um parlamentar visitou a Universidade Presbiteriana Mackenzie, em São Paulo, onde atuo como professor de economia e ciência política. Ele havia ligado para o nosso Centro Mackenzie de Liberdade Econômica a fim de marcar uma reunião. Participei do encontro, junto com nossos outros pesquisadores. Esse homem, um político de centro-esquerda, estava preocupado com o fato de seu partido ter perdido votos em uma eleição recente para um partido que defendia uma abordagem mais voltada para o livre mercado. Ele queria saber mais sobre como o mercado funciona e que tipos de políticas permitiriam o florescimento econômico no Brasil, em vez de atrapalhá-lo.

Este não foi de forma alguma um caso isolado. Jair Bolsonaro, ex-presidente do Brasil (2019–2022), bem como muitos outros que estão dentro da política haviam sinalizado recentemente uma mudança na perspectiva brasileira sobre a economia. Os políticos estão percebendo que os eleitores estão cada vez mais preocupados com a estagnação econômica, o desemprego e a corrupção. Os eleitores estão começando a reconhecer o fardo que a burocracia e a corrupção colocam sobre o mercado. Eles percebem isso como um entrave, não apenas para alguma empresa distante, mas para suas próprias vidas, aqui e agora. Pela primeira vez em sua história, alguns eleitores brasileiros estão começando a ver o mercado mais como solução do que como a raiz do problema. Reconhecendo essa mudança na visão econômica do povo, políticos oportunistas estão cada vez mais felizes em alimentá-la.

Já há algum tempo, observadores internacionais vêm relatando que o mercado brasileiro está sendo sufocado por regulamentações pesadas, por uma burocracia avassaladora e por um código tributário labiríntico. Um estudo recente do Banco Mundial mostra que, no quesito facilidade para fazer negócios, o Brasil ocupa a 109ª posição entre 190 países ao redor do mundo, muito atrás de outras economias emergentes, como Índia e África do Sul. Em aspectos específicos ligados à regulação, o desempenho do Brasil é ainda pior. Apenas quinze países são piores, quando se trata de licenças de construção, e apenas seis países são piores, quando consideramos os impostos e a carga administrativa a ser paga, no caso de empresas de médio porte.[7] Outro estudo internacional oferece um ranking multifacetado de liberdade econômica e relata que, de 162 países, o Brasil ocupa a 120ª posição. Quer você olhe para o sistema legal do Brasil, os direitos de propriedade, a regulamentação ou o tamanho do governo, nosso país é mais parecido com Zimbábue ou Venezuela do que com qualquer economia política mais desenvolvida.[8] Segundo o Banco Mundial, se o Brasil quiser combater seus muitos problemas sociais, vai precisar atentar para seus níveis relativamente baixos de produtividade. O banco argumenta que a baixa produtividade é, em grande medida, uma consequência dos "importantes desafios regulatórios" que inibem o funcionamento mais dinâmico dos mercados brasileiros.[9]

Historicamente falando, o governo do Brasil "procurou proteger empresas entrincheiradas de [...] concorrência". Ainda que às vezes bem-intencionado, esse padrão de intervenção econômica e favoritismo levou a "efeitos colaterais prejudiciais".[10] Empreendedores e empresas menores são desencorajados a entrar no mercado e a desafiar

---

[7] World Bank Group, *Doing business 2019: training for reform*, 16ª ed. (Washington: World Bank, 2019), p. 131-5, 159. Esses números também levam em conta que, desde 2017, o Brasil vem se aprimorando em alguns dos critérios avaliados.

[8] James Gwartney et al., *Economic freedom of the world: 2019 annual report* (Vancouver: Fraser Institute, 2019), p. 9, 46.

[9] World Bank Group, *Retaking the path to inclusion, growth, and sustainability: Brazil systematic country diagnostic* (Washington: World Bank, 2016), p. 121.

[10] Armando Castelar Pinheiro e Paulo de Carvalho Lins, "Current Constraints on Growth", in: *Brazil: Boom, bust, and the road to recovery*, orgs. Antonio Spilimbergo e Krishna Srinvasan (Washington: International Monetary Fund, 2018), p. 47.

empresas politicamente protegidas. Sem essa competição, a criatividade e a inovação do mercado ficam estagnadas, e a economia estanca e fica cada vez mais para trás.

No âmbito dessa arquitetura regulatória tão disfuncional, injusta e complexa, somente uma diminuta elite brasileira pode participar — e quem dirá se beneficiar — dela.[11] As consequências econômicas não poderiam ser mais claras. Apenas 39% da população economicamente ativa do país está engajada em alguma forma de empreendedorismo formal ou informal, seja por escolha, seja por necessidade. Tudo isso se combina para destruir os fatores-chave de que o Brasil precisa desesperadamente para florescer em uma economia global: inovação, criatividade e produtividade.[12] Sem isso, as engrenagens da vida social paralisam.

RESPOSTAS BRASILEIRAS

O que deveria ser feito? Vozes diversas dominam atualmente o discurso público no Brasil. Vamos nos concentrar em três delas: o pragmatismo incremental, o populismo religioso e o radicalismo de esquerda. Como veremos, essas três vozes ignoram a necessidade abrangente e arquitetônica de uma reforma estrutural na economia política do Brasil.

A primeira voz a examinarmos é a do pragmatismo incremental. Os pragmatistas brasileiros argumentam que não há nada de fundamentalmente errado com a economia política do Brasil. O país está simplesmente sofrendo com vários casos isolados de corrupção e abuso. Para combater esses problemas isolados, o mercado brasileiro precisa de regulamentação, de intervenção e de burocracia em maior quantidade e de melhor qualidade. Com alguns ajustes pragmáticos

---

[11] "Brazil Digital Report, 1ª ed.", McKinsey & Company, 8 de april de 2019, https://www.mckinsey.com/br/our-insights/blog-made-in-brazil/brazil-digital-report.

[12] Klaus Schwab, *The global competitiveness report 2019* (Geneva: World Economic Forum, 2019), p. 14, 110-3.

aqui e ali, a máquina brasileira deve estar pronta e funcionando em pouco tempo.

O discurso incremental e pragmático tende a se concentrar em escândalos de corrupção isolados e em suas respectivas soluções isoladas e pragmáticas. O que fazer, por exemplo, com o presidente Lula, acusado de corrupção? Ou como o Brasil pode melhorar seus serviços públicos precários? Como o país pode atualizar sua infraestrutura? Essas vozes pragmáticas e tecnocráticas ignoram os problemas arquitetônicos mais profundos enfrentados pela economia política do Brasil. Em vez disso, elas se concentram no que está bem à sua frente: casos isolados de corrupção e má gestão tecnocrática.

A segunda voz é a do populismo religioso. O cristianismo evangélico é uma força religiosa e política crescente na vida pública brasileira. Sem ter uma teologia abrangente da vida pública ou uma abordagem estrutural à política e à economia, os evangélicos brasileiros seguem amplamente as vozes incrementais e pragmáticas. Mas eles dão um passo além, combinando essas vozes com um clamor por uma forte liderança moral.

Esses evangélicos acreditam que, caso um forte candidato anticorrupção chegasse ao poder, esse líder popular seria capaz de erradicar os males morais da corrupção de uma vez por todas. Essa renovação moral da nação daria ao Brasil um novo começo político e econômico. Como bônus, um líder culturalmente conservador poderia afastar a cultura da nação do secularismo e lidar com os problemas morais da nação em nível mais profundo. De acordo com esses evangélicos, o que precisamos é de um líder poderoso e confrontativo, que possa se livrar das maçãs podres com força moral e convicção.

Muitos evangélicos brasileiros acreditaram ter encontrado seu salvador moral e político no populista Jair Bolsonaro. Candidato pró-família e anticorrupção, ele seria o líder forte que salvaria a nação. Infelizmente, durante o mandato de Bolsonaro, os apoiadores evangélicos se transformaram cada vez mais em seguidores cegos. Esses evangélicos veem Bolsonaro como um líder designado por Deus para fazer sua santa vontade. Ir contra Bolsonaro é ir contra Deus.[13]

Essa adulação acrítica a Bolsonaro entre os evangélicos é alarmante e tem intrigado vários teólogos públicos no Brasil. Alguns, que inicialmente fizeram parte de seu governo, logo se desligaram. Talvez o caso mais emblemático seja o do teólogo reformado, pastor e obreiro do L'Abri, Guilherme de Carvalho. Ele trabalhou no governo de Bolsonaro, mas acabou se sentindo compelido a renunciar.[14] Em um longo artigo, após sua renúncia, Carvalho oferece uma crítica teológica à idolatria política inerente ao tom messiânico do governo. Ele critica a linguagem belicosa do governo e a divisiva "forma anti-institucional, populista e nacionalista" com que o poder executivo lidava tanto com a imprensa quanto com o restante do governo. A "política", segundo argumenta, deve ser "um meio de amar e cuidar" de nossos próximos brasileiros. Infelizmente, o governo de Bolsonaro estava transformando a vida política "em uma extensão da guerra, em uma arma para esmagar, destruir e extirpar".[15]

A terceira voz na política brasileira é a dos radicais de esquerda. Para eles, uma crítica matizada não é suficiente. Eles apoiam o legado esquerdista de Lula e de seu partido progressista (o Partido dos Trabalhadores). Esses esquerdistas defendem as conquistas do partido em favor dos pobres, durante seus treze anos anteriores no poder (2003-2016). Na opinião deles, não havia nada de fundamentalmente

---

[13] Esses seguidores às vezes o chamam de Mito. O que para os evangélicos começou como pragmatismo moral e econômico tornou-se uma forma quase religiosa de populismo e nacionalismo. O próprio Bolsonaro é agora seu herói mítico. Veja Aldo Fornazieri, "Jair Messias Bolsonaro: 'O Eleito de Deus'", *Brasil 247*, 20 de maio de 2019, https://www.brasil247.com/blog /jair-messias-bolsonaro-o-eleito-de-deus.

[14] Carvalho atuou como Diretor de Promoção da Educação em Direitos Humanos do Ministério da Mulher, Família e Direitos Humanos.

[15] Embora Carvalho tenha tido o cuidado de observar que essa acusação não é aplicável a todos os funcionários do governo Bolsonaro, o vírus populista, segundo ele argumenta, é generalizado. Guilherme de Carvalho, "O nome de Deus no governo Bolsonaro: Uma crítica teológico-política", 20 de março de 2020, https://guilhermedecarvalho.com.br/2020/03/20/o-nome-de-deus-no-governo-bolsonaro-uma-critica-teologico-politica/.

errado com a sempre crescente regulamentação e intervenção governamental na economia de mercado. Na verdade, os radicais de esquerda acreditam que o Brasil deveria *aumentar* radicalmente o tamanho e o alcance da intervenção estatal nos mercados. A intervenção, conforme acreditam, é a única maneira de promover a prosperidade econômica e a igualdade.

Um exemplo cristão desse radicalismo de esquerda pode ser encontrado no ativismo de Ronilso Pacheco. Ele é pastor batista, jornalista aguerrido e um dos principais defensores das teologias negra e da libertação no Brasil. Em um artigo polêmico, Pacheco faz uma exposição extremamente crítica contra Guilherme de Carvalho e outros "evangélicos que avançam silenciosamente no governo Bolsonaro". Ele argumenta que esses evangélicos falharam na defesa de grupos sociais pobres, marginalizados e vulneráveis, que estão sendo ameaçados e oprimidos por Bolsonaro e seu governo.[16]

No final das contas, quando os cristãos brasileiros discutem política e pobreza (seja eles da direita política ou da esquerda política), eles tendem a evitar as questões estruturais e arquitetônicas mais profundas que a economia brasileira enfrenta. Em vez disso, o discurso político cristão concentra-se amplamente nos prós e contras momentâneos de diferentes líderes, em guerras culturais sobre valores e costumes relacionados à família, no mais recente escândalo de corrupção e em possíveis ameaças que políticos sem civilidade podem representar à cultura política do Brasil.

Qual é a relação estrutural apropriada entre Estado, mercado e sociedade? Em sua maioria, os evangélicos brasileiros seguem a retórica secular apregoada por seus líderes políticos e culturais favoritos, de direita ou de esquerda. *Em suma, falta-lhes uma teologia da economia política. Falta-lhes uma visão arquitetônica cristã para a prosperidade do*

---

[16] Ronilso Pacheco, "Quem são os evangélicos calvinistas que avançam silenciosamente no governo Bolsonaro", *The Intercept Brasil*, 4 de fevereiro de 2020, https://theintercept.com/2020/02/04/evangelicos-calvinistas-bolsonaro/.

mercado, do Estado e da sociedade. Sem essa base, eles se deixam levar pelas personalidades e pelas ideologias do momento.

Essas três vozes oferecem soluções simplistas para um problema complexo. A economia política corrupta, ineficiente e excludente do Brasil não é simples, nem apareceu da noite para o dia. Surgiu de uma história cultural complexa de exclusão econômica, desigualdade e hierarquia.[17] O vírus é profundo, penetrante e patológico. Adicionar ou subtrair alguma regulação tecnocrática aqui e acolá não resolverá o problema. Também não resolverá exaltar políticos mais barulhentos, perturbadores ou moralistas. Não há solução rápida. Não há solução incremental. O problema é profundo e vasto demais para isso.

UMA ABORDAGEM REFORMADA

Os cristãos no Brasil precisam de uma robusta teologia da economia política, uma teologia que seja mais profunda e mais arquitetônica. A tradição reformada não é de forma alguma uma panaceia para tudo o que aflige o Brasil. No entanto, ela oferece alguns recursos para desenvolver uma resposta cristã mais abrangente à economia política.

Curiosamente, a situação atual no Brasil tem pontos que se sobrepõem com bastante proximidade com alguns dos pontos levantados por Abraham Kuyper há mais de um século, quando ofereceu uma resposta reformada à crescente desigualdade econômica e à injustiça na Europa, que vieram na esteira da Revolução Industrial. Na época, um grande debate estava se formando na Europa sobre questões emergentes como a pobreza, os direitos dos trabalhadores e o papel do governo nos negócios industriais.

O Papa Leão XIII abordou essas questões econômicas em sua hoje famosa encíclica *Rerum Novarum* (1891). Ele defendeu os valores da solidariedade econômica, da cooperação e da caridade como contrapontos ao modelo emergente do conflito de classes, proposto pelos

---

[17] Raymundo Faoro, *Os donos do poder* (Porto Alegre, Brazil: Globo, 1958).

socialistas. A encíclica papal evitou duas vozes crescentes na Europa da época: a vasta expansão do Estado, de um lado, e o individualismo industrial bruto da era vitoriana, do outro. Como uma terceira via, para além do coletivismo e do individualismo, o Papa Leão XIII propôs uma economia política dirigida pelo princípio católico da subsidiariedade.

Poucos meses depois da *Rerum Novarum*, Kuyper fez um discurso no Congresso Social Cristão, em Amsterdã. Lá, ele discutiu especificamente a proposta econômica do Papa e ofereceu sua própria "terceira via" de uma maneira consistente com sua teologia pública reformada, que já vinha desenvolvendo há algumas décadas. Embora as teologias econômicas de Leão XIII e de Abraham Kuyper fossem distintas, Jordan Ballor observa que ambas foram inspiradas por uma preocupação comum pelos pobres e por uma crítica teológica comum aos fundamentos seculares do coletivismo socialista e do individualismo atomista.[18] Kuyper, em particular, apontou que, embora o coletivismo e o individualismo parecessem estar em desacordo político na superfície, os dois têm uma raiz comum na modernidade secular.

Kuyper se opôs ao secularismo e defendeu uma forma de governo limitado e uma economia livre, que se baseasse na antropologia cristã e na teologia pública reformada. Ele denunciou o socialismo mecanicista como incompatível com a visão cristã de uma relação orgânica entre Estado, mercado e povo. Kuyper também denunciou o individualismo radical e o anarquismo econômico, argumentando que o governo tinha uma ordem legítima, dada por Deus, de buscar a justiça pública.

Em questões de pobreza e caridade, Kuyper criticou um aparato estatal que fosse excessivamente expansivo, dando pouco espaço para as diversas igrejas, escolas, organizações e comunidades orgânicas responderem aos pobres ao seu redor. Kuyper também criticou o industrialismo individualista, que oprimia os pobres, isolava os cidadãos e pulverizava as comunidades por meio de uma ganância egocêntrica.

---

[18] Veja Jordan J. Ballor, org., *Makers of Modern Christian social thought: Leo XIII and Abraham Kuyper on the social question* (Grand Rapids: Acton Institute, 2016).

Finalmente, Kuyper criticou as intervenções do Estado na economia que favorecessem e beneficiassem uns poucos. Como no Brasil de hoje, essas formas de intervenção contribuíam para aumentar o sofrimento dos pobres.[19]

Qual era a alternativa que Kuyper propunha às formas seculares de coletivismo e individualismo? De forma bem breve, o conceito organizador da visão arquitetônica de Kuyper era a doutrina da soberania das esferas.[20] Em suma, se somente Deus é soberano, então, a soberania *tanto* do Estado *quanto* do mercado é limitada e vinculada à soberania de Deus. Em essência, não se deve permitir que o Estado *nem* o mercado dominem a vida social. Em vez disso, as esferas cultural, econômica, religiosa e política da vida nacional devem coexistir *lado a lado*, trabalhando com liberdade, prosperidade e respeito mútuo. Dessa forma, Kuyper rejeitava hierarquias sociais que colocassem o Estado ou as empresas no topo da sociedade. Elas devem coexistir *lado a lado* com o restante da vida social e comunitária, *porque somente Deus é soberano sobre a arquitetura social*.

De acordo com Kuyper, o Estado tem uma responsabilidade pública outorgada por Deus de fazer três coisas em relação às demais esferas da vida pública. Ele deve proteger e policiar os limites das esferas, para que uma não domine a outra. Ele deve proteger os "fracos" da dominação interna no âmbito das respectivas esferas. E, finalmente, ele deve estimular a interação entre as diferentes esferas da vida social. Kuyper argumentava que as três responsabilidades do Estado devem ser cuidadosamente limitadas em seu escopo tanto por uma constituição *jurídica* quanto por um compromisso *espiritual* com a virtude pública, a dignidade humana e a liberdade da vida humana.

---

[19] Para mais detalhes da visão de Kuyper sobre o liberalismo político, veja Lucas G. Freire, "Abraham Kuyper and Guillaume Groen van Prinsterer as Anti-Rationalist Liberals", *Journal of Church and State*, 26 de abril de 2020, https://doi.org/10.1093/jcs/csaa029.

[20] Abraham Kuyper, *Our program: A Christian political manifesto*, trad. Harry Van Dyke (Bellingham, WA: Lexham, 2015), p. 16-8.

Teologia pública reformada

O que isso significa para o mercado? Significa que somente Deus — e não o Estado — é, em última análise, soberano sobre o mercado. O Estado pode proteger as demais esferas da vida do poder excessivamente dominador do mercado. Ele pode intervir no mercado para executar a justiça pública em favor dos mais fracos. Dito isso, porém, o Estado não pode redesenhar, redirecionar nem gerenciar o mercado de modo a servir a seus próprios fins políticos ou aos de seus partidários. Em toda a sua atividade reguladora, o Estado deve demonstrar uma profunda deferência, contenção e respeito pela dignidade e pelo chamado especial do mercado diante de Deus.

Kuyper denunciou especificamente o alcance exagerado da política e a regulamentação excessiva dos mercados. Ele comparou "a mania regulatória do Estado intrometido" com um governo que existe para "fornecer proteção jurídica".[21] Em sua opinião, o excesso de regulação sempre corre o risco de "pender a balança em favor de um setor da sociedade em detrimento de outro".[22] Ele discute como o excesso de regulação cria involuntariamente hierarquias sociais, divide as classes e rasga o tecido social das nações.[23] Kuyper oferece vários exemplos da Holanda. Ele advertiu que suas leis de recrutamento dispensam os ricos e tiram dos trabalhadores pobres "seus empregos, suas casas e famílias, e [os] expõem [,,,] ao envenenamento moral."[24] Leis de registro de propriedade "subtraem [...] do homem humilde".[25] As leis para os pobres "desencorajam a filantropia privada" e não resolvem o problema da pobreza.[26] As leis penais favorecem a "pessoa que tem *status*" contra a "pessoa comum".

Neste ponto, o princípio de Kuyper é simples. Os ricos e bem relacionados podem dirigir e manipular aquele mercado e aquele Estado

---

[21] Kuyper, *Our program*, p. 339.
[22] Kuyper, *Our program*, p. 337.
[23] Kuyper, *Christianity and the class struggle*, p. 21-2.
[24] Kuyper, *Christianity and the class struggle*, p. 341.
[25] Kuyper, *Our program*, p. 340.
[26] Kuyper, *Our program*, p. 340.

Mercados públicos: Economia

que estão profundamente entrelaçados com um monte de leis e regulamentos. Aqueles sem dinheiro, sem privilégios e sem conexões não podem fazer o mesmo.[27]

Kuyper discutiu as consequências de uma intervenção agressiva no transporte marítimo e na indústria. A intervenção gerou uma bolha temporária de euforia econômica na Holanda, "apenas para produzir o fruto amargo, depois de um tempo, de ver a maior parte do comércio definhar, o transporte marítimo despencar e os estaleiros ficarem ociosos. A consequência foi uma perda considerável de empregos por parte de [...] operários da construção naval, armadores, estivadores e armazenistas, bem como de empregos nas indústrias que lhes forneciam suprimentos".[28]

Da mesma forma, Kuyper discutiu de que modo o excesso de regulação da movimentação de capitais serviu para estimular a concentração do capital nas mãos de poucos. Essas regulamentações bem-intencionadas "tornaram os pequenos negócios incapazes de competir e fizeram com que ativos financeiros de menor vulto fossem eliminados durante crises financeiras".[29]

Tudo isso serve para ilustrar o princípio geral de Kuyper. Se deixada por sua própria conta e risco, uma economia política intervencionista irá, lentamente, favorecer aqueles que são ricos e bem relacionados o bastante para apoderar-se do Estado e conduzir sua máquina burocrática a seu favor: "Os mais fortes, quase sem exceção, sempre souberam como torcer todos os usos e ordenanças dos magistrados para que o

---

[27] "Nunca houve um governo, em nenhuma terra do mundo, que não dominasse de várias maneiras tanto o curso da vida social quanto suas relações com a riqueza material. [...] Não se pode duvidar, nem por um segundo sequer, que essa intervenção, que de muitas maneiras procede de princípios falsos, tenha, ao longo de todas as épocas, tornado doentio um estado de coisas que poderia ter sido saudável; em muitos sentidos, [essa intervenção] envenenou nossos relacionamentos mútuos; e provocou uma miséria inominável, quando o objetivo de todo estadista deveria ser a felicidade e a honra de uma nação." Kuyper, *Christianity and the class struggle*, p. 21-2.

[28] Kuyper, *Our program*, p. 342.

[29] Kuyper, *Our program*, p. 342.

lucro fosse deles e a perda pertencesse ao mais fraco. [...] E sempre que o magistrado se apresentava como servo de Deus para proteger os fracos, a classe mais poderosa da sociedade logo sabia exercer uma influência tão avassaladora sobre o governo que o poder do Estado, que deveria ter protegido os fracos, transformava-se em um instrumento contra estes".[30]

Esse ponto econômico destacado por Kuyper (e por não muitos outros no século 19) é agora amplamente aceito pelos economistas como uma advertência importante contra a regulação excessiva. Ao contrário da crença popular, as empresas mais poderosas nem sempre querem um mercado livre e justo. Em vez disso, elas preferem um Estado forte que esteja disposto a garantir sua posição de domínio econômico — como vemos no Brasil atual.

"A Nova Zelândia é um país pobre cheio de pessoas ricas. O Brasil é um país rico cheio de pessoas pobres. Não precisa ser assim." Em poucas frases, Marco Kerkmeester captou a ligação crítica entre a arquitetura socioeconômica de um país e suas consequências socioeconômicas. A relação estrutural entre Estado, mercado e sociedade pode encorajar o florescimento econômico ou pode esmagá-lo.

As palavras proféticas de Kuyper, provenientes do século 19, foram, em muitos aspectos, corroboradas por economistas contemporâneos.[31] Esses estudiosos criticam estruturas econômicas intervencionistas e conflituosas e propõem uma relação mais recíproca e respeitosa entre Estado, mercado e sociedade.[32] Limitar o papel do

---

[30] Kuyper, *Christianity and the class struggle*, p. 22-3.

[31] Veja a análise, que é um divisor de águas, de George J. Stigler, "The Theory of Economic Regulation", *Bell Journal of Economics and Management Science* 2 (1971): p. 3-21.

[32] Os historiadores econômicos de hoje observam que a "arquitetura" de uma nação (suas instituições jurídicas, políticas, culturais e econômicas) tem uma influência considerável na produção econômica da nação. Economias dominadas por governos "extrativistas" (ou seja, com redes de regras, regulamentos, tribunais e impostos que ignoram o Estado de Direito) têm um histórico particularmente ruim de desenvolvimento econômico. Altos níveis de corrupção são um mero efeito colateral, um sintoma de uma doença muito mais profunda na arquitetura.

Estado por meio de mecanismos constitucionais (como o Estado de Direito) é hoje a maneira comumente prescrita para reduzir o problema da "armadilha regulatória" dos fortes contra os fracos.[33]

CONCLUSÃO

Este é um capítulo curto. Há muito mais que precisa ser dito. Mas espero ter demonstrado que os cristãos brasileiros têm, na tradição reformada, uma série de recursos teológicos para pensar de forma abrangente e teológica sobre economia política. Com esses recursos teológicos em mãos, eles não precisam mais seguir as vozes seculares do incrementalismo ou do populismo, do coletivismo ou do individualismo.

Enquanto escrevo estas linhas, o governo brasileiro luta para implementar uma série de reformas para modificar a estrutura de sua economia política, visando resultados que terão impacto muito além da crise econômica global legada por 2020. Qualquer tentativa, grande ou pequena, de cultivar uma relação mais frutífera e justa entre mercado e Estado será, a meu ver, bem-vinda.

No entanto, uma teologia pública reformada sempre insistirá no fato de que uma reforma da economia política do Brasil precisará de mais do que políticas públicas aprimoradas. Ela exigirá uma reforma institucional, cultural e, em última análise, *espiritual* do próprio Brasil. A economia política de uma nação consiste em mais do que simplesmente um sistema mecanicista de leis, capital e indústria. Uma economia política é uma complexa rede orgânica, espiritual e comunitária de seres humanos feitos à imagem de Deus. Como imagem de Deus, eles receberam dons de seu Criador e, portanto, têm uma ampla variedade de vocações complexas, em cujo âmbito são chamados a servir, cuidar

---

[33] Um diagnóstico recente e particularmente perspicaz da situação, cujo foco prescreve a limitação do tamanho do governo, pode ser encontrado em Randall G. Holcombe, *Political capitalism: how economic and political power is made and maintained* (Cambridge: Cambridge University Press, 2018). Veja também Daren Acemoglu e James A. Robinson, *Why nations fail: the origins of power, prosperity, and poverty* (New York: Crown, 2012).

e criar. Nossa tarefa é cultivar uma economia política na qual trabalhadores e empresários possam servir ao próximo e honrar ao Criador por meio de uma atividade econômica que seja livre, inovadora, justa e generosa.

> **Lucas G. Freire** (PhD, University of Exeter) é professor assistente da Universidade Presbiteriana Mackenzie em São Paulo e atua como pesquisador no Centro Mackenzie de Liberdade Econômica. É vencedor do Michael Novak Award de 2018 do Acton Institute e escreveu artigos na *Philosophia Reformata*, no *Journal of Church and State* e no *Journal of Markets & Morality*. Atualmente, Freire está ajudando a desenvolver a Associação Reformada de Cultura e Ação Política, um novo *think tank* reformado com foco sobre a política e a cultura brasileiras.

DIREITOS TRABALHISTAS

8 DIREITOS TRABALHISTAS NA CHINA:
uma defesa reformada dos sindicatos

Agnes Chiu

> Ou acabem com a tensão que inegavelmente existe entre os patrões das empresas industriais e os trabalhadores braçais — não por ludibriá-los com promessas vãs, mas eliminando de verdade os abusos e criando o clima para uma cooperação bem organizada. Ou, se vocês não quiserem isso, então as coisas ficarão em pé de guerra, e tornar-se-á inevitável a luta já iniciada pelos trabalhadores braçais contra a máquina, o capital e a ordem social.
>
> —**Abraham Kuyper,** "Manual labor", em *Abraham Kuyper: A centennial reader*

A China é líder global na mineração de carvão. Infelizmente, também é líder global em acidentes, ferimentos e mortes na mineração de carvão. Explosões, inundações e desmoronamentos em minas são acidentes comuns. De 2001 a 2008, os registros mostram que 24.239 pessoas morreram em acidentes relacionados à mineração — 4.899 delas somente em 2003.[1] Jovens trabalhadores chineses, sem consciência dos significativos perigos desse local de trabalho, são constantemente atraídos pelos salários mais altos oferecidos pelas empresas de mineração. Sem o equipamento de proteção adequado, a exposição a

---

[1] Wang Ming-Xiao, Zhang Tao, Xie Miao-Rong, et al., "Analysis of National Coal-mining Accident Data in China, 2001-2008", *Public Health Reports* 126, n. 2 (Março–Abril 2011): p. 270-5, https://www.ncbi.nlm.nih.gov/pmc/articles/PMC3056041/.

produtos químicos e a gases venenosos deixa os trabalhadores com doenças pulmonares crônicas, entre elas a pneumoconiose, a silicose e a fibrose.[2] Essas doenças incuráveis podem deixá-los permanentemente incapacitados para o trabalho em apenas alguns poucos anos. Apesar da promessa de recorrer à lei, vários mineiradores são deixados à própria sorte para lutar por suas vidas, muitas vezes perdendo a batalha e deixando suas famílias devastadas.

Cresci em Hong Kong, sob o domínio colonial britânico, sentindo tanto certa distância quanto uma forte conexão com a China comunista, minha "pátria". Em 1984, vim para os Estados Unidos para fazer faculdade de direito. Após a formatura, ingressei em um grande escritório de advocacia, onde trabalhava na defesa de grandes empresas contra reivindicações trabalhistas de seus empregados. Desde cedo percebi a injustiça inerente ao sistema legal e suas limitações, independentemente das localidades. Em 2006, tomei conhecimento da frequência extraordinariamente alta de acidentes na mineração de carvão na China e das condições horríveis de trabalho que estavam sendo impostas aos mineiradores. Como advogada trabalhista e alguém com um profundo amor por minha pátria, senti que era um dever reagir. Compreendi que uma reforma que fosse significativa para os trabalhadores chineses exigiria um acerto de contas legal e espiritual. Esse foi o início da minha busca por uma mudança impactante.

O DESAFIO

Uma das ferramentas mais eficazes para melhorar de forma rápida e sustentável as leis e as condições trabalhistas é o sindicato moderno. A criação e a proteção de sindicatos eficientes na China continental enfrentam vários desafios culturais, legais e econômicos. Culturalmente falando, a ideia de sindicato é algo "estranho" para a cultura e a história da China. Na cultura tradicional chinesa, o "trabalho" tem sido historicamente

---

[2] A. Scott Laney e David N. Weissman, "Respiratory Diseases Caused by Coal Mine Dust", *Journal of Occupational and Environmental Medicine* 56 (Outubro 2014): S18–S22.

Mercados públicos: Direitos trabalhistas

considerado um aspecto de um ecossistema familiar maior. Durante os primeiros anos da China comunista, as fábricas administradas pelo governo continuaram a se apresentar como grandes famílias chinesas. Os trabalhadores faziam parte da "família" industrial e viam seus empregadores ou o governo como os chefes dessas famílias. Não havia necessidade de os trabalhadores "buscarem seus direitos" por si mesmos dentro desse ecossistema. Seus "pais" econômicos cuidariam deles. Quando chegasse a hora de se aposentar, sua "família" cuidaria de você.

Mas essa visão familiar foi destruída durante um período de modernização e reforma econômica na China, que começou no final da década de 1970. Em vez de membros da família, os trabalhadores eram cada vez mais tratados como engrenagens em uma máquina econômica projetada para uma coisa só: produção econômica. Para atrair investimentos internacionais, a China precisava de um ambiente favorável de gestão trabalhista. Portanto, desencorajou e minou sistematicamente qualquer esforço para implantar leis trabalhistas e sindicatos fortes. A suposição que havia por trás disso era que as corporações internacionais só investiriam na China se lhes fossem prometidas regulamentações trabalhistas pouco rigorosas e um ambiente livre de sindicatos.

Na superfície, a China tem um forte sindicato nacional — a Federação de Sindicatos de Toda a China (ACFTU, em inglês). Também possui um conjunto de leis trabalhistas intitulado Lei Sindical (TUL, em inglês).[3] No entanto, esse sindicato e essas leis são profundamente ineficazes; na verdade, eles muitas vezes pioram as condições de trabalho. A ACFTU é o único sindicato legalmente reconhecido na China e governa todas as filiais sindicais locais. O objetivo da ACFTU é "garantir o *status* da vida política, econômica e social do país" e os "interesses gerais do país". Em suma, o crescimento econômico do país tem

---

[3] O TUL foi promulgado em 1992 e alterado em 2001. Comitê Permanente da Assembleia Popular Nacional, Lei Sindical de 1992, conforme alterada em 2001. 全國人民代表大會常務 委員會, 中華人民共和國工會法 (2001 修正). Website de Leis Trabalhistas (勞動法寶網), 27 de outubro de 2001. Veja http://law.51labour.com/lawshow-68038.html.

167

prioridade sobre os direitos e a segurança dos trabalhadores.[4] A lealdade do sindicato é para com o país, não para com os trabalhadores.

Um papel primordial do sindicato é "apoiar" a empresa na execução de suas decisões de gestão.[5] Mesmo quando são necessárias mudanças para proteger a segurança dos trabalhadores, o sindicato pode apenas "recomendar" as mudanças necessárias.[6] Quando a empresa recusa, o papel do sindicato é apenas "apoiar" os trabalhadores, não representá-los. Sob essas condições, existem apenas cinco cenários trabalhistas graves em que os empregadores podem ser processados.[7] No entanto, mesmo nesses cenários, o discurso exato do sindicato é apenas sugestivo, e não obrigatório.

O direito de greve é absolutamente fundamental para a criação e a proteção dos direitos dos trabalhadores. Esse direito foi especificamente removido da Constituição chinesa em 1982, como parte das reformas "modernizadoras" do então líder Deng Xiaoping.[8] O governo chinês não apenas desencoraja e reprime greves, mas também desmantela ativamente grupos de ativistas, quando ocorrem greves. Em 2019, cinco trabalhadores foram detidos por simplesmente organizarem uma greve.[9] Como as greves tecnicamente não são ilegais, os organizadores geralmente são acusados de "reunir uma multidão para perturbar a ordem pública".[10] Sem um direito à greve reconhecido na prática, o sindicato nacional pode apenas comunicar as necessidades dos trabalhadores, mas nunca lutar por elas.

A economia vence. A demanda constante para aumentar o poder econômico, a produção e o progresso é o motor soberano das condições

---

[4] Artigos 1, 2, 6, TUL.

[5] Artigo 36, TUL.

[6] Artigo 24, TUL.

[7] Artigos 21 e 22, TUL.

[8] *China Labour Bulletin*, atualizado para Junho 2020, https://clb.org.hk/content/labour-relations-china-some-frequently-asked-questions.

[9] Javier C. Hernandez, "Workers' Activism Rises as China's Economy Slows: Xi Aims to Rein Them In", *New York Times*, 6 de fevereiro de 2019, https://www.nytimes.com/2019/02/06/world/asia/china-workers-protests.html.

[10] Hernandez, "Workers' Activism".

Mercados públicos: Direitos trabalhistas

de trabalho na China. Qinglian He (何清漣) é economista e crítica das condições de trabalho chinesas. Ela descreve minuciosamente como o foco equivocado da China no crescimento econômico contínuo leva rapidamente a uma deterioração das condições de trabalho.[11] Não se pode permitir que disputas trabalhistas interrompam o crescimento econômico. O sindicato deve se aliar à gestão para "continuar com a operação", "retomar a produção" e "restaurar a ordem no trabalho".[12]

Na China continental, esses desafios econômicos, culturais e jurídicos inibem coletivamente a implementação de sindicatos trabalhistas eficazes e leis trabalhistas significativas. A lógica econômica do poder e do lucro, a pressão cultural para o indivíduo se submeter à "família" e as brechas legais e as regulamentações sem rigor se combinam para deixar os trabalhadores profundamente vulneráveis. Sem leis trabalhistas eficazes e sem sindicatos eficazes, os trabalhadores continuarão a sofrer — e a sofrer muito.

Uma defesa reformada para os trabalhadores na China

A China claramente precisa de uma estrutura jurídica que desenvolva leis trabalhistas significativas e sindicatos autônomos. Isso está claro. O que está menos claro — e o que pretendo defender — é que a China também precisa de uma estrutura *espiritual* para reconhecer a dignidade intrínseca do trabalho e a soberania dos trabalhadores. Sem uma compreensão profunda da dignidade sagrada e dos direitos inalienáveis dos trabalhadores, a lógica econômica do mercado continuará a distorcer as leis trabalhistas e os sindicatos conforme a sua vontade obstinada. A China precisa de uma cosmovisão espiritual subjacente que se recuse a subordinar os trabalhadores à produção econômica. Ela

---

[11] Qinglian He, "世界工廠中的勞工現狀 [The Current Labor Status in the World Factory]," *Modern China Studies* 當代中國研究 2 (July 31, 2008): https://www.modernchinastudies.org/us/issues/past-issues/100-mcs-2008-issue-2/1044-2012-01-05-15-35-31.html.

[12] Artigo 27, TUL.

Teologia pública reformada

precisa de uma visão espiritual que coloque essas duas coisas boas — trabalhadores e produção — lado a lado como igualmente valiosas e igualmente soberanas.

Dentro do cristianismo, e especificamente dentro da tradição reformada, acredito ter encontrado uma riqueza de recursos espirituais para a valorização tanto do trabalho quanto dos trabalhadores. Neste capítulo, espero não apenas explorar esses recursos teológicos, mas também aplicá-los aos desafios atuais enfrentados pelos trabalhadores na China.

A tradição reformada tem uma longa história de reflexão teológica sobre o significado e a dignidade do trabalho e dos trabalhadores. João Calvino menciona trabalho e trabalhadores inúmeras vezes. Ele afirmava que mesmo o trabalho mais mundano em uma aldeia poderia ser entendido como uma vocação divina, um chamado santo de Deus. Agricultores, pais e ferreiros são todos membros e participantes do santo sacerdócio de Cristo. Calvino considerava essas funções como vocações sagradas, como chamados de Deus: "O Senhor ordena a cada um de nós, em todos os atos da vida, que consideremos [o nosso trabalho uma] vocação [...] [Deus] designou a todos deveres particulares nas diferentes esferas da vida. E, para que ninguém possa transgredir precipitadamente os limites prescritos, ele designou tais esferas de vida como *vocações* ou *chamados*. A linha que cada indivíduo traça na vida, portanto, é, por assim dizer, um posto que lhe foi designado pelo Senhor".[13] Todas essas vocações têm um propósito e um desígnio divinos. Que ninguém se atreva a menosprezar os trabalhadores a quem Deus ama. Calvino estimava o valor do trabalho: "Não há emprego tão mau e repulsivo (desde que sigamos nossa vocação) que não pareça verdadeiramente respeitável e [seja] considerado altamente importante aos olhos de Deus".[14] Assim, trabalhadores e seu trabalho carregam um propósito honrado da parte de Deus. Todas as vocações e todos os trabalhos são para glorificar a Deus.

---

[13] João Calvino, *Institutas da Religião Cristã*, trad. Henry Beveridge (Grand Rapids: Eerdmans, 1997), 3.10.6.

[14] Calvino, *Institutas* 3.10.6, p. 650.

Mercados públicos: Direitos trabalhistas

Depois de Calvino estabelecer os princípios reformados fundantes para a valorização do trabalho e dos trabalhadores dentro da tradição, Abraham Kuyper desenvolveu as implicações econômicas e políticas desses princípios. Como teólogo calvinista e político de sua época, Kuyper (1837-1920) desenvolveu uma defesa teopolítica em favor do estabelecimento e da proteção de leis trabalhistas e sindicatos. Se Calvino estava certo, se os trabalhadores são amados por Deus, se seu trabalho é santo, então, segue-se — politicamente falando — que esses trabalhadores merecem proteção e reconhecimento econômico, legal e político. Ademais, se os trabalhadores foram chamados pelo próprio Deus, eles respondem, em última análise, não apenas a um gestor econômico ou a um líder político. Em última análise, os trabalhadores respondem a Deus, o único que é soberano sobre todos os trabalhadores. Empresas e governos não podem reivindicar o trono de Deus, trono de soberania absoluta sobre os trabalhadores.

Na época de Kuyper, os trabalhadores braçais não tinham contratos de longo prazo e ficavam à disposição das empresas. Ele reconheceu os problemas inerentes ao sistema *laissez-faire*. De acordo com Kuyper, o governo tem a responsabilidade outorgada por Deus de criar um justo equilíbrio de poder entre o trabalho e o mercado. Se o governo permitir que o mercado domine, adverte Kuyper, os trabalhadores podem reagir de forma destrutiva. Um equilíbrio político cuidadoso e ético exige reformas legislativas e estruturais que garantam uma representação significativa dos trabalhadores. Sem uma representação adequada, o trabalho começaria a "lutar sem reservas para defender seu direito de existência", atacando com "raiva", resistindo à "tirania do capital", talvez até mesmo com a intenção de "derrubar [...] toda a ordem social".[15] Assim, Kuyper pede liberdade para os trabalhadores formarem seus sindicatos e obterem uma verdadeira representação na negociação do contrato de trabalho. Portanto, o sistema atual na China não é apenas imoral; é também politicamente desestabilizador.

---

[15] Abraham Kuyper, "Manual Labor [1889]", in: *Abraham Kuyper: A Centennial Reader*, org. James D. Bratt (Grand Rapids: Eerdmans, 1998), p. 231-54, aqui p. 245.

Já no início de sua carreira política, Kuyper ficou conhecido como um defensor da "gente miúda" (*de kleine luyden*), sua expressão favorita para designar os trabalhadores holandeses comuns; ele acreditava que estes constituíam a espinha dorsal da sociedade holandesa. Kuyper preocupava-se com os altos níveis de desigualdade econômica e política entre ricos e pobres. Ele liderou um movimento político de luta pelo sufrágio universal, abolindo o antigo sistema que condicionava o direito de voto ao pagamento de impostos. Em 1887, ele ajudou a aprovar a Lei do Trabalho, que proibia o trabalho infantil e limitava a jornada diária de trabalho a não mais que onze horas. Kuyper delineou os direitos fundamentais do trabalho organizado, entre eles o direito de associação, a capacidade de negociação e o direito de greve. Durante a corrida do século 19 para a industrialização da Europa, essas foram medidas importantes na luta pelos direitos dos trabalhadores.[16]

Em dois grandes ensaios, "Soberania das esferas" e "Trabalho braçal", Kuyper apresenta as bases teológicas para uma abordagem reformada à política trabalhista. "Soberania das esferas" lança a estrutura filosófica para o trabalho como uma "esfera" autônoma da atividade humana dentro da vida de uma nação e do reino soberano de Deus.[17] "Trabalho braçal", por outro lado, fala da fibra moral e espiritual necessárias para que os trabalhadores floresçam. Na próxima seção, defendo a tese de que a visão reformada de Kuyper para o trabalho e os trabalhadores oferece alguns *insights* importantes para o futuro do trabalho na China.

SOBERANIA E TRABALHO

O poder importa. Qualquer discussão relevante sobre leis trabalhistas e sindicatos deve incluir uma discussão honesta sobre poder e soberania. Quem é soberano sobre as condições de trabalho? Quem tem a palavra

---

[16] James D. Bratt, *Abraham Kuyper: Modern Calvinist, Christian Democrat* (Grand Rapids: Eerdmans, 2013), p. 218.

[17] Abraham Kuyper, "Sphere Sovereignty [1880]", in: Bratt, *Abraham Kuyper: A Centennial Reader*, p. 463-90.

Mercados públicos: Direitos trabalhistas

final? Se todo o poder sobre o trabalho estiver reunido e concentrado exclusivamente nas mãos do Estado chinês ou de empresas internacionais, os trabalhadores chineses não terão proteção significativa. A questão da soberania é absolutamente central para resolver os desafios enfrentados pelos trabalhadores na China de hoje. O poder do mercado e do Estado precisa ser contrabalançado pelo poder do trabalho organizado.

Abraham Kuyper articulou e defendeu uma visão de florescimento social em que as diferentes "esferas" da vida (educação, artes, mercado, ciência, política, religião etc.) eram todas reconhecidas como independentes, valiosas e soberanas. Ele chamou sua visão de "soberania das esferas". Sob essa perspectiva social, nenhuma área da vida deve receber poder total. Não se pode permitir que nenhuma esfera da vida domine ou dirija totalmente as demais. A soberania da esfera desafiou os *teocratas*, que desejavam que a igreja dominasse. Ela desafiou os *estatistas*, que desejavam que o governo dominasse. Ela desafiou os *industrialistas*, que desejavam que o mercado dominasse.

De acordo com Kuyper, Deus deseja que o poder seja distribuído, que a soberania flua de cima e percorra toda a sociedade, as famílias, as cidades, as escolas, as empresas, as igrejas e — sim, também — os sindicatos. O poder não deve ser concentrado, mas sim distribuído para o bem de todos. O que tornava *teológica* a soberania das esferas era sua fundamentação na crença de que somente Cristo detinha as rédeas do poder social total. Nenhuma força social poderia legitimamente reivindicar a soberania de Cristo para si mesma. O domínio social total do Estado, do mercado ou da igreja não era apenas insensato e injusto; também era uma afronta ao reinado de Cristo.

Dentro da visão teopolítica de Kuyper, o governo é, sob muitos aspectos, uma esfera entre muitas. O governo não tem soberania absoluta sobre as outras esferas da vida. O Estado não pode ditar o que os cientistas estudam, o que os artistas pintam, o que as empresas vendem ou o que as religiões cultuam. O Estado não pode dirigir essas esferas. Não pode mostrar favoritismo. Não pode ajudar uma esfera a dominar outra. Não tem poder nem competência para fazer essas coisas.

173

Em vez disso, conforme argumenta Kuyper, o Estado é um humilde mordomo de uma *porção* do poder soberano de Deus. Ao Estado é dado poder soberano para três coisas. Primeiro, o Estado deve proteger as fronteiras entre as esferas, através da promulgação e da aplicação do direito. Deve proteger as esferas da dominação por outras esferas. Em segundo lugar, o Estado deve proteger os "fracos" de sofrerem abuso dentro das esferas. Se membros menores e mais fracos dentro de universidades, famílias, religiões, empresas e outras entidades específicas estiverem sendo maltratados, o Estado tem a responsabilidade de intervir e protegê-los. Terceiro, o Estado tem a responsabilidade de possibilitar o intercâmbio dinâmico e a interação entre as esferas. Um Estado saudável e justo permitirá que as diversas esferas da vida humana interajam livremente como "rodas de uma engrenagem", dando origem a uma "multiformidade rica e multifacetada da vida humana".[18]

A visão kuyperiana da soberania das esferas cruza com a crise trabalhista chinesa de várias maneiras. Em primeiro lugar, nem o Estado chinês nem as empresas internacionais podem reivindicar legitimamente soberania total sobre o trabalho e os trabalhadores. Eles não são "donos" da mão de obra. Os trabalhadores chineses são, em última análise, propriedade somente de Deus. Nenhuma autoridade política ou econômica deve reivindicar soberania total sobre eles. Segundo, Deus quer que o poder e a soberania sobre o trabalho sejam distribuídos, não concentrados. A soberania sobre o trabalho deve ser compartilhada entre empresas e trabalhadores. Empresas e trabalhadores devem cooperar e compartilhar o poder quando se trata de tomar decisões sobre condições de trabalho, remuneração e produção. O papel do Estado não é ajudar empregadores ou empregados a "ganhar". O papel do Estado é garantir que a soberania de ambos seja respeitada e honrada. O papel do Estado é proteger ambos os lados da dominação exorbitante do outro.

---

[18] Richard J. Mouw, *The challenges of cultural discipleship: essays in the line of Abraham Kuyper* (Grand Rapids: Eerdmans, 2012), 467-8.

Uma força espiritual e moral para o trabalho

Enquanto a maioria dos discursos trabalhistas modernos se concentra em condições de trabalho externas — como salários, benefícios, leis e proteções —, a análise de Kuyper é mais penetrante. Ele também está interessado no florescimento moral e espiritual dos trabalhadores. Kuyper não se preocupa simplesmente com seus direitos econômicos e políticos, mas também com sua dignidade e honra espirituais, como seres humanos amados, feitos à imagem de Deus. Dentro de uma cultura econômica, argumenta Kuyper, não basta que os trabalhadores sejam pagos; eles também precisam ser reconhecidos e ter seu valor afirmado. O florescimento dos trabalhadores vai além da mera compensação monetária; também concerne ao respeito e à honra espiritual e cultural que lhes são devidos sob Deus.

Em "Trabalho braçal", Kuyper identifica um anseio espiritual por justiça e compaixão como um ingrediente cultural crítico na melhoria das condições trabalhistas de uma nação. A melhoria do trabalho braçal na Holanda dependia de um despertar espiritual para a dignidade inerente dos seres humanos em geral e dos trabalhadores braçais em particular. Kuyper vinculou a opressão dos trabalhadores nas sociedades industriais diretamente a um "esgotamento espiritual" ou a um "miasma espiritual" que precederia a deterioração cultural e política de todas as formas de vida.[19]

De acordo com Kuyper, a justiça econômica e política exige o que os Estados e os mercados não podem fornecer: vitalidade espiritual. Uma força de trabalho próspera e protegida requer um poder espiritual que afirme seu valor e sua contribuição. A doutrina reformada da vocação, do sacerdócio de todos os trabalhadores, fornece o propósito espiritual, a "fibra moral" de que o movimento trabalhista precisa. O trabalho, mesmo o humilde trabalho braçal, é um cumprimento sagrado do chamado de Deus. Quando os governos honram e reconhecem os aspectos espirituais e morais do trabalho, pode-se buscar verdadeiro

---

[19] Kuyper, "Manual labor", p. 233.

contentamento no trabalho. Neste aspecto, a contribuição reformada para a reforma trabalhista é livremente permitir que fés públicas desenvolvam com liberdade a fibra espiritual e moral dos trabalhadores e da vida nacional. A prosperidade do trabalho não depende simplesmente de uma combinação de reforma política ou de produção econômica; requer também o livre florescimento da vida espiritual e moral em uma cultura nacional. O biógrafo de Kuyper, James Bratt, explica: "Para Kuyper, o antídoto para o poder unitário era [...] uma cidadania resoluta cuja força moral anima as esferas com vitalidade suficiente para resistir à invasão (de outras esferas). [...] As pessoas precisam de uma visão contrária àquela oferecida pela ameaça hegemônica. [...] Em outras palavras, o cerne da resistência política está na *cultura*".[20]

TRABALHO CRISTÃO EM UM PAÍS NÃO CRISTÃO?

De muitas maneiras, a proposta de uma política trabalhista cristã para uma nação não cristã como a China parece insensata. O Partido Comunista Chinês é ateu, e seu histórico de antagonismo em relação ao cristianismo, ao islamismo, ao budismo e a várias outras religiões está bem documentado. Como uma política trabalhista fundada na crença da soberania de Deus e na *imago Dei* pode florescer sob um Estado que favorece ativamente o ateísmo?

Embora nossas esperanças de mudança imediata na China sejam modestas, a doutrina reformada da graça comum nos dá razões e recursos teológicos para a esperança. De acordo com tal doutrina, indivíduos, culturas e nações não cristãs são constantemente abençoados por Deus com dons de discernimento moral, virtude e sabedoria. O Espírito Santo está ativo, movendo-se em trabalhadores, mercados, tribunais e prédios governamentais chineses. Embora as políticas oficiais pareçam ser puramente materialistas e voltadas para o lucro, há uma percepção espiritual assombrosa entre o povo chinês de que há *algo mais* na vida e no trabalho. Eles sentem e sabem intuitivamente que o poder econômico e

---

[20] Bratt, *Abraham Kuyper: Modern Calvinist, Christian Democrat*, p. 135.

o político não devem ser concentrados, que os trabalhadores têm direitos, que o lucro não é o único bem a ser buscado. O Espírito Santo está vivo e atuante na consciência chinesa e em sua cultura. Essa é a garantia que uma doutrina como a da graça comum pode trazer.

Podemos ver a sabedoria e a beleza da graça comum de Deus em ação mesmo nas antigas raízes confucionistas de nossa cultura chinesa. Confúcio valorizava a família, a virtude, a responsabilidade, a generosidade, a harmonia e a preocupação com o próximo e com o bem comum. Ele reconhecia que diferentes membros da sociedade tinham responsabilidades diferentes. Confúcio percebeu que era necessário permitir que diferentes membros contribuíssem para a harmonia social. Ele também reconheceu que nenhum poder humano deve ser irrestrito. O imaginário moral da cultura confucionista também é permeado pelo conceito de "honra". Esse valor espiritual pode ser crítico no futuro da China, na medida em que esta nação aprenda a honrar o valor e a dignidade dos trabalhadores, bem como sua contribuição para a harmonia e o florescimento da sociedade. Dentro do confucionismo, a busca da riqueza não é autônoma, mas se encontra sob a orientação espiritual do "céu".

Da mesma forma, a revolução comunista de Mao Tse Tung, na década de 1940, embora definitivamente devastadora, fundamentava-se em muitos valores louváveis: as crenças de que o trabalho e os trabalhadores importam, de que a justiça trabalhista importa, de que o poder deve ser dado aos trabalhadores. Mesmo a revolução comunista tendo causado muitas reviravoltas violentas e horríveis, cristãos atentos podem concordar com a sede do comunismo por justiça, dignidade e poder para os trabalhadores.

Há, evidentemente, diferenças muito importantes entre as cosmovisões confucionista, comunista e cristã. No entanto, essas divergências não devem impedir que um cristão reconheça e aprecie as maneiras pelas quais o Espírito Santo está ativo na China.

Uma política trabalhista cristã na China não precisa ser uma imposição ocidental estrangeira. Por causa da graça comum de Deus, que opera em meio aos valores tradicionais e à visão moral do confucionismo e do comunismo, melhores condições de trabalho podem ser desenvolvidas em um *diálogo* espiritual, moral e político entre o confucionismo, o comunismo e o cristianismo. A análise que, no século 19, Abraham Kuyper fez das leis trabalhistas holandesas não deve ser descartada na China do século 21. Pelo contrário, deve informar os cristãos chineses na igreja, no mercado e no governo, enquanto trabalham lado a lado com seus vizinhos não cristãos.

CONCLUSÃO

Os trabalhadores representam quase 50% da população da China, aproximadamente 800 milhões de pessoas.[21] O bem-estar desses trabalhadores é importante, não apenas para eles, mas também para a prosperidade econômica, política e cultural da China como um todo. Os níveis crescentes de agitação, descontentamento, injustiça, danos e instabilidade na área trabalhista são insustentáveis. Algo deve ser feito.

Abraham Kuyper entendia que o bem-estar dos trabalhadores é fundamental para a harmonia social. "Harmonia" (和諧) é um aspecto central do imaginário social chinês. Para Kuyper, o bem-estar dos trabalhadores depende em grande parte do reconhecimento ou não da soberania que lhes é divinamente outorgada no local de trabalho. Se os trabalhadores não tiverem poder para negociar e participar das tomadas de decisões econômicas, Kuyper alerta para a agitação social.[22]

Embora a China tenha aprovado várias leis trabalhistas novas nos últimos anos, a implementação real e a aplicação local dessas regulamentações em grande parte falharam, por uma série de razões políticas, morais e culturais. A ânsia avassaladora por aumento da riqueza e do poder econômico continua a passar por cima de leis, restrições e regulamentações trabalhistas.

---

[21] "Número de pessoas empregadas na China, de 2008 a 2018 (em milhões)", *Statista*, https://www.statista.com/statistics/251380/number-of-employed-persons-in-china/.

[22] Kuyper, "Sphere sovereignty", p. 473.

Mercados públicos: Direitos trabalhistas

A cultura chinesa precisa daquilo que Kuyper chama de forte "fibra" moral e espiritual: um senso de poder espiritual que possa resistir à força da ganância econômica e política. Precisa desenvolver um conjunto cultural de baluartes que possam proteger os trabalhadores contra o domínio do Partido Comunista e das empresas internacionais. A comoditização do trabalho humano e o vazio moral dos mercados chineses precisam ser tratados e preenchidos por um despertar espiritual. A liberdade e o florescimento da religião na China são, portanto, ingredientes críticos na renovação da política trabalhista e das condições de trabalho.

Se mudanças não forem feitas rapidamente, a China enfrentará uma agitação maior nos próximos anos. No final do século 19, Kuyper alertou industriais sobre o perigo iminente. Se as necessidades da classe baixa não fossem atendidas, inevitavelmente se seguiria "uma amarga miséria que divide as classes mais baixa e mais alta da sociedade pelo ódio, pelo ressentimento e pela raiva passional".[23]

Ainda que seja apenas por interesse próprio, o Partido Comunista chinês deveria ouvir o aviso de Kuyper. A repressão à vida econômica, política e espiritual do trabalho não eliminará a tensão trabalhista. Em um país no qual um partido é dominante, o contentamento dos trabalhadores é mais crítico do que nunca. Se os trabalhadores se sentirem cuidados e ouvidos, eles talvez aceitem o domínio comunista. Se eles não forem tratados de forma justa, a situação ficará cada vez mais instável.

> **Agnes Chiu** (PhD, Fuller Theological Seminary) é advogada e professora adjunta de Ética Cristã e Teologia Sistemática no China Evangelical Seminary, na Califórnia. Ela recebeu seu diploma em Direito da University of California, em Los Angeles. Nativa de Hong Kong, sua obra sobre políticas trabalhistas chinesas surge de sua própria formação chinesa e de sua extensa base legal em direito do trabalho. O próximo livro de Chiu se concentrará na teologia pública de Abraham Kuyper no contexto chinês.

---

[23] Kuyper, "Manual labor", p. 245.

Terceira parte
...
Justiça Pública

IDEOLOGIAS

9 IDEOLOGIAS POLÍTICAS MODERNAS:
uma alternativa reformada

Bruce Riley Ashford e Dennis Greeson

O cenário político ocidental está digladiando-se atualmente com uma série de ideologias políticas poderosas. Desde as revoluções americana e francesa, o liberalismo clássico tem sido uma força ideológica poderosa e definidora dentro do imaginário político ocidental. Durante os últimos cinquenta anos, tanto o progressismo quanto o conservadorismo, cada qual uma reiteração do liberalismo clássico, foram as opções predominantes nos Estados Unidos. Os últimos anos também testemunharam um ressurgimento do nacionalismo populista e do socialismo, depois de terem sido varridos do palco das ideologias predominantes desde a Segunda Guerra Mundial. Mesmo o libertarianismo de viés mais anárquico e o integralismo católico romano atraíram seguidores fiéis nos últimos anos. As opções ideológicas são abundantes.

Na realidade, contudo, essa diversidade de ideologias dificilmente parece ser o florescimento do que há de melhor na vida política e cultural do Ocidente. Em vez disso, temos a impressão de que estamos testemunhando uma involução política para ideologias políticas empedernidas, que estão em guerra umas com as outras e que muitas vezes implodem a partir de suas próprias câmaras de eco. Há um senso generalizado de que algo está profundamente errado com a vida política e a cultura ocidentais. A salvação política, há muito prometida, ainda está para ser vista.

Nosso enquadramento dessas várias orientações políticas como "ideologias" é intencional. Cada uma delas exibe certas aspirações totalizantes que vão muito além de mera política pública. Elas não toleram nenhum tipo de acordo com outros modelos de vida política e elevam sua causa a uma superioridade moral, enquanto veem as demais ideologias como degenerações a serem eliminadas. Assumindo a forma de fanáticos religiosos, os ideólogos tendem a ver as questões de política pública pelo espectro preto e branco das certezas morais. Quem discorda está, na melhor das hipóteses, simplesmente enganado e, na pior, é um infiel político a ser convertido ou derrotado a qualquer custo. Colocados em termos teológicos, tais arranjos ideológicos são inerentemente idólatras. Como David Koyzis argumenta, os ideólogos atribuem a certos princípios de crença um *status* supremo ou salvífico, adorando elementos da criação em vez do Criador.[1] Neste capítulo, propomos uma linha específica de teologia política reformada como uma alternativa *não ideológica* às ideologias políticas predominantes na modernidade.

A teoria política reformada não é estrangeira nem nova no cenário político ocidental. O pensamento político moderno inicial, na Europa e na América, foi influenciado pela teologia política reformada de muitas e variadas formas importantes. Os imaginários políticos de locais como Escócia, Suíça, Holanda, Inglaterra e Nova Inglaterra foram todos profundamente informados pelas linhas presbiterianas ou reformadas de concepção política. Tais experimentos modernos pioneiros com liberdade religiosa, federalismo, direitos humanos, restrições constitucionais, democracia e livres mercados ocorreram em solo político profundamente influenciado pela tradição reformada. Embora essas primeiras contribuições reformadas para a história e o desenvolvimento do pensamento político moderno passem

---

[1] David Koyzis, *Political visions and illusions: a survey and Christian critique of contemporary ideologies*, 2. ed. (Downers Grove: IVP Academic, 2019), p. 3 [No Brasil: *Visões e ilusões políticas*, 2 ed. ampliada e atualizada (São Paulo: Vida Nova, 2022)].

Justiça pública: Ideologias

amplamente despercebidas hoje, os historiadores estão cada vez mais redescobrindo o fruto considerável da influência reformada no Ocidente.[2]

Em vez de fornecer uma ampla introdução ao mundo complexo e diversificado do pensamento político reformado, nos concentramos com mais profundidade em uma das linhas mais promissoras e desenvolvidas dessa tradição, conhecida como tradição "reformacional" de pensamento político.[3] Baseando-se em uma linha mais antiga da teologia política cristã, a qual inclui Agostinho, João Calvino e Johannes Althusius, um grupo de calvinistas do século 19, na Holanda, desenvolveu sua própria resposta cristã às ideologias modernas do liberalismo, socialismo, nacionalismo e conservadorismo, as quais estavam emergindo ao seu redor. Embora Guillaume Groen van Prinsterer e Abraham Kuyper tenham sido as vozes que deram início a essa escola,

---

[2] Preocupações com a liberdade religiosa, o livre mercado e similares dificilmente são exclusividade da tradição reformada. No entanto, essa tradição forneceu muitas contribuições importantes para esses vários pilares do pensamento político ocidental, imprimindo-lhes a forma específica que assumiram na modernidade. Veja Robert Louis Wilken, *Liberty in the things of God: The Christian origins of religious freedom* (New Haven: Yale University Press, 2019), p. 63-117; Johan J. Graafland, "Weber revisited: critical perspectives from Calvinism on Capitalism in economic crisis", in: *Calvinism and the making of the European mind*, org. Gijsbert van den Brink e Harro Höpfl, *Studies in Reformed Theology 27* (Leiden: Brill, 2014), p. 177-98.

[3] Neste capítulo, seguimos teólogos e filósofos como Al (Albert) Wolters, Craig Bartholomew e Gordon Spykman no uso do termo "reformacional", em vez do termo mais usado, "reformado". Embora exista muita ambiguidade em relação ao termo "reformado", consideramos que ele denota adequadamente as tradições eclesiásticas confessionais que aderem às confissões reformadas (Catecismo de Heidelberg, Confissão Belga, Cânones de Dort, Padrões de Westminster etc.). A abordagem reformacional que defendemos inquestionavelmente está em dívida com essas tradições confessionais, e, portanto, procuramos nos situar em relação a elas. De um ângulo, nosso objetivo é ampliar a tenda teológica, por assim dizer, para que aqueles que talvez não compartilhem da unidade confessional reformada possam se beneficiar dos legados políticos e teológicos de pensadores como Calvino, Groen van Prinsterer e Kuyper, bem como reivindicá-los, mas sem exigir que estejam de acordo com todos os pontos doutrinários. De outro ângulo, nosso objetivo é restringir a tenda, reconhecer que existem outras abordagens reformadas ao pensamento político as quais, de certa forma, se opõem à abordagem defendida neste capítulo.

muitas outras seguiram em seu rastro, levando a tradição a direções novas e emocionantes.

Neste capítulo, oferecemos essas vozes reformacionais como um recurso crítico para os cristãos contemporâneos que buscam um caminho fiel que vá além das posturas idólatras e divisivas que dominam nossa vida política coletiva. Destacamos que é preciso mais do que uma mera mudança no pensamento político: o que é preciso com urgência é uma transferência de lealdade que envolva tanto conhecimento quanto afeições. Compreender o presente à luz do futuro domínio consumado de Cristo sobre sua criação impõe introduz certos hábitos políticos no coração, os quais são frutos da tradição reformacional.

O QUE (OU QUEM) É O BEM SUPREMO? O PROBLEMA FUNDAMENTAL QUE HÁ COM AS IDEOLOGIAS POLÍTICAS MODERNAS

Quando investigam as múltiplas disfunções da política ocidental, os pensadores políticos reformacionais tendem a mergulhar mais fundo, para além do "assunto do momento". Para eles, os problemas mais profundamente arraigados na política moderna não estão relacionados primordialmente a questões específicas como personalidades, partidos, disputas ou questões políticas. O problema, segundo argumentam, é mais profundo do que isso.

Em vez disso, o verdadeiro problema político, em sua essência, é o da *adoração mal direcionada*. Como o apóstolo Paulo diz em sua Carta aos Romanos, todos os seres humanos são adoradores. Eles adoram o Criador ou as coisas criadas; Deus ou ídolos (Rm 1:25). Em suma, somos uma espécie que se prostra. As Escrituras indicam que a adoração humana é uma questão do coração, sendo que "coração" se refere ao que desempenha um papel central em organizar e dirigir a vida de uma pessoa. O objeto que o coração escolhe para adorar ocupa o centro da vida das pessoas, comanda sua lealdade, ordena suas afeições e molda seu pensamento e sua vida. Assim, as Escrituras nos lembram: "Acima de tudo, guarde o seu coração, pois dele depende toda a sua vida" (Pv 4:23).

Justiça pública: Ideologias

Informada por essa advertência bíblica universal contra a adoração mal direcionada, a tradição reformada empenha-se em rejeitar ideologias políticas que elevem algum bem político terreno ao nível supremo reservado somente a Deus. Esse é o ponto discutido por Agostinho na obra *A cidade de Deus*, quando ele argumenta que um arranjo político só pode ser justo na medida em que seus cidadãos coletivamente abraçarem a adoração a Deus, em vez de falsos deuses.[4] Expandindo a visão de Agostinho, o filósofo reformacional Bob Goudzwaard argumenta que os indivíduos são frequentemente transformados na imagem do deus que adoram. Além disso, essas idolatrias individuais podem rapidamente se combinar, formando idolatrias sociais e políticas, transformando e desorientando todos os setores da vida cultural e política.[5]

Essa foi a observação crucial de João Calvino, a fonte da teologia política reformacional. Como ele observou, o coração humano "é uma fábrica perpétua de ídolos". Informada por essa visão da humanidade, a abordagem de Calvino à vida política era bastante cautelosa e sóbria.[6] Sob o pano de fundo da idolatria e da depravação humana, Calvino sustentava que a autoridade política deveria ser ancorada em um sistema estrito de freios e contrapesos, com limites bem definidos.[7] Além disso, o objetivo próprio do Estado deveria ser cooperar com a igreja, ainda que indiretamente, para desenvolver as melhores condições sociais para os cidadãos adorarem a Deus com liberdade.[8] Assim, o Estado deve ser visto apenas como um bem penúltimo, um meio que possibilita o bem, último de adorar a Deus.

---

[4] Augustine, *The city of God*, trad. Marcus Dods (New York: Modern Library, 1950), 19.21-27; Robert Dodaro, *Christ and the just society in the thought of Augustine* (Cambridge: Cambridge University Press, 2004), p. 72-114.

[5] Bob Goudzwaard, *Aid for the overdeveloped West* (Toronto: Wedge, 1975), p. 14-5.

[6] John Calvin, *Institutes of the Christian Religion*, org. John T. McNeill, trad. Ford Lewis Battles, 2 vols. (1960; reimpr., Louisville: Westminster John Knox, 2006), 1.11.8.

[7] Calvin, *Institutes* 4.20.1-8. Cf. John Witte, "Moderate Religious Liberty in the Theology of John Calvin", *Calvin Theological Journal* 31, n. 2 (1996): p. 359-403.

[8] Witte, "Moderate Religious Liberty", p. 385.

Teologia pública reformada

A essa altura, a abordagem mais contida de Calvino, que vê a política como bem penúltimo, contrasta intensamente com os projetos políticos mais grandiosos e otimistas da modernidade ocidental. Steven D. Smith caracteriza as visões pós-iluministas da ordem social como espiritualidades pagãs ressurgentes, segundo as quais os bens sociais e as esperanças escatológicas só poderiam ser definidos pela imanência.[9] Dentro da imaginação política moderna, aquilo que tem significado ou valor último, supremo, só pode ser encontrado dentro da própria criação. Isso, uma vez mais, é idolatria.

Nessa mesma linha, David Koyzis, um filósofo político reformacional, argumenta que todas as ideologias políticas modernas seguem um previsível padrão duplo: (1) elas atribuem um caráter supremo a algum ideal político, transformando-o em um ídolo; e (2) elas se oferecem para "salvar" a sociedade, erradicando os "males" que ameaçam seu ídolo.[10] Koyzis critica quatro ideologias modernas — o liberalismo, o conservadorismo, o nacionalismo e o socialismo —, mas também deixa claro que mesmo um arranjo procedimental como a democracia pode se tornar uma ideologia idólatra, quando a voz do povo é equiparada à voz de Deus.

Mas tudo isso é bastante abstrato: precisamos ilustrar a questão em termos mais concretos. Nas seções a seguir, ilustramos os contornos da idolatria política e as maneiras pelas quais ela se manifestou tanto no liberalismo quanto no socialismo. O mesmo, é claro, poderia ocorrer com o nacionalismo, o conservadorismo e as formas idólatras de democracia.

A IDOLATRIA DO LIBERALISMO E DO SOCIALISMO

O liberalismo clássico, a ideologia mais fundacional da ordem política ocidental moderna, foi aquela a partir da qual outras ideologias

---

[9] Steven D. Smith, *Pagans and Christians in the city: culture wars from the Tiber to the Potomac* (Grand Rapids: Eerdmans, 2016), p. 217-57.

[10] Koyzis, *Political visions and illusions*, p. 1–26.

Justiça pública: Ideologias

se desenvolveram ou contra a qual se levantaram em reação. Em suas primeiras expressões, o liberalismo clássico não era necessariamente idólatra: simplesmente representava um compromisso moderno inicial com um governo constitucional e representativo, enfatizando a liberdade, a justiça e a igualdade para todos. No entanto, com o advento da Revolução Francesa, o liberalismo moderno rapidamente assumiu dimensões mais radicais e ideológicas. Isso começou pela absolutização do ideal político da autonomia individual. O próprio nome, "liberalismo", sugere essa ênfase em liberdade e autonomia pessoal. Na ausência de quaisquer formas de restrição, o liberalismo tornou-se uma bandeira para a busca de um individualismo absoluto e irrestrito.

Durante anos, formas modernas e seculares de liberalismo mantiveram um forte domínio sobre o imaginário político ocidental. A ideologia ainda mantém um poder quase instintivo para muitos. Contudo, precisamente por causa de seu foco excessivamente míope na liberdade pessoal, o liberalismo moderno logo começou a se deteriorar. O liberalismo inicial concebia a sociedade como pouco mais do que uma coletividade composta de indivíduos autônomos. O governo era um "mal necessário", cuja função era nada fazer além de proteger a vida e a liberdade individual. No entanto, com o passar do tempo, esse estreito foco liberal, que via o governo como aquele cuja função era "proteger os indivíduos", expandiu de forma involuntária e radical o papel e o tamanho do governo, passando a proteger os indivíduos de uma vasta gama de ameaças mal definidas, como a "falta de recursos". Ironicamente, uma ideologia concebida para restringir o Estado acabou por contribuir para sua profunda expansão.

Com o decorrer do tempo, os liberais passaram a exigir que os governos afirmassem ativamente sua individualidade, acolhendo e até fortalecendo suas escolhas individuais. Assim, quando os indivíduos faziam escolhas imprudentes que redundavam em consequências negativas, os cidadãos liberais passaram a esperar que o governo amenizasse

Teologia pública reformada

essas consequências.[11] Desta e de outras maneiras, segundo argumenta Koyzis, o liberalismo mostrou-se autodestrutivo. Nasceu de um desejo legítimo de proteger a liberdade individual e limitar o papel do Estado. Mas sua visão míope de sociedade e de justiça pública forçou o liberalismo a expandir dramaticamente o papel e o escopo do Estado, em um esforço para aliviar seus próprios efeitos negativos.

Alternativamente, considere o socialismo moderno e sua expressão secular mais proeminente: o marxismo. Essa ideologia moderna é manifestamente idólatra e antitética ao cristianismo. Dentro dessa ideologia, Karl Marx desempenha o papel de um profeta secular, o qual aponta o caminho para uma forma totalmente imanente de salvação social. O "comunismo", escreve Marx, "é a solução *genuína* para o antagonismo entre o homem e a natureza e entre um homem e outro. [...] É o enigma da história resolvido, que se conhece como esta solução". Além disso, o comunismo prevê "a restauração completa e consciente do homem consigo mesmo, [...] a restauração do homem como um ser *social*, isto é, humano".[12] De fato, o marxismo cumpre muitas das funções que os sociólogos normalmente atribuem à religião.[13]

Embora o liberalismo atribua supremacia à autonomia individual, o marxismo absolutiza a igualdade material e acredita que a salvação imanente será alcançada por meio da revolução social. Logo, não causa espanto que Marx e sua progênie tenham ressignificado a ética, com "bem" e "mal" correspondendo, respectivamente, a tudo o que avança ou se opõe à revolução. Marx estava decidido a acreditar que seu sistema inauguraria o "fim dos tempos", no qual os revolucionários aboliriam o capitalismo, alcançariam a igualdade material e, portanto,

---

[11] Por exemplo, se um homem é pai de cinco filhos fora do casamento, com cinco mães diferentes, ele pode esperar que o Estado cuide do problema — talvez cobrando impostos de outros cidadãos para pagar pelo bem-estar dessas crianças, ou tirando a vida dessas crianças ainda no útero. E ele pode esperar que o Estado faça isso sem julgar seu exercício de liberdade.

[12] Karl Marx, "Economic and Philosophic Manuscripts", in: *Karl Marx: selected writings*, org. Lawrence H. Simon (Indianapolis: Hackett, 1994), p. 71.

[13] Raymond Aron, *The opium of the intellectuals* (New York: Routledge, 2017), p. 265-94.

Justiça pública: Ideologias

livrariam o mundo do mal. Essa é a mensagem do evangelho do socialismo marxista.

Fortalecidos por um otimismo moderno desenfreado sobre sua própria natureza humana, os Estados marxistas têm sido historicamente autoritários e muitas vezes totalitários. Em vez de libertar a sociedade, os estados marxistas a reprimem, privando os cidadãos de direitos humanos básicos e se opondo implacavelmente a comunidades e instituições sociais livres e diversas, dentre elas as igrejas. Em vez de promover a igualdade material, os marxistas exacerbaram as disparidades, deixando a classe trabalhadora na miséria, enquanto os líderes do partido vivem na opulência.

Ironicamente, portanto, o fracasso do marxismo como ideologia foi revelado por seu próprio ponto de referência: o curso da história e a distribuição da riqueza material. A abolição da propriedade privada levou à opressão, não à libertação; levou à necessidade desenfreada, não à abundância.

O socialismo tentou carregar o peso das esperanças e dos sonhos escatológicos da humanidade, tarefa que nenhuma ideologia política consegue realizar. O mesmo vale para o liberalismo, pois nenhuma expansão do governo consegue alcançar a completa liberdade e o *shalom* que está por vir sob o governo futuro de Cristo. É precisamente por isso que os escritores reformacionais enfatizam os limites temporais dos bens políticos na Terra. A salvação política final da humanidade só será alcançada quando algo maior vier, quando Alguém maior estiver no trono. A justiça e a paz plenas estão reservadas para o novo céu e a nova terra. É assim que os cidadãos cristãos devem compreender o já e o ainda não do tempo de Deus.

COMPREENDENDO O PRESENTE À LUZ DO FUTURO

O pensamento político reformacional oferece uma alternativa não ideológica enraizada na soberania espaço-temporal de Deus. Somente Deus pode soberanamente levar a história política a seu cumprimento.

Somente Deus pode soberanamente julgar e direcionar indivíduos e comunidades dentro da sociedade. Nenhum Estado humano deve tentar se apropriar da soberania espaço-temporal de Deus. Jesus é o Senhor, César não é. Aqui, a confissão cristã básica forma um baluarte político contra ideologias idólatras e arranjos políticos totalizantes.

Esta confissão levanta uma questão importante: se somente Cristo é o Senhor, como devemos nos relacionar com os Estados terrenos nesta era intermediária? Poderíamos, por exemplo, aguardar a vinda do futuro reinado de Cristo e nos abster da vida política contemporânea. Alternativamente, poderíamos tentar antecipar ou mesmo apressar a vinda do reino de Cristo usando a força política. Poderíamos tentar unir Igreja e Estado e estabelecer, aqui e agora, o reino de Cristo na terra.

A teologia reformacional tem argumentos contra essas duas distorções escatológicas da teologia política. Em vez disso, essa tradição sustenta que a presente era é um *saeculum*, um tempo de paciência divina em que a história sagrada e a secular estão necessariamente mescladas. Nesta presente era, os seres humanos não são capazes de separar ou distinguir nitidamente na história as ações de Deus das ações da humanidade caída. Não podemos fazer pronunciamentos políticos infalíveis sobre quais políticas e formas de governo foram especialmente abençoadas por Deus. Durante o *saeculum*, não podemos coroar líderes e leis mortais com o manto divino do governo celestial de Cristo na Terra.

Se somente Cristo estabelecerá o consenso político, a teologia reformacional poderá resistir à tentação sempre presente de assegurar um consenso prematuro por meio de coerção política, seja ela secular, seja teocrática. Em contrapartida, a escatologia reformacional lhe permite resistir à tentação de se retirar por completo da vida política. Aqui ela se opõe a formas cristãs de quietismo político e de anarquia, que enquadrariam o presente governo como uma autoridade ilegítima que está usurpando o futuro domínio de Cristo. Em vez disso, a teologia reformacional busca entender a política do presente à luz do futuro de Cristo. Neste ponto, entram em jogo duas dialéticas teológicas extremamente úteis.

A ORIGEM E O FIM DA POLÍTICA

A primeira dialética teológica que devemos considerar é a relação entre a obra de Deus tanto na *criação* quanto na *recriação*. Essa distinção temporal entre as duas coisas é de importância crítica para a vida política de um cristão.

Na criação, Deus plantou uma série de propósitos, padrões e potencialidades para a vida da humanidade e de toda a criação. Deus pretende que essas potências criacionais se desenvolvam e floresçam ao longo da história. Na nova criação, seu cumprimento será realizado. Como Kuyper gosta de dizer, as sementes plantadas nesta criação desabrocharão através da direção de Deus na história; elas não florescerão completamente até o *eschaton*.[14]

No *eschaton*, ou *recriação*, Deus não começará de novo. Ele não descartará com fogo e destruição o que criou no princípio. Pelo contrário, a nova criação emergirá como uma forma purificada da criação original, demonstrando que o que surge no presente, embora seja distinto do futuro, ainda assim mantém uma relação orgânica com o reino vindouro.

Para uma compreensão propriamente cristã do governo e da política, os cristãos precisam entender essa relação dialética entre criação e recriação. Os seres humanos são criaturas sociais. Deus os criou com a pretensão de que formassem comunidades políticas de justiça, liberdade e prosperidade. A instituição estatal é uma decorrência natural e boa do potencial da criação. Nesse sentido, o governo é profundamente bom, natural e maravilhoso. Da mesma forma, a participação na vida

---

[14] Abraham Kuyper, *Common grace*, orgs., Jordan J. Ballor e Stephen J. Grabill, trads. Nelson D. Kloosterman e Ed M. Van der Maas, vol. 1, *God's gifts for a fallen world*, Collected Works in Public Theology (Bellingham: Lexham, 2016), p. 536.

política comunitária é tão natural quanto ser humano. Por certo, expressões específicas de ação política podem ser imprudentes, injustas, violentas e profundamente más. Mas a vida política, em seu núcleo ontológico, nunca deve ser vista como fundamentalmente má ou inerentemente sem valor. Deus criou os seres humanos para viverem em comunidade política uns com os outros.

À luz dessa dialética, os cristãos podem — e de fato, devem — ser politicamente ativos, para o bem do próximo e para a glória de Deus. Ao buscar a justiça pública, os cidadãos cristãos podem explorar e desenvolver os bons desígnios de Deus e o potencial oculto na comunidade humana. No entanto, eles precisam fazer tudo com humildade e prudência.

Longe de minar o engajamento político, esse enquadramento temporal da vida política, na verdade, o inspira. Como sabemos, toda ação política que honre a Deus será, de alguma forma, literal ou metaforicamente, redimida e renovada na Cidade Santa que está por vir.[15] É evidente que talvez não possamos ver claramente a futura cidade de Deus ou seu governo mais do que poderíamos ver claramente um carvalho ao olhar para uma bolota. Mas temos esta promessa nas Escrituras: Cristo veio e virá novamente. Cristo está vindo não para queimar, destruir e substituir, mas para restaurar e renovar todos os aspectos deste mundo, incluindo sua política. Pois eis que Cristo está fazendo novas todas as coisas (cf. Ap 21:5), reconciliando todas as coisas com o Pai por meio de seu sangue na cruz (cf. Cl 1:20).

Igreja e Estado

A segunda dialética diz respeito à relação da *igreja* com o *Estado*. Enquanto vivemos entre a primeira e a segunda vinda do nosso Senhor, estamos em uma era na qual a igreja desempenha um papel único na

---

[15] Richard J. Mouw, *When the kings come marching in: Isaiah and the New Jerusalem*, ed. rev. (Grand Rapids: Eerdmans, 2002), p. 34-42.

Justiça pública: Ideologias

vida cristã. A igreja cumpre um propósito social completamente diferente daquele do Estado. Ela não pode, portanto, tomar o seu lugar. Ao mesmo tempo, porque o evangelho de Jesus Cristo é uma verdade profundamente pública que tem importância para todos os aspectos da vida, a igreja não está desvinculada do Estado, nem deve ser isolada da vida pública e política.

Aqui a teologia reformacional tenta evitar dois erros simplistas na teologia política: primeiro, o domínio injusto da igreja sobre o Estado (ou vice-versa); e, segundo, a crença simplista de que uma separação entre igreja e Estado implica uma separação inconcebível entre fé e política.

A teologia reformacional evita esses erros estabelecendo uma distinção entre a igreja como organismo e a igreja como instituição.[16] Como povo unido em Cristo, a igreja existe como um organismo, um corpo orgânico de crentes. Eles são as mãos e os pés de Cristo, espalhados por todas as áreas da sociedade.

No entanto, a igreja dispersa também é instruída a se reunir em nome de Cristo, para adorá-lo e ser nutrida pela Palavra. Esses encontros, como em todas as instituições, são organizados com propósitos que estão de acordo com certos princípios institucionais. Assim, a igreja como organismo também constitui uma instituição: as igrejas locais se colocam à parte da sociedade, reunindo-se sob o governo direto ou imediato de Cristo, por meio da obediência à sua Palavra.

Tanto o organismo quanto a instituição têm significado público, embora de maneiras diferentes. Como instituição, a igreja constitui uma organização que existe lado a lado com outras instituições sociais — como famílias, escolas e empresas —, todas ordenadas e governadas por Deus.[17] Como instituição, a igreja tem o propósito particular de

---

[16] Abraham Kuyper, "Rooted and Grounded: The Church as Organism and Institution", in: *On the church*, orgs. John Halsey Wood Jr. e Andrew M. McGinnis, trads. Harry Van Dyke et al., Collected Works in Public Theology (Bellingham: Lexham, 2016), p. 49-51.

[17] Isso não quer dizer que a igreja seja meramente uma associação como outras instituições sociais. Ela é única, pois somente ela produz algo novo para a sociedade. Como uma mãe

nutrir os cristãos e proclamar publicamente a Palavra de Deus. Essa missão única diferencia a instituição de todas as outras associações. A instituição não exerce nenhum poder coercitivo sobre aqueles que não estão sob sua alçada. Isso não significa que não tenha influência pública, pois a proclamação da lei, da justiça e da Palavra de Deus é um ato profundamente público.

A igreja, como um corpo orgânico de crentes, estende sua influência para a vida social e política de várias maneiras. Ao moldar os cristãos para preencher a sociedade com novos hábitos do coração, a igreja, como instituição, informa o organismo à medida que se espalha por todas as esferas da cultura.

UM CHAMADO PRESENTE E POLÍTICO

Essas duas dialéticas oferecem uma visão singular para o engajamento cristão com a vida política em geral e com as ideologias políticas em particular. Primeiro, resta evidente que uma compreensão adequada da vida política admite um certo nível de diversidade e de liberdade ideológica.[18] Essa não é uma afirmação indiscriminada de relativismo absoluto. Em vez disso, é uma determinação política, pragmática e baseada em princípios, que permite aos indivíduos — neste presente *saeculum* — buscarem o próprio bem, livremente, abertamente e sem medo. Na presente era, de fato, a adoração genuína não pode ser coagida. Assim, os cristãos devem proteger a liberdade religiosa e o pluralismo ideológico para todos os cidadãos.

Isso não significa que a ação política cristã, nesta presente era, acabe com a liberdade religiosa. Como segundo princípio, uma leitura correta dos tempos significa que os cidadãos cristãos devem usar sua

---

espiritual, ela dá à luz um novo povo, trazendo os mortos espiritualmente à vida em seu ministério. Cf. Kuyper, "Rooted and Grounded", p. 56.

[18] O bem comum pode, ocasionalmente, exigir que a lei estabeleça normas cívicas e restrinja certos comportamentos. Veja Richard J. Mouw e Sander Griffioen, *Pluralisms and horizons: an essay in Christian public Philosophy* (Grand Rapids: Eerdmans, 1993), p. 13-8.

Justiça pública: Ideologias

liberdade religiosa para defender publicamente caminhos para uma ordem pública mais justa, vivificante e que honre a Deus.

Como seria essa ordem pública justa e vivificante? Baseados em Calvino e Althusius, Abraham Kuyper e sua descendência reformacional sustentaram que Deus criou os seres humanos para compor diversas formas de vida social (famílias, escolas, empresas, laboratórios, coletivos artísticos etc.). Essas diversas esferas sociais não podem ser reduzidas umas às outras. Cada esfera tem seu próprio propósito único e o chamado singular que Deus lhe deu.[19] Essas esferas glorificam a Deus e servem ao bem comum de suas próprias maneiras. Numa analogia espacial, cada esfera social tem sua circunferência (certos limites para sua jurisdição) e seu próprio centro (sua razão única para existir). A arte existe para alcançar a excelência estética. A ciência existe para obter conhecimento sobre o mundo natural. A igreja existe para orientar o coração humano para Deus. Assim, cada esfera da cultura desempenha um papel único e vital na consecução do bem público.

Qual é o papel do Estado nessa ordem pública? De acordo com Kuyper, o Estado existe para (1) proteger as esferas, para que não dominem umas às outras; (2) proteger os fracos, dentro das respectivas esferas, de serem dominados; e (3) assegurar a interação e a comunicação entre as esferas. O Estado não tem autoridade para definir ou direcionar essas esferas no caminho que devem seguir. O Estado guarda a circunferência de cada esfera, mas não determina seu centro. Isso é responsabilidade da própria esfera. A família, o conselho universitário, o sindicato dos padeiros e os membros do clube de futebol — todas essas esferas determinam seus próprios fins e meios. Segundo a convicção última da soberania das esferas, é melhor para a ordem pública quando o Estado entende que não foi ele quem criou a vida social; em vez disso, o Estado está sob a direção de Deus para humildemente

---

[19] Abraham Kuyper, "Sphere Sovereignty [1880]", in: *Abraham Kuyper: A centennial reader*, org. James D. Bratt (Grand Rapids: Eerdmans, 1998), p. 463-90.

administrar e proteger a vida social dentro dos limites da responsabilidade que Deus lhe deu.

PACIÊNCIA ATIVA: OS HÁBITOS DE UM CORAÇÃO REFORMADO

A teologia política reformacional surgiu da convicção de que somente Deus é soberano e de que a Palavra de Deus fala com verdade pública para todas as áreas da vida humana. Sobre esse fundamento, repousam os "hábitos do coração" de caráter político que descrevemos: a criação é boa, mas não é o bem supremo, e nossa esperança do reino terrestre vindouro de Cristo motiva nossa vida, no espaço público, para fins específicos. Esses hábitos do coração lembram que trabalhar pelo bem público é uma questão de fidelidade, não de vitória. As vitórias políticas virão, assim como as derrotas. Mas ainda não é o fim. Neste "tempo entre tempos", Deus não nos chamou nem para a vitória nem para a derrota, mas para a obediência. No final, Cristo se sentará no trono. Sua visão política prevalecerá. Podemos ser encorajados a ver quantos de nossos esforços políticos ele ressuscita, para que se tornem algo glorioso e duradouro no novo reino. Mas, quanto a hoje, trabalhemos com fidelidade pelo bem do presente e com os olhos voltados para a esperança do amanhã.

> **Bruce Riley Ashford** (PhD, Southeastern Baptist Theological Seminary) é professor de Teologia e Cultura no Southeastern Baptist Theological Seminary. Ele é autor de oito livros, incluindo *The doctrine of creation: a constructive Kuyperian approach* (InterVarsity Academic, 2020), em coautoria com Craig Bartholomew; e *The gospel of our King* (Baker Academic, 2019). Como teólogo público reformado, ele tem atuado como pesquisador no Kirby Laing Institute for Ethics (Cambridge, Reino Unido) e com a Ethics and Religious Liberty Commission (Nashville).

Dennis Greeson é diretor associado do BibleMesh Institute e instrutor adjunto na School of Theology and Missions na Union University em Jackson, Tennessee, e na Southeastern Baptist Theological Seminary, em Wake Forest, na Carolina do Norte. Ele é candidato ao programa de PhD em Teologia Sistemática no Southeastern Baptist Theological Seminary. Sua pesquisa explora a relação entre a doutrina da providência divina, a ética e a teologia política e social kuyperiana e a missão cultural da igreja.

POPULISMO

10 POLÍTICA DO PODER NAS FILIPINAS:
uma resposta reformada ao populismo e à violência de Duterte[1]

Romel Regalado Bagares

Disparada à queima-roupa, a bala atingiu direto o peito. Efren Morillo, um homem franzino de 29 anos de idade, levantou a camisa e me mostrou a cicatriz. Respirar, diz ele, ainda é difícil. Como advogado de direitos humanos, entrevistei Morillo dentro de um esconderijo pertencente à Comissão Filipina de Direitos Humanos.[2] Lá, ele me contou a história de como havia sobrevivido a uma execução sumária, que matou quatro de seus amigos. Quem eram os carrascos? Seu próprio governo, a Polícia Nacional das Filipinas (PNP).

---

[1] Sou grato a James W. Skillen e a Daniel Stoddard por seus comentários sobre uma versão anterior deste capítulo. Agradeço também a Roy A. Clouser por sugerir a referência a Deuteronômio 29:29, durante uma troca de e-mail sobre um assunto relacionado, que serviu de muita inspiração para este trabalho. Matthew Kaemingk merece reconhecimento especial por editar pacientemente este capítulo ao longo de vários esboços e por sugerir a obra de John Witte Jr. sobre Johannes Althusius como um recurso adicional. Estou profundamente honrado em contribuir para este *Festschrift* para o filósofo-teólogo Richard J. Mouw, que, com Sander Griffioen, foi coautor de *Pluralisms and horizons: an essay in Christian public Philosophy* (Grand Rapids: Eerdmans, 1993); Griffioen me ensinou essa abordagem e me ajudou a moldar minha própria visão de fé e vida pública.

[2] Este relato é baseado em uma entrevista traduzida para o inglês, que foi feita originalmente em filipino, a língua nacional das Filipinas, em outubro de 2016. A entrevista serviu de base para o depoimento sob juramento mencionado na nota 3. Um parente de Efren Morillo procurou ajuda de uma obra missionária evangélica urbana voltada para pobres nas favelas, que, por sua vez, me encaminhou o assunto. Naquela época, eu era diretor executivo do Center for International Law — Philippines, uma organização sem fins lucrativos envolvida em defesa, treinamento e litígio estratégico pelo Estado de Direito.

Segundo relatórios da polícia, Efren e seus amigos eram traficantes de drogas que se envolveram em uma troca de tiros com os policiais. As alegações da polícia, no entanto, foram amplamente desmentidas por provas periciais da cena do crime, por depoimentos das famílias das vítimas, por contradições no relatório da PNP e pelo simples fato de que os quatro homens que morreram ganhavam a vida trabalhando como *basureros* (catadores de lixo) em um lixão próximo.

Os jovens estavam jogando sinuca, nas favelas de Payatas, em Quezon City. A polícia de repente invadiu o complexo onde eles estavam jogando, trancou o local e atirou nas vítimas, uma a uma, ao estilo de uma execução. Morillo testemunhou mais tarde: "Caí no chão e senti uma sensação de queimação no peito, mas não perdi a consciência".[3] Efren conseguiu sobreviver ao ataque fingindo-se de morto. Mas seus amigos Marcelo Daa Jr., Raffy Gabo, Anthony Comendo e Jessie Cule morreram instantaneamente. Infelizmente, esta história não é a única.

CRISE FABRICADA

Esses jovens foram vítimas de uma guerra às drogas, generalizada e letal, que foi lançada por um presidente populista de discurso agressivo e ameaçador, Rodrigo Roa Duterte. Antes de sua presidência (2016-2022), Duterte governou a cidade de Davao, no sul das Filipinas, com mão de ferro por quase três décadas. Como prefeito, ele ganhou notoriedade nacional como o suposto cérebro por trás do *Davao Death Squad* (DDS, Esquadrão da Morte de Davao). O DDS era um obscuro grupo de vigilância supostamente responsável por matar centenas

---

[3] Depoimento sob juramento feito em 5 de maio de 2017, submetido à Comissão de Direitos Humanos bipartidária Tom Lantos do Congresso dos Estados Unidos. O autor ajudou a preparar o depoimento com base na primeira entrevista com Morillo, feita na Comissão Filipina de Direitos Humanos, em outubro de 2016. Detalhes das audiências da Comissão Tom Lantos sobre as consequências da guerra às drogas de Duterte, bem como cópias do depoimento em filipino e em inglês, podem ser acessados em https://humanrightscommission.house.gov/sites/humanrightscommission.house.gov/files/documents/Statement %20of %20Efren%20Morillo%20-%20US%20Congress.pdf.

de pequenos criminosos e crianças de rua, em um esforço para reduzir as taxas de criminalidade.[4]

Desde o início, Duterte criou o hábito de explorar o descontentamento do povo com as drogas, o crime e as falhas do governo democrático liberal para gerar vantagens políticas para si. Através de um populismo nacionalista voraz, ele projetou uma imagem política forte de um homem com uma vontade política decisiva.[5] Sua campanha presidencial cultivou essa imagem, por meio da manipulação sofisticada de eleitores filipinos pelo Facebook e da controversa firma de consultoria política, a Cambridge Analytica.[6]

A plataforma de Duterte tinha um foco simples e singular: o tráfico de drogas está matando as Filipinas e somente ele poderia ressuscitar o país. Usando as duras táticas anticrime que havia empregado enquanto prefeito, Duterte prometeu destruir o tráfico de drogas no país em seis meses. Sua campanha de 2016 foi um divisor de águas na história política das Filipinas. Duterte ganhou a eleição com uma retórica que tinha um nível de vulgaridade e violência nunca antes vista. Os filipinos queriam salvação, e a retórica de Duterte, dotada de uma força nacionalista feroz, prometia dar isso ao povo. Os filipinos ansiavam por lei e ordem. E, como diz o ditado, Duterte seria o juiz, o júri e o carrasco.

---

[4] "You Can Die Anytime: Death Squad Killings in Mindanao", *Human Rights Watch Report*, April 6, 2009, https://www.hrw.org /report/2009/04/06/you-can-die-any-time/death-squad-killings-mindanao.

[5] Veja Walden Bello, "Duterte's Revolt against Liberal Democracy", *Global Dialogue* 7, n. 2 (Maio, 2017), https://globaldialogue.isa-sociology.org/dutertes-revolt-against-liberal-democracy; Bonn Juego, "The Philippines 2017: Duterte-Led Authoritarian Populism and Its Liberal-Democratic Roots", *Journal of the Italian Think Tank on Asia* 28 (2017):129.

[6] David Gilbert, "Cambridge Analytica's Tools Turned 'Kind' Duterte into a 'No-Nonsense' Strongman", *Vice News*, 5 de abril de 2018, https://www.vice.com/enus/article/xw7vyw/cambridge-analytica-duterte-strongman-2016. Aparentemente, sua imagem de "Dirty Harry" como prefeito da cidade foi originalmente uma séria preocupação para a equipe de campanha de Duterte, que, por outro lado, queria retratá-lo com uma imagem mais paternalista. Os dados fornecidos pela Cambridge Analytica os convenceram de que suas raízes políticas de homem forte eram o caminho a seguir.

Justiça pública: Populismo

UMA RESPOSTA REFORMADA AO POPULISMO E À POLÍTICA DO PODER

A filosofia política reformada baseia-se na crença de que toda a criação e toda a cultura humana, incluindo a política e a estadística, são *normatizadas* somente por Deus. Deus é o autor das leis da criação e das normas de justiça — não o Estado, nem um único líder. A *política normativa*, portanto, procura discernir, reconhecer, submeter-se, divulgar, desenvolver e respeitar as leis e os limites de Deus. A estadística normativa é marcada pelo desejo submisso e respeitoso dos líderes de conduzir sua liderança política com humildade, sob as supremas lei, soberania e justiça de Deus.

Neste capítulo, espero poder servir aos cristãos nas Filipinas (e ao redor do mundo) que estão lutando com a crescente influência global do populismo e da política do poder. Espero demonstrar como a teoria política reformada não apenas pode resistir ao fascínio da política do poder, mas também pode apontar um novo caminho adiante para a participação política cristã. Minha tarefa, portanto, é crítica e construtiva. Aqui traço uma crítica reformada ao populismo e à política do poder de Duterte. Também aponto para uma forma de fazer política que é mais humilde, normatizada e vivificante, a qual encontrei dentro da tradição reformada.

Este capítulo, embora breve, tem a pretensão de ter sido escrito com o mesmo espírito humilde de Moisés, o primeiro mordomo da lei divina. Ele declarou: "As coisas encobertas pertencem ao Senhor nosso Deus, mas as reveladas pertencem a nós e a nossos filhos para sempre, para que cumpramos todas as palavras desta lei" (Dt 29:29). Essas palavras nos lembram o perigo de pretensiosamente atribuir a vontade de Deus a qualquer político ou movimento político, contrariando as normas bíblicas que limitam o poder do Estado e direcionam nossa cidadania. Não é possível delinear aqui toda a política normativa, mas podemos começar a apontar um caminho adiante.

O ungido de Deus ou o castigo de Deus?

Os assassinatos brutais começaram logo no primeiro dia do mandato de Duterte. As favelas ao redor de Manila, uma metrópole com treze milhões de habitantes, foram as primeiras a serem atingidas. Duterte propositalmente comparou sua campanha violenta contra viciados em drogas às infames campanhas de extermínio de Hitler. Como Hitler, Duterte ficaria "feliz" em limpar o país de sua existência.[7]

Lamentavelmente, nem a retórica de Duterte nem suas ações parecem incomodar a nação majoritariamente cristã de cem milhões de habitantes. Agora, após quatro anos de mandato, ele continua a desfrutar de um apoio sem precedentes das alas católica e protestante, tanto por parte do clero quanto dos leigos.[8] Duterte conta com amplo apoio cristão das megaigrejas da região metropolitana de Manila, e até mesmo das congregações em ruínas das favelas, onde os assassinatos sistemáticos comandados por ele continuam inabaláveis. Após quatro anos no cargo, Duterte admitiu publicamente que sua violenta campanha antidrogas fracassou, mas ainda assim seu apoio entre os líderes cristãos continua forte.[9]

A popularidade de Duterte entre os cristãos causa perplexidade por uma ampla série de razões. Ele é um mulherengo confesso.

---

[7] "Philippines: Duterte Threatens Human Rights Community", *Human Rights Watch Report*, 17 de agosto de 2017, https://www.hrw.org/news/2017/08/17/philippines-duterte-threatens-human-rights-community.

[8] Uso o termo "evangélico" aqui de modo a abranger uma ampla gama de igrejas protestantes cujos fiéis se identificam como "nascidos de novo", como as que estão sob o guarda-chuva do Conselho Filipino de Igrejas Evangélicas (PCEC, em inglês), bem como igrejas independentes que, no entanto, dão a mesma ênfase à conversão pessoal e estão dentro da estrutura abrangente do protestantismo ortodoxo.

[9] Jeoffrey Maitem, "Philippine Drug War Deaths Pile Up as Duterte Admits Losing Control", *South China Morning Post*, 19 de junho de 2019, https://www.scmp.com/news/asia/southeast-asia/article/3015255/philippine-drug-war-deaths-pile-duterte-admits-losing.

Atualmente, está vivendo com uma mulher que não é sua esposa. Duterte admitiu repetidamente ter matado suspeitos quando foi prefeito.[10] Ele amaldiçoou Deus publicamente, chamando-o de "estúpido" por criar o céu e o inferno.[11] Duterte disse com a maior frieza para os policiais "matarem seus bispos [católicos]" quando estes criticarem o governo. E não vê nada de mais em fazer piadas sobre estupro.[12] Inexplicavelmente, nenhuma dessas coisas parece incomodar os líderes evangélicos que o apoiam. Em vez disso, eles arrumam todo tipo de desculpas para as declarações ultrajantes de Duterte.

Os sociólogos filipinos Jayeel Cornelio e Erron Media entrevistaram líderes religiosos, na tentativa de entender esse fenômeno religioso. Eles falaram com um pastor batista, identificado como "pastor Julius". Ele está à frente de uma igreja no bairro onde Efren Morillo e seus amigos foram atacados pela polícia. O pastor Julius disse que não importa o que os filipinos pensem do caráter de Duterte, Deus claramente o escolheu e o ungiu para liderar as Filipinas.[13] Além disso, se os filipinos realmente acreditam que Deus está no controle, eles precisam aceitar a eleição de Duterte (e sua guerra às drogas) como uma punição pelos pecados da nação.[14] O pastor concluiu que "Deus precisava nomear Duterte para que os filipinos se arrependessem".[15] Refletindo sobre a conversa, os sociólogos observaram que, para o pastor Julius,

---

[10] "Philippines' Duterte Admits Personally Killing Suspects", *BBC News*, 14 de dezembro de 2016, https://www.bbc.com/news/world-38311655.

[11] Emily Schultheis, "Duterte vs. God", *Foreign Policy*, July 15, 2018, https://foreignpolicy.com/2018/07/15/duterte-versus-god-philippine-president-fights-catholic-church/.

[12] Siobhán O'Grady, "Most of the Philippines Is Catholic — and Duterte Said Catholic Bishops Should Be Killed", *Washington Post*, 7 de dezembro de 2018, https://www.washingtonpost.com/world/2018/12/06/most-philippines-is-catholic-duterte-said-catholic-bishops-should-be-killed/.

[13] Paterno R. Esmaquel II, "Why Filipinos Believe Duterte Was 'Appointed by God'", *Rappler*, 27 de junho de 2019, https://www.rappler.com/newsbreak/in-depth/234115-why-filipinos-believe-duterte-appointed-by-god, citado in Jayeel Cornelio e Erron Medina, "Christianity and Duterte's War on Drugs in the Philippines", *Journal of Politics, Religion, and Ideology* 20, n. 2 (2019): p. 159-61.

[14] Esmaquel, "Why Filipinos Believe Duterte".

[15] Esmaquel, "Why Filipinos Believe Duterte".

"a eleição de Duterte é a maneira de Deus testar a fé dos filipinos".[16] Para muitos evangélicos filipinos, tudo isso se encaixa com uma leitura rígida de Romanos 13, o qual ordena que os cidadãos cristãos se submetam e apoiem os líderes do governo — sem questionar.

Esses evangélicos se referem a Duterte como "*Tatay Digong*", um conhecido termo carinhoso de submissão. O rótulo enquadra o presidente como o amado "pai" da nação. Como *Digong*, ele é o patriarca da nação, a personificação da lei e da verdade, o líder da família nacional. Ir contra *Tatay Digong* é ir contra a família de Deus — e contra o próprio Deus.[17]

O testemunho de Efren Morillo ilustra o poder desse coquetel político composto por devoção a *Tatay Digong*, populismo, política do poder e uma teologia política cristã de submissão. O governo executou os amigos de Morillo, bem na frente dele. E ainda assim — sentado lá em local não revelado — ele ainda hesitava em culpar *Tatay Digong* e sua guerra às drogas por esses assassinatos. O pai da nação é o ungido de Deus ou o castigo de Deus. De uma forma ou de outra, seu poder, suas políticas e suas execuções vêm de Deus. Apesar de ter um buraco de bala no peito, Morillo lutava para se libertar dessa lógica.

Estrutura e direção da estadística normativa[18]

Como os cidadãos cristãos sensatos podem responder às alegações de que Duterte é o ungido de Deus ou o castigo de Deus? Como eles podem responder à alegação de que ele é o pai da família nacional — a personificação da lei e da verdade filipinas?

A teologia reformada começa com uma simples confissão que tem amplas consequências para a vida política. "Do Senhor é a terra e tudo

---

[16] Esmaquel, "Why Filipinos Believe Duterte".

[17] Os autores do estudo também explicam isso in Jayeel Cornelio e Erron Medina, "Duterte's Enduring Popularity Is Not Just a Political Choice — It Is Also Religious", *New Mandala*, 3 de setembro de 2018, https://www.newmandala.org/dutertes-enduring-popularity-not-just-political-choice-also-religious/.

[18] "Estadística normativa" é um termo que tomo emprestado de James W. Skillen, *With or against the world? America's role among the nations* (Lanham: Rowman & Littlefield, 2005), p. 140.

Justiça pública: Populismo

o que nela há, o mundo e todos os que nele vivem" (Sl 24:1). Na linguagem do Credo de Niceia, somente Deus é o "Criador do céu e da terra". Somente Deus escreveu a lei normativa para a criação e para a comunidade humana. Cada área da sociedade, incluindo a estadística ou arte de governar, repousa sob a lei e o julgamento soberanos de Deus.[19] Em suma, a soberania infinita do poder e da lei de Deus relativiza a soberania finita do poder e da lei do Estado.

Embora a soberania de Deus justamente humilhe líderes e instituições humanas, ela também os exaltará. As comunidades sociais e políticas nunca são meras construções humanas. Elas possuem tarefas e responsabilidades que lhes são concedidas por Deus. A política, por exemplo, é um chamado sagrado a ser exercido de acordo com um *telos* ordenado por Deus.[20] O Estado é uma comunidade jurídica pública: o governo é chamado por Deus para estabelecer a justiça pública. O Estado tem uma vocação sagrada, a responsabilidade de criar um espaço público seguro e justo para a liberdade e a prosperidade dos seres humanos, para o comércio e os meios de comunicações.

De acordo com o imaginário político reformado, existem *estruturas* ordenadas por Deus[21] para a vida política que devem sempre estar voltadas na *direção* da justiça pública ordenada por Deus. Por causa do pecado humano, infelizmente, essas estruturas políticas tornam-se distorcidas e se afastaram da justiça pública.[22] Além disso, por causa do pecado humano, os atores políticos nem sempre serão capazes de discernir ou de concordar quanto à estrutura e à direção adequadas da vida política. A política humana, conduzida fora do Éden, sempre envolverá desacordo político. Causada pelo pecado, nossa cegueira em relação à perfeita vontade política de Deus exigirá uma dose salutar de humildade política.

---

[19] Albert Wolters, *Creation regained: biblical basics for a Reformational worldview*, 2. ed. (Grand Rapids: Eerdmans, 2005), p. 25.

[20] Abraham Kuyper, "Sphere Sovereignty [1880]", in: *Abraham Kuyper: A centennial reader*, org. James D. Bratt (Grand Rapids: Eerdmans, 1998), p. 463-90.

[21] Wolters, *Creation regained*, p. 24-6, 26n18.

[22] Wolters, *Creation regained*, p. 59-62.

Teologia pública reformada

Johannes Althusius, calvinista alemão do século 17, foi um dos principais teóricos políticos e juristas de sua época.[23] Althusius pode perfeitamente ser o primeiro teórico político europeu a rejeitar uma abordagem universalista do Estado em favor de uma abordagem associativa ou pluralista. Até Althusius, o imaginário político europeu via grosso modo as diversas associações e comunidades sociais (famílias, tribos, igrejas, aldeias, guildas artesanais etc.) como meras partes do todo maior do Estado.[24] Essas comunidades eram todas membros do mesmo corpo político — o corpo do rei. O rei e seu reino englobavam todas essas diversas associações por direito divino. O que era bom para o rei era bom para essas associações. Elas eram todas um só corpo, que tinha o rei como cabeça.[25]

Embora Althusius pensasse que os governos locais e provinciais pertenciam ao corpo político, ele começou a argumentar que "nem toda entidade social" fazia "parte do Estado". Essa percepção crucial surgiu quando Althusius percebeu e começou a defender que havia diferentes "princípios estruturais que governavam as distintas coletividades sociais".[26] Famílias, guildas de artesãos e igrejas, por exemplo, buscam bens que lhes são próprios e distintos. Esses bens diversos são todos singulares, não sendo ditados pelo Estado. São dádivas de Deus.

Essa percepção associativa teve implicações importantes para o futuro da estadística reformada. De repente, leis peculiares (*leges propriae*) que regessem a maneira como essas "associações particulares são administradas" deveriam ser escritas e executadas não por decreto real, mas com atenção cuidadosa à natureza distinta de cada comunidade.[27]

---

[23] John Witte Jr., *The Reformation of rights: law, religion and rights in early Calvinism* (Cambridge: Cambridge University Press, 2007), p. 150-1.

[24] D. F. M. Strauss, *Philosophy: discipline of disciplines* (Grand Rapids: Paideia, 2009), p. 532. Veja também Witte, *Reformation of rights*, p. 181-4, 187-96.

[25] Veja Ernst Kantorowicz, *The king's two bodies: a study in Medieval political theology* (Princeton: Princeton University Press, 2016), p. 25.

[26] Strauss, *Philosophy*, p. 533n23.

[27] Strauss observa que essa ideia foi explorada posteriormente pelo político holandês, Guillaume Groen van Prinsterer, e por seu sucessor, Abraham Kuyper. Veja Strauss, *Philosophy*, p. 533n23.

Justiça pública: Populismo

Sob esse princípio, a lei e a justiça divinas, em última análise, não procedem de um rei, mas de uma forma cuidadosa de atenção política exercida pelo povo de Deus e pelas diversas comunidades que os unem. Os governantes deste mundo, incluindo Duterte, estão sujeitos a Deus e devem ser avaliados em relação à ordem social complexa e normativa de Deus. Deus deu a essas diversas comunidades direitos, liberdades e leis – e a todos eles o rei deve respeitar, honrar e observar.

Duterte alegava que somente ele tinha poder e competência para resolver a crise das drogas nas Filipinas. Somente ele seria o juiz, o júri e o executor da guerra às drogas. Duterte afirma, assim, que é soberano. Seu alcance e sua competência não têm limites. Nessa visão, Duterte é a própria pessoa do Estado. Uma resposta althusiana argumentaria que famílias, hospitais, igrejas, organizações sem fins lucrativos, escolas e governos locais nas Filipinas têm competência, responsabilidade, soberania e papéis a desempenhar na solução da crise das drogas que assola o país. Além disso, essas comunidades não existem para servir nem para empoderar Duterte. Nem devem obedecer cegamente às suas ordens. Elas têm seus próprios fins, que nada têm a ver com Duterte ou com o Estado.

Uma resposta althusiana à crise das drogas nas Filipinas não será simples. Será tão complexa quanto o próprio problema e exigirá os recursos associativos complexos do país como um todo. Não será encarnada apenas pelo Estado ou pelo líder. Será manifestada em muitas e diversas comunidades, vocações e associações da própria nação. Uma resposta althusiana respeitará, honrará e conclamará filipinos de todas as esferas da vida para responderem à crise. Ela convocará todas as famílias, médicos, igrejas, empresas, advogados e organizações voluntárias das Filipinas a trazerem seus diversos dons e vocações para enfrentar o problema. É claro que envolverá a polícia, mas esse problema social complexo não pode ser reduzido, em última análise, a uma mera questão de criminalidade. Por fim, a crise das drogas é uma realidade *internacional*. Os cartéis de drogas são como empresas multinacionais.

209

Nenhum Estado e nenhum líder podem resolver essa crise sozinhos. As Filipinas, portanto, precisam da cooperação de Estados estrangeiros e de organizações governamentais regionais e internacionais.

Johannes Althusius denunciaria, com razão, a atitude arrogante de Duterte em relação à Constituição filipina e ao Estado de Direito. Ele a rotularia como tirania.[28] O chamado bíblico para obedecer a governantes divinamente ordenados *pressupõe* que esses líderes sejam legítimos representantes de Deus. Althusius defende, porém, que, quando ofendem a Deus e desafiam abertamente sua lei, os líderes perdem sua legitimidade política, tornando-se cidadãos comuns sujeitos aos direitos naturais da legítima defesa.[29] Neste caso, as pessoas têm o direito de se defender contra cidadãos comuns que as ataquem.[30]

Se a política é uma responsabilidade normatizada e limitada por Deus, os cidadãos cristãos devem se opor e resistir a qualquer político que afirme que somente ele tem arbítrio irrestrito de dizer quem é amigo e quem é inimigo; o que é lei e o que não é; quando há um estado de emergência e quando há um estado normal de assuntos políticos; ou algo ainda pior: quem é humano e quem não é.[31] Duterte violou cada uma dessas normas políticas básicas.

O "INTERESSE PÚBLICO" COMO UM CHEQUE EM BRANCO

Uma estratégia legal crucial adotada pelo governo de Duterte é alegar, apesar das evidências em contrário, que as mortes brutais nas operações

---

[28] Witte, *Reformation of rights*, p. 200n23.

[29] Witte, *Reformation of rights*, p. 200n23.

[30] Althusius é célebre por sua ideia de que um tirano é um magistrado que agiu de forma ilegal e não natural (*contra legem et naturam*), em violação aos deveres contratuais e pactuais jurados diante de Deus e do povo. Para violações sistêmicas, Althusius admitia "sanções, restrições ou remoção dos magistrados infratores, até mesmo uma reforma revolucionária do governo como um todo". Witte, *Reformation of rights*, p. 200n22.

[31] Veja uma política de poder decisionista teorizada em Carl Schmitt, *Political Theology: four chapters on the concept of sovereignty*, org. e trad. George Schwab (Chicago: University of Chicago Press, 2005), p. 5-6, 13.

policiais são todas atos de legítima defesa.[32] Assim tipificadas, essas mortes são rotuladas como "mortes sob investigação" em oposição a "assassinatos extralegais". Esse enquadramento legal permite que a polícia alegue que esses assassinatos encontram-se fora da alçada de exame público e jurídico.[33]

Duterte combina essa estratégia jurídica com uma estratégia retórica igualmente abominável. Na mídia, ele e seu governo argumentam regularmente que os suspeitos ligados às drogas "não são humanos". Em vez disso, sugere que esses seres subumanos são irredimíveis e incorrigíveis. Assim rotulados, eles merecem morrer.[34] Assim rotulados, eles estão marcados para o extermínio.[35]

No momento da redação deste artigo, quase 6 mil pessoas haviam sido oficialmente mortas nas operações antidrogas de Duterte.[36] O governo alega que cada uma delas foi morta licitamente pela polícia, em um ato de legítima defesa. Mas esses são apenas os números oficiais da polícia. Milhares mais estão desaparecidas, cujas mortes não foram contabilizadas. Grupos de direitos humanos estimam que a guerra às drogas do senhor Duterte matou mais de 30 mil pessoas.[37]

---

[32] "5,000 'Nanlaban' Killings, Zero Records? Rights Group Blasts Slays without Probes", *ABS-CBN News*, 19 de março de 2019, https://news.abs-cbn.com/news/03/19/19/5000-nanlaban-killings-zero-records-rights-group-blasts-slays-without-probes.

[33] Emmanuel Tupas, "29,000 Deaths Probed since Drug War Launched", *Philippine Star*, 6 de março de 2019, https://www.philstar.com/nation/2019/03/06/1898959/29000-deaths-probed-drug-war-launched.

[34] "Criminals Are Not Human: Philippine Justice Minister", *The Straits Times*, 2 de fevereiro de 2017, https://www.straitstimes.com/asia/se-asia/criminals-are-not-human-philippine-justice-minister.

[35] Em outras palavras, "toda a existência do *homo sacer* se reduz a uma vida parca e desprovida de todo direito, em virtude do fato de que qualquer um pode matá-lo sem cometer homicídio". Giorgio Agamben, *Homo sacer: sovereign power and bare life*, trad. Daniel Heller-Roazen (Stanford: Stanford University Press, 1998), p. 103. No entanto, contra Agamben, que em última análise classifica o Estado como violência pura desde a origem, este presente capítulo ecoa a confissão cristã da virtude e da normatividade do Estado dentro da economia divina.

[36] Romina Cabrera, "PNP: Official Death Toll from Drug War at 5,526", *Philippine Star*, 19 de julho de 2019, https://www.philstar.com/headlines/2019/07/19/1936032/pnp-official-death-toll-drug-war-5526.

[37] Sheila Coronel, Mariel Padilla, David Mora e Stabile Center for Investigative Journalism, "The Unaccounted Dead of Duterte's Drug War", *The Atlantic*, 19 de agosto

A guerra às drogas de Duterte é uma perversão abominável do poder policial e uma rejeição das normas criacionais e bíblicas que regem seu cargo. No entanto, para Duterte e seus apoiadores, esses assassinatos são necessários e até mesmo desejáveis, em nome do "interesse público".

Herman Dooyeweerd, filósofo reformado do século 20, foi professor de direito e filosofia jurídica na Vrije Universiteit Amsterdam. Um dos aspectos que sua obra filosófica explora é como a linguagem do "interesse público" é frequentemente manipulada por reis, imperadores, ditadores (e pelos filósofos que os apoiam) para servir a seus próprios caprichos políticos.

Dooyeweerd argumenta que, em nome do interesse público, Platão, Aristóteles e Johann Fichte negaram os direitos dos pais sobre os filhos e apoiaram o controle estatal sobre seus cuidados e educação.[38] Em nome do interesse público, Platão procurou abolir a propriedade privada. Em nome do interesse público, Rousseau se referiu a diversas instituições sociais, comunidades e associações livres como um potencial impedimento ao poder estatal e ao bem comum.[39] Dooyeweerd assim explica: "O lema do interesse público foi o instrumento para a destruição das liberdades mais firmemente consolidadas, pois carecia de qualquer delimitação jurídica. A terrível ameaça do Leviatã é audível nesta palavra [interesse público], desde que seja usada em um sentido juridicamente indefinido. As teorias políticas universalistas somente podiam conceber a relação entre o Estado e as estruturas sociais não políticas segundo o esquema do todo e de suas partes. Por isso não puderam delimitar a ideia de 'público'".[40] Sem uma compreensão

---

de 2019, https://www.theatlantic.com/international/archive/2019/08/philippines-dead-rodrigo-duterte drug war/595978/. O governo Duterte questiona esse número de 30 mil mortos.

[38] Herman Dooyeweerd, *The structures of individuality of temporal reality*, v. 3 de *A new critique of theoretical thought*, trads. David H. Freeman e H. De Jongste (Jordan Station: Paideia, 1984; reimpr., Lewistown: Mellon, 1997), p. 442-3.

[39] Dooyeweerd, *Structures of individuality*, p. 442-3.

[40] Dooyeweerd, *Structures of individuality*, p. 443.

Justiça pública: Populismo

clara dos limites normativos inerentes ao Estado, políticos e cidadãos estão em constante perigo de permitir excessos estatais. Apelos vagos a expressões políticas de efeito, como interesse público, bem comum, direitos humanos, igualdade e segurança nacional, podem ser usados para expandir a capacidade do Estado de esmagar a oposição. O apoio dos evangélicos a Duterte repousa em parte em sua trágica incapacidade de reconhecerem e defenderem os limites e as fronteiras normativas do Estado, ambos ordenados por Deus.

NACIONALISMO E DIREITO INTERNACIONAL

O regime de Duterte tem resistido consistentemente aos mecanismos internacionais de responsabilização legal. Ele retirou a participação filipina no Tribunal Penal Internacional (TPI), depois que este anunciou que faria uma investigação preliminar sobre a legalidade de sua guerra às drogas.[41] Ele empregou retórica do populismo, do patriotismo e da soberania nacional contra o TPI e o direito internacional.[42] Duterte chegou a ameaçar ativistas internacionais de direitos humanos[43] e funcionários da ONU com todo tipo de ameaça por exigirem responsabilização legal.[44]

Dentro de uma abordagem reformada da estadística, a justiça pública no âmbito internacional é responsabilidade compartilhada de todos os Estados que governam sob o reinado de Deus. O chamado

---

[41] "Declaração da Procuradora do Tribunal Penal Internacional, [Sra.] Fatou Bensouda, sobre a abertura de exames preliminares sobre a situação nas Filipinas e na Venezuela", Gabinete da Procuradoria do TPI, 8 de fevereiro de 2018, https://www.icc–cpi.int/Pages/item.aspx?name=180208-otp-stat.

[42] O Departamento de Relações Exteriores, "PH Oficialmente Notifica a ONU da Decisão de Retirar-se do TPI", Declaração de Imprensa do DFA, 16 de março de 2018, https://dfa.gov.ph/dfa-news/dfa-releasesupdate/15975-ph-officially-serves-notice-to-un-of-decision-to-withdraw-from-icc.

[43] "Filipinas: Duterte ameaça a comunidade de direitos humanos."

[44] Aljazeera, "Duterte ataca funcionários de direitos, Callamard e Bensouda", Aljazeera, 9 de março de 2018, https://www.aljazeera.com/news /2018/03/duterte-attacks-rights-officials-callamard-bensouda-180309091927105.html.

de Deus para a lei e a justiça é de alcance *internacional*. Portanto, não deveria ser surpresa que, durante o século passado, os estudiosos reformados da área de relações internacionais tenham dado um apoio especial ao desenvolvimento de um sistema jurídico internacional.[45] Evidentemente, os apelos reformados em prol de um direito internacional não envolvem o estabelecimento de um governo mundial totalizante. No lugar disso, eles pedem por um sistema jurídico internacional que forneça suporte quando Estados independentes se depararem com uma falha total em suas responsabilidades na estadística normativa.

Quando é necessária a intervenção jurídica internacional? Que princípios orientariam esse tipo de intervenção? Essas são discussões críticas e complexas na teoria política reformada, que podem ser rastreadas até Abraham Kuyper e João Calvino.[46] Ao apresentar seus argumentos a favor do direito e da intervenção internacional, Kuyper apontou para o próprio João Calvino, que apoiou a criação de uma taxa para financiar a entrada de tropas na França para ajudar os protestantes que estavam sendo perseguidos por líderes católicos.[47] Robert Joustra comenta que a própria abordagem reformada de Kuyper ao "direito internacional [...] tratava de reconhecer as restrições sob as quais o poder, mesmo o grande poder global, opera. As leis entre as nações, então, podem ser pensadas como uma espécie de mordomia funcional

---

[45] Uma recente antologia de ensaios da "escola de Amsterdã" tenta demarcar, pela primeira vez, os limites exatos de uma abordagem reformada às relações internacionais que seja marcada pela tradição kuyperiana-dooyeweerdiana. Veja Govert J. Buijs e Simon Polinder, orgs., *Christian faith, Philosophy and International Relations: The lamb and the wolf* (Leiden: Brill, 2019). Para uma antologia anterior, também amplamente inspirada por essa tradição, veja Jonathan Chaplin e Robert Joustra, orgs., *God and global order: the power of religion in American foreign policy* (Waco: Baylor University Press, 2010). Para um trabalho anterior, extenso como um livro, sobre uma questão específica, veja Robert Joustra, *The religious problem with religious freedom: why foreign policy needs Political Theology* (New York: Routledge, 2018).

[46] Veja Abraham Kuyper, "Calvinism: Source and Stronghold of Our Constitutional Liberties [1874]". in: Bratt, *Abraham Kuyper: a centennial reader*, p. 306.

[47] Kuyper, "Calvinism", citando Jules Bonnet, *Lettres de Calvin*, 2 v. (Paris: Meyreuis, 1854), 1:185; 2:182, 474.

Justiça pública: Populismo

de normas mais profundas, particularmente as normas de Cristo e de seu Rein".[48]

As concepções reformadas de direito internacional e de intervenção internacional, porém, não apoiam o tipo de intervencionismo legal ou militarista grosseiro, que tem atormentado grande parte das relações internacionais contemporâneas.[49] No entanto, quando os Estados falham dramaticamente em cumprir sua tarefa de estadística normativa, a comunidade internacional precisa encontrar maneiras eficazes, inovadoras e não violentas de executar a governança internacional e a responsabilização legal. Essas intervenções não devem enfraquecer os Estados a que procuram servir. Em vez disso, devem procurar edificar e fortalecer as capacidades jurídicas internacionais e domésticas.[50]

---

[48] Robert Joustra, "Globalization and the Kingdom of God: A Christian Perspective on International Relations", *Public Justice Review* 5 (2017), https://cpjustice.org/public/public_justicereview/article/56.

[49] De fato, a intervenção humanitária não é um assunto simples, que dispense reflexão ou justificativa. Como Oliver O'Donovan escreve, no contexto da longeva tradição cristã da guerra justa, "é uma disciplina de deliberação, uma maneira de focar e colocar questões de responsabilidade política para si mesmo e para os outros". Ele continua:

> Pode haver perigos associados ao tipo de intervenção humanitária que tem sido defendida; mas estes precisam ser exaustivamente manifestos, se deles quisermos nos valer para apoiar uma proibição universal que contrarie os instintos humanitários dos povos civilizados. Virar as costas, enquanto uma comunidade vizinha está sendo massacrada, não é uma coisa fácil de se recomendar; e o direito internacional não deve exigi-lo sem que tenha razões tão fortes que pareçam, quando apontadas, moralmente irresistíveis. Certamente, a manutenção de um "regime jurídico um tanto ordenado", baseado na soberania do Estado-nação, não será suficiente. (*The just war revisited* [Cambridge: Cambridge University Press, 2003], p. 16, 29).

Uma variação atual da guerra justa como intervenção humanitária é a doutrina emergente no direito internacional apelidada de "Responsabilidade de Proteger". O princípio propugna que a comunidade internacional tem o dever não apenas de intervir em situações de graves violações de direitos humanos, mas também de realmente impedir que elas aconteçam. Esther D. Reed criticou a aceitação cristã acrítica desse princípio, alertando que qualquer doutrina de intervenção fundada em uma base moral superior universal, cujos proponentes sejam sempre do Norte Global, enquanto aqueles na extremidade receptora sejam sempre do Sul Global, "não é progresso moral, são os negócios geopolíticos de sempre". *Theology for International Law* (London: Bloomsbury T&T Clark, 2013), p. 175-9, 214-5.

[50] Skillen, *With or against the world?*, p. 141n18.

Sob o princípio reformado da "soberania das esferas", a ordem jurídica internacional deve garantir que os Estados hesitantes sejam capazes de responder aos desafios da governança de uma maneira que cultive os direitos e as responsabilidades dos diversos cidadãos, comunidades e associações. Nessa abordagem reformada, o direito internacional funciona de duas maneiras. Limita e humilha Estados arrogantes e autoritários; ao mesmo tempo, honra e fortalece Estados cambaleantes. Da mesma forma, exalta leis e instituições internacionais, ao mesmo tempo que as lembra de respeitar as responsabilidades diferenciadas das várias instituições sociais domésticas, incluindo o Estado.

Esperança em meio ao horror

Embora existam razões para se ter esperança nas Filipinas, Efren Morillo ainda carrega as cicatrizes da provação que enfrentou. Seus amigos ainda estão mortos. A polícia e os políticos responsáveis por esses assassinatos continuam a andar pelas ruas impunemente. A matança continua. A esperança cristã não é e não pode ser surda ou cega aos clamores do povo por justiça.

No entanto, há pequenas vitórias a comemorar. Uma ação judicial pedindo um mandado de amparo (proteção) foi recentemente levada à Suprema Corte das Filipinas. É o primeiro desafio desse tipo à guerra às drogas de Duterte. O ato proporcionou a Efren Morillo e às famílias dos homens assassinados algum alívio do assédio policial.[51] O processo legal serviu de modelo para outra ação jurídica histórica, desta vez em nome da comunidade inteira de uma favela na antiga Manila. Quarenta e cinco vítimas foram mortas nesse bairro específico. Nesse processo judicial, a Suprema Corte exigiu que a polícia

---

[51] O mandado é um procedimento especial elaborado pela Suprema Corte para tratar de ameaças à vida, à liberdade e à e propriedade de qualquer pessoa. Veja Edu Punay, "SC Issues Writ of Amparo on 'Tokhang'". *Philippine Star*, 1º de fevereiro de 2017, https://www.philstar.com/headlines/2017/02/01/1667497/sc-issues-writ-amparo-tokhang.

Justiça pública: Populismo

fornecesse às vítimas todos os registros referentes aos mortos durante a guerra às drogas de Duterte.[52] Essa documentação, uma vez produzida, será de valor inestimável para futuras ações legais.

Somente Deus é o criador, o sustentador, o legislador e o juiz supremo das Filipinas. Essa doutrina cristã básica tem implicações políticas para o lugar de esperança na política filipina. Nenhuma dose de tirania política é capaz de eliminar as exigências normativas de Deus e seu desejo de justiça pública nas Filipinas. Por serem feitos à imagem de Deus, os cidadãos filipinos carregam a lei de Deus gravada em seus corações. Não podemos escapar das exigências de Deus por lei, justiça e igualdade; não podemos apagá-las. Elas assombram nossa vida pública. Só podemos ignorá-las por nossa conta e risco. As normas de Deus são para que a comunidade política chame os cidadãos de volta a seus desígnios para um reino de amor, verdade e justiça. Tiranos mortais vêm e vão, mas a lei o amor imortais de Deus duram para sempre.

O que devemos dizer da submissão da igreja filipina a Rodrigo Roa Duterte? Que resposta podemos oferecer à teologia política de submissão que foi encarnada no apelido *Tatay Digong*? Uma abordagem reformada à política reposiciona qualquer figura política que afirme ter o direito ou haver a necessidade de uma liderança que não preste contas de sua responsabilidade. Nossos compromissos normativos com Deus devem limitar e direcionar nosso comportamento e nossos objetivos no campo da política. A política do poder é antibíblica. A política construída em torno do culto à personalidade está fora dos limites. E, se os massacres inspirados por todo tipo de fervor revolucionário ao longo da história nos ensinaram alguma coisa, é que a *vox populi* (voz do povo) nem sempre reflete a *vox Dei* (voz de Deus).

Nós, que depositamos nossa esperança na providência de Deus, sabemos disto: mesmo quando os poderes do Estado são temporariamente

---

[52] Tetch Torres-Tupas, "Supreme Court Orders Release of All 'Tokhang' Police Reports", *Philippine Daily Inquirer*, 2 de abril de 2019, https://newsinfo.inquirer.net/1102187/supreme-court-orders-release-of-all-tokhang-police-reports#ixzz6HjBTbr1N.

pervertidos por políticos, tais distorções não eliminam nosso chamado político para a ordem normativa e a justiça. O mal político não diminui o chamado da igreja para fazer brilhar uma luz sobre o projeto normativo de Deus em prol da prosperidade humana. Apesar dos sofrimentos atuais, agimos com esperança. Trabalhamos em antecipação ao dia em que o reino de Cristo virá, quando sua justiça e sua misericórdia serão vistas por toda a terra.

Romel Regalado Bagares (MA, Vrije Universiteit) tem formação em direito pela University of the Philippines e é professor visitante de Cristianismo, Política e Sociedade no Asian Theological Seminary (Manila). Como diretor executivo do Center for International Law, ele ajudou a articular, entre muitos outros processos de interesse público, o primeiro desafio legal à guerra contra as drogas do presidente Duterte. Seu projeto de doutorado é sobre a relevância da *Encyclopedia of the Science of Law*, de Herman Dooyeweerd, para o direito internacional.

ATIVISMO

11 REFLEXÕES DE UMA ATIVISTA REFORMADA

Stephanie Summers

Sempre fui uma ativista. Parei de comer carne quando tinha doze anos, por preocupações com a crueldade animal e o meio ambiente. Quando participava de clubes na escola, eu queria impactar mais do que meu campus: minha visão e minha agenda políticas funcionavam em nível local, estadual, nacional e até mesmo global. No ensino médio, organizei um movimento e lutei pela libertação de dissidentes e jornalistas presos em nações estrangeiras. Protestei contra a proliferação de armas nucleares. Li pilhas e pilhas de livros e ensaios sobre uma ampla variedade de questões políticas. Mentores me encorajaram a usar minha voz jovem para falar contra a injustiça, e assim eu fiz — com vigor.

Do mesmo modo que muitos jovens ativistas fazem, eu encarava a maioria das questões segundo os binários de bem e mal, de certo e errado. Aqueles que discordavam de mim eram meus oponentes. A favor ou contra, eu lutava para ganhar. Meus oponentes tinham de perder. Eu me sentia vergonhosamente orgulhosa do poder que conseguia acumular através do recrutamento, organização e luta em defesa de várias questões. Os números importavam; reunir as vozes de mais eleitores era o caminho para a pressão, e a pressão era o caminho para a mudança. Eu vivia constantemente com medo de perder terreno porque, no fim de tudo, eu precisava vencer.

Aos dezesseis anos, um encontro com Jesus mudou tudo. Ele me revelou que essa vida de ativismo estava repleta de ídolos pessoais e políticos. Ansiando por amar a Deus e a meu próximo de todo o coração somente em Cristo, eu vi o ativismo político como uma tentação espiritualmente perigosa e potencialmente idólatra.

No entanto, eu ainda era assombrada por essa sede de justiça inata. Embora eu não tivesse a linguagem teológica para isso, tinha uma vaga sensação de que havia recebido essa sede de justiça de Deus. Incentivada por isso, continuei a protestar, a marchar e a organizar manifestações, mas sempre o fiz com o coração dividido e cheio de ambiguidades. Continuei sendo uma ativista, mas sempre com a ansiedade subjacente de que meu ativismo era, na melhor das hipóteses, um empreendimento espiritualmente duvidoso, algo que Deus meramente tolerava.

O mundo do ativismo político era um bom lugar para cristãos? Muitos dos meus amigos e colegas ativistas não queriam nada com o cristianismo. Eu deveria estar marchando ombro a ombro com eles? A ansiedade e a ambivalência espiritual tornaram-se insustentáveis. Embora não pudesse articular isso, eu ansiava por uma abordagem ao ativismo piedoso que fosse mais coerente e sustentável.

UMA ATIVISTA ENCONTRA UM CALVINISTA

A primeira vez que tive contato com o pensamento político reformado foi por meio do filósofo reformado Jim Skillen, em uma conferência para estudantes universitários. Ele estava dando uma palestra sobre o tema da justiça ao longo das Escrituras.[1] Ele disse que os cidadãos cristãos são chamados a buscar ativamente a justiça e a cultivar comunidades políticas justas. Quando o fazem, glorificam a Deus, que ama a justiça.[2] Meu coração ativista ficou em chamas.

---

[1] Os temas dessa palestra estão contidos em cinco ensaios sobre justiça em James W. Skillen, *Covenant to keep: meditations on the biblical theme of justice* (Grand Rapids: CRC Publications, 2000).

[2] "Guideline on Political Community", Center for Public Justice, https://cpjustice.org/index.php/public/page/content/politicalcommunity.

Após a palestra de Skillen, esperei na fila para conversar com ele e me empolguei ao falar sobre como era encorajador ouvir que cidadania e ativismo são importantes no reino de Deus. Minha torrente de palavras terminou com algo assim: "Sou ativista e você acabou de dizer que Deus quer que sejamos ativistas!". E lembro que Jim, paciente e afirmativo, disse: "Mas me parece que seu ativismo não tem raízes. Você gosta de ler?". E assim começou minha jornada de exploração do mundo da teologia política reformada.

Hoje ainda sou uma ativista apaixonada, mas de um tipo diferente. E é justamente a palavra *diferente* que espero explorar neste capítulo. Atuo como CEO do Centro para Justiça Pública, em Washington, D.C. Somos um *think tank* cristão cuja missão está enraizada na tradição teológica reformada.[3] Colaboramos com acadêmicos, igrejas, organizações sem fins lucrativos, universidades, grupos de defesa e ativismo, bem como fundações, em um amplo esforço cristão para buscar justiça pública nos Estados Unidos.

Minha história de ativismo juvenil é comum. Essa mesma paixão ardente pela justiça queima dentro de muitos jovens cidadãos de hoje. Eles anseiam por justiça racial e ambiental. Eles marcham, defendem e protestam pelos direitos das mulheres, por saúde, educação, oportunidades econômicas e muito mais. Quer acreditem em Deus ou não, eles anseiam pela realização da justiça e do *shalom* de Deus. O coração do Senhor pela justiça arde em muitos desses corações.

Mas, como Jim Skillen me disse anos atrás, muitas vezes o ativismo desses jovens não tem raiz. Eles precisam de um poço mais

---

[3] Inserir a mim e ao nosso trabalho no Centro para Justiça Pública dentro da "tradição reformada" requer algumas nuances. Há alguns aspectos da tradição que eu não abraço. Não me passa despercebido, por exemplo, o fato de que o teólogo político reformado Abraham Kuyper não teria permitido que eu, uma mulher, votasse na Holanda de seu tempo. Também estou bem ciente de que essa tradição teológica que tanto amo foi distorcida para apoiar a ideologia racista do *apartheid* na África do Sul. No entanto, continuo reivindicando essa tradição humana falha como minha também porque, dentro de sua teologia, encontrei ricos recursos para uma cidadania cristã piedosa que transformaram e sustentaram meu ativismo de muitas maneiras profundas.

profundo, que possa sustentá-los e guiá-los sabiamente por toda uma vida de cidadania. Eles precisam de uma estrutura dentro da qual possam ver seus "oponentes" como parceiros em potencial. Eles precisam de maneiras de pensar, agir e colaborar institucionalmente. Eles precisam de uma estrutura para a retórica política que seja civilizada, convidativa e persuasiva. Finalmente, eles precisam ver a política como uma das maneiras fundamentais pelas quais podem amar o próximo e servir a Deus. No restante deste capítulo, explorarei como a teologia reformada pode oferecer a eles algumas ferramentas conceituais que fazem justamente isso.

PENSAR INSTITUCIONALMENTE

Como jovem ativista, eu via o eleitorado como um vasto conjunto de indivíduos autônomos. Esses cidadãos livres eram como bolas de bilhar, rolando livremente e quicando pela sociedade. De acordo com minha imaginação política, se a causa fosse genuína e o ativista fosse persuasivo, esses indivíduos autônomos poderiam se reunir em torno de inúmeras causas políticas.

Na teologia reformada, encontrei uma antropologia política bem diferente. O mundo não está repleto de indivíduos autônomos que consentem ou rejeitam um conjunto de políticas públicas. Em vez disso, Deus criou os seres humanos para que sejam seres comunitários. Essas criaturas comunais criam uma imensa variedade de instituições diversas e repletas de propósitos. Assim, famílias, escolas, igrejas, times, coletivos artísticos, igrejas e organizações sem fins lucrativos contribuem não apenas para a prosperidade dos indivíduos, mas também para os propósitos de Deus na criação.[4] Os cientistas sociais se referem a essa complexa teia de diversas comunidades e instituições como "sociedade civil".

---

[4] Como explica Richard Mouw: "Deus ordenou que essas diversas esferas tenham seus próprios lugares na criação porque cumprem diferentes propósitos criacionais". *Abraham Kuyper: a short and personal introduction* (Grand Rapids, Eerdmans, 2011), p. 24.

Justiça pública: Ativismo

A teologia reformada me ajudou a ver a importância social e política das comunidades, das instituições e da sociedade civil. Ela me ajudou a ver que os cidadãos querem mais do que um governo justo: eles também exigem uma rede próspera de comunidades com propósitos específicos. Não é suficiente para mim ter direitos e liberdades individuais, bem como uma rede de segurança, se eu também não tiver um rico conjunto de comunidades e instituições nas quais eu possa desfrutar de tudo isso.

No final das contas, o fundamento da minha abordagem mais comunitária e institucional à política e à realização humana foi fundamentada em um conceito reformado de Abraham Kuyper, a "soberania das esferas". Entender que essas diversas comunidades e instituições foram criadas e são amadas por Deus para propósitos distintos significa que essas diversas esferas da vida devem mutuamente se respeitar e dar umas às outras espaço para que prosperem. Por exemplo, tanto a família quanto o mundo corporativo são comunidades relevantes que importam para Deus. Seus propósitos únicos, sua integridade e sua liberdade são importantes para Deus. Se, em algum momento, as comunidades e atividades econômicas começarem a se sobrepor e a colocar em risco as comunidades e atividades familiares, isso é um problema. Nesse caso, de acordo com o princípio da soberania das esferas, cabe ao Estado defender a instituição família da instituição mundo corporativo.

Somente Deus é completamente soberano. A soberania de Deus limita a soberania do Estado. A tarefa do governo é humilde. Ele deve garantir o respeito público pela diversidade e pela liberdade das comunidades e instituições da sociedade civil. Isso significa protegê-las de forma proativa ou responsiva, por meio do direito. Também significa que há um limite para a autoridade que o Estado tem de se intrometer nos assuntos internos das comunidades livres e que as instituições devem ser cuidadosamente limitadas. O Estado deve se esforçar para abrir espaço a fim de que outras instituições prosperem.

Kuyper defende que o Estado deve ser limitado, porque Deus deu a outras esferas da vida mandatos importantes e diversos, os quais elas precisam cumprir.[5] Famílias, escolas, empresas e a mídia têm responsabilidades sociais que lhes são próprias, únicas e diversas. Essa é uma visão-chave da teologia política reformada: a visão de que o governo tem um propósito, dado por Deus, de garantir que as diversas comunidades e instituições possam cumprir seus mandatos em um contexto de justiça e liberdade públicas.

Como jovem ativista, uma vez que pude enxergar a importância dessas diversas instituições na sociedade civil, minha abordagem relativa à defesa de direitos e às políticas públicas mudou drasticamente. Essa nova forma de imaginar a política me forçou a começar com uma nova pergunta: Quais instituições são responsáveis por abordar essa questão pública específica e como elas são responsáveis?

Por exemplo, durante meu tempo na liderança do Centro para Justiça Pública, afirmamos que os governos devem respeitar a soberania da família como uma instituição criada por Deus. O Estado, portanto, não interfere nas famílias, quando estas cuidam de suas responsabilidades. Por mais de uma década, travou-se um debate nos Estados Unidos sobre o que fazer com imigrantes que foram trazidos ilegalmente para o país, por seus pais, quando crianças. Essas crianças obviamente não tiverem escolha nessa questão. As duas vozes políticas dominantes defendem ou anistia ou deportação. Embora se oponham veementemente uma à outra, ambas enquadram o problema a partir de uma perspectiva individualista.

No Centro para Justiça Pública, nossa compreensão reformada das instituições nos faz reformular a questão a partir da perspectiva da

---

[5] Kuyper ilustra de forma vívida os limites divinamente ordenados da autoridade do Estado: "Nem a vida da ciência nem a da arte, nem a da agricultura, nem a da indústria, nem a do comércio, nem a da navegação, nem a da família, nem a dos relacionamentos humanos pode ser coagida a se adequar à graça do governo. O Estado nunca pode se tornar um polvo que sufoca toda a vida". *Lectures on Calvinism* (Grand Rapids: Eerdmans, 1931), p. 96-7. Essa declaração notável foi feita por um homem que serviu como chefe de governo na Holanda (primeiro-ministro, 1901-1905).

família. Nós perguntamos: "Que política pública servirá melhor aos direitos, à dignidade, à liberdade e à prosperidade da família?". Partindo desse enquadramento, defendemos que o governo não deve punir a entrada de crianças por um crime cometido pelos pais. Também defendemos que o governo deve promover políticas públicas que mantenham essas famílias unidas nos EUA, em vez de separá-las. Afinal de contas, o governo tem uma obrigação, diante de Deus, de proteger a família, uma instituição sagrada, única e criada por Deus.

A teologia reformada aconselha que uma atenção cuidadosa à importância das diversas instituições deve informar nosso ativismo político como cristãos. Pensar de forma institucional impacta a maneira como abordamos questões como pobreza, educação, assistência médica, justiça penal e liberdade religiosa. A liberdade e a prosperidade dos seres humanos não podem ser garantidas somente por um Estado justo ou somente por uma economia aquecida. Os seres humanos precisam das diversas comunidades e instituições da sociedade civil para prosperar. Os ativistas cristãos precisam imaginar a política de uma forma que possa ver, proteger e defender as instituições e os propósitos diversos que Deus lhes deu.

Pensar institucionalmente também muda a maneira pela qual os ativistas cristãos respondem a sinais de injustiça. Antes de marchar, de se organizar ou de defender uma causa, primeiro precisamos parar e refletir de forma institucional. Em relação a possível injustiça, precisamos determinar quais instituições e comunidades são as responsáveis por tratar desse problema percebido. Vernon Ehlers, ex-deputado do congresso americano, foi quem me fez entender essa ideia. O Centro para Justiça Pública havia sediado uma palestra sobre política em uma faculdade cristã. Durante o período de perguntas e respostas, o público começou a expressar sua profunda frustração com o Congresso e com sua perceptível passividade em relação ao problema. "Por que o Congresso não resolve isso?" O deputado Ehlers se levantou do meio da plateia, caminhou para o palco

Teologia pública reformada

em minha direção, e disse: "Por gentileza", e fez um gesto para que eu lhe desse o microfone. Ele, então, lamentou o fato de, na maioria das vezes, os cidadãos cristãos aparecerem em seu escritório pedindo que ele resolva algum problema que o Congresso não tem autoridade nem responsabilidade para resolver. Ele compartilhou que também sentia o mesmo nível de preocupação com a questão pública. "No entanto", ele disse à plateia, "quando vocês aparecerem no escritório do seu representante no congresso, certifiquem-se de que o que vocês vieram nos pedir para fazer é algo pelo qual o Congresso é realmente responsável. Caso contrário, não poderemos de fato ajudar, por mais que compartilhemos de sua preocupação".[6]

Pensar institucionalmente ajuda os ativistas a reconhecerem a complexidade institucional das questões públicas e da vida pública em geral. Também nos ajuda a identificar qual papel o Estado deve assumir em uma resposta social mais ampla a esse problema específico. Veja a crise dos opioides na América, por exemplo. Os governos federal, estaduais e locais certamente têm um papel a desempenhar nessa crise, e os ativistas têm razão em cobrar a responsabilidade de todos eles. No entanto, a responsabilidade de abordar a crise dos opioides não se limita ao Estado. Toda a indústria farmacêutica, as faculdades de medicina e as associações médicas compartilham igualmente algumas responsabilidades. Além disso, famílias, escolas, organizações sem fins lucrativos e igrejas também precisam responder a essa crise de maneiras que lhes são únicas e institucionalmente apropriadas. Quem é responsável pelo quê? O princípio reformado da soberania das esferas não fornece aos ativistas uma resposta precisa para todas as questões de

---

[6] O deputado Ehlers aproveitava a oportunidade para educar os eleitores e incentivava sua equipe a explicar o escopo do trabalho e o papel que o Congresso tem no governo mais amplamente. Em reuniões com eleitores que pediam soluções que não são tarefas do governo, ele também sugeria que, antes de tudo, os ativistas determinassem melhor qual instituição era responsável por lei pelo quê. Além disso, o Centro para Justiça Pública ajudava a organizar a defesa dos direitos e ouvia funcionários do governo nos agradecerem por lhes pedir que fizessem algo pelo qual eles de fato eram responsáveis.

políticas públicas, mas com toda certeza nos fornece uma estrutura de teologia pública profundamente útil para lutar por essa questão.

Finalmente, a teologia pública reformada me ensinou que cada instituição tem a responsabilidade contínua de reformar suas próprias práticas internas e únicas para estar em conformidade com as normas da justiça. Tomemos, por exemplo, a questão da violência policial contra pessoas negras e mulatas na América do Norte. Simplesmente promulgar leis não é uma solução suficiente para esse problema. A justiça racial no policiamento também exigirá que sindicatos de policiais, academias de polícia e departamentos de polícia examinem e reformem as próprias práticas em relação à justiça. Precisam ser criadas organizações não governamentais para lutar somente por essa questão do policiamento. O racismo na atividade policial é apenas um aspecto de uma cultura institucional de racismo, que é mais ampla e mais complexa, e precisa ser abordada nas famílias, nas escolas, na mídia, nas igrejas e no mercado.

Pensar institucionalmente pode ajudar os ativistas a recorrerem à autoridade apropriada, seja ela um presidente ou um prefeito, um CEO de uma empresa ou um reitor de universidade, um jornalista ou um diretor de cinema. A teologia reformada deixa claro o imperativo de que o Estado não substitua as responsabilidades complexas das diversas instituições em toda a sociedade. A responsabilidade do Estado é proteger e permitir que essas instituições sejam capazes de cumprir suas próprias responsabilidades públicas singulares.[7]

AMAR O PRÓXIMO ATRAVÉS DA POLÍTICA

Quando era uma jovem ativista, sempre acreditei que estava defendendo os outros. Mas meu ativismo muitas vezes visava fazer com que eu

---

[7] Para cinco exemplos de como pensar dessa forma, na prática, sobre políticas públicas voltadas para assistência social, justiça juvenil, conclusão da faculdade, empréstimos justos e educação infantil, veja Michael Gerson, Stephanie Summers e Katie Thompson, *Unleashing opportunity: why escaping poverty requires a shared vision of justice* (Beaver Falls: Falls City Press, 2015).

parecesse boa e os outros parecessem maus. Eu acreditava que estava trabalhando *com* outras pessoas, mas — na maioria das vezes — eu as estava usando para conseguir o que queria.

A teologia reformada expôs meu egoísmo político. O propósito de Deus para a comunidade política é que ela seja um espaço de serviço cristão santo *com* o próximo e *para* o próximo, não apenas para nós mesmos. Aqui somos chamados a amar o próximo *através da ação política*. Nenhuma área da vida está isolada do maior mandamento de Cristo.

O amor político centrado em Cristo requer que adotemos a postura cristológica de um servo, de alguém que coloca os outros em primeiro lugar e o menor deles antes de todos os outros. Nicholas Wolterstorff, filósofo político reformado, coloca isso desta forma: "Ao ouvir o clamor dos oprimidos e dos destituídos, somos genuinamente capacitados a ouvir a palavra dos profetas — e daquele que não considerou a igualdade com Deus uma coisa a que devia se agarrar, mas assumiu a forma de servo, percorrendo o caminho da humilde obediência, a ponto de aceitar sua execução como um criminoso desprezado: o Príncipe do *Shalom*".[8]

Embora o mandamento de amar, dado por Cristo, seja claro, quase tudo na cultura da política americana parece trabalhar contra essa ordem para sermos com e para o nosso próximo. Nossa cultura valoriza declarações políticas fortes e antagônicas em prol da própria identidade, dos próprios direitos e da própria liberdade em contraste com a identidade, os direitos e a liberdade dos outros. Preocupamo-nos em primeiro lugar com nós mesmos, nossa própria comunidade e nossas próprias instituições antes de nos preocuparmos com as dos outros.[9]

---

[8] Nicholas Wolterstorff, *When justice and peace embrace* (Grand Rapids: Eerdmans, 1981), p. 176.

[9] O ex-deputado estadual de Michigan Steven V. Monsma detalha de forma bem direta esse problema, aplica-o à vida política americana moderna e faz recomendações em sua obra *Pluralism and freedom: faith-based organizations in a democratic society* (Lanham: Rowman & Littlefield, 2012).

De onde vem esse egoísmo político e como ele recruta continuamente cidadãos? O filósofo reformado James K. A. Smith oferece o conceito de "liturgia cultural" como uma forma de indicar como uma cultura ritualiza e faz com que nos habituemos a uma abordagem particular da vida pública.[10] As liturgias culturais da política americana treinam os cidadãos para incorporar uma mentalidade consumista egocêntrica em relação ao Estado. Treinados para se verem como consumidores (em vez de cidadãos), os americanos sentem que compraram um "produto" com defeito quando seu candidato vence, mas não corresponde às expectativas.

Essa liturgia consumista também molda os funcionários públicos. Eles passam a ver seu papel como o de alguém que fornece atendimento ao cliente. Reveja quase qualquer discurso de posse da última década, em nível estadual e local, e você encontrará servidores públicos prometendo administrar o melhor departamento de atendimento ao cliente do país.

Dentro da liturgia política, cidadãos e políticos não se veem como colaboradores na defesa das normas de justiça pública em prol da comunidade política.[11] Em vez disso, eles se veem como vendedores e consumidores. Eles não são governados por nenhuma outra norma específica a não ser os caprichos volúveis do consumo político.

Em contraste com tais liturgias políticas de consumo, a teologia reformada defende que os cidadãos são chamados por Deus para participar da complexa sinfonia divina de justiça pública. Somos chamados a amar nosso próximo por meio da ação pública e da militância política.[12] Como cidadãos da comunidade política de Deus, recebemos

---

[10] James K. A. Smith, *Awaiting the king: reforming public theology* (Grand Rapids: Baker Academic, 2017).

[11] Para saber mais sobre essa colaboração, consulte David Koyzis, *We answer to another: authority, office, and the image of God* (Eugene: Wipf & Stock, 2014).

[12] Em inúmeras palestras e discussões, James W. Skillen usa a "justiça sinfônica" como metáfora; ela foi desenvolvida pela primeira vez em sua obra *In pursuit of justice: Christian-Democratic explorations* (Lanham: Rowman & Littlefield, 2004), p. 36.

poder de Deus para trabalhar pela justiça e pelo bem comum. Nós exercemos esse chamado político divino com espírito de mordomia, não para nós mesmos, mas para a prosperidade de nossos próximos e para a glória de nosso Deus.

GRAÇA COMUM, CIVILIDADE E COBELIGERÂNCIA

Quando era uma jovem ativista cristã, lembro-me nitidamente de me sentir desconfortável por marchar lado a lado com ativistas que eram agnósticos ou mesmo antagônicos à fé cristã. Eu não sabia como dialogar com eles sobre as razões fundamentais pelas quais nos sentíamos apaixonados por justiça e ativismo. Como uma jovem cristã, eu não sabia se era certo concordar com não cristãos sobre algum objetivo específico de política pública quando tínhamos diferentes motivações filosóficas para fazê-lo.

Os conceitos reformados de "graça comum" e "civilidade convicta" me ensinaram que era *possível* colaborar, aprender e até mesmo comemorar com companheiros ativistas não cristãos. Mais do que isso, por causa da graça comum, aprendi que Deus estava ativamente envolvido na vida deles. Aprendi que os propósitos de Deus para a justiça pública podem ser alcançados por eles e através deles, tanto quanto podem ser alcançados através de mim. Em suma, não sou a única cidadã por meio de quem Deus pode e vai trabalhar. Deus pode dar — e de fato dá — com liberalidade, a diversos cidadãos, de todas as religiões, uma paixão pela justiça pública.

Pela graça de Deus, segundo escreve Calvino, toda a humanidade se beneficia "da obra e do ministério dos ímpios" nas ciências, nas artes e na sociedade. Por causa disso, os cidadãos cristãos não devem deixar de agradecer a Deus pelas muitas bênçãos políticas que recebem por meio de cidadãos e líderes não cristãos. Calvino adverte que tais cristãos não devem "negligenciar os dons de Deus".[13] Pela

---

[13] John Calvin, *Institutes of the Christian Religion*, org. John T. McNeill, trad. Ford Lewis Battles, 2 v. (Philadelphia: Westminster, 1960), 2.2.16; cf. 1Tm 4:14.

Justiça pública: Ativismo

graça de Deus, os não cristãos têm a capacidade de trabalhar para promover a justiça e o bem comum. Isso não significa que eles necessariamente o farão; afinal, nem mesmo os cristãos necessariamente o farão. No entanto, como cristãos, podemos confiar que nosso Deus será fiel em trabalhar pela justiça, mesmo por meio de pessoas que não conhecem a Deus.

Trabalhar lado a lado com aqueles que não compartilham de sua fé chama-se cobeligerância. Na teologia política reformada, encontrei uma maneira de praticar estrategicamente a cobeligerância com meus próximos não cristãos quando nossos objetivos políticos estão alinhados.

Na tradição, no entanto, descobri que, embora a cobeligerância seja possível, as diferenças ideológicas permanecem, e elas importam. Em nossas diferenças, precisamos ouvir com atenção outras pessoas e grupos e levar nossas diferenças a sério. Cobeligerância não significa comunhão. Podemos cooperar, mas não podemos assimilar.

Ao expressar nossas próprias convicções ideológicas singulares, devemos fazê-lo com civilidade. O imperativo da civilidade política está enraizado na compreensão teológica de que todo cidadão foi criado à imagem de Deus. Richard Mouw descreve a civilidade política como um imperativo moral composto de três elementos: (1) ouvir com cuidado; (2) expressar as próprias convicções; e (3) fazê-lo com civilidade.[14] Embora possamos discordar profundamente de outras pessoas, devemos incorporar cada um desses três elementos em nosso ativismo. O respeito político e a civilidade que temos para com nossos interlocutores, enquanto portadores da *imago Dei*, não estão, de forma alguma, condicionados pelo respeito que temos por seus pontos de vista ou suas ações. Nem estão condicionados a recebermos respeito deles em troca. Estão fundamentados na imagem santa da qual eles são portadores.

---

[14] Richard J. Mouw, *Uncommon decency: Christian civility in an uncivil world* (Downers Grove: InterVarsity, 1992).

O Centro para Justiça Pública há muito tempo tem feito parcerias com diversos grupos que não compartilham de nossos valores ou perspectivas cristãs. Trabalhando com toda sorte de diferenças profundas, dependemos diariamente das concepções reformadas da graça comum, da civilidade e da cobeligerância. Um exemplo recente disso é o nosso trabalho na elaboração e avanço do H.R. 5331, "A Lei da Justiça para Todos". Essa legislação foi projetada *tanto* para proteger os direitos civis dos cidadãos LGBTQ *quanto* para expandir as proteções à liberdade religiosa para organizações sem fins lucrativos calcadas na fé, que mantêm visões tradicionais sobre a sexualidade humana. Os conflitos entre esses dois grupos vêm crescendo na última década. E chegam cada vez mais aos tribunais, onde um vencedor total e um perdedor total devem ser declarados. A legislação que propugna justiça para todos trabalha para expandir e solidificar as proteções públicas para ambos os grupos. O diálogo civilizado e a cooperação entre as profundas diferenças religiosas e morais foram imperativos nesse esforço para o Centro para Justiça Pública. Nossa fundamentação em uma teologia reformada da graça comum, da civilidade convicta e da cobeligerância foi crucial em todos os pontos.

ATIVISMO REFORMADO EM MEIO À PANDEMIA

Em 2020, a pandemia da covid-19 disparou uma crise econômica rápida e maciça que impactou todos os setores da sociedade civil. No início dessa catástrofe, o Centro estava particularmente preocupado com a saúde e o bem-estar de um setor de vital importância da vida pública americana: as pequenas organizações religiosas sem fins lucrativos. As organizações sem fins lucrativos lideradas por minorias e voltadas para elas eram especialmente vulneráveis, de modo que o impacto da pandemia em sua saúde financeira foi particularmente agudo.

Trabalhando com legisladores e gestores da esfera federal, o Centro elaborou um plano para garantir que as organizações de perfis

Justiça pública: Ativismo

religiosos diversos recebessem tratamento igual. Ao fazer isso, garantimos que essas organizações permanecessem livres de restrições indevidas em razão de sua identidade religiosa e fossem elegíveis para receber ajuda durante a crise. Pedimos aos legisladores que alocassem cuidadosamente recursos e assistência para organizações menores, disponibilizando recursos que acelerassem o cadastro para receber ajuda ou para transitar com sucesso pelo processo estabelecido a fim de acessar essa ajuda.

Infelizmente, nem todos apoiaram esses esforços. Algumas associações de organizações sem fins lucrativos maiores optaram por não se juntar aos nossos esforços de defesa a essas organizações menores. Alguns de seus líderes cristãos compartilharam conosco, em particular, que nosso trabalho em defesa de organizações menores "vai contra os interesses de nossos membros".[15] Embora eu tenha simpatia por aqueles que lutam por sua própria justiça, sonho com o dia em que o engajamento político cristão seja marcado pela luta por *justiça compartilhada*.

UMA JORNADA PARA A VIDA TODA

Estou convencida de que Jim Skillen estava certo. Meu ativismo juvenil e apaixonado precisava de raízes mais profundas. Eu precisava de uma teologia pública mais rica que guiasse e sustentasse uma vida de ativismo fiel.

Todos os dias encontro ativistas em Washington que abordam a política como eu fazia quando era jovem. Eles são bem treinados em táticas políticas que aprofundam ainda mais os abismos já cavados no corpo político americano.[16] A santa vocação do ativismo é uma arma customizável. Ferramentas políticas (que Deus pretende que sejam

---

[15] Essas são palavras deles, não minhas.

[16] Steve Monsma, ex-deputado do estado de Michigan, declara: "Grandes são os perigos de desonrar nosso Senhor e de ser usado por agentes políticos mais sábios e cínicos aos olhos do mundo do que nós". Steven Monsma e Stephanie Summers, "Thinking as Christians in an Election Year [2010?]," *Q: Ideas for the Common Good*, http://208.106.253.109/blog/thinking-as-christians-in-an-election-year.aspx.

Teologia pública reformada

para o bem comum) são transformadas em ídolos. Seu apego político pode ganhar algumas manchetes, mas está longe de promover a justiça compartilhada que Deus pretende para a comunidade política.

A tradição reformada convida e capacita os ativistas cristãos a amarem o próximo por meio de uma ação política generosa. Ela os ensina a valorizar o ativismo como uma vocação santa que agrada a Deus.

Embora tenha me mostrado como desfrutar e deleitar-me em meu próprio trabalho na política, essa tradição também me ensinou a desfrutar e a me deleitar ainda mais na obra de Deus. Por meio de adoração, oração, reflexão e comunidade, sou relembrada de que sirvo a um reino e a um Rei cujo reinado se estende para além das manchetes. Sem uma união profunda e duradoura com Cristo, minha paixão inicial pelo ativismo teria se transformado rapidamente em amargura e cinismo. Hoje encontro forças e resistência para o trabalho cotidiano do ativismo político não na derrota dos "inimigos", mas na vitória presente e futura de Cristo.

Finalmente, a teologia reformada me ajudou a aprender que a complexa obra de Deus na vida pública é muito maior do que eu e do que meu ativismo político. Ela está sendo revelada no decorrer do tempo. Eu sou parte de um corpo muito maior de crentes, com muitos dons e chamados diferentes na vida pública.[17] Isso me ajuda a parar com as atividades políticas frenéticas que me teriam levado ao esgotamento. Ainda fico com raiva da injustiça, e essa ira santa ainda me leva à ação pública. Todos nós devemos fazer alguma coisa, mas nenhum de nós pode fazer tudo. Como na metáfora bíblica do corpo, nem todos desempenhamos o mesmo papel.[18] Devemos ser pessoas que cooperam com muitas outras, trabalhando pelo bem comum.

---

[17] Veja James W. Skillen, *The good of politics: a biblical, historical, and contemporary introduction* (Grand Rapids: Baker Academic, 2014), p. 144-5.

[18] Veja Rm 12:4,5; 1Co 12:12; e outras passagens.

Justiça pública: Ativismo

Stephanie Summers (MS, Eastern University) é CEO do Center for Public Justice, um *think tank* cristão independente enraizado na tradição reformada. Morando em Washington, D. C., Summers capacita ativistas cidadãos a dirigirem questões de justiça pública em todas as suas discussões públicas, escritos e liderança. Seu mais recente livro, coescrito com Michael J. Gerson e Katie Thompson, é *Unleashing opportunity: why escaping poverty requires a shared vision of justice* (Falls City Press, 2015).

Quarta parte

...

Estética Pública

ARTE

12 ESTÉTICA JAPONESA E TEOLOGIA REFORMADA:
reflexões sobre Rıkyu, Kıntsugı e Endō

Makoto Fujimura

Eu sou um cristão, um artista contemporâneo e um nipo-americano. Navegar entre esses três mundos e as identidades atreladas a eles me torna um "ser entre fronteiras". Essas identidades e espaços criam dilemas, ressonâncias e justaposições únicas. Minha vida e meu trabalho artístico refletem os limites que habito e atravesso. Todas as três identidades formam quem eu sou, o que eu pinto e como compreendo a Deus e ao mundo.

Essas três identidades e seus mundos levantam questões centrais na produção artística. Nos movendo do mundo para Deus, temos a questão a respeito da fé: como devo conduzir minha fé cristã dentro de um espaço de arte "mundano"? Em seguida, existe a questão a respeito da cultura: como devo entender minha herança japonesa dentro de um espaço "ocidental"? Por fim, existe a questão a respeito da arte contemporânea: como devo entender minha antiga prática artística dentro do mundo da arte contemporânea?

Primeiro, como um artista de fé deve habitar e se conduzir nos assim chamados espaços de arte seculares? Essa questão me atingiu cedo na vida enquanto eu passava do cenário das galerias de arte em Tóquio (onde comecei minha carreira) para o cenário das galerias no Soho, Chelsea e Nova York. Como um jovem artista, eu quis honrar a Cristo através da excelência artística. Desejei competir no mais alto nível de arte, na cidade de Nova York. Em meio aos

Teologia pública reformada

arranha-céus de Manhattan, a pregação e o ensino reformados de Tim Keller na Redeemer Presbyterian Church foram um ponto de virada para mim. Keller e a liderança da Redeemer me introduziram à teologia reformada da cultura e em especial à obra teológica de Richard Mouw. Por sua vez, Keller e Mouw me ajudaram a identificar um caminho fiel a ser seguido em meio a um espaço secular como o de Nova York. A metáfora do exílio encontrada em Jeremias 29 tornou-se uma imagem especialmente poderosa para mim naquele momento. Como uma pessoa de fé trabalhando no mundo da arte secular, fui chamado a ser um exilado fiel que trabalha e ora pela "paz e prosperidade" das artes em Nova York (Jr 29:7,11). Em essência, eu estava em busca de uma estrutura teológica pela qual eu pudesse *simultaneamente* permanecer comprometido exclusivamente com a minha fé e também permanecer generosamente comprometido com o florescimento artístico de Nova York.

A segunda questão relacionada à arte diz respeito ao lugar da minha herança japonesa dentro de um espaço "ocidental". Parte da minha formação crítica foi no estilo tradicional Nihonga de pintura. A história e a cultura do Japão formam e influenciam tudo o que eu faço. Ao me mudar para Nova York, fui imediatamente lançado no vão entre a tradicional estética oriental e a expressão visual moderna e pós-moderna ocidental. Durante os anos 1990, poucos artistas estavam integrando intencionalmente as influências orientais e ocidentais em Nova York.[1] Como um jovem artista nipo-americano ansiando por fazer arte para o contexto artístico de Nova York, eu precisava cultivar meus próprios métodos de juntar o oriente e o ocidente de uma maneira que fosse autêntica para como entendo meu chamado e minha identidade cultural. Nisso, precisei de uma estrutura teológica para honrar os contextos culturais diversos do Japão e da América, oriente e ocidente.

---

[1] É claro, a arte moderna, especialmente da New York School e outros movimentos do século 20, se baseia implicitamente sobre a estética oriental — seja a arte de John Cage, seja a de Mark Rothko.

Estética pública: Arte

Em terceiro e último lugar, como minha considerável formação em uma forma centenária de pintura tradicional poderia habitar o mundo do século 21 da arte contemporânea? No acelerado mundo moderno que deseja passar rapidamente para a próxima novidade, sempre sou levado às tradições da estética e da pintura japonesas dos séculos 16 e 17. A pintura tradicional Nihonga é uma prática de "arte lenta".[2] Meu trabalho é guiado por três influências tradicionais: o respeito por uma longa história do artesanato, a disposição de me mover e trabalhar tão vagarosamente quanto necessário, e o desejo de honrar a materialidade e os elementos materiais brutos do trabalho. Esses valores históricos e tradicionais estão amplamente ausentes no mundo da arte contemporânea. A arte moderna é definida por sua ênfase na inovação radical, na separação do passado e das limitações da tradição. Em lugar de se submeterem à materialidade, os modernos podem muitas vezes procurar transcender os limites da materialidade através da prática artística. Navegando no mundo da arte contemporânea, eu preciso de uma estética teológica que valorize três coisas: a materialidade bruta da criação de Deus, a beleza do artesanato desapressado e a profunda sabedoria incorporada em séculos de história cultural.

Eu devo procurar resolver essas tensões na minha identidade?[3] Eu poderia, por exemplo, tentar "me encaixar" nos mundos da cultura ocidental, da arte contemporânea e do secularismo. Dessa maneira a tensão poderia ser resolvida por meio de um ato de *assimilação cultural*. Ou, se eu preferisse, poderia me envolver em um ato de *recuo cultural*. Eu poderia sair de Nova York e fugir para a guilda das artes tradicionais japonesas ou para o mundo da "arte cristã".

---

[2] Eu escolhi, mesmo na cidade de Nova York, continuar a usar os materiais autênticos do século 17 (um costume que muitos artistas modernos da tradição Nihonga haviam abandonado no Japão).

[3] Culturalmente, eu não me encaixo nos pressupostos culturais homogêneos nem do Japão nem da América. Artisticamente, eu não me encaixo nas categorias distintas de arte "tradicional" ou "contemporânea". Espiritualmente, eu não me encaixo totalmente dentro dos limites religiosos da igreja ou dos limites seculares da galeria. Então, eu vivo e trabalho nas fronteiras.

Mas a verdade é que nem a assimilação cultural nem o recuo são opções para mim — artística ou teologicamente. Como artista, não gosto de escolhas de "uma coisa ou outra". Quero executar e fazer arte nas esferas transicionais que por vezes são preenchidas com tensão profunda e gerativa. Não "se encaixar" é o que significa fidelidade como um ser entre fronteiras. Além disso, por meio da teologia reformada, eu agora vejo que minha vida de ser entre fronteiras não é um problema a ser resolvido, mas um dom divino a ser estimado.

O FAZER REFORMADO NAS FRONTEIRAS

A tradição reformada tem me ajudado não apenas a navegar, mas também a abraçar essas tensões em minha identidade e chamado.[4] Aqui, as diferenças aparentes e as partes rivais do meu trabalho convergem para um processo mais frutífero e produtivo de *fazer*. Neste ensaio, pretendo colocar a teologia reformada da cultura de Richard Mouw em diálogo criativo com a estética japonesa tradicional encontrada em Sen no Rikyū, Kintsugi, Kumohada e Shūsaku Endō. Nessa conversa incomum, eu demonstro como a tradição reformada cultiva uma "teologia do fazer" que pode florescer nos limites da vida em nosso mundo globalizado.

UMA CIDADE, MUITAS NAÇÕES

Como um nipo-americano produzindo arte em espaços ocidentais, eu muitas vezes sinto certa dissonância. Em lugar de fugir dela, tenho aprendido a criar de maneira intencional nessa divisão. Mas a história é mais complexa.

Segmentos da cultura americana (e a cultura jovem em particular) têm se movido de formas interessantes em direção à cultura japonesa. Esses segmentos, como a própria cultura japonesa, buscam uma

---

[4] Veja Makoto Fujimura, *Culture care: reconnecting with beauty for our common life* (Downers Grove: InterVarsity, 2017).

conexão mais profunda entre cultura e natureza. Como resultado, a arte de Takashi Murakami, os filmes de Hayao Miyazaki e a animação japonesa (falando de forma ampla) parecem atingir o "ponto ideal" dos americanos ansiosos por uma estética visual superior que dialogue com a sensibilidade do anime pop. Essa visão integrada, por meio da qual a natureza pode servir como berço da cultura, moldou uma geração de jovens com consciência ambiental. Mas o que devemos fazer com a influência "pagã" da cultura japonesa nesses segmentos da cultura americana?

Em seu livro *When the kings come marching in*, Richard Mouw leva os leitores contemporâneos em uma jornada para o mundo antigo de Isaías 60. Aqui nós encontramos a Nova Jerusalém reunida em todos os vastos e diversos tesouros culturais dos reis e nações "pagãos" diante do Senhor. Isaías fala da cidade: "As nações virão à sua luz, e os reis, ao resplendor do seu surgir" (Is 60:3).[5] A ampla visão teológica de Isaías retrata as diversas nações carregando suas riquezas e suas criações culturais para a cidade de Deus.[6] Os dons culturais das nações pagãs incluem o cedro do Líbano, navios mercantes e "o que é belo à vista". No capítulo 2, Isaías declara que todas essas nações e suas criações culturais — incluindo seus navios — estarão sob o julgamento divino por seu uso idólatra. Mesmo assim, esses artefatos culturais são de alguma forma redimidos por Deus de modo que sejam apropriados para uso e glória dentro da Nova Jerusalém. Mouw apresenta a seguinte conclusão: "Minha própria impressão é de que o julgamento que visitará os navios de Társis é de um tipo purificador. Podemos pensar aqui na sujeição dos navios de Társis mais como domar um cavalo do que como quebrar um vaso. O julgamento aqui significa domar, não destruir".[7]

---

[5] Todas as citações das Escrituras neste capítulo são da ESV, a menos que seja informado de outra forma.

[6] Mais do que isso, Isaías 60 implica diretamente que, escondidas nas ricas diferenças culturais, os israelitas encontrarão chaves exegéticas para compreender melhor sua própria fé.

[7] Richard J. Mouw, *When the kings come marching in: Isaiah and the New Jerusalem*, ed. rev. (Grand Rapids: Eerdmans, 2002), p. 278.

Se Mouw está certo a esse respeito, os bons dons de Deus distribuídos por todas as diversas nações podem ser redimidos para uso dentro da cidade escatológica de Deus. À luz de Isaías 60, uma cultura "não cristã" como o Japão, inconsciente da obra do Espírito Santo dentro dela, contém obras culturais que testemunham da sabedoria e da obra invisível de Deus. Pela graça de Deus, as diversas obras culturais do Japão abençoam as nações e glorificam a Deus.

A arte Nihonga, uma forma de pintura que enriqueceu minha vida e trabalho, emergiu de uma cosmovisão e uma cultura profundamente budista e xintoísta. Como um cristão formado por Isaías 60, sou capaz de agradecer e louvar pela riqueza e pela sabedoria de Deus incorporada na prática Nihonga. Nela, a riqueza cultural do assim chamado Japão pagão tem abençoado e formado minha carreira artística e minha fé cristã de incontáveis maneiras.

Dons "seculares" levados para a Nova Jerusalém

Muitas vezes, os cristãos pressupõem que precisam fazer uma arte explicitamente "cristã". Isaías 60 apresenta um contra-argumento. Aqui, os ofícios "seculares", fora do templo e do próprio Israel, são bem-vindos na Nova Jerusalém. A qualidade e a excelência do trabalho, sua capacidade estética única para dar glória a Deus, é o que parece importar aqui. Na Nova Jerusalém a glória complexa de Deus é refletida nos complexos artefatos culturais das diferentes nações.[8]

A esse respeito, as reflexões teológicas de Mouw sobre Isaías 60 nos dão um novo modelo para a exegese cultural e artística em um mundo em processo de globalização. Dito de forma simples, a arte de alguém, não importa sua cultura de origem, pode constituir uma oferta adequada para a Nova Jerusalém simplesmente em virtude de sua excelência estética. Portanto, como artista, eu não preciso me assimilar

---

[8] A passagem de Isaías 60 não foca no que é eticamente permitido e no que não é, antes foca no poder soberano do Rei sobre todas as coisas e culturas criadas, incluindo o que é conhecido como capital cultural "secular".

dentro do ocidente ou do mundo da "arte cristã". Ao contrário, preciso habitar fielmente o mundo da arte como eu mesmo — ponto final. Minhas pinturas não precisam de um versículo da Bíblia inscrito nelas, tampouco precisam seguir as tradições estéticas ocidentais. A excelência artística delas é, em e por si mesmas, uma oferta para a glória de Deus e sua cidade vindoura.

No caso do meu próprio trabalho artístico, tenho desenvolvido uma linguagem visual baseada em minha leitura de artistas "seculares" do ocidente (Mark Rothko e Archile Gorky) e do oriente (Tohaku Hasegawa e Sen no Rikyū). Na linguagem de Isaías 60, conduzindo meu próprio "navio de Társis", minha arte explora as riquezas culturais das nações. Como um cristão fiel, minha esperança é aprender e criar de maneira fidedigna a partir da sabedoria estética do oriente e do ocidente e apreciar sua glória cultural assim como Deus fará na Nova Jerusalém.

A teologia reformada da graça comum subjaz todas as reflexões de Mouw sobre Isaías 60.[9] Essa doutrina vê o Espírito Santo agindo, ao abençoar culturalmente todas as nações para a glória de Deus. De acordo com a graça comum, o Espírito Santo se move em cada cultura, em todo o tempo e em todo lugar. Essa lente teológica oferece uma forma para que os cristãos ouçam, aprendam e apreciem os diversos espaços culturais com reverência espiritual. Além disso, a graça comum capacita seres entre fronteiras como eu a se moverem através de espaços liminares e de fronteiras culturais com um sentimento de entusiasmo em lugar de medo. Por fim, a linguagem da graça comum pode ter uma função unificadora em meio aos crescentes abismos em nossa tribalizada cultura moderna tardia.[10] Se o Espírito Santo está trabalhando em ambos os lados das várias culturas e divisões políticas,

---

[9] Richard J. Mouw, *He shines in all that's fair: culture and common grace* (Grand Rapids: Eerdmans, 2002).

[10] De fato, Richard Mouw não apenas escreveu sobre a vida comum, mas também nos deu uma teologia da civilidade. Veja seu *Uncommon decency: Christian civility in an uncivil world* (Downers Grove: InterVarsity, 2010).

os cristãos são compelidos a ouvir e aprender com aqueles que estão do outro lado. Nesse sentido, vejo minha obra artística como uma série de pequenos esforços estéticos para consertar fraturas culturais. Eu construo essas pontes, não por meio de preleções sobre teologia sistemática, mas através da prática do fazer artístico.[11]

PRESERVANDO O ANTIGO

À luz de Isaías 60, os cristãos devem proteger, cuidar e estimar os artefatos culturais tradicionais, as riquezas e as tradições das nações. Um fabricante japonês de papel precisa ser valorizado pelos cristãos não porque ele é cristão, mas porque o papel carrega milhares de anos de refinamento. Novamente, à luz da Nova Jerusalém, os cristãos têm o dever de preservar esse refinamento. De acordo com Isaías 60, os artefatos e as tradições artísticas dessa natureza são importantes para Deus, e terão importância na Nova Jerusalém. À luz do novo céu e da nova terra, os cristãos têm um chamado para administrar e preservar antigas formas de artesanato. Isso tudo é ainda mais importante hoje, visto que as técnicas antigas estão sob ameaça.[12] À luz de Isaías 60, *os seguidores de Cristo preservam os tesouros e os ofícios culturais antigos não apenas porque são belos para eles; os seguidores o fazem, pelo contrário, porque essas tradições um dia serão purificadas e recebidas em uso contínuo na Nova Jerusalém.*[13]

---

[11] A nova criação é o *telos* da salvação, e as obras culturais do artista contam como uma das fontes que Deus usará na nova criação. À luz de Isaías 60, a reflexão teológica de Mouw abre a nova criação para incluir artefatos culturais. Implícita em sua inclusão está o elemento central para uma teologia robusta do fazer — a saber, que uma obra de arte pode ser feita como uma reflexão teológica convincente. Em outras palavras, obras de arte apresentam declarações teológicas convincentes

[12] Eu uso o papel Kumohada, fabricado em Imadate, no Japão, em meu próprio ateliê. Uma década atrás o mestre fabricante de papel faleceu. Desde a sua morte, a qualidade do papel Kumohada caiu.

[13] Além disso, o valor da fabricação do Kumohada para a Nova Jerusalém continua mesmo se a espiritualidade do xintoísmo desempenhar uma função importante na concepção da técnica. Fabricantes tradicionais de papel dedicam cuidadosa atenção ao papel em si por causa de suas crenças animistas de que os deuses estão presentes nas fibras de papel.

Estética pública: Arte

GRAÇA COMUM E ARTE JAPONESA RIKYŪ E KINTSUGI

Os fios teológicos da graça comum podem ser traçados até Agostinho.[14] Entretanto, foi Abraham Kuyper que traçou os fios em um cordão firme.[15] Através da crença na graça comum, Kuyper capacita os cristãos a verem como alguém fora da igreja pode glorificar a Deus e servir ao próximo por meio da beleza e da criatividade culturais.

Para mim, esse alguém é o renomado mestre de chá japonês Sen no Rikyū (1522-1591). A estética das cerimônias do chá de Rikyū impactaram a arte e a cultura japonesas mais do que qualquer indivíduo em particular na história do Japão.[16] Não há nenhuma forma de arte japonesa, da arte do chá, para o arranjo das flores, para o teatro Noh, que não acene a esse venerado mestre do chá. Rikyū e seus seguidores (incluindo os cristãos Furuta Oribe e Ukon Takayama, entre outros) deram origem à estética japonesa que conhecemos hoje. Mesmo as noções populares de "wabi sabi suki" consistem na estética de Rikyū sendo passada para as futuras gerações.

À luz da graça comum de Deus, estou pessoalmente convencido de que a cerimônia do chá de Rikyū será um dos tesouros culturais do Japão que serão levados para a Nova Jerusalém. Aliás, lembramos que os cristãos japoneses, enquanto sob perseguição, usariam a cerimônia do chá de Rikyū para celebrarem a comunhão em segredo. Rikyū é claramente um exemplo da graça comum de Deus, uma bênção cultural divina para o povo do Japão.

À parte as diversas contribuições artísticas e culturais de Rikyū, também menciono o interesse dele nas pessoas e nos objetos que a

---

Independentemente de suas intenções espirituais, Deus será glorificado para sempre pelas habilidades estéticas, paciência e cuidado deles.

[14] Por exemplo, veja Agostinho, *The city of God*, trad. Henry Bettenson (New York: Penguin, 2003), p. 1072.

[15] Abraham Kuyper, *Wisdom and wonder: common grace in science and art* (Grand Rapids: Christian's Library Press, 2011).

[16] Para mais informações sobre Sen no Rikyū, veja Makoto Fujimura, *Silence and beauty: hidden faith born of suffering* (Downers Grove: InterVarsity, 2016), p. 132.

sociedade considerou quebrados, e, portanto, imprestáveis. Sua atenção estética influenciou bastante o refinamento de uma prática artística japonesa conhecida como Kintsugi. Por meio dessa técnica, tigelas e vasos quebrados eram consertados com ouro. A imaginação estética particular de Rikyū participa e valoriza as fissuras e imperfeições tanto nos objetos quanto nas pessoas. Vasos quebrados são valiosos *por causa* do seu potencial conserto a fim de se tornarem novos, sendo os vasos Kintsugi mais valiosos do que os originais. As famílias de mestres do chá são conhecidas por transmitir pedaços quebrados por gerações até o momento certo, quando outro mestre reconhecerá que chegou a hora de consertá-los. Em cada obra, Kintsugi fala à experiência da humanidade tanto da maldição comum quanto da graça comum. Em Isaías 60 encontramos um Deus que convida nações e culturas quebradas para dentro de seus portões — fraturas mortais, preenchidas com ouro imortal.

Assim, quando Deus opera em nossa vida, ele não apenas nos conserta. Ele nos faz novos em Cristo (2Co 5:17). Nosso quebrantamento faz parte do desígnio divino no projeto inteiro. Como artista, Deus está feliz em exibir suas obras-primas de graça por toda a eternidade. Isso lança nova luz sobre nossas fissuras caídas. Para ampliar a tese de Mouw, mesmo os ídolos podem ser purificados e trazidos para a Nova Jerusalém. Afinal, os ídolos são (como meu mentor Tim Keller costuma dizer) meramente "coisas boas que se tornaram a única coisa". Essa idolatria contém um resquício de nossa bênção edênica, das boas dádivas de um Deus generoso. Ao prestarmos atenção cuidadosa à boa fonte desses dons, descobrimos pontos de entrada onde o ouro de Deus pode ser derramado nas fissuras da nossa vida.

Se a graça comum é a presença das bênçãos soberanas de Deus em todas as culturas, a maldição comum identifica nosso vínculo compartilhado de fragilidade, sofrimento e realidade amaldiçoada. Assim como pode fazer as plantas crescerem, o sol também pode queimar e amaldiçoar a terra que compartilhamos. A chuva pode ser uma bênção, mas pode igualmente causar enchentes enormes que destroem casas. Se a graça comum nos ajuda a entender a Deus abençoando aqueles que podem não compartilhar nossa fé, a maldição comum pode nos ajudar a simpatizar *com* e participar *no* sofrimento daqueles que são diferentes de nós. Essas experiências de fragilidade comum nos levam à compaixão pelos outros, incluindo nossos inimigos. O ouro da nova criação fluindo nas fissuras de nossas vidas frágeis é a oferta sacrificial do sangue de Cristo, um elemento precioso encontrado somente no corpo quebrado de Cristo. Dessa maneira, a arte prática do Kintsugi revela a dinâmica tanto da graça comum quanto da maldição comum: ambas se fundem em uma única obra. De alguma forma, Deus nos convida, assim como convida reis pagãos vindo em seus navios de Társis, para ser parte do *ouro esplêndido que não apenas nos une, mas também compõe a nova Jerusalém em virtude de suas fissuras quebradas.*

SHŪSAKU ENDŌ

Experiências nacionais traumáticas de guerra, perseguição e desastre são motivo de grande preocupação na estética e na cultura japonesas.[17] Quando consideramos a "glória" artística que o Japão tem para oferecer às nações, um vislumbre da Nova Jerusalém, a estética do trauma rapidamente vem à mente. Pensando melhor, parece que o Espírito Santo se moveu em meio e através dos artistas do Japão por toda a história conforme procuravam responder artisticamente ao trauma da nação.

Um exemplo excelente de um artista assim é o novelista católico romano Shūsaku Endō (1923-1996) e seu célebre livro *Silence and beauty* [Silêncio e beleza]. Recentemente adaptado para o cinema, o romance de Endō é um estudo profundo da fé e da dúvida em meio ao sofrimento humano e ao (aparente) silêncio divino.[18] Ambientado no Japão do século 17, *Silence* acompanha dois missionários jesuítas

---

[17] Veja Fujimura, *Silence and beauty.*

[18] *Silence*, dirigido por Martin Scorsese (Los Angeles: Paramount Pictures, 2016). Tive a honra de atuar como um conselheiro especial para Scorsese em *Silence.*

encarregados de descobrir o destino físico e espiritual de seu mentor. Ele havia sido considerado desaparecido durante a perseguição aos cristãos no Japão. Circulavam relatos de que o mentor, sob pressão, havia renunciado à sua fé e apostatado. Esperando descobrir a verdade, os padres Rodrigues e Garrpe viajam até o Japão. Para ajudá-los, os missionários pagam pelos serviços de um tradutor chamado Kichijiro, um personagem dúbio que se revela um bêbado indigno de confiança.

Nas mãos dos cruéis magistrados japoneses, os dois padres são forçados a enfrentar uma longa série de dilemas éticos e obrigados a reavaliar a sua fé. Os interrogatórios e as torturas que os padres suportam são perturbadores. Uma das torturas substitui a dor física pelo tormento psicológico. A "imagem de pisar", ou Fumi-e, era uma tábua contendo as imagens reverenciadas de Jesus ou de Maria, na qual, um por um, os campesinos japoneses eram chamados a pisar ou cuspir. Os perseguidores observavam atentamente a reação dos camponeses, procurando descobrir os cristãos para então persegui-los.

Uma das coisas que torna o romance de Endō tão profundamente perturbador é a forma como ele expõe seus leitores. Ao entrar no mundo do romance, os leitores são forçados a considerar suas próprias reações e respostas aos sofrimentos e aos dilemas éticos que surgem. No início os leitores não conseguem deixar de julgar o traidor Kichijiro — uma figura que trai seu mestre e sua própria consciência repetidamente. Contudo, ao final do romance, os leitores são confrontados com suas próprias vidas de traição. No fim, cristão ou não, todos nós apostatamos; todos pisamos em nossos Fumi-es.

Com esse livro ambientado no século 17, Endō procurou falar com sua audiência no século 20. Todos nós já experimentamos fé e dúvida, trauma e traição. Muitos no Japão têm acreditado fervorosamente no nacionalismo do Japão pré-guerra, outros no marxismo da resistência. O padre Rodrigues serve como um símbolo para a humilhação e o colapso da fé japonesa por meio do nacionalismo e do marxismo. O Fumi-e serve como um símbolo universal — um emblema da maldição comum fluindo através das fissuras do trauma japonês.

Ao apresentar aos seus leitores japoneses mais questões do que respostas, Endō abre a porta para que não cristãos se envolvam na reflexão teológica. Por meio da arte, em vez de um sermão, Endō se conecta com seus próximos não cristãos e os convida a refletir sobre o significado de seu trauma e traição nacionais. Aqui a "maldição comum" leva ao desejo comum por graça.

Endō afirmou repetidamente que, espiritualmente falando, ele é um descendente da "fé falida". Ele é um herdeiro espiritual do personagem abjeto Kichijiro. Depois de tudo, Endō insiste, a fé de Jesus Cristo no Japão conseguiu sobreviver não apenas por meio do sangue dos mártires como também pelos filhos daqueles que pisaram no Fumi-e.[19] O livro, diz Endō, "não é sobre o silêncio de Deus [...] mas [sobre] a voz de Deus falando através do silêncio e do sofrimento".[20]

Envolvimento missional

Todo o meu trabalho, vida e fé têm sido muito enriquecidos e moldados por esses artistas, artes e influências culturais "estrangeiras" ou "pagãs". As riquezas culturais do Japão são dons para mim. São dons do Espírito Santo, que está vivo e ativo em cada cultura e arte — não somente agora, mas desde o princípio dos tempos.

No âmbito pessoal, a doutrina reformada da graça comum transformou minha abordagem à minha identidade tripla como cristão, nipo-americano e artista contemporâneo. Não vejo nesses aspectos da minha vida qualquer tensão que precise resolver ou um problema que precise consertar. Ao contrário, acolho esses aspectos da minha vida como dons divinos que preciso estimar, vocações que preciso seguir.

Essa abordagem teológica reformada oferece mais do que uma forma para que os cristãos valorizem as culturas diferentes e não cristãs. Ela apresenta uma maneira para que a arte e a cultura também

---

[19] Yoichi Onaka, *The voice of silence* (Tokyo: President Publishing, 1992).
[20] Fujimura, *Silence and beauty*, p. 65.

sejam missionais. Ao refletirmos sobre a teologia de Mouw e a potência estética de Rikyū, Kintsugi e Endō, começamos a ver como opera o movimento do Espírito Santo através da arte e da cultura. A essa altura, podemos começar a identificar conexões e pontos de contato missionais por meio de diferentes fés, culturas e meios artísticos.

Uma interação pessoal que tive com Richard Mouw ilustra esse ponto. Ao ouvir que eu estava planejando uma viagem para o Japão, Mouw apresentou-me a um novo esforço de plantar uma igreja em uma vizinhança agitada e culturalmente vibrante em Tóquio. Ao chegar à cidade, me reuni com os líderes. Quando eles me perguntaram como deveriam abordar seus esforços, eu disse a eles: "Não plantem uma igreja". Percebendo que os plantadores de igreja ficaram um tanto surpresos, esclareci que qualquer coisa que os cristãos fizessem para criar e cultivar a cultura na vizinhança seria uma semente potencial para a plantação da igreja. "Vocês estão em uma área agitada e artística de Tóquio", eu disse. "Aqui estão muitas famílias não cristãs com crianças que se preocupam com as artes." Em lugar de começar com uma igreja, eu os encorajei a plantarem um programa de arte aos sábados para as crianças da vizinhança. "Sirvam seu próximo primeiro", eu disse a eles, "antes de pensar em 'plantar' alguma coisa. As artes podem ser uma forma de conexão e serviço cultural".

Um ano depois, voltei para verificar os líderes em Tóquio. Era um sábado, e o espaço que eles tinham dedicado para essa empreitada estava repleto de atividades. As crianças corriam animadas, gritando e fazendo arte. Dois anos mais tarde eu os visitei novamente. Muitos pais haviam abraçado a fé. Como um novaiorquino, compartilhei com eles a dor e a angústia que experimentamos no 11 de setembro. Eles compartilharam comigo o trauma da nação pelo tsunâmi de 11 de março de 2011. A maldição comum do trauma e a graça comum de Cristo nos conectaram. A plantação de igreja em Tóquio se expandiu agora para Hiroshima. Embora não se apresentasse inicialmente como uma "igreja" oficial (os vizinhos ainda veem o centro comunitário como um núcleo cultural servindo suas famílias e vizinhança), a iniciativa cultural se tornou uma das igrejas mais vibrantes na cidade.

Esse é o legado duradouro da teologia reformada da vida comum de Richard Mouw. Essa teologia se estende além das fronteiras da América e, por meio de numerosos "navios de Társis", traz com ela frutos culturais e espirituais dos famintos ao redor do mundo.

Makoto Fujimura (MFA, Tokyo University of Fine Arts and Music) é um proeminente artista contemporâneo cujas telas misturam a pintura Nihonga tradicional com arte contemporânea. Seus livros recentes — *Culture care* (InterVarsity, 2017), *Silence and beauty* (InterVarsity, 2016) e *Arte e fé* (Thomas Nelson Brasil, 2022) — exploram a intersecção entre arte, cultura e teologia.

POESIA

13 POESIA E A TRADIÇÃO REFORMADA

James K. A. Smith

A vida estética é tão essencial ao ser humano quanto construir castelos de areia na praia ou dar nomes aos filhos.

—**Calvin Seerveld,** *Rainbows for the fallen world*

Não vamos nos deter em acrobacias exageradas para tentar "definir" poesia. "O que é poesia?" é o tipo de questão que você faz quando prefere o ar abstrato da disputa conceitual em lugar da percepção tocante da poesia em sua concretude. Em outras palavras, perguntar "O que é poesia?" é geralmente uma forma de evitá-la.

Mas talvez uma definição funcional e mais "vaga" (como Ludwig Wittgenstein a expõe) de poesia ao menos nos ajude a saber sobre o que nós *não* estamos falando. A poesia é um uso performático, um trabalho de linguagem. Pense nela como a destilação do que as palavras podem fazer — uma intensificação da capacidade da linguagem em lidar com diversos sentidos, deixando o significado dançar ao descortinar a linguagem, permitindo que as palavras tremam em sua multivalência. Ou você poderia dizer que a poesia é para a linguagem o que a redução é para a culinária: a poesia ferve a verbosidade da fala até que se torne uma mistura mais potente de palavras que em si mesmas (dicção) e em sua interação umas com as outras (sintaxe) geram significado que será mais sentido do que processado.

Você perceberá que não estamos dizendo que a poesia necessariamente rima ou segue regras de métrica, embora ela possa e muitas

Estética pública: Poesia

vezes faça uso de ambos.[1] Isso ocorre porque a poesia ocupa um espectro da linguagem humana de modo a estar bem próxima da canção. Alguns sugerem que o mais perto que podemos chegar de uma definição característica da poesia é a quebra de verso — a maneira única em que um poeta decide onde um verso começa e onde o outro termina. Chamamos isso de "enjambment" (cavalgamento).[2] A quebra de verso, como uma respiração, uma pausa, é uma das formas em que os poetas nos sintonizam à linguagem novamente, como um elemento-chave dessa destilação ou redução de significado em linguagem. O crítico Terry Eagleton sugere que, se você precisa de uma "definição tristonha e não muito poética", o melhor que podemos ser capazes de fazer é: "Um poema é uma declaração moral verbalmente criativa, ficcional, na qual é o autor, e não a impressora ou o processador de textos, que decide onde as linhas devem terminar".[3]

ESTÉTICA REFORMADA: FUNDAMENTOS PARA ABORDAR A POESIA

Para nossos propósitos, vamos pressupor que você conhece poesia quando a vê e, entretanto, pergunta: Como a tradição reformada pode de maneira única afirmar tanto o bem quanto o significado da poesia? Como a sensibilidade reformada pode nos encorajar a encontrar prazer na poesia?

Uma poética reformada seria baseada em uma estética reformada mais fundamental ("estética" sendo um termo estenográfico para uma filosofia das artes, um relato do que a arte faz e porque é importante). Se seguimos a articulação influente de Calvin Seerveld de uma estética reformada,[4] notamos diversas convicções básicas.

---

[1] Para uma tomada lúdica e meio satírica sobre isso, veja o romance de Nicholson Baker *The anthologist*, no qual o narrador se dedica a compilar uma antologia da poesia organizada em uma ideia ultrapassada: *Somente rima*.

[2] Para uma útil discussão, veja James Longenbach, *The art of the poetic line* (St. Paul: Graywolf, 2008).

[3] Terry Eagleton, *How to read a poem* (Oxford: Blackwell, 2007), p. 25.

[4] Eu citei Seerveld (veja as notas a seguir) como um exemplo influente de alguém que articulou uma estética reformada, mas não afirmo que ele é a única representação dela. Para uma discussão relevante da estética de João Calvino, veja W. David O. Taylor, *The theater*

Primeiro, a tradição reformada afirma a importância da estética — o "artístico", podemos dizer — como um bem por si só. A estética é um aspecto fundamental da criação e não apenas uma forma decorativa ou bela de comunicar ou avaliar "mensagens" ou verdades teológicas. Em outras palavras, as artes não se justificam porque são servas da teologia ou do ministério. Elas possuem sua própria vocação divina, sua própria expressão como criaturas dentro do mundo de Deus.

A estética não é opcional. Ela cumpre um papel exclusivo e insubstituível na vida humana. A estética não é de interesse apenas do povo "artístico"; antes, a estética é um aspecto fundamental de toda a criação e de cada pessoa humana. Se a pessoa humana fosse um violão, a estética é uma corda que faz parte de um todo em nós. A questão é se (ou como) ela é tocada. A totalidade do ser humano é um acorde que toca nossas cordas de arte.[5]

Segundo, que aspectos da minha humanidade são suscitados pela estética? A estética ativa nossa imaginação por meio do que Seerveld chama de "capacidade de alusão". A capacidade de alusão é caracterizada por um tipo de jogo, uma obliquidade lúdica, como "uma certa inclinação da luz"[6] de Emily Dickinson. Seerveld chama isso de "uma sugestividade disciplinada".[7]

Em lugar de nos encontrar de frente, por assim dizer, palavras e imagens alusivas atraem e puxam nossa imaginação, animando um

---

of God's glory: Calvin, creation, and the liturgical arts (Grand Rapids: Eerdmans, 2017). Veja também Abraham Kuyper, "Calvinism and art", in: *Lectures on Calvinism* (Grand Rapids: Eerdmans, 1931); e Nicholas Wolterstorff, *Art in action: toward a Christian aesthetic* (Grand Rapids: Eerdmans, 1987).

[5] Ironicamente, a imagem mais conhecida de Seerveld para articular esse ponto é o que ele chama de "modelo lata da criatura humana", uma imagem nada atraente. Para um esclarecimento, veja Calvin Seerveld, "Ordinary aesthetic life: humor, tastes, and 'taking a break'", in: *Normative aesthetics*, org. John H. Kok (Sioux Center, IA: Dordt College Press, 2014), p. 111-34.

[6] Essa frase vem do poema de Emily Dickinson "There's a Certain Slant of Light", disponível em https://poets.org/poem/theres-certain-slant-light-258.

[7] Calvin Seerveld, *Rainbows for the fallen world: aesthetic life and artistic task* (Toronto: Tuppence, 1980), p. 126.

aspecto de nós que deseja cantar, mesmo que isso signifique por vezes cantar o *blues* ou lamentos. "A vida estética", diz Seerveld, "é aquela zona da existência humana no mundo de Deus onde somos sujeitos ao mandamento do Senhor para sermos imaginativos, para respondermos alegremente a peculiaridades e partículas, todas as maravilhosas nuances ao nosso redor, como dons de Deus, valiosos para o *shalom*".[8]

Poesia, sugiro, é a mais intensa experiência de capacidade de alusão na linguagem. A poesia é um modo da linguagem que traz "riqueza de nuances"[9] e sugestividade de palavras do implícito para o explícito, nos ajudando a ver as coisas em uma forma e de um ângulo que normalmente nos escapa. A partir desses encontros poéticos com as palavras, retornamos para nosso uso diário da linguagem e nossa imersão diária no mundo com uma nova sensação de profundidade das possibilidades da criação. É possível dizer que esses encontros imaginativos expandem nosso cosmos ao trazerem as profundezas da linguagem à luz, características que podemos não ter notado antes. Por exemplo, o maravilhoso poema de Ted Hughes "The Thought-Fox", com seu entrecruzamento de metáfora e observação precisa, fará você ver não apenas a natureza, mas também sua própria consciência como você nunca vira.

Terceiro, de acordo com o que os filósofos reformados como Seerveld e Nicholas Wolterstorff enfatizam, a estética não é apenas característica das belas artes ou de obras de arte construídas de maneira estritamente profissional. Embora os artistas e as obras de arte profissionais ofereçam uma experiência particularmente intensa da estética,[10] há um elemento estético em toda a vida humana. Cada esfera da

---

[8] Seerveld, *Rainbows for the fallen world*, p. 125.

[9] Calvin Seerveld, "Dooyeweerd's legacy for aesthetics: modal law theory", in: *Normative aesthetics*, org. John H. Kok (Sioux Center, IA: Dordt College Press, 2014), p. 79.

[10] Para usar a estrutura de Herman Dooyeweerd, obras de arte são objetos para os quais a função estética é "principal" ou definidora: eles são feitos para iluminar ou "frontear" a estética. Mas *todos* os fenômenos têm um aspecto estético. Para uma discussão relevante, veja Seerveld, "Dooyeweerd's legacy for aesthetics", p. 52-4.

vida (família, política, negócios, esportes etc.) é realçada pelo estético e pelo alusivo.

Bênçãos estéticas e poéticas estão espalhadas por toda a nossa vida comum, inclinando-a em direção ao *shalom*. Conforme Seerveld brinca: "Ninguém pode sair do mundo de Deus ou saltar fora de sua pele humana; então, por bem ou por mal, você recebeu uma vida estética para viver".[11] Não é apenas poesia, mas também o momento poético de cada aspecto da diversidade das criaturas. A melodia de uma oração, a alegre elaboração de um curso, um e-mail que luta contra o marasmo da comunicação empresarial com uma fala incisiva, a cadência das canções dos votos de casamento, mesmo as potentes figuras de linguagem da discussão de um casal — todos possuem um aspecto estético que pode ser animado pela poética. Gratidão é a resposta adequada aos dons abrangentes, gratuitos e divinos da estética.

Quarto, uma estética reformada santifica o cotidiano. Não se limita aos aspectos exóticos, dramáticos ou intensamente espirituais da vida. A estética reformada investiga diretamente (e brinca com) os aspectos aparentemente comuns, mundanos e materiais da vida humana.

Os reformadores protestantes recusaram a dicotomia medieval tardia do assim chamado sagrado e secular. Eles afirmaram a "santificação da vida comum" e a santidade do doméstico. As vocações do fazendeiro, do caseiro e do ferreiro eram sagradas. Não é por acaso, portanto, que os artistas nas regiões onde a Reforma ocorreu transportam sua atenção artística das limitadas representações de narrativas bíblicas ou de cenas míticas para pintarem, e assim santificarem, as paisagens que viam todos os dias. De repente, as vocações comuns dos camponeses com quem eles conviviam eram dignas de reflexão artística. Em lugar de pintarem retratos da nobreza, pintores como Vermeer e Rembrandt prenderam nossa atenção em açougueiros e criadas, vendedores e trabalhadores de docas — o amado *kleine luyden*

---

[11] Seerveld, "Ordinary aesthetic life", p. 118.

Estética pública: Poesia

(gente pequena) de Abraham Kuyper (e de Richard Mouw). Em vez de representarem os grandes salões, eles nos permitiram espreitar as cozinhas humildes e, assim, declararam esses espaços como dignos de investigação e celebração.

Quinto, a estética na tradição reformada resiste a qualquer compreensão monolítica ou míope de arte. A arte não é apenas uma coisa, tampouco existe para atender a apenas um propósito. As artes e as intenções por trás da criação artística são múltiplas.

Nicholas Wolterstorff em especial articulou uma crítica reformada à tendência moderna de interpretar a arte apenas como uma ocasião para contemplação. Uma das contribuições mais importantes de Wolterstorff para a estética foi uma ênfase na arte como *ação* — arte como ato, performance, destinada a fazer alguma outra coisa. A arte não é um recuo gnóstico da ação para o plano mundanizado da contemplação, pelo contrário, trata-se de mais uma forma pela qual nós agimos no e sobre o mundo. "Arte — tantas vezes pensada como uma maneira de sair do mundo — é uma maneira do homem de agir *no* mundo. *O homem age artisticamente.*"[12]

O mesmo, então, é verdade para a poesia. A poesia não é apenas uma ocasião para um retiro contemplativo; trata-se também do meio de performar e encenar de uma forma distinta, uma maneira linguística de *fazer* algo. Estou pensando em hip-hop, cartas de amor, comerciais, piadas, limeriques. Na verdade, o que Wolterstorff sugere como uma gama de ação da arte pode ser toda imaginada como exemplos de performance poética: "A arte desempenha e deve desempenhar uma diversidade enorme de papéis na vida humana. Obras de arte são instrumentos pelos quais realizamos ações diversas como elogiar homens que admiramos e expressar nossa tristeza, evocar emoção e comunicar conhecimento. Obras de artes são objetos de ações como a contemplação por causa do prazer. Obras de arte são

---

[12] Wolterstorff, *Art in action*, p. 4. Aqui a linguagem de gênero de Wolterstorff reflete seu tempo.

259

acompanhamentos para ações como plantar algodão e ninar crianças. Obras de arte são um pano de fundo para ações como cozinhar uma refeição e andar por aeroportos".[13] Como uma forma de arte, a poesia pode fazer todas essas coisas e mais; ela pode fazê-las em formas que são distintamente significativas, expressando e falando à imaginação de uma maneira que cultive a plenitude do ser humano. Existem várias maneiras de ser poético.

ESTUDO DE CASO: ROD JELLEMA

Se há boas razões reformadas para afirmar a importância e exclusividade da poesia como uma forma de estar em lazer no mundo, como é a poesia na tradição reformada, por assim dizer?[14] Com o que a poética reformada se parece na prática? Poderíamos considerar um leque de exemplos — de William Cowper a Emily Dickinson. De fato, as famosas linhas poéticas de Dickinson: "Diga a verdade, mas diga-a com um viés— / o êxito está no circuito" captam o próprio cerne da poesia.

Quero focar em um poeta mais recente na tradição reformada como apenas um exemplo: Rod Jellema. Cria da tradição reformada, que inclui sua *alma mater*, Calvin College, Jellema foi por muito tempo professor de literatura na University of Maryland, onde ele fundou o programa Creative Writing. Ele veio para a poesia um pouco mais tarde (aos quarenta anos), mas sua poesia incorpora os aspectos de uma poética reformada que descrevi anteriormente. Em *Incarnality* [Encarnalidade], uma coletânea de seus poemas desde 1974 até 2010, Jellema observou: "Cada vez mais minha obra se tornou celebratória. Celebro frequentemente os temas de uma boa escuridão fértil e da fisicalidade

---

[13] Wolterstorff, *Art in action*, p. 4.

[14] Obviamente, a afirmação reformada da poesia não implica apenas uma afirmação da "poesia reformada". No espírito da graça comum (amada por Mouw), assim como da catolicidade, a afirmação reformada da poesia pode celebrar uma ampla gama de poesias e portas. No espírito do antigo poeta romano Terêncio, o cristão reformado pode alegremente dizer: "Nada humano é estranho para mim". E os poetas muitas vezes trazem aspectos da humanidade para mais perto de mim do que a prosa.

Estética pública: Poesia

viva".[15] Aqui está a poética equivalente a todas aquelas pinturas de paisagens holandesas do século 17 ou os retratos de Vermeer da vida doméstica: uma participação sugestiva, alusiva, ao que está diante de nós, mas que muitas vezes perdemos.[16] A poesia de Jellema pausa para notar, revelar, e consequentemente nos convidar para pararmos e fazermos o mesmo. Isso é celebração, mesmo que parta corações. A poesia de Jellema é uma extensão dessa santificação do cotidiano pelos reformadores, um olhar que atenta para a labuta e a maldição, um humanismo que enxerga o sofrimento, em vez de ignorá-lo.

"É disso que *Incarnality* trata", continua Jellema. "É procurar e viajar até que se chegue a um lugar estranho chamado lar e descobrir que seu lugar é ali. É claro que, necessariamente, também busca capturar o sentimento de um mundo no qual essa jornada parece perdida e pelo qual se anseia".[17] Você pode ver essa nuance presente em um dos últimos poemas de Jellema, "West window", que termina com esta estrofe:

> Tento juntar clarão e zunido e trevas de tudo
> em uma espécie de hino que seja suave, que possa nascer diariamente
> sobre a felpuda duna do período glacial logo em frente, que flutua sobre

---

[15] Rod Jellema, *Incarnality: the collected poems* (Grand Rapids: Eerdmans, 2010), p. xv.

[16] O poeta Ted Hughes, cuja poesia exibe uma celebração similar do cotidiano, articula isso belamente: "Pois é ocasionalmente possível, apenas por breves momentos, encontrar as palavras que destrancarão as portas de todas aquelas mansões dentro da cabeça e expressar parte — talvez não muito, apenas parte — do monte de informações que nos pressionam pela maneira em que um corvo voa e um homem caminha e a aparência de uma rua e do que nós fizemos um dia há doze anos atrás. Palavras que expressarão parte da profunda complexidade que nos faz precisamente da maneira que somos, do efeito momentâneo do barômetro até a força que criou homens distintos das árvores. Parte da música inaudível que se move em nossos corpos de momento a momento como a água em um rio. Parte da duplicidade e relatividade e a mera qualidade passageira de tudo isso. Parte da importância onipotente e parte da completa falta de sentido. E quando as palavras podem lidar com parte disso, e lidar em um momento do tempo, e nesse mesmo momento tornar tudo isso a assinatura vital do ser humano — não de um átomo, ou de um diagrama geométrico, ou de uma pilha de lentes —, mas de um ser humano, chamamos isso de poesia" ("Words and experience", in: *Poetry in the making* [London: Faber & Faber, 1969], p. 124).

[17] Jellema, *Incarnality*, p. xvi.

o colorido das roupas de praia e os barcos ali atracados a desafiar,
na costa, o adorável lago dos náufragos a um canto antifonal
que quase chego a ouvir. Ouça. Está mais próximo, na calmaria
depois da tempestade.[18]

Como a arte de Van Gogh e Vermeer, a poesia reformada está povoada por camponeses, trabalhadores e outros — como mães e criadas — trabalhando com suas mãos.[19] Uma vez que essa obra também é santa, a atenção do poeta ao trabalho deles pode ser um portal para o eterno, o divino sendo vislumbrado nos campos e em incêndios domésticos.

Evangelho quadrangular, por Rod Jellema

O velho tio Fred podia apertar os olhos ao longo de vigas de doze
metros
E perceber o mais leve desvio em formato de curva,
Que ninguém mais via. Suas mãos, calejadas e com piche,
Nivelariam com ternura as junções, para igualá-las em um encaixe
perfeito.
Costumávamos vê-lo montado em suas vigas inabaláveis,
Alto, assim como os golpes que reverberavam de seus braços reverentes,
Olhando com orgulho para a obra de amor de seu mundo de
esquadrias,
Seu mundo quadrangular. Ele sempre lançava um olhar penetrante
para ver
Se alguma tábua pecadora, na casa de alguém, estava fora de
esquadro.
E ansiava por redimi-la com a justa língua de sua plaina.

E, então, ele caiu sob os arcos e as curvas da idade,
Preso a uma cama, olhando para o leste enviesado,

---

[18] Jellema, *Incarnality*, p. 235. Reproduzido com permissão da editora.

[19] Jellema tem uma sequência memorável de poemas que celebram a vida e obra de Vincent van Gogh, cujo trabalho exibe essa mesma sensibilidade. Jellema, *Incarnality*, p. 153-7.

Estética pública: Poesia

Enquanto cupins invisíveis cercavam sua casa quadrangular.
Perplexo, ele olhava para o arco longo e triste dos gansos,
A leve envergadura de um galho de árvore carregado de frutos,
E então — nós sabíamos pela linha suave de sua boca —
Via o pescoço envergado que pendia, livre, das vigas de uma cruz.[20]

Mas, uma vez que o mundo de que participamos, e até mesmo celebramos, é uma criação a gemer, o poeta que assiste ao mundo também deve nos mostrar as sombras. O poeta reformado ocasionalmente será chamado a investigar as rachaduras nas vigas, atender ao faminto, dar voz à fúria. Jellema perdeu um filho em um acidente de carro, e sua poesia é atravessada muitas vezes por uma tristeza que é seu próprio anseio por ressurreição e comunhão. Nesses poemas, a concretude e a especificidade são precisamente o que torna possível para nós tomarmos o poema e encontrarmos nossas próprias tristezas nomeadas, mesmo que suas fontes e ocasiões sejam diferentes. A última estrofe de "Letter from Friesland to my sons" [Carta da Frísia para meus filhos] captura a essência disso:

Ouçam, portanto: os antigos frísios dizem o que fazer com o
    mistério e a perda,
com toda a beleza e a tristeza que não podem ser descritas:
se não pode ser dito, diz um provérbio de Dokkum, *então, deve ser
    cantado*.
Estou aprendendo. Perdoem-me. Eu quero trocar palavras
com vocês esta noite, mas o canal de retorno não tem tradução.[21]

Às vezes a poesia é como cantamos o inefável. A poesia é um jeito de dar uma pausa no falatório incessante de nossa existência, onde as palavras de publicitários, políticos e mesmo pregadores jogam sobre nós um fluxo de blá-blá-blá no qual as palavras são apenas átomos sônicos de barulho. O poeta nos pega pelo colarinho, nos empurra

---

[20] Jellema, *Incarnality*, p. 13. Reproduzido com permissão da editora.
[21] Jellema, *Incarnality*, p. 70. Reproduzido com permissão da editora.

para nossa cadeira, tenta silenciar o ar e, no fôlego daquele primeiro silêncio, nos convida a ouvir novamente as palavras e luta com nossa finitude de novo. Jellema faz isso em "Think Narrow" [Pense pequeno], que conclui:

> Pense pequeno. Pense no fio de luz
> que salta por debaixo da porta do quarto
> para salvar a criança assustada que você era.
> Você ter escapado por pouco de ser um outro alguém.
> A graça delicada do pensamento de um aprendiz
> que leva você para além de si mesmo, a caminhar
>
> a boa cidade, pesada, cinzenta,
> protuberância e músculo e extenso osso
> permite que um fio de pensamento ande
> por essas ruas, elas próprias uma criação do pensamento.
> Pense em como caminhamos pela vasta terra
> imprimindo nosso peso e nosso amor
> exultando no ventre aumentado em crescimento,
> sabendo que o estreito dom da encarnação
> é nosso, por um triz.[22]

GRAÇA COMUM E POESIA: SOBRE LER AMPLAMENTE

Deve-se reconhecer, é claro, que a afirmação e a celebração reformada da poesia não se reduzem ao foco em poetas reformados. Na verdade, a sensibilidade estética reformada deve nos impelir a receber o jogo da poesia de uma ampla gama de vozes. Embora nós ainda queiramos exercitar o julgamento estético (nem toda poesia é *boa*), podemos celebrar a expressão finita, profundamente *humana*, da *imago Dei*, que recebe sopro de vida na linguagem poética.

---

[22] Jellema, *Incarnality*, p. 118. Reproduzido com permissão da editora.

Estética pública: Poesia

Na verdade, também devemos ser honestos em admitir que a tradição reformada foi um contribuinte menor no rio da poesia. (A tradição reformada ainda precisa dar à luz um Gerard Manley Hopkins, embora possamos considerar George Herbert, o grande poeta anglicano, ao menos um primo.) Conquanto os poetas que trabalham a partir das convicções reformacionais tragam sensibilidades únicas para sua tarefa criativa, a convicção reformada a respeito da graça comum de Deus significa que nós também podemos esperar que o Espírito de beleza e significado seja ouvido de lugares surpreendentes. Richard Mouw resume sucintamente a intuição por trás da doutrina da graça comum: "Se Deus é *glorificado* por sua criação não humana — então parece razoável assumir que Deus *tem prazer* naqueles fenômenos criados não humanos. E também parece ser bastante plausível que Deus tenha prazer em várias situações *humanas*, mesmo quando são apresentadas na vida de seres humanos não eleitos".[23] E, se Deus tem prazer nesses artefatos da criatividade humana, seu povo também deve ter.

De fato, existe uma boa razão para esperar que a poesia cristã seja propensa a figuras de linguagem e metáforas que se tornem previsíveis, um tipo de rotina da imaginação precisamente por causa de sua familiaridade excessiva.[24] Uma das grandes tentações para toda a arte cristã é cair no clichê, papaguear o familiar e continuar a reinventar a roda com cada vez mais camadas de sentimentalismo.

---

[23] Richard J. Mouw, *He shines in all that's fair: culture and common grace* (Grand Rapids: Eerdmans, 2001), p. 35.

[24] Isso se relaciona com o que Charles Taylor chama de "fragilidade" da linguagem poética: "O que é revelado por ressonância pode deixar [de fazê-lo]. A linguagem pode ficar morta, plana, tornar-se rotineira, uma ferramenta útil de referência, um lugar-comum, como uma metáfora morta, apenas invocada sem pensar. Vemos isso, naturalmente, na linguagem religiosa tradicional". *A secular age* (Cambridge: Harvard University Press, 2007), p. 758 [no Brasil: *Uma era secular* (São Leopoldo: Ed. Unisinos, 2010)]. Isso nos leva ao neologismo, continua Taylor, para encontrar uma nova linguagem que faça justiça à nossa realidade e necessidade de expressão. Taylor aponta para a poesia de Gerard Manley Hopkins como um exemplo propício (p. 760-5). Para mais discussões desse ponto, veja James K. A. Smith, *How (not) to be secular: reading Charles Taylor* (Grand Rapids: Eerdmans, 2014), p. 135-7 [no Brasil: *Como (não) ser secular: lendo Charles Taylor* (Brasília: Monergismo, 2021)].

Precisamente por essa razão, a convicção reformada sobre a graça comum pode nos impelir para um mergulho na poesia, cuja linguagem sutil pode ser uma ocasião para renovar nossa própria linguagem. Haverá aspectos da criação, de nós mesmos e mesmo do caráter de Deus que podem ser iluminados para nós pelos poetas de outras crenças e mesmo sem crença alguma. Nesse esforço de desvendar o mundo e a nós mesmos com a sutileza do discurso, há terreno comum com desde poetas muçulmanos de Rumi até criadores contemporâneos como Kaveh Akbar, Naomi Shihab Nye e Saadi Youssef, apenas para citar alguns. Ou podemos ouvir a humildade diante do mistério nas letras e poesia de Leonard Cohen, cuja herança judaica continua a perseguir e permear sua imaginação, dando voz aos aleluias sofridos *(broken hallelujhas)*. Em um discurso de agradecimento na Espanha, Cohen disse: "A poesia vem de um lugar em que ninguém manda e ninguém conquista [...]. Se eu soubesse de onde vêm as boas canções, eu iria pra lá mais vezes".[25] Aqui está uma postura de humildade que também é receptiva aos ventos do Espírito Criador, onde quer que possa soprar. E não é apenas nas velas dos poetas cristãos.

Na verdade, há muitos dons a serem recebidos dos assim chamados poetas seculares, aqueles que ostentam sua recusa e incredulidade em suas mangas, embora lutem com o Deus em que não acreditam e por consequência nos mostrem, por vezes, parte das confusões, obscurecimentos e figuras de linguagem gastas em que nos escondemos para nos proteger da ferocidade da misericórdia e do mistério divinos. Quando Philip Larkin, em seu poema "Church Going", comenta sobre a irrelevância singular do cristianismo, é digno de nota. O poeta pausa para entrar "em reverência constrangedora", admira o teto, assina o livro de visitas, e então reflete que "o lugar não era digno de se parar". Contudo, ele parou, algo que ele confessa fazer frequentemente, e sai se perguntando o que ele deveria ver, mas que não vê.

---

[25] In: Leonard Cohen, *The flame: poems and selections from notebooks* (Toronto: McClelland & Stewart, 2018), p. 267.

Estética pública: Poesia

Abordar a poesia à luz da graça comum não é apenas ouvir a poesia que confirma nossos princípios básicos. Ela requer de nós uma vulnerabilidade, uma abertura, um tipo de hospitalidade linguística pela qual nós mesmos somos abertos, descentralizados e receptivos à linguagem que pode nos confundir, embora, ao fazê-lo, nos desperte do sono do discurso cansado. A coleção de Morgan Parker *There are more beautiful things than Beyoncé* tem mais do que o suficiente para escandalizar os leitores que prefeririam a previsibilidade calma de Emily Dickinson ou Mary Oliver. Mas, exatamente por causa do erotismo da poesia de Parker, temos linguagem em chamas. Há um tipo de surrealismo à sua dicção fluxo-de-consciência que não obstante captura a confusão peculiar que tantas vezes é a voz dentro de nossa própria cabeça. "The Gospel of Jesus's Wife",[26] por exemplo:

> Jesus ama a mim, sim
> Sim, e a meu corpo
> Meu templo campanário
> Ó Deus, tua carne é um verbo
> Minha carne, por graça de ti,
> Eu creio em tudo
> Corpos marrons em um rio salino
> Teus louvores em suas bochechas intumescidas.

A carnalidade do ser humano — e a especificidade da feminilidade negra — é sempre invocada de formas que nos desafiam a questionar quão desejosos estamos de afirmar a bondade da criação, da corporificação e da encarnação. Estamos desconfortáveis com o sentido, o jogo da linguagem e dos corpos? Na verdade, não é nosso desconforto uma recusa de uma metáfora erótica diante da qual nem Salomão nem o apóstolo Paulo se encolheriam? Mais tarde no poema, Parker continua:

---

[26] Antes de se ofender com o título, considere a descrição que a Escritura faz da igreja.

Teologia pública reformada

E Jesus disse mal passado
E eu me curvei silenciosamente, eternamente
Limpei seu cálice em meu avental
E derramei-lhe seu sangue
Nesta parábola, eu sou o cálice
Cratera de nascimento e serviço[27]

A poesia é um daqueles meios pelos quais os portadores da imagem de Deus, esses humanos designados a serem criadores, criam convites alusivos para se tornarem crateras da misericórdia de Deus, cálices cheios com sua graça, oferecendo ao nosso próximo uma bebida vivificante.

James K. A. Smith (PhD, Villanova University) é professor de Filosofia na Calvin University, onde ele ocupa a cátedra Gary e Henrietta Byker de Teologia Reformada Aplicada e Cosmovisão. Ele também atua como editor-chefe da *Image*, uma revista trimestral de ficção, poesia e arte visual na intersecção da fé e do mistério. Seus livros incluem *Você é aquilo que ama* (Vida Nova) e *Na Estrada com Agostinho* (Thomas Nelson Brasil).

---

[27] Morgan Parker, *There are more beautiful things than Beyoncé* (Portland, OR: Tin House Books, 2017). Copyright © 2017 by Morgan Parker. Reproduzido com permissão de ICM Partners.

MODA

14 RECURSOS REFORMADOS PARA PENSAR SOBRE MODA

Robert S. Covolo

"Você já pensou que existem mais coisas na vida do que ser muito, muito, muito, ridiculamente bonito?" Um modelo propõe essa questão retórica no filme de comédia pastelão *Zoolander*. A piada — e o filme inteiro — lucra com as bem conhecidas mazelas do mundo da moda.

Piadas à parte, a moda apresenta diversas questões sérias a todos os cristãos que, vamos admitir, vestem algum tipo de roupa. Como cristãos, o que devemos fazer com a moda? Ela é pouco mais do que uma obsessão inútil alimentando uma existência superficial? Os cristãos devem dispensar a moda como mera frivolidade e seguir para questões mais importantes? E o que dizer a respeito dos cristãos que trabalham na indústria da moda? Como eles devem entender sua participação? Será possível se vestir de manhã sem participar dos sistemas, das estruturas e dos padrões da moda?

No centro dessas questões está um enigma: o que exatamente é "moda"? De onde ela vem? E como funciona? Com certeza, a moda envolve mudança. Afinal, nós muitas vezes falamos de coisas "entrando" e "saindo" "de moda". Na verdade, não é incomum ouvir sobre uma série de coisas — carros, mobília e mesmo ideias — como estando "na moda". Contudo, nosso interesse reside num entendimento mais preciso de moda: a rápida interação do adorno corporal. Além disso, essa interação, como inúmeros teoristas da moda argumentaram, tem um relacionamento singular tanto com o ocidente quanto

Teologia pública reformada

com a modernidade.[1] Unindo essas ideias, a moda pode ser compreendida como *a rápida interação de se vestir que, embora seja global em alcance e evidente nas culturas não ocidentais, encontra seu resultado histórico principalmente através dos desenvolvimentos no ocidente moderno.* Tendo estabelecido como usaremos o termo, voltamos para a segunda questão preliminar: a partir de onde a tradição teológica reformada discute a moda?

A teologia reformada surgiu no início do período moderno na Europa Ocidental. Assim, a gênese dessa tradição é praticamente concomitante com o surgimento da moda moderna.[2] A recusa da tradição teológica de simplesmente isolar a igreja da cultura mais ampla (algo que Richard Mouw chama de "mundanismo santo") coloca a herança da igreja numa posição privilegiada para teologizar dentro dos fundamentos *desta* vida, dentro da roupa da moda que a adorna.

Consideradas as procedências paralelas da Reforma e o início da moda moderna, e considerando o foco singular da teologia reformada na vida presente, não surpreenderia que a tradição ganhe uma tração única quando reflete sobre o tema da moda.[3] Para evidenciar isso, comecemos nossa análise com o mais célebre de todos os antepassados da tradição reformada, João Calvino.

DÁDIVAS DE UM BOM PAI

Os cristãos deveriam agradecer a Deus pelas roupas? Pela moda? Talvez surpreenda os leitores modernos que João Calvino (1509-1564)

---

[1] Na verdade, a palavra em francês para moda, *la mode*, é a raiz da palavra "modernidade". Veja Christopher Breward; Caroline Evans, orgs., *Fashion and modernity* (New York: Bloomsbury Academic, 2005); Elizabeth Wilson, *Adorned in dreams: fashion and modernity*, 2ª. ed. (London: Taurus, 2003), p. 16; Chris Breward, "Style and modernity," in *The culture of fashion* (Manchester, UK: Manchester University Press, 2003), p. 159-68; Joan Entwistle, *The fashioned body: fashion, dress and modern social theory*, 2ª. ed. (Malden: Polity, 2015), p. 44.

[2] Digo "praticamente", pois tanto a moda quanto a Reforma nasceram no início da modernidade: a moda moderna pode ser rastreada até os séculos 13 ou 14, e a Reforma começou no século 16.

[3] Para sugerir essa proximidade, listei as fontes reformadas cronologicamente e as rotulei à luz das contribuições exclusivas que elas prestam para uma teologia da moda.

Estética pública: Moda

tenha bastante a dizer a respeito do início da moda moderna em seus dias.[4] Era banal para teólogos e pastores do século 16 comentar sobre vestimenta. Na verdade, era comum para as autoridades eclesiásticas trabalhar com magistrados civis para detalhar e reforçar leis que regulassem as vestimentas. Calvino não foi diferente. Como resultado de sua atuação nessa responsabilidade cívica, muitos de seus comentários focam em roupas, conforme ele as relaciona ao seu potencial para o pecado público.[5] Por exemplo, quando Calvino lê a história de Deus oferecendo peles de animais para o primeiro casal (Gn 3:19-22), ele rapidamente as associa com a Queda, o orgulho e a tentação da humanidade em construir uma identidade desalinhada com seu verdadeiro status. Assim, vez após outra, Calvino retorna para a natureza problemática da vestimenta luxuosa na esfera pública: esses adornos eram facilmente utilizados para iludir não apenas o eu, mas também ao próximo a respeito de seu verdadeiro status diante de Deus.

Ao ler os numerosos comentários negativos que Calvino teceu sobre o potencial pecaminoso do vestuário, sente-se a tentação de descartar Calvino como um puritano, rabugento, desmancha-prazeres. Contudo, em diversos aspectos, isso seria um equívoco. Para iniciantes, os trechos em que Calvino aborda vestimentas revelam um desejo de manter o foco sobre questões teológicas em vez de apresentar uma elaboração detalhada sobre quais itens de ornamento seriam considerados apropriados. (Certamente, mesmo Calvino não poderia resistir a condenar os estilos mais ofensivos de seus dias, tais como mangas cortadas.) As preocupações de Calvino eram dirigidas por mais do que mera necessidade de reforçar a frugalidade legal e por menos do

---

[4] As observações de Calvino sobre vestimenta são mais bem interpretadas ao examinarmos seus comentários e sermões sobre textos-chave que falam de roupas: Gênesis 3:21; Deuteronômio 22:5; 1 Timóteo 2:9; etc.

[5] Em um momento de exuberância, Calvino uma vez exortou suas ovelhas: "Se nosso Senhor cuspisse em nossas faces uma centena de vezes, ele não poderia expressar melhor o quão vis nós somos do que quando ele vestiu Adão e Eva com peles". Veja John Calvin, *Sermons on Genesis: chapters 1-11*, trad. Rob Roy McGregor (Edinburgh: Banner of Truth Trust, 2009), p. 329.

Teologia pública reformada

que intransigência ou algum tipo de repulsa ao prazer.[6] Ao contrário, por trás do apelo de Calvino para restrições nas vestimentas, residia um desejo de produzir leigos piedosos e autodisciplinados, semelhantes aos primeiros monges. A renúncia ao luxo capacitava os cristãos a darem generosamente, pois, como alertava Calvino, aqueles que vestiam roupas caras se cobririam inconscientemente com "o sangue dos pobres".[7]

Embora Calvino estivesse sujeito a essas preocupações, ele permaneceu grato pelas coisas belas. (Afinal de contas, Calvino era francês!) Sendo um acadêmico humanista educado para reconhecer a realização humana e a inovação cultural, Calvino lembra seus leitores que roupas bonitas, como a boa comida, devem ser celebradas como dádivas de um bom Pai para a humanidade. Um belo vestido, um lindo sapato e uma peça de roupa que caia bem são todos recebidos com gratidão cristã e usufruídos alegremente e sem embaraços. Afinal, diz Calvino, a beleza das roupas provém de um Deus bom, que deseja adicionar prazer estético, alegria e prazer à nossa vida. Belos ornamentos são presentes de um Pai criativo e belo, que se preocupa até com o que as flores vestem.

> O Senhor tem vestido as flores com a grande beleza que saúda nossos olhos, a doçura do cheiro que flutua sobre nossas narinas e, contudo, é ilícito que nossos olhos sejam afetados por aquela beleza, ou que nosso olfato obedeça à doçura daquele odor? E o que mais? Ele não distinguiu as cores para fazer algumas mais amáveis do que outras? E o que mais? Ele não dotou o ouro e a prata, o marfim e o mármore, com uma beleza que os torna mais preciosos do que outros metais ou pedras? Em resumo,

---

[6] John Calvin, *Institutes of the Christian religion*, org. John T. McNeill, trad. Ford Lewis Battles, 2 vols. (1960; reimpr., Louisville: Westminster John Knox, 2006), 3.10.1-3, na p. 720 [no Brasil: *A instituição da religião cristã* (São Paulo: Ed. UNESP, 2008)].

[7] John Calvin, "On luxury", in: *Calvin's ecclesiastical advice*, trad. Mary Beaty e Benjamin W. Farley (Louisville: Westminster/John Knox, 1991), p. 86.

ele não torna muitas coisas atrativas para nós, à parte de seu uso necessário?[8]

Calvino nos dá pistas sobre como um cristão contemporâneo deve avaliar o guarda-roupa. Enquanto se veste pela manhã, pode-se fazer uma pausa para agradecer a Deus pelo presente da roupa bonita, bem ajustada e bem feita. Trata-se de lembretes tangíveis de um bom Pai que entrega beleza a seus filhos. Ou, enquanto prepara a coleção de inverno, um designer cristão pode considerar seu trabalho uma oferta estética para seu próximo. Os dons da moda oferecidos à comunidade vêm do doador de todas as coisas boas (Tg 1:17).

O MERCADO E O *ZEITGEIST*

E como os cristãos devem lidar com a moda enquanto indústria? Nos movendo do século 16 para o 20, encontramos o teólogo suíço Karl Barth (1886-1968): como um jovem pastor, ele adquiriu experiência ao desafiar práticas injustas de trabalho na indústria têxtil na Suíça. Mais tarde em sua vida, Barth retornou ao tema da moda em suas reflexões teológicas sobre a vida pública.[9] Ao fazê-lo, Barth identificou a moda com o que o Novo Testamento chama de "principados e potestades". Aqui, Barth associou a indústria com duas coisas.

Primeiro, Barth associou a moda com as excessivas e infiéis forças do mercado. Como Barth percebeu, as forças consumistas do mercado capturam a imaginação das pessoas ao se disfarçarem de mera frivolidade e capricho.[10] Para Barth, essas forças eram personificadas nos senhores da indústria têxtil (os "reis da moda"). Barth desprezava esses potentados por explorarem a fraqueza, a vaidade e o medo do estigma social do consumidor — tudo para encherem seus próprios bolsos.

---

[8] Calvin, *Institutes* 3.10.2.

[9] Karl Barth, *Church dogmatics*, vol. IV/4, *The Christian life: lecture fragments*, trad. Geoffrey W. Bromiley (Grand Rapids: Eerdmans, 1981), p. 228 [no Brasil: *Dogmática eclesiástica* (São Paulo: Fonte Editorial, 2019)].

[10] Barth, *Church dogmatics* IV/4, p. 228.

Segundo, Barth associou a moda ao *Zeitgeist*, o espírito dos tempos.[11] Barth acreditava que a moda brincava com a imaginação social tácita de uma cultura, em que uma população inteira é programada a obedecer rituais caprichosos e consumistas. Sua preocupação certamente faz sentido, considerando sua experiência com uma mudança desenfreada em direção ao *zeitgeist* do nacional-socialismo. Semelhante a como a dialética histórica de Hegel associou o *Geist* com uma matriz cultural-racial particular, Barth viu as tendências globais da moda assimilando diversos cidadãos em uma cultura uniforme das máquinas.

Embora essas duas críticas sejam fortes, elas não levaram Barth a uma completa condenação da moda. Barth viu, escondida dentro da mania pela moda, uma consciência coletiva onde reside a real verdade (teológica) outrora suprimida. Para Barth, a despeito dos rituais caprichosos e consumistas da sociedade, o desejo da humanidade de se adornar evidencia uma "confissão de fé" implícita: um fascínio com uma humanidade outrora gloriosa (*sensus humanitatis*), que corresponde ao clamor legítimo da humanidade de ser revestida com Cristo.[12]

Informados por Barth, os cristãos estão certos em interrogar as forças econômicas e culturais por trás das roupas que eles vestem. A moda é uma indústria global de 2.5 trilhões de dólares, empregando centenas de milhões de pessoas. Sua demanda por água e o uso de toxinas químicas a torna a maior poluente de água e emissora de carbono do mundo. Como Elizabeth Cline lembra, a moda barata para o consumidor muitas vezes vem com um alto custo para o trabalhador e para o meio ambiente.[13]

---

[11] Karl Barth, *Protestant theology in the nineteenth century: its background and history*, trad. Brian Cozens; John Bowden, ed. nova (Grand Rapids: Eerdmans, 2002), p. 405.

[12] Aqui a visão de Barth da moda contendo uma esperança escatológica é retirada de um relacionamento próximo de vestir e *theōsis* na Escritura. Veja Dan Lé, *The naked Christ: an atonement model for a body-obsessed culture* (Eugene: Pickwick Publications, 2012), p. 207-8.

[13] Veja Elizabeth Cline, *Over-dressed: the shockingly high cost of cheap fashion* (New York: Penguin, 2012); e sua continuação, *The conscious closet: the revolutionary guide to looking good while doing good* (New York: Penguin, 2019).

Além disso, o desejo desordenado por certo "estilo de vida" em uma economia dirigida pelo consumo não é irrisório.[14] Embora o consumo não seja errado em si mesmo, aquisição não significa realização; na verdade, ela pode abalar justamente a verdadeira realização (Mt 16:26). Incapaz de fazer a distinção entre consumo e felicidade, a imaginação social dos mercados modernos pode produzir padrões e práticas de moda que são profundamente destrutivos. Para combater isso, a avaliação de Barth sugere que produtores e consumidores cristãos de moda devem confrontar ativamente as realidades destrutivas que flagelam a indústria.

A COMPLEXIDADE DA MODA

Tem sido dito que a sociedade é "constituída por tecidos".[15] Embora essa afirmação possa ser uma hipérbole, é inegável que a moda seja uma força poderosa, complexa e multifacetada dentro da vida moderna. Portanto, uma abordagem cristã para a moda deve examinar a natureza complexa e multifacetada do seu poder. Isso nos leva aos *insights* do filósofo reformado Herman Dooyeweerd (1894-1977).

A linguagem filosófica altamente técnica de Dooyeweerd pode apresentar desafios para os novos leitores de sua obra. Felizmente, apenas dois aspectos relativamente simples de sua obra precisam ser entendidos para apreciarmos suas opiniões sobre moda. O primeiro é sua afirmação de que toda a realidade é uma criação complexa de Deus e constituída por aspectos ou modos irredutíveis de ser (e.g., "físico", "biótico", "estético", "social", "econômico"). Esses diversos aspectos da criação de Deus servem como lentes únicas através das quais os cristãos podem examinar tudo na criação e cultura.

O segundo aspecto importante para compreender a visão de Dooyeweerd da moda é a sua leitura do desenvolvimento cultural

---

[14] Daniel M. Bell Jr., *The economy of desire: Christianity and capitalism in a postmodern world* (Grand Rapids: Baker Academic, 2012).

[15] Thomas Carlyle, *Sartor resartus* (1836; reimpr., Oxford: Oxford University Press, 1987), p. 48.

e da história humana como um presente de Deus. De acordo com Dooyeweerd, os seres humanos foram feitos para explorar, desenvolver e "abrir" esses diversos aspectos da criação de Deus na história humana e no desenvolvimento cultural. Além disso, é a intenção de Deus que as culturas humanas devam se tornar mais complexas e multifacetadas à medida que se desenvolvem. Conforme os seres humanos crescem e aprendem, eles devem se desenvolver de "tribos" simples às "sociedades" mais multifacetadas onde artes, ciências, indústria, entretenimento, religião, tecnologia e outras áreas possam continuar a se desenvolver na liberdade humana.

Combinando essas duas características, Dooyeweerd apresenta uma concepção distintamente cristã de moda como uma semente singular que Deus plantou na criação e na humanidade — uma semente que os seres humanos devem explorar, cultivar e desenvolver com confiança e alegria. Para Dooyeweerd, a moda é um presente criacional e, como todos os presentes, os seres humanos precisam abri-lo e explorar sua bondade em humildade e alegria divinas.

Para Dooyeweerd, a moda (como tudo na criação) é um fenômeno complexo e multifacetado. A moda, portanto, pode (e deve) ser abordada a partir de uma *variedade* de ângulos. A moda cumpre diversas funções complexas no mundo de Deus. A compreensão nuançada de Dooyeweerd sobre a moda, mantendo uma estrutura irredutivelmente entrelaçada, é repetida mais recentemente pela teórica da moda Elizabeth Wilson: "Em geral, a vestimenta parece cumprir uma série de funções sociais, estéticas e psicológicas; na verdade, ela as entrelaça juntas e pode expressá-las todas simultaneamente".[16] A abordagem multiperspectiva de Dooyeweerd para a moda prenunciou as diversas formas pelas quais inúmeras disciplinas na universidade moderna — da psicologia à filosofia e à teoria política — envolveram o complexo fenômeno que chamamos "moda".

---

[16] Elizabeth Wilson, *Adorned in dreams: fashion in modernity* (London: I. B. Tauris, 2010), p. 3.

Estética pública: Moda

Além disso, os aspectos que Dooyeweerd entende como os mais dominantes na moda, o histórico e o social, fornecem suas declarações mais significativas a respeito de sua capacidade particular.[17] Especificamente, Dooyeweerd acreditava que a moda era um catalisador cultural único na história que capacitava as culturas e os relacionamentos a se "abrirem" progressivamente com o tempo. Dessa maneira, a moda moderna poderia ajudar na transição de sociedades hierárquicas de uma verticalidade estratificada de classes para uma horizontalidade interindividual. Em contraste com Barth, Dooyeweerd viu como a moda poderia combater ativamente o tipo de pensamento coletivista e as rivalidades baseadas em classe do *zeitgeist* que se poderia associar tanto com a sociedade hierárquica e, inversamente, com o fascismo.

Para Dooyeweerd, particularmente importante no "processo de abertura" seria a mudança de uma sociedade "fechada" e "primitiva" para uma "aberta" e "diferenciada". Mais especificamente, Dooyeweerd traça como, todas as coisas sendo iguais, alguns grupos na história tenderam a mudar de muros rígidos das pequenas tribos e populações insulares para sociedades mais complexas que exigem uma variedade divergente de espaços sociais. Para Dooyeweerd, a moda pode servir nesse processo histórico através de sua capacidade específica de conectar e diferenciar cidadãos diversos por meio de uma variedade de espaços e comunidades sociais.

Aproveitando o *insight* de Dooyeweerd, os cristãos são lembrados de que a moda não é uma coisa para ser analisada de forma limitada, não puramente em termos de consumismo, modismo e desejos desordenados. A visão "multiperspectiva" de Dooyeweerd sobre a moda fornece aos cristãos novos olhos pelos quais avaliar as diversas maneiras pelas quais as roupas da moda moldam o mundo. Enquanto a moda pode certamente ser descontruída em termos de trabalho injusto e desastre ambiental, há muitos outros ângulos a serem considerados

---

[17] Herman Dooyeweerd, *New critique of theoretical thought*, vol. 3 (Jordan Station, ON: Paideia, 1984), p. 588-693.

— tais como a forma crítica em que as tendências da moda reforçam tanto as liberdades individuais quanto as solidariedades comunais dentro das complexas sociedades modernas.

BRINCANDO DE OBEDIÊNCIA ESTÉTICA

O que devemos fazer com aqueles para quem a vestimenta é principalmente experimentada como um meio de alegria, deleite e diversão? O filósofo reformado Calvin Seerveld (1930-) desenvolveu os conceitos estéticos de "alusividade" e "nuancismo" — a qualidade humana de fazer alusões ou de inventar nuances de forma criativa. Ao considerar a ludicidade da moda do dia a dia, os conceitos de Seerveld são bastante úteis.[18] Seerveld argumenta que a "alusão" criativa cotidiana e a ludicidade nuançada foi inscrita em nós como seres criados. Criados e dirigidos por Deus, Seerveld afirma que esse prazer estético lúdico com suas nuances é normativo para nós.

Seerveld emprega vigorosamente sua compreensão de "alusividade" quando trata o tema das tarefas estéticas diárias. A esse respeito, ele dá particular atenção às implicações da alusão para a vestimenta diária. De acordo com Seerveld, a vestimenta cristã pode e deve encorajar uma qualidade imaginativa quando captura a nuance de diversas ocasiões sociais. E ela deve reconhecer a profundidade estética do corpo humano.

Contudo, para além dessas duas ações, como Seerveld aponta, *a maneira* como nos vestimos nos oferece uma oportunidade especial para expressar alegria. Como? Assim como a alegria opera sobre um registro mais profundo que a felicidade e, dessa forma, eleva a vida cotidiana, também uma atenção nuançada às roupas abre um registro estético mais profundo, pelo qual eleva a um novo patamar cada aspecto de nossa rotina diária. Em outras palavras, pelo trabalho cuidadoso com a estética do nosso corpo, atendendo a questões como cor e forma, vestimos uma roupa bonita ou um belo vestido; ao fazê-lo, nós

---

[18] Calvin Seerveld, *Normative aesthetics*, org. John H. Kok (Sioux Center: Dordt College Press, 2014), p. 88.

apresentamos ao mundo o jeito de viver alegre de conhecer a Cristo e ser uma criatura amada por Deus.

Não devemos confundir aqui a ideia de Seerveld de "obediência estética" com abraçar a moda por completo. Seerveld desconfia do poder do modismo e do consumismo na moda — forças que ele considera responsáveis pelas roupas impensadas, sentimentais, como trajes bregas, inúteis e chamativos.[19] Se a estética da moda implica adesão a isso, Seerveld alerta vigorosamente, "Cristãos [...] estarão, em geral com razão, fora de moda".[20] Mesmo assim, a participação no sistema da moda não acarreta necessariamente que alguém seja levado pelo modismo e pelo consumismo. Ela também pode envolver o uso lúdico das roupas, como em ocasiões festivas. Nesse sentido, Seerveld encontra lugar para a participação cristã ponderada no sistema da moda por meio da obediência estética.

Se isso está correto, os cristãos podem utilizar roupas da moda como uma das muitas formas de expressarem sua alegria de ter união com Cristo. Ao darem atenção nuançada para um estilo de roupa, os cristãos não apenas abrem um profundo registro estético inerente à criação; eles também elevam cada aspecto da rotina cotidiana. Em outras palavras, ao trabalharem cuidadosamente com a estética do corpo e as roupas (atendendo a aspectos como molde, cor e forma), os cristãos podem apresentar para o mundo a vida alegre de conhecer a Cristo; pois glorificamos a Deus e nos deleitamos nele através de uma roupa que proclama a alegria cheia de esperança encontrada em um Deus de delícias, sendo a principal ele mesmo.

FONTE PARA UMA PERFORMANCE AUTÊNTICA

A moda existe em uma intersecção da identidade individual e coletiva, comunicando expressão corporal e performance social. Essas duas

---

[19] Calvin Seerveld, *Rainbows for a fallen world* (Toronto: Tuppence, 1980), p. 63-4.
[20] Seerveld, *Normative aesthetics*, p. 85.

características dão motivos para cristãos hesitarem. À medida que o foco pessoal da moda alimenta o individualismo e a pressão coletiva da moda impele à duplicidade, essas dinâmicas certamente permanecem em tensão com a fé cristã. Mas a oposição é realmente a melhor opção? Essa questão nos leva ao nosso pensador reformado final, Richard J. Mouw (1940-).

Em seu livro *The God who commands* [O Deus que ordena], Mouw procura compreender o devido lugar do indivíduo na sociedade. De acordo com Mouw, é somente quando entendemos o indivíduo diante de Deus que as compreensões demasiadamente acentuadas e superestimadas de individualidade são evitadas e surge uma compreensão ética de individualidade.[21] Para Mouw, em outras palavras, nem todos os esquemas individualistas pelos quais o "eu" é acentuado são perniciosas para a realização humana. Na verdade, a celebração do amor individualizante de Deus serve realmente para desalojar o indivíduo do egocentrismo.

Isso tem implicações imediatas para a moda. Pois, como foi notado, a moda pode facilmente desempenhar um auto-expression*ismo* excessivo (note o "ismo": estamos falando aqui sobre uma filosofia de vida) que veio para marcar a modernidade tardia.[22] A moda realmente merece uma crítica à medida que propaga o que Mouw chama de "o eu emotivo" (a ideia de que não há uma realidade normativa para a qual as preferências e expressões do eu sejam responsáveis). Mesmo assim, a defesa de Mouw de uma individualidade *dada por Deus* sugere como a moda, apesar do perigo de abuso, não é necessariamente um canal para a autoidentificação dos indivíduos de maneiras que rejeitem as normas concedidas por Deus. Antes, ela pode servir como uma apresentação legítima da distinção individual.

---

[21] Richard J. Mouw, *The God who commands: a study in divine command theory* (Notre Dame: University of Notre Dame Press, 1990), p. 43-54. Veja também Richard J. Mouw, *Restless faith: holding evangelical beliefs in a world of contested labels* (Grand Rapids: Brazos, 2019), p. 159-61.

[22] Charles Taylor, *A secular age* (Cambridge: Harvard University Press, 2007), p. 481-3.

Além disso, a obra de Mouw oferece uma compreensão reformada da moda como uma série de performances sociais. Conforme Mouw reconstituiu o movimento, o ocidente mudou de uma ordem social medieval, na qual a honra individual ditava as regras hierárquicas da conduta social perante os outros (justiça distributiva pré-moderna), para uma ordem social na qual o indivíduo se apresenta emotivamente, em geral com desprezo pelo próximo (caos distributivo na modernidade tardia). Baseado em Calvino, Mouw apresenta um terceiro caminho além dos papéis hierárquicos da pré-modernidade e as performances do faroeste do "eu emotivo". Assim, ser autenticamente engajado como um *performer* social envolve desempenhar a moda *em relação* ao próximo sob o olhar do espectador divino (justiça distributiva do mandamento divino).[23] Em outras palavras, responde-se ao próximo não apenas à luz das realidades internas ou por meio de prescrições culturais, mas à luz de como a narrativa bíblica fornece um roteiro que sugere como se apresentar dentro de uma série de dinâmicas culturais e pessoais — seja em um churrasco no quintal com amigos e vizinhos, uma festa com colegas de trabalho, ou um evento de gala em honra a uma pessoa importante na comunidade.[24]

A obra de Mouw oferece aos cristãos mais uma lente pela qual pode-se pensar a moda. Quando os cristãos se vestem, eles não o fazem *somente* como uma forma de autoexpressão, nem *somente* por meio de normas culturais ou pertencimento social, mas acima de tudo como uma forma de apresentar suas identidades como um povo chamado a amar e servir seu próximo *coram Deo* — "diante da face de Deus". Os cristãos assumem a moda cotidiana tanto como atores (aqueles que vestem a moda) quanto diretores (aqueles que produzem a moda), conforme criam "performances apropriadas" dentro do teodrama divino.[25]

---

[23] Mouw, *God who commands*, p. 72-3.

[24] Kevin Vanhoozer, *The drama of doctrine: a canonical-linguistic approach to Christian theology* (Louisville: Westminster John Knox, 2005) [no Brasil: *O drama da doutrina*: uma abordagem canônico-linguística da teologia cristã (São Paulo: Vida Nova, 2016)].

[25] Vanhoozer, *Drama of doctrine*, p. 22.

Ao fazê-lo, os cristãos veem os outros e são vistos por eles através da visão daquele para quem nada está oculto (Hb 4:13).

MODA REFORMADA

Baseando-nos em cinco pensadores reformados, vimos a moda de cinco pontos de vista diferentes: moda como presente, mercadoria, força social, atuação estética e costume social. Embora essa lista demonstre a variedade de maneiras pelas quais os cristãos podem entender e se envolver com a moda, nossa análise está longe de ser completa. Evidentemente, esta análise é meramente uma amostra, desejando despertar a consciência em vez de oferecer o tipo de detalhes satisfatórios que essas conexões sugerem e merecem.[26]

No entanto, tão superficial quanto este capítulo possa ser, ele revela um *insight* importante. Longe das caricaturas fáceis da moda que filmes de comédia como *Zoolander* (2001) retratam, a moda é um tema digno de séria reflexão espiritual e intelectual. Na verdade, o discurso multidisciplinar atual sobre a moda que acontece nas universidades ao redor do mundo está fazendo exatamente isso.[27]

Mas este capítulo também demonstra outro tipo de amplitude: escavamos a natureza extensa do pensamento reformado. Na verdade, embora a moda possa parecer um assunto muito distante do Breve Catecismo de Westminster ou do Sínodo de Dort, os estudiosos reformados há muito consideraram o mundo da moda em toda a sua diversidade e complexidade — criado e redimido por Jesus Cristo — como um jogo limpo. Isso inclui o estado atual das roupas em nosso

---

[26] Para uma análise mais completa, veja Robert S. Covolo, *Fashion theology* (Waco: Baylor University Press, 2020).

[27] A moda se tornou um assunto de séria investigação teórica na universidade moderna, dando visibilidade não apenas a cursos de graduação, monografias e revistas acadêmicas dedicadas a compreender a moda, mas também chamando a atenção para uma série de disciplinas acadêmicas, incluindo antropologia, arte, história, literatura, estudos teatrais, estudos de desempenho, psicologia, filosofia, política, semiótica, história social, sociologia e psicologia social.

mundo moderno. Que a amplitude do senhorio de Cristo nos revigore à medida que continuamos a explorar as formas fascinantes pelas quais a *imago Dei* é ornamentada.

Robert S. Covolo (PhD, Vrije Universiteit e Fuller Theological Seminary) atuou como acadêmico no Visual Faith Institute of Art and Architecture, professor no Torrey Honors Institute, e atualmente como diretor do Center for Pastoral Residents, Christ Church Sierra Madre. Como teólogo cultural na tradição reformada, é autor de numerosas publicações. A mais recente, *Fashion theology* (Baylor University Press, 2020), trata do relacionamento dinâmico entre a moda e a fé cristã.

CIDADES

15 RUAS DE *SHALOM:*
reflexões reformadas sobre design urbano

Eric O. Jacobsen

Deus se importa com calçadas, rodovias e parques? Existe uma perspectiva bíblica sobre leis de zoneamento? Deus tem uma opinião sobre centros comerciais, arranha-céus ou estacionamentos?

O mundo pode ser dividido entre o ambiente natural e o ambiente construído. O ambiente natural se refere às regiões selvagens de todo tipo, de desertos a florestas tropicais. O ambiente construído se refere ao terreno que foi intencionalmente alterado pela intervenção humana. Isso inclui prédios e ruas, pontes e canaletas, bancos e postes de luz, e assim por diante. O planejamento urbano é o campo profissional mais diretamente responsável pela forma do ambiente construído.

De uma perspectiva teológica reformada, o principal aspecto da vocação coletiva da humanidade não é apenas cuidar do ambiente natural, mas também desenvolver e organizar o ambiente natural de uma forma que sirva ao próximo e glorifique o nosso Deus. De uma perspectiva qualitativa, o ambiente construído rodeia quase todos os nossos vizinhos e ocupa uma quantidade significativa de espaço. A partir disso, é evidente que o ambiente construído e a vocação do planejamento urbano mereçam reflexão teológica reformada.

O ambiente construído merece nossa atenção teológica não apenas por causa de sua ubiquidade global, mas também por seu enorme impacto sobre uma ampla gama de coisas com as quais Deus se preocupa — tais como justiça, beleza, vida familiar e o meio ambiente.[1]

---

[1] Timothy Gorringe, *A theology of the built environment: justice, empowerment, redemption*

Estética pública: Cidades

Apesar do impacto do ambiente construído ser profundo, muitas vezes é facilmente esquecido em nossa vida cotidiana. *Sua sutileza* faz parte de seu poder. Ruas, calçadas e comércios constituem nossa vida diária e moldam nossa vida comum em milhares de formas. O poder do urbanismo para ou animar ou degradar as pessoas, reuni-las ou espalhá-la, exige nossa reflexão teológica.

Este capítulo expõe e examina o reino esquecido, mas poderoso, do urbanismo, bastante ignorado pelos teólogos; ele enquadra diversas questões importantes e fornece alguns recursos reformados para reflexão. Por conta do espaço e tempo limitados, concentramos nossas reflexões teológicas sobre as três principais questões diante da vida urbana contemporânea: idolatria, estética e injustiça. Leituras complementares são sugeridas nas notas de rodapé.

URBANISTAS IDÓLATRAS

Simplificando, idolatria é atribuir importância suprema àquilo que não é Deus. Os ídolos podem ser os suspeitos usuais, como dinheiro, sexo e poder. Ou podem ser algumas outras coisas surpreendentes como famílias, nações e saúde. Não pensamos geralmente na estrutura física das cidades e vilas como uma esfera propensa à idolatria — mas ela é. Aqueles que moldam o ambiente construído certamente exercem uma quantidade enorme de poder. Muitas vezes, o poder vai para suas cabeças e corações.

Deixados por conta própria, arquitetos e urbanistas geralmente correm o risco de usarem a cidade como sua tela pessoal — um espaço para expressar orgulhosamente seus próprios valores ideológicos, industriais ou estéticos. Através do planejamento urbano, os urbanistas inscrevem suas ideias sobre a boa vida diretamente na paisagem

---

(Cambridge: Cambridge University Press, 2002); Eric O. Jacobsen, *Three pieces of glass: why we feel lonely in a world mediated by screens* (Grand Rapids: Brazos, 2020); Jacobsen, *The space between: a Christian engagement with the built environment* (Grand Rapids: Baker Academic, 2012); Jacobsen, *Sidewalks in the kingdom: new urbanism and the Christian faith* (Grand Rapids: Brazos, 2003); e também Congress for the New Urbanism: Members'Christian Caucus, https://www.center4eleadership.org/cnu-members-christian-caucus.

urbana. Infelizmente, essas cosmovisões, compostas de aço e cimento, podem ir contra o senso comum, a criação e o Criador.[2]

Embora afirme ser uma profissão "secular", há uma profunda religiosidade no campo urbanístico. Jan Gehl é um famoso urbanista dinamarquês. Numa palestra em que refletiu sobre o urbanismo durante o século 20, Gehl brincou sobre a devoção cega que ele e seus colegas estudantes professavam durante sua formação profissional. Enquanto projetávamos, disse, "duas vezes por dia nos abaixávamos e ajoelhávamos diante de uma foto da cidade de Brasília".[3] Brasília é a capital do Brasil, um ícone muito conhecido da abordagem modernista ao planejamento urbano. A piada de Gehl captura a adulação excessiva de que o modernismo goza em certas instituições acadêmicas. Na época, Brasília era amplamente elogiada por expressar os valores centrais da modernidade ocidental: individualismo, razão, poder sobre a natureza e a priorização da abstração moderna.

Projetada e construída do zero entre 1956-1960, Brasília representou uma abordagem ousada e divina para o planejamento moderno. Ao invés de se pautar pelo crescimento urbano orgânico e gradual, partindo lentamente do zero, os projetistas de Brasília planejaram a cidade inteira de cima para baixo, para refletirem sua grande e unificada visão moderna. Como deuses transcendentes, os arquitetos planejaram Brasília do céu. De cima, a cidade parece uma águia gigante. Os edifícios do governo federal formam a cabeça da águia, e as asas são onde as pessoas vivem e trabalham.

O projeto foi exaltado pelos modernistas que olharam para a cidade a partir de nove quilômetros de altura. Entretanto, da perspectiva de um brasileiro de um metro e oitenta e dois de altura andando pelas ruas, "Brasília é uma mer—".[4] Os espaços entre os edifícios são muito amplos.

---

[2] Jan Gehl, *Cities for people* (Washington, DC: Island, 2010); Jane Jacobs, *The death and life of great American cities* (New York: Vintage, 1961).

[3] Jan Gehl, "Livable cities for the 21st century" (palestra proferida no Congress for the New Urbanism XXVI, Savannah, GA, 18 de maio de 2018), https://www.gsd.harvard.edu/event/jan-gehl-livable-cities-for-the-21st-century/.

[4] Gehl, "Livable cities for the 21st century".

Estética pública: Cidades

Não há proteção do vento. É muito longe andar de um prédio para o outro. A paisagem urbana expansiva faz os seres humanos se sentirem pequenos, exaustos, expostos e indesejados. Brasília não foi projetada para humanos, e sim para servir aos ídolos da modernidade — velocidade, eficiência, grandeza política e abstração fria. Daí, o epíteto "mer—".

Até o século 20, as cidades cresceram lenta e organicamente por séculos. Milhares de anos de tentativa e erro e sabedoria acumulada foram integrados a ruas, mercados e edifícios públicos das cidades históricas.[5] No século 20, os urbanistas romperam com essa sabedoria recebida e reorientaram suas cidades para servirem a dois novos mestres: o automóvel[6] e o teórico moderno.[7] Apesar dos urbanistas e arquitetos não terem se curvado fisicamente diante dos carros e dos teóricos, eles ofereceram a esses dois ícones um status soberano, quase sagrado.[8] A paisagem urbana desenhada durante esse período refletiu seus novos deuses.

O conceito teológico de idolatria pode nos ajudar a entender por que algumas tendências destrutivas no urbanismo moderno provaram ser tão persistentes, mesmo depois de seus efeitos nocivos terem sido manifestos. O plano de Le Corbusier para a reconstrução do centro de Paris apresenta um exemplo esclarecedor do dogmatismo cego da modernidade. Le Corbusier era um arquiteto suíço e um modernista bastante respeitado no início do século 20. Plan Voisin era o seu esquema para demolir e redesenhar o centro de Paris de acordo com os mesmos valores modernos de Brasília: poder, racionalidade, individualismo, espaços amplos e abstração fria. O plano de Le Corbusier envolvia demolir cada edifício existente no centro de Paris e substituí-lo com construções idênticas e simétricas, com amplo espaço entre eles, permitindo a livre passagem do ar e da luz do sol. Embora sua ideia parecesse racional e lógica a partir da posição divina de nove quilômetros

---

[5] Daniel Solomon, *Global city blues* (Washington: Island, 2003).

[6] Jane Holtz Kay, *Asphalt nation: how the automobile took over America, and how we can take it back* (Berkeley: University of California Press, 1998).

[7] Robert Fishman, *Urban utopias in the twentieth century: Ebenezer Howard, Frank Lloyd Wright, and Le Corbusier* (Cambridge: MIT Press, 1982).

[8] Tom Wolfe, *From Bauhaus to our house* (New York: Farrar, Straus & Giroux, 1981).

287

Teologia pública reformada

de altura, era completamente desconectada da vida, cultura e história dos parisienses no chão. Plan Voisin ignorou completamente e procurou demolir a realidade histórica e vivida de Paris.

Apesar de (felizmente) seu plano nunca ter sido adotado, a visão modernista de Le Corbusier tornou-se uma inspiração para uma enorme variedade de projetos urbanos desastrosos em cidades ao redor do globo. O fracasso mais famoso foi o projeto Pruitt-Igoe, em St. Louis. Quando foi construído, esse projeto de baixa renda recebeu diversos prêmios de prestígio no campo do design. Simétrico e lógico a partir do céu, Pruitt-Igoe era brutal, feio e desumano no solo. Os prédios eram muito altos e muito distantes. Indivíduos, comunidades, comércio e espaços públicos estavam bastante desconectados uns dos outros para interagirem de maneira frutífera. Separados entre si, eles começaram a se degradar. Pruitt-Igoe não forneceu nenhum lugar de convivência natural. As escadarias e gramados inóspitos logo se tornaram lugares para prostituição, tráfico de drogas e outras atividades ilícitas. Os moradores eram tão infelizes que o projeto inteiro foi demolido apenas vinte anos depois de ter sido construído. Projetado no céu, Pruitt-Igoe foi um desastre na terra.

ÍDOLOS ESMAGADOS: O CORRETIVO ICONOCLASTA REFORMADO

A crítica à idolatria encontrada na Escritura se concentra na incapacidade de um ídolo cumprir o que promete. Deuses falsos prometem liberdade e felicidade, mas deixam seus devotos oprimidos, deslocados e escravizados.

O impulso iconoclasta da Reforma pode se mostrar útil em desafiar os ídolos modernos do urbanismo. Embora a iconoclastia da tradição reformada fosse e seja inicialmente crítica e mesmo destrutiva, a longo prazo ela pode ter um efeito libertador e até construtivo. Quando as criações e os planejamentos humanos são idolatrados acima de Deus, das pessoas e da Criação, eles perdem sua humildade, criatividade e capacidade de resposta ao mundo. Por outro lado, quando são colocados "em seu lugar" sob Deus e junto com as pessoas e a Criação, as criações e projetos humanos são libertados para servirem, criarem e inovarem humildemente. Quando deixam de ser um ídolo, os projetos urbanos podem ser reconfigurados como um instrumento criativo, com coração de servo, para abençoar a humanidade e a Criação.

A formação que Gehl recebeu estava presa aos ídolos da modernidade. Ela o ensinou a ignorar os usuários humanos dos edifícios e espaços comuns a fim de a flutuar acima da Criação e dominá-la com sua visão moderna. Ele aprendeu a reorganizar a Criação e a *imago Dei* de acordo com sua razão moderna e endeusada.

Foi o impulso iconoclasta de Gehl que o trouxe de volta à terra. Ele o chamou de volta para as ruas, a fim de ouvir e aprender humildemente. Convencido de que precisava aprender a prestar atenção, Gehl andou pelas calçadas e praças com uma câmera para observar como os humanos comuns utilizam o ambiente construído. Ele procurou se tornar um parceiro da cidade, não seu deus.

Observando a cidade a partir do solo, Gehl começou a perceber coisas pequenas, mas crucialmente importantes. Ele viu que as pessoas tendiam a gravitar em direção aos limites dos amplos espaços abertos. Ele percebeu que as pessoas se sentem mais confortáveis caminhando em espaços fechados aconchegantes, e não em espaços amplamente abertos. Ele observou que uma atividade preferida em todas as culturas é olhar pessoas. Ao fazer observações básicas e fundamentadas como essas, Gehl rapidamente emergiu como um consultor de projetos bastante procurado por líderes municipais em todo o mundo. Ele ajudou cidades a se tornarem muito mais humanas ao prestar atenção aos humanos. Ao invés de flutuar acima, ele ficou ao lado.

Para fazer bem o seu trabalho, os urbanistas precisam aprender a humildemente prestar atenção ao ecossistema local da cidade, a sua cultura e às formas com as quais os residentes interagem. Se os urbanistas são ou não cristãos, eles fazem bem quando prestam atenção e respeitam normas, limites e padrões embutidos na humanidade e no mundo natural. Deus criou os seres humanos com certos limites e necessidades sociais, estéticas e espaciais; todos os urbanistas, cristãos ou não, podem prestar atenção a essas necessidades integradas à Criação. A humildade dos urbanistas e a atenção ao mundo ao redor (ou a falta disso) terão um impacto tremendo sobre a cidade que eles ajudam a projetar. Seus projetos podem durar e impactar tanto as pessoas quanto a Criação muito tempo depois de eles já terem partido.

Gehl não é teólogo, mas é iconoclasta. Ele percebeu que os urbanistas estavam sacrificando os seres humanos nos altares de suas visões e valores modernistas. Eles haviam depreciado a experiência vivida dos seres humanos, e isso os levou a criar paisagens urbanas desumanas. Embora Gehl não seja teólogo, ele aprendeu a perceber e respeitar as normas e padrões integrados na Criação de Deus. Ele demonstra que os bons urbanistas aprenderão a ser humildes junto a uma comunidade urbana que, sem dúvida, viverá mais tempo que eles.

O EGOÍSMO E OS SUBÚRBIOS

Durante a segunda metade do século 20, os Estados Unidos realizaram um experimento social radical conhecido como "suburbia". As cidades americanas sempre careceram da grandeza distinta das antigas cidades da Europa. Elas desenvolveram uma reputação por serem barulhentas, sujas e perigosas. Os subúrbios começaram como uma tentativa de fugir dos problemas das cidades americanas. Eles fizeram isso criando enclaves domésticos, fugas suburbanas das cidades, que eram espaços não atrativos para se viver.

Os subúrbios foram desenvolvidos através de um novo instrumento de política pública conhecido como zoneamento, o qual envolvia edifícios de uso distinto reunidos em regiões separadas geograficamente. O zoneamento começou ao simplesmente separar edifícios comerciais e residenciais uns dos outros. Mas com o tempo a separação se tornou muito mais refinada.[9]

---

[9] A habitação residencial era localizada em zonas específicas de acordo com a densidade populacional (mantendo casas amplas separadas das casas pequenas, que eram separadas dos edifícios de apartamentos). Zonas comerciais separadas foram estabelecidas para escritórios, varejo e manufatura. Havia até mesmo zonas para complexos esportivos.

Diversos valores americanos modernos conduziram esses padrões de zoneamento suburbano. O primeiro foi o amor pelo consumo. A economia do pós-guerra era pujante. As famílias tinham condições de comprar mais coisas, e assim o fizeram. Naturalmente, quiseram casas maiores para guardar tudo.[10] O padrão de desenvolvimento suburbano foi capaz de entregar casas grandes a preços acessíveis construindo em larga escala nos limites da cidade.

Outro valor que guiou as tendências do projeto suburbano foi o aumento da demanda por espaço doméstico privado. Antes da Segunda Guerra, as casas eram orientadas por suas fachadas, tendo como característica mais proeminente uma varanda frontal que conectava a família à vizinhança mais ampla. As casas suburbanas, por outro lado, são orientadas para o quintal. Uma garagem para dois ou três carros é geralmente uma característica proeminente, embora não muito acolhedora, na frente das casas suburbanas.[11]

O terceiro valor que conduzia o projeto suburbano era o desejo de isolar os ricos dos pobres. Através de leis de zoneamento estritas e de lotes de diferentes tamanhos com níveis de densidade distintos, eles não poderiam ser colocados próximos uns dos outros. Em resumo, apartamentos não poderiam mais estar próximos dos lares em que só uma família vivia. Isso significava que famílias de condições socioeconômicas diferentes não viveriam mais próximas nem interagiriam entre si.[12]

---

[10] Em 1950 a média de uma casa nova para uma família era de 91 metros quadrados, e o tamanho médio da família era de 3,37 membros. Em 2017, o tamanho médio da casa expandiu-se para 241 metros quadrados, enquanto o tamanho médio da família encolheu para 2,54 membros. "Residential buildings factsheet", *University of Michigan Center for Sustainable Systems*, 2018, http://css.umich.edu/factsheets/residential-buildings-factsheet.

[11] A priorização da privacidade e dos espaços privados também foi sinalizada pela proibição no zoneamento de qualquer edifício comercial estar em uma área residencial (incluindo cafeterias) e por dedicar os melhores terrenos para o desenvolvimento privado, deixando os espaços públicos utilizarem as porções menos desejáveis.

[12] Essa separação de rendimentos foi mais ajudada pelo estilo *cul-de-sac* do projeto de ruas. No modelo tradicional de grade do projeto das ruas, pode-se usar qualquer rua para se chegar a qualquer destino, o que significa que uma pessoa pobre poderia andar através de uma área mais rica da cidade a caminho de outro destino. Contudo, no modelo

Teologia pública reformada

As rigorosas políticas de zoneamento logo foram contestadas pela Suprema Corte dos EUA como uma violação dos direitos de uso da terra. Ao articular a decisão majoritária, o juiz George Southerland expressou a preocupação de que os edifícios de apartamentos poderiam monopolizar "os raios de sol que de outra forma cairiam nas casas menores".[13] A corte decidiu que a saúde e a proteção das crianças nas casas de uma só família exigiam o cumprimento do zoneamento. Além das questões de validade científica, se esse caso fosse verdadeiramente a respeito da segurança e saúde das crianças, parece ter sido distorcido em prol das crianças das classes privilegiadas. Como brincou um crítico:, "É de se perguntar, dada a omissão, se o juiz Southerland sabia que crianças também são criadas em apartamentos".[14]

A partir de uma perspectiva reformada, podemos perguntar se Deus está preocupado com os privilégios dados pelo zoneamento aos ricos. João Calvino acreditava que os cristãos ricos tinham a obrigação de procurar a justiça e compartilhar sua riqueza com os pobres. Ele afirma: "Deus distribui desigualmente os bens frágeis desse mundo a fim de investigar a boa vontade dos homens".[15] Através de nossa desigualdade, Deus "está examinando o homem".[16]

---

cul-de-sac, quase todas as ruas residenciais terminam em uma rua sem saída, de forma que somente as pessoas que moram em determinada vizinhança têm qualquer razão de estarem ali.

[13] "Muitas vezes o apartamento é um mero parasita, construído para levar vantagem dos espaços abertos e arredores atrativos criado pelo caráter residencial do distrito. Além disso, a chegada de um apartamento é seguida por outros, interferindo por sua altura e volume na livre circulação de ar e monopolizando os raios de sol que, de outra forma, cairiam sobre as casas menores." Village of Euclid, Ohio, et al. v. Ambler Realty Company, 272 U.S. 365 (1926).

[14] Michael Kwartler, "Legislating aesthetics: the role of zoning in designing cities", in: *Zoning and the American dream: promises still to keep*, orgs. Charles M. Haar e Jerold S. Kayden (Chicago: Planners Press, 1989), p. 205.

[15] John Calvin, *Calvini opera quae supersunt omnia: ad fidem editionum principium et authenticarum ex parte*, orgs. J. Guilielmus Baum; A. Eduardus Cunitz; Eduardus W. E. Reuss, Corpus Reformatorum (Berlin: C. A. Scwetschke & Son, 1863-1900), 27:337-8, do sermão XCV sobre Deuteronômio 15:11-5, conforme citado em W. Fred Graham, *The constructive revolutionary: John Calvin and his socio-economic impact* (Richmond: John Knox, 1978), p. 67.

[16] Calvin, *Opera*, citado em Graham, *Constructive revolutionary*, p. 67.

Calvino era um profundo crítico dos cristãos ricos que não apenas ignoravam as necessidades dos pobres, mas também procuravam se separar de pessoas humildes como uma forma de desconsiderar suas necessidades. "Se fossem capazes de fazer isso", diz ele, "essas pessoas ricas [...] teriam um sol para si mesmas para dizerem que os outros não possuem nada em comum com eles".[17] Calvino provavelmente teria tido palavras afiadas para os esforços do juiz Southerland em evitar que as crianças das classes baixas aproveitassem os "raios de sol" que as crianças mais ricas "mereciam".

Usar as leis de zoneamento para distanciar geograficamente os ricos dos pobres teria sido um anátema para Calvino. Infelizmente, subdividir os níveis de renda é agora o principal fundamento da lei de zoneamento americana.[18] Calvino entendia que os cidadãos, tanto ricos quanto pobres, são um corpo político que juntos cumprem um papel essencial na busca do bem comum para a sociedade constituída. É essencial para os ricos estarem geograficamente conscientes da existência e das necessidades dos pobres em seu meio. De acordo com Calvino, a proximidade física dos pobres é uma das formas pelas quais Deus prova e prepara boas obras em gratidão, justiça e caridade.

Beleza, banalidade e a forma do espaço urbano

Os Estados Unidos do pós-guerra eram abundantes em terra, dinheiro e gasolina barata. Os americanos demandavam mais imóveis para uma só família morar, mais coisas maiores, mais rápidas e mais baratas. Essa demanda rapidamente levou a uma arquitetura padronizada para as

---

[17] Calvin, *Opera*, citado em Graham, *Constructive revolutionary*, p. 68.

[18] Mesmo que o padrão de desenvolvimento suburbano, com sua rígida segregação de pessoas de diferentes categorias socioeconômicas, esteja começando a se desvanecer, o costume cultural de casas segregadas dessa maneira continua a ter um forte impulso sobre os padrões de desenvolvimento nos EUA. O termo NIMBY (no inglês, "não no meu quintal") captura um sentimento comum entre os cidadãos de classe média alta que podem até apoiar a *ideia* de moradias acessíveis, mas não querem ver a *realidade* dos pobres em sua própria vizinhança.

zonas residenciais. Em lugar de construir uma casa para um cliente, os desenvolvedores começaram a produção em massa de subdivisões inteiras, usando um número limitado de projetos residenciais repetidos em um *looping* infinito. Bairros produzidos em massa eram mais baratos e mais rápidos de se fazer — também eram tediosos e banais.

Isso pode parecer um custo de oportunidade razoável, um projeto menos personalizado em troca de casas mais acessíveis. No entanto, quase cem anos antes dessa tendência abalar o mercado imobiliário nos Estados Unidos, o teólogo reformado Abraham Kuyper apontou sua falha crítica. Comentando sobre um novo bairro moderno produzido em massa na Holanda, Kuyper escreveu:

> Até a chapa acinzentada que reveste casa após casa nas novas seções de nossas cidades é virtualmente idêntica. Não há uma aresta para ser vista que de alguma maneira viole a simetria absoluta para a qual a porta e a janela, a cornija e a janela do sótão foram adaptadas. Precisamente aquelas ruas retas e esquinas retangulares, aqueles frontões totalmente nivelados e casas padronizadas, fazem o crescimento moderno de nossas cidades fatalmente cansativo e enfadonho. Você precisa numerar as ruas e contá-las para não se perder em uma coleção de casas tão descaracterizadas.[19]

Embora Kuyper tenha feito tais comentários cem anos atrás na Europa, eles antecipam os subúrbios americanos de hoje.

Em contraste com a banalidade da produção em massa das mais novas partes da cidade, Kuyper elogia as antigas cidades e vilas holandesas por sua aleatoriedade: "Você pode dizer imediatamente que nenhum construtor de má qualidade, ávido por dinheiro, levantou aquela linha de casas, mas que cada moradia é a realização de um sonho pessoal, o resultado precioso de uma economia discreta, baseada no plano pessoal e construída lentamente do zero".[20] As reflexões urbanísticas de Kuyper eram baseadas em duas convicções teológicas. Primeiro, que os seres

---

[19] Abraham Kuyper, "Uniformity the curse of modern life [1869]", in: *Abraham Kuyper: a centennial reader*, org. James D. Bratt (Grand Rapids: Eerdmans, 1998), p. 26-7.

[20] Kuyper, "Uniformity the curse", p. 27.

Estética pública: Cidades

humanos não são criados para viver em caixas desinteressantes; eles são criaturas criativas e imaginativas feitas à imagem de Deus. Segundo, os valores da família (e não do mercado) devem ser o condutor primário do design particular dos lares. Kuyper acreditava que, na arquitetura da casa, as famílias deveriam ser soberanas, não o mercado ou o Estado. A família deveria determinar a aparência dos "frontões em camadas, triangulares e com venezianas" da casa.[21]

Certamente, um contra-argumento possível seria que, ao fazer casas mais acessíveis, o construtor está fortalecendo a família, permitindo que ela procure uma casa acessível. Também é possível argumentar que as leis de zoneamento e os planos diretores aplicados pelo Estado protegem as famílias. Nesse caso, a teologia reformada urbanística de Abraham Kuyper não fornece uma resposta simples à questão de casas padronizadas, mas enquadra essa questão de um modo específico. Qual é o papel da família, do mercado e do Estado no planejamento urbano? Quão importantes são os aspectos estéticos de uma casa quando se considera seu valor para uma família e para a vizinhança ao redor?

Podemos propor questões estéticas semelhantes considerando as maneiras em que as cidades modernas se redesenharam para servirem aos automóveis. Os carros ocupam muito espaço.[22] Eles exigem enormes estacionamentos e estradas amplas, longas avenidas e rodovias barulhentas. O projeto urbano centralizado nos carros cria barulho e poluição, marginaliza os espaços verdes, ameaça e desencoraja os pedestres. Uma teologia da beleza não pode nos dizer exatamente quantas faixas são adequadas para uma estrada específica. Contudo, ela pode

---

[21] O problema com a arquitetura padronizada, de acordo com Kuyper, é que a esfera do mercado está exercendo uma influência criativa indevida sobre a esfera da família. O lar deve primariamente refletir e honrar os valores estéticos da família, não os valores econômicos do mercado. Kuyper entende que o projeto da casa deve estar adequadamente sob a esfera da família, não do mercado.

[22] Os requisitos de um estacionamento para novas construções exigiram que ele fosse fornecido para todos os usuários possíveis do edifício. Isso resultava em estacionamentos em frente a um prédio ou garagens no subsolo e no primeiro andar do edifício. Para acomodar tráfego ampliado nas cidades e subúrbios, vias arteriais de quatro, seis e até mesmo oito faixas cortam áreas de novos desenvolvimentos, como é recomendado pelos engenheiros de trânsito.

Teologia pública reformada

suscitar uma questão-chave: quão importantes seriam a onipresença dos estacionamentos e o acesso ilimitado a ruas, em comparação com a segurança, o prazer e a beleza de um passeio pela cidade?

No planejamento urbano tradicional, dois tipos de edifícios moldam o espaço público e dirigem o olhar das pessoas. Prédios de "construções estruturais" fornecem um enquadramento estético e conduzem o olhar público para as construções "monumentais" mais importantes. Aqui a própria cidade dirige os olhos do cidadão para as construções que representam o bem comum, cultural e cívico da cidade. Com o advento do projeto centrado em carros, as ruas não têm "fim". Elas apontam os olhos para nada além de mobilidade e velocidade ampliadas.

De acordo com o filósofo reformado Nicholas Wolterstorff, uma cidade feia é uma afronta à Criação e ao seu Deus. Questões de beleza e estética, diz ele, não devem ser relegadas ao artista e ao museu. Todos os seres humanos precisam de beleza. A própria cidade deve estar interessada com a estética. Cidades bonitas honram e elevam a *imago Dei*, que se move através delas dia após dia.

Wolterstorff argumenta que a qualidade estética de uma cidade pode ser encontrada na forma em que ela estrutura o espaço urbano:

> Uma cidade é feita de construções, e essas construções, junto com árvores e outros objetos moldando o espaço — é o que podemos chamar de espaço urbano. Pense por um momento em uma sala onde as paredes, o teto e o piso moldam o espaço de certa maneira, apesar de geralmente permitirmos que as características do recipiente chamem mais a nossa atenção do que o caráter do espaço contido. Mesmo que o teto de uma sala, sua "tampa", fosse removida, ainda assim o espaço seria moldado pelo passeio e o piso, embora menos completamente, pois o espaço "vazaria" no topo. Do mesmo modo, então, os edifícios e outros objetos de uma cidade fornecem características definitivas para o espaço entre eles que nós percebemos e sentimos conforme nos movemos naquele espaço.[23]

---

[23] Nicholas Wolterstorff, *Art in action* (Grand Rapids: Eerdmans, 1980), p. 17.

Estacionamentos enormes e ruas sem fim tornam impossível o enquadramento do espaço urbano. Isso, de acordo com Wolterstorff, é um ataque estético à cidade e seus moradores. Aqueles que se preocupam com a beleza como um aspecto da natureza de Deus e do florescimento humano não podem permitir que esse ataque continue. À medida que a teologia reformada nos inspira a promover o florescimento humano, devemos nos preocupar com a qualidade estética dos ambientes construídos onde portadores da *imago Dei* passam seu tempo.

CONCLUSÃO

O planejamento urbano é um assunto importante para a reflexão cristã por duas razões principais. Primeiro, Deus exige que os seres humanos cultivem, organizem e encham a terra de formas responsáveis, fidedignas e que glorifiquem a ele. Segundo, o planejamento sábio e ponderado das cidades é um ingrediente crucial no florescimento humano. Projetar boas cidades é uma forma de amar o próximo.

Quando os urbanistas ignoram os limites criacionais e as necessidades humanas, quando idolatram ideias abstratas e servem a exigências míopes por lucro e poder, seus projetos se tornam idólatras — e destrutivos. O planejamento urbano precisa de mais iconoclastas, planejadores que deixarão suas visões endeusadas da cidade, compostas a trinta mil pés de altura, de lado. Precisamos de urbanistas humildes que prestem atenção à cidade, às pessoas e à própria criação ao redor deles. Portanto, precisamos de urbanistas que ouçam, aprendam e finalmente se posicionem ao lado de sua cidade, humildemente oferecendo a ela mais espaços que deem vida ao movimento, ao comércio e ao lazer.

Quando o *zeitgeist* persegue velocidade e eficiência, os valores da beleza e encanto podem ser facilmente negligenciados. Os desenvolvimentos suburbanos do final do século 20 deixaram um legado de subdivisões estéreis e monótonas. Cidades se tornaram inóspitas para os pedestres à medida que procuraram servir ao automóvel. Em resposta a esse *zeitgeist*, precisamos de urbanistas que tenham a coragem e a

Teologia pública reformada

criatividade necessárias para domar o carro e cultivar espaços urbanos que sejam mais bonitos e humanos.

Quando os pobres são segregados dos ricos, a justiça de Deus é pervertida e os dois lados sofrem. Isolados, os pobres perdem acesso a recursos e oportunidades. Eles ficam presos em ciclos geograficamente isolados de pobreza. Quando os ricos estão isolados, perdem contato com a realidade, e suas consciências não são mais afligidas por encontros com os pobres. Os ricos perdem oportunidades para crescimento moral em caridade, justiça e hospitalidade. Em resposta a essa injustiça e segregação econômica, precisamos de urbanistas que possam quebrar de forma criativa os muros que separam as classes.

O planejamento urbano é importante porque o ambiente construído é importante. Revisando o velho ditado, nós moldamos os espaços urbanos e — logo em seguida — os espaços urbanos começam a nos moldar. O design da sua cidade o encoraja a fazer uma caminhada, relaxar e aproveitar uma boa refeição, a natureza e a arte? Os edifícios públicos na sua cidade são belos e imponentes? Eles o encorajam a lembrar a rica história da cidade, sua cultura e o bem comum? Os espaços públicos de sua cidade são aconchegantes, animadores e inspiradores? O bom planejamento urbano é importante para as pessoas, e para Deus também. Ele contribui para o deleite, a beleza e a justiça no dia a dia. Em outras palavras, trata-se de um aspecto crucial do que significa procurar o *shalom* da cidade.

> **Eric. O. Jacobsen** (PhD, Fuller Theological Seminary) é pastor sênior da First Presbyterian Church em Tacoma, Washington. Sua pesquisa e escrita destacam a intersecção entre fé, comunidade e o ambiente construído. Entre seus livros estão *Sidewalks in the kingdom: new urbanism and the Christian faith* (Brazos, 2003) e *The space between: a Christian engagement with the built environment* (Baker Academic, 2012).

Quinta parte

...

Academia Pública

CAMPUS

16 PARTICIPANDO DO CAMPUS PLURALISTA:
recursos reformados

Bethany L. Jenkins

Os estudantes universitários americanos estão lidando cada vez mais com um conjunto complexo de questões a respeito de identidade, cultura, moralidade e espiritualidade. Como a sociedade que os cerca, seus campi são repletos de diferenças significativas — religiosas, ideológicas, raciais, culturais e outras. Essas diferenças podem criar um ambiente de aprendizado rico e vibrante. Infelizmente, também podem produzir divisões profundas e sofrimento.[1] Além disso, os estudantes também estão enfrentando uma crise de solidão e saúde mental sem precedentes.[2] Quando se formam, eles entram em um mundo de novas

---

[1] Por exemplo, Bari Weiss, "Jonathan Haidt on the cultural roots of campus rage: an unorthodox professor explains the 'new religion' that drives the intolerance and violence at places like Middlebury and Berkeley", *Wall Street Journal*, 14 de abril de 2017, https://www.wsj.com/articles/jonathan-haidt-on-the-cultural-roots-of-campus-rage-1491000676; Brooke Sample, "Free speech is under siege at U.S. colleges", *Bloomberg*, 14 de setembro de 2019, https://www.bloomberg.com/opinion/articles/2019-09-14/free-speech-under-siege-at-u-s-colleges-opinion; Thomas C. Williams, "Does our cultural obsession with safety spell the downfall of democracy?", *New York Times*, 27 de abril de 2018, https://www.nytimes.com/2018/08/27/books/review/splintering-william-egginton-coddling-greg-lukianoff-jonathan-haidt.html; Jillian Berman, "U.S. colleges spend millions on security to host controversial speakers", *MarketWatch*, 5 de março de 2019, https://www.marketwatch.com/story/how-colleges-pay-for-free-speech-2018-10-08.

[2] Steven Reinberg, "1 in 5 college students so stressed they consider suicide", *CBS News*, 10 de setembro de 2018, https://www.cbsnews.com/news/1-in-5-college-students-so-stressed-they-consider-suicide/; Varun Soni, "Op-Ed: there's a loneliness crisis on college campuses", *Los Angeles Times*, 14 de julho de 2019, https://www.latimes.com/opinion/op-ed/la-oe-soni-campus-student-loneliness-20190714-story.html; Saumya Joseph, "Depression, anxiety rising among U.S. college students", Reuters, 29 de agosto de 2019, https://www.

possibilidades radicais — da realidade virtual à inteligência artificial e à modificação genética.[3]

Os estudantes precisam de uma estrutura moral e espiritual para se envolverem nessas complexidades emergentes. Infelizmente, questões de sentido último ou um propósito transcendente estão cada vez mais sendo removidas do discurso universitário. Harry Lewis, antigo reitor de Harvard, lamenta que "qualquer coisa semelhante a princípios morais ou sugestões de valores últimos tem sido isolada do currículo, senão inteiramente removida".[4] Anthony Kronman, o antigo reitor da Yale Law School, concorda: "A questão sobre o que é a vida — sobre o que devemos buscar e por que — é a questão mais importante que uma pessoa pode fazer. No entanto, nossos colegas e nossas universidades expeliram essa questão de suas salas de aula".[5] Martha Nussbaum, professora da University of Chicago, lamenta que, se continuarmos evitando as humanidades e as questões que importam, produziremos "gerações de máquinas inúteis" e experimentaremos um "suicídio geracional da alma".[6]

Sem uma estrutura moral ou espiritual para sua pesquisa, estudantes e pesquisadores podem escolher entre extremos insalubres e imprudentes: por um lado, tornarem-se amargos e cínicos sobre o mundo, a academia e sua própria pesquisa; por outro, colocarem demasiada fé e

---

reuters.com/article/us-health-mental-undergrads/depression-anxiety-rising-among-us-college-students-idUSKCN1VJ25Z.

[3] Rob Stein, "First U.S. patients treated with CRISPR as human gene-editing trials get underway", *NPR*, 16 de abril de 2019, https://www.npr.org/sections/health-shots/2019/04/16/712402435/first-u-s-patients-treated-with-crispr-as-gene-editing-human-trials-get-underway; Brian Merchant, "Gen Z is already afraid automation will eat their jobs", *Gizmodo*, 6 de setembro de 2019, https://gizmodo.com/gen-z-is-already-afraid-automation-will-eat-their-jobs-1837930958.

[4] Harry R. Lewis, *Excellence without a soul: does liberal education have a future?* (New York: PublicAffairs, 2007), p. 71.

[5] Anthony T. Kronman, *Education's end: why our colleges and universities have given up on the meaning of life* (New Haven: Yale University Press, 2007).

[6] Martha Nussbaum, *Not for profit: why democracy needs the humanities* (Princeton: Princeton University Press, 2016).

importância na academia. Além disso, quando a próxima geração de líderes carece de uma cosmovisão coerente que informe onde estabelecer limites morais, nossa sociedade inteira está em risco. Vale lembrar que o Facebook, que agora hospeda (e cria regras controversas para) a maior plataforma de discussão online no mundo, foi inventado por um punhado de universitários em Harvard.

Uma oferta reformada

Trabalho em uma organização cristã chamada The Veritas Forum, um grupo sem fins lucrativos que existe para lidar com essa séria lacuna. Trabalhamos para elevar as discussões no campus sobre questões de significado último, identidade e propósito nas universidades ao redor do globo. Mais do que simplesmente levantar questões, procuramos apresentar o cristianismo como um participante intelectualmente crível nessas discussões sobre sentido último.

A fé cristã não tem sido uma participante pública ativa e respeitada no discurso acadêmico em muitos campi por anos. Embora a marginalização acadêmica da fé cristã seja certamente um motivo de preocupação, nós também vemos razões para esperança. A vasta maioria dos universitários atuais diz estar em uma "jornada espiritual" e que seu objetivo na universidade é descobrir uma "cosmovisão coerente".[7]

Duas coisas acontecem ao mesmo tempo: os universitários estão cada vez mais desejando explorar questões de sentido e propósito último e os campi estão cada vez mais indispostos, incapazes ou incertos sobre como cultivar esses diálogos em suas salas de aula. Essa separação apresenta uma oportunidade. Estudiosos cristãos de fé e rigor acadêmico profundos podem ser um presente inesperado para a universidade quando propõem as questões que importam. Eles podem

---

[7] Uma pesquisa inédita da Veritas, conduzida em 2016, relata que 88% dos universitários dizem estar em uma "jornada espiritual". Veja também, contudo, "Atheism doubles among Generation Z", *Barna Group*, 24 de janeiro de 2018, https://www.barna.com/research/atheism-doubles-among-generation-z/.

oferecer a fé cristã como uma contribuição necessária e crível para um diálogo pluralista.

Os desafios, contudo, são reais. Para as instituições acadêmicas de elite no ocidente, o cristianismo padece de uma profunda falta de credibilidade intelectual. Nossa pesquisa revela que 72% dos estudantes dizem que seus cursos não tratam as tradições de fé como fontes de sabedoria.[8] Ela mostra que apenas 3% do corpo docente em universidades de elite — ou seja, as universidades que educam a vasta maioria de docentes nas universidades nos Estados Unidos[9] — se identificam como cristãos. Alguns desses docentes desdenham abertamente da fé. Steven Pinker em Harvard, por exemplo, diz: "Poucas pessoas sofisticadas professam uma crença no céu e no inferno, na verdade literal da Bíblia ou em um Deus que desrespeita as leis da física".[10]

Como resultado, muitos alunos na academia secular sentem uma aguda incongruência entre a vida da mente e a vida da fé. Eles percebem que alguém pode seguir ou a fé ou a razão, mas não ambas. Considerando a escolha binária, não surpreende que 42% dos estudantes abandonem a fé cristã durante seus anos na universidade.[11]

O que pode ser feito? Como podemos fechar essa lacuna de credibilidade? Como as pequenas minorias de estudantes e docentes cristãos podem estudar, servir e falar fidedignamente nesses espaços acadêmicos pluralistas? Neste capítulo, apresento diversos conceitos teológicos da tradição reformada que têm sido úteis para mim no meu trabalho nos campi universitários por todo o país. Por meio dessas lentes teológicas,

---

[8] Pesquisa inédita da Veritas conduzida em 2016.

[9] Joel Warner e Aaron Clauset, "The academy's dirty secret: an astonishingly small number of elite universities produce an overwhelming number of America's professors", *Slate*, 23 de fevereiro de 2015, https://slate.com/human-interest/2015/02/university-hiring-if-you-didn-t-get-your-ph-d-at-an-elite-university-good-luck-finding-an-academic-job.html.

[10] Steven Pinker, *Enlightenment now: the case for reason, science, humanism, and progress* (New York: Viking, 2018), p. 430 [no Brasil: *O novo Iluminismo: em defesa da razão, da ciência e do humanismo* (São Leopoldo: Companhia das Letras, 2018)]. Nessa obra ele define "pessoas sofisticadas" como aqueles que são "conscientes das realidades científicas dos últimos séculos".

[11] Pesquisa inédita da Veritas conduzida em 2016.

demonstro como estudantes e acadêmicos podem servir como sal, luz e fermento em disciplinas e discursos acadêmicos.

A VIDA DA MENTE É IMPORTANTE PARA DEUS

> Toma o meu intelecto e usa
> Todo poder como quiseres.
>
> —**Frances Ridley Havergal**, "Take my life and let it be"

Os americanos são mais instruídos hoje do que jamais foram. Em 1940, apenas 24% dos adultos tinham concluído o ensino médio e somente 4,6% haviam concluído o ensino superior. Hoje esses números dispararam: 90% possuem um diploma de ensino médio e 33% possuem um diploma de ensino superior ou pós-graduação.[12]

Ao mesmo tempo, nosso interesse em leitura caiu significativamente, em especial entre os jovens adultos. Nos anos 1970, a grande maioria dos jovens lia um livro ou revista todos os dias; em 2015, apenas 16% o fazem. No começo dos anos 1990, cerca de 70% dos estudantes universitários disseram que liam um jornal ao menos uma vez por semana; em 2015, esse número caiu para 10%.[13] Em *The death of expertise* [A morte da expertise], o professor Tom Nichols lamenta a irônica tensão anti-intelectual na América: embora sejamos mais instruídos, perdemos o interesse em estar informados. "São tempos perigosos", ele escreve. "Nunca tantas pessoas tiveram tanto acesso a tanto conhecimento e, contudo, nunca foram tão resistentes a aprender qualquer coisa."[14]

---

[12] United States Census Bureau, "Highest educational levels reached by adults in the U.S. since 1940", *U.S. Census Bureau Release* Number CB17-51, 30 de março de 2017, https://www.census.gov/newsroom/press-releases/2017/cb17-51.html.

[13] Veja Jean Twenge, *iGen: why today's super-connected kids are growing up less rebellious, more tolerant, less happy—and completely unprepared for adulthood—and what that means for the rest of us* (New York: Atria Books, 2017) [no Brasil: *iGen: Por que as crianças superconectadas de hoje estão crescendo menos rebeldes, mais tolerantes, menos felizes e completamente despreparadas para a vida adulta* (São Leopoldo: nVersos, 2018)].

[14] Tom Nichols, *The death of expertise: the campaign against established knowledge and why it matters* (Oxford: Oxford University Press, 2017).

Na igreja evangélica, as coisas podem estar ainda piores. O historiador Mark Noll observa: "O escândalo da mente evangélica é que não há muito dela".[15] O filósofo Habib Malik vai mais longe ao dizer: "O maior perigo confrontando o cristianismo evangélico americano é o perigo do anti-intelectualismo".[16]

Ao mesmo tempo, a academia secular celebra uma rigorosa erudição — contudo, ela busca esse conhecimento separado da sabedoria ou temor do Senhor. Paulo alerta contra esse tipo de intelectualismo, dizendo que tal "conhecimento traz orgulho" (1Co 8:1). O conhecimento criacional sem o Criador é perigoso. "É o pecado que tenta o homem a separar [a erudição] de Deus, a roubá-la de Deus e finalmente voltá-la contra Deus", escreve o teólogo reformado Abraham Kuyper. "A árvore da verdadeira [erudição] tem suas raízes, origem, motivo e ponto de partida no temor do Senhor".[17]

A vida da mente é importante para Deus. Pesquisa, pensamento crítico, exploração e invenção são maneiras em que as criaturas humanas honram seu Criador e fazem avançar seus propósitos para a criação. Como escreve o filósofo reformado Richard Mouw: "Precisamos ver o pensamento crítico como uma forma em que servimos ao Senhor. A erudição e o ensino cristãos devem buscar o objetivo final de esclarecer em nosso coração as questões básicas da vida, com o intuito de promover a causa do Reino de Deus".[18] Ou, como coloca Jesus: "Ame o Senhor, o seu Deus [...] [com] todo o seu entendimento" (Mt 22:37).

A erudição é um meio através do qual os cristãos podem amar e servir a Deus, seu próximo e toda a criação. A erudição informada pelo amor cristão é orientada para o outro. É um ato de doação, de

---

[15] Mark A. Noll, *The scandal of the evangelical mind* (Grand Rapids: Eerdmans, 1995).

[16] Charles Habib Malik, *A Christian critique of the university* (Waterloo, ON: North Waterloo Academic Press, 1990).

[17] Abraham Kuyper, "Common grace in science [1904]", in: *Abraham Kuyper: a centennial reader*, org. James D. Bratt (Grand Rapids: Eerdmans, 1998), p. 447.

[18] Richard J. Mouw, *Called to the life of the mind: some advice for evangelical scholars* (Grand Rapids: Eerdmans, 2014).

serviço, de louvor. Ela compartilha. Ela mostra misericórdia. Conforme Nicholas Wolterstorff escreve: "Aprender é um dom de Deus para a humanidade, o qual nós devemos receber e praticar com gratidão".[19]

A DOUTRINA DA CRIAÇÃO

> Pela beleza da terra...
>
> **—Folliott S. Pierpoint,** "For the beauty of the Earth"

Meditar sobre a complexidade, a beleza e as maravilhas da criação de Deus é uma prática essencial para os acadêmicos cristãos. Essa prática fundamental oferece *insights* profundos para o cultivo de uma postura contínua de gratidão e alegria acadêmicas. A teologia reformada da criação apresenta dois pontos de ênfase que podem se provar úteis para os eruditos e os estudantes contemporâneos sobre esse tema: alegria e ordem criacionais.

Alegria criacional

A criação não é uma necessidade fria ou vazia. Em última análise, ela existe para o deleite. Não há evidência bíblica de que Deus precise da criação. Há, no entanto, evidência de que Deus a deseja e se deleita nela. No relato de Gênesis, Deus repetidamente se regozija com sua criação. Ele declara que ela é "boa" e "muito boa" em múltiplas ocasiões (Gn 1:4,10,12,18,21,25,31). Também o salmista convida o Senhor a se alegrar naquilo que ele fez (Sl 104:31).

Ampliando essa visão, Richard Mouw escreve, "Existe uma boa razão para acreditar que o Senhor sorri com todo pôr de sol e com as ondas do oceano batendo na costa rochosa, com uma cerejeira em flor e com a velocidade do leopardo caçando — e tudo isso sem qualquer

---

[19] Nicholas Wolterstorff, *Educating for shalom: essays on Christian higher education* (Grand Rapids: Eerdmans, 2004).

referência necessária aos seres humanos eleitos e não eleitos".[20] Deus se deleita nas estrelas que nunca descobriremos.

Tarde da noite, sozinha em seu laboratório, e após horas de tentativa e erro, uma estudante de pós-graduação finalmente faz uma descoberta. Uma dose de adrenalina pulsa pelo seu corpo. Ela está completamente animada. Essas experiências de deleite acadêmico sentidas em bibliotecas, salas de leitura e estúdios de arte por todo o campus são manifestações da *imago Dei* presente em cada estudante. Mesmo sem fé, quando se alegram ao explorarem e desenvolverem a criação, seres humanos refletem o caráter daquele que viu a complexidade da criação e declarou: "é muito bom".

Ordem criacional

De acordo com a teologia reformada, a criação de Deus é tanto ordenada quanto complexa, padronizada e pluriforme. A criação é uma manifestação complexa da vontade, da beleza e da natureza de Deus. Essas obras multiformes apresentam a glória multiforme de Deus. Pois "o firmamento proclama a obra das suas mãos. Um dia fala disso a outro dia" (Sl 19:1,2). Explorar a criação complexa de Deus através da erudição é, em parte, examinar a complexa vontade, lei e natureza de Deus.

A criação de Deus não está entregue ao caos ou à aleatoriedade; ela é ordenada. Está repleta de padrões, leis e uma estabilidade fundamental. Ordem e estabilidade não apenas permitem a vida de maneira graciosa, mas também permitem a produção cultural de erudição e tecnologia. As leis da natureza não mudam de um dia para o outro. Por causa disso, os cientistas podem depender de certos padrões, estudá-los, explorá-los e até desenvolvê-los.

Os seres humanos foram criados para essa ordem e não podem deixar de ansiar por sua estabilidade por meio de leis naturais. Mesmo

---

[20] Richard J. Mouw, *He shines in all that's fair: culture and common grace* (Grand Rapids: Eerdmans, 2001), p. 35.

o psicólogo de Harvard, Steven Pinker, não pode deixar de evidenciar esse anseio em sua declaração aparentemente ateísta: "Hoje poucas pessoas sofisticadas professam uma crença [...] em um Deus que desafia *as leis da física*".[21]

Isso não significa que não existam exceções, aberrações ou milagres, mas significa que, quando nos envolvemos em pesquisa ou estudo, estamos procurando por padrões na criação — quer reconheçamos que Deus seja o seu autor, quer não. O pensamento humano se esforça para responder a questões de origem, interconexão e destino: *Como o mundo foi formado? Como ele é sustentado? Quais são suas leis e normas internas, e o que elas significam?*

A ordem divina não está limitada às ciências naturais. O filósofo reformado Al Wolters nota que ordens e padrões também começam a emergir na investigação científica social:

> Todos estamos familiarizados com as leis da natureza, a ordem regular no reino das coisas físicas, das plantas e dos animais [...]. Não estamos tão familiarizados, ou nos sentimos menos seguros com as leis de Deus para a cultura e a sociedade, que nós chamamos de normas. Certamente, reconhecemos normas para relacionamentos interpessoais, mas somos hesitantes sobre quaisquer normas para instituições sociais ou para algo tão mundano como a agricultura. Contudo, tanto a Escritura quanto a experiência nos ensinam que a vontade de Deus deve ser discernida nessas áreas, que o Criador é soberano sobre o Estado tanto quanto sobre o reino animal, que ele é Senhor sobre a agricultura tanto quanto é senhor sobre as trocas energéticas. Os estatutos e os mandamentos de Deus governam tudo, e com certeza não excluem o amplo domínio dos afazeres humanos.[22]

---

[21] Pinker, *Enlightenment now*, p. 420, ênfase adicionada.

[22] Albert M. Wolters, *Creation regained: biblical basics for a reformational worldview* (Grand Rapids: Eerdmans, 2005), p. 16 [no Brasil: *A criação restaurada: a base bíblica da cosmovisão reformada* (São Paulo: Cultura Cristã, 2006)].

O relato da criação indica que ela tem padrões quando nos diz que Deus cria a partir da criação, desde as sementes a vários tipos de animais, "de acordo com suas espécies" (Gn 1:11,12,21,24,25). Por exemplo, leões não são árvores, sementes não são elefantes, cobre não é alumínio. Possuem naturezas, expressões e culturas exclusivas.

Da mesma forma, cada disciplina, da antropologia à zoologia, possui suas próprias leis e normas, metodologias, terminologias e trajetória escatológica dados por Deus de modo singular. É inapropriado, por exemplo, aplicar o método científico à poesia; da mesma forma, uma análise psicológica da geometria não funcionaria. Com certeza, disciplinas diferentes podem e devem aprender umas com as outras, mas também devemos respeitar suas diferentes metodologias. Elas precisam explorar a criação de Deus e desenvolver-se de acordo com sua própria espécie. Tanto o químico quanto o poeta revelam algo importante e verdadeiro sobre o mundo. No entanto, eles o fazem de duas maneiras fundamentalmente diferentes. Precisamos de todas as diversas disciplinas para investigarmos totalmente e nos deleitarmos na complexa criação de Deus. Em resumo, à medida que investigam o mundo — seus padrões, ritmos, leis e normas —, os cristãos descobrem como esses padrões apresentam, de sua própria maneira única, a beleza e a ordem caleidoscópicas de Deus.

UMA VISÃO HOLÍSTICA DO PECADO

Esse mundo cheio de demônios...

—**Martinho Lutero**, "Castelo forte é nosso Deus"

Muitos estudantes cristãos chegam no campus com uma compreensão estreita do pecado e do mal. Eles imaginam que esses termos indicam uma ruptura pessoal ou espiritual entre eles mesmos e Deus. Não surpreende que sua compreensão da salvação e do evangelho também seja individualista e míope. Cristo simplesmente une o espaço pessoal ou espiritual entre eles e Deus. Fim da história. Desse modo, o pecado e a salvação — sendo meramente pessoais ou espirituais — têm pouco a fazer com sua vida material e pública de estudo e erudição.

Nesse ponto, o entendimento mais holístico da tradição reformada sobre pecado e salvação de toda a criação tem sido profundamente útil em meu trabalho com estudantes e docentes cristãos. Na tradição reformada, o pecado não é simplesmente uma ruptura nos recessos do meu coração; pelo contrário, "o pecado introduz uma dimensão inteiramente nova à ordem criada",[23] uma nova dimensão que afeta cada aspecto de cada disciplina acadêmica.

Gênesis 3 discute as origens do mal, e o resto da Bíblia traça sua disseminação generalizada.[24] A teologia reformada descreve nossa condição pecaminosa como "depravação total". Isso não significa que os seres humanos sejam monstros morais absolutos, perdidos na corrupção total. O termo, ao contrário, quer indicar que o pecado não é uma ruptura espiritual isolada, mas uma divisão universal que impactou cada aspecto de nossa vida e de nosso mundo.

Dessa forma, não há nenhum aspecto de pesquisa, erudição ou aprendizado que esteja livre do pecado. A educação não pode nos salvar, a ciência não pode nos consertar, a tecnologia não pode resolver nossos problemas mais profundos e a universidade não é um lugar fechado hermeticamente, segura dos males do mundo. Nossa vontade humana universal de dominar, controlar, enviesar e oprimir faz parte de cada disciplina. Nenhum campo acadêmico é neutro ou imune ao nosso quebrantamento. Na verdade, os acadêmicos cristãos não estão de forma alguma imunes ou acima dos efeitos do pecado: todos nós caímos e todos nós fomos impactados.

---

[23] Wolters, *Creation regained*, p. 57.

[24] Jeremias nos diz que nosso coração "é mais enganoso que qualquer outra coisa" (17:9). O salmista diz: "Não há ninguém que faça o bem, não há nem um sequer" (Salmos 14:3; 53:3; conforme citado em Romanos 3:10). Paulo enfatiza que nós estamos "mortos" em nossos pecados (Efésios. 2:1,5; Colossenses 2:13). E Jesus diz que o problema com o pecado vem do nosso coração (Marcos 7:15).

Embora o pecado tenha corrompido nossa capacidade de compreender a totalidade e a coerência da criação, ele não destruiu completamente nossas capacidades de percepção científica, lógica e razão. Como disse Al Wolters: "Pensamento confuso ainda é pensamento".[25]

À luz de nossa participação completa nessa natureza caída, os cristãos devem abraçar uma postura de humildade epistêmica — ou seja, uma postura de aprendizagem, reconhecendo que, embora Deus tenha estabelecido a verdade, a lei e a ordem no mundo, nossa capacidade para compreendê-las é limitada e caída. Na prática, isso significa que os acadêmicos cristãos devem valorizar as questões e até mesmo as críticas de seus colegas. Tendo considerado o nosso pecado, devemos assumir que continuamos necessitados de correção e desafio acadêmicos. Ao aceitar esse diálogo, os estudantes ou acadêmicos cristãos podem ser criaturas bastante estranhas dentro da cultura por vezes competitiva da academia. Contudo, eles devem se destacar em sua abertura generosa a críticas honestas e perspectivas diversas.

Uma visão holística de redenção

Até onde a maldição se encontrar...

—**Isaac Watts,** "Joy to the world"

Se nossa queda no pecado é profunda, a redenção e a cura que experimentamos em Cristo será igualmente profunda, e até mesmo a excederá. Como escreve o teólogo reformado Herman Bavinck, "Cristo dá mais do que [aquilo que] o pecado tomou". Assim, a redenção e a transformação em Cristo não são apenas para o coração ou a vida espiritual do estudioso; também operam uma ampla transformação na orientação de um erudito em seu campo de estudo, em sua interação com pares acadêmicos e na cultura universitária.

---

[25] Wolters, *Creation regained*, p. 58.

Depois de seu encontro com Jesus, o coração de Zaqueu não era a única coisa que havia mudado; toda a sua vocação na coleta de impostos — a maneira em que ele administrava seus negócios e sua casa — foi transformada para o bem dele mesmo, de seus vizinhos e de sua comunidade. Da mesma forma, o evangelho transforma os estudiosos e os chama para uma nova orientação em relação a suas pesquisas, seus alunos e suas escolas.

Abraham Kuyper argumenta que toda a criação é um campo para a diversificada operação da graça de Deus. Ele escreve: "Você não pode ver a graça em toda a sua riqueza se não perceber como suas pequenas raízes e fibras penetram completamente nas juntas e rachaduras da vida da natureza".[26] O sociólogo explora melhores modelos para a educação pública. O professor de direito se preocupa em incorporar prestação de contas na governança corporativa. O professor de história acende uma luz sobre feridas históricas escondidas. O professor de teatro acessa e aproveita os escondidos talentos dramáticos dos alunos. Todos são participantes da obra abrangente de Cristo em fazer novas todas as coisas.

A DOUTRINA DA GRAÇA COMUM

Ele brilha em tudo o que é justo.

—**Maltbie Davenport Babcock,** "This is my father's world"

O que posso aprender com um professor ateu? Posso ser inspirada por um poeta hindu? Vou me permitir ser convencida por um ativista muçulmano de direitos humanos?

A graça comum se refere à graça de Deus que é comum, dada a toda a criação, igualmente a cristãos e não cristãos. Apesar da rebelião, da incredulidade e da perversão humana, Deus nunca abandona a criação. A graça comum se manifesta de três formas. Primeiro, Deus

---

[26] Kuyper, "Common grace", p. 173.

providencialmente cuida de sua criação ao sustentar o universo (Jo 1:1-4; Hb 1:23) e dá dons naturais para todas as pessoas (Mt 5:45). Segundo, Deus graciosamente restringe o pecado ao instituir autoridades civis para administrar a justiça (Rm 13:1) e limitar nosso comportamento pecaminoso (Gn 20:6; 1Sm 25:26). Terceiro, Deus fortalece os não cristãos para fazerem boas obras (Rm 2:14,15). Diferentemente da graça especial ou redentora, que é oferecida apenas para os redimidos, esses dons divinos da graça comum são para todas as pessoas.

Abraham Kuyper reflete sobre as implicações da graça comum nos estudos e admite que, embora a erudição secular tenda para "uma cosmovisão diretamente oposta à verdade da Palavra de Deus", pela graça divina ela também produz "verdade e conhecimento essencial".[27] A graça comum, diz ele, dá sentido a esta verdade dupla: "O que podemos e devemos falar mais positivamente da obra de Deus a esse respeito é evidente a partir do fato inegável de que, em homens como Platão e Aristóteles, Kant e Darwin, brilharam estrelas de primeira magnitude, gênios do mais alto grau, que pronunciaram os mais profundos pensamentos mesmo sem se confessarem como cristãos. Eles tinham esse gênio não de si mesmos, mas o receberam do Deus que os criou e os dotou para esse tipo de pensamento".[28] É por causa da graça comum que os cristãos podem apoiar ou aprender da erudição produzida por pensadores não cristãos. É por isso que os cristãos podem receber avaliação de seus pares acadêmicos que não compartilham sua fé.

O corolário essencial à graça comum é o conceito reformado de "antítese". Na pesquisa, o contexto importa. Onde você está, quem você é, as lentes interpretativas que você usa — tudo impacta no modo em que você se envolve na investigação acadêmica. O estudioso cristão estuda a criação a partir do contexto ou da posição de estar em Cristo.

---

[27] Abraham Kuyper, *Wisdom and wonder: common grace in science and art* (Grand Rapids: Christian Library, 2011), p. 53.

[28] Kuyper, "Common grace in science", p. 449. Veja também Mouw, *He shines in all that's fair*.

O evangelho é a lente através da qual ele vê o mundo. Estudar os campos de diferentes pontos de partida e usar lentes diferentes pode, por vezes, produzir resultados opostos ou "antitéticos".

Dessa forma, duas coisas são verdade ao mesmo tempo. Por causa da graça comum, os estudiosos cristãos podem se deleitar, aprender e mesmo colaborar com seus colegas não cristãos. No entanto, eles também devem esperar encontrar oposição acadêmica e diferenças profundas por causa da antítese. Portanto, o estudioso cristão que leva a sério tanto a graça comum quanto a antítese pode encontrar causa comum e sabedoria na poesia hindu, na arte islâmica ou na filosofia chinesa e, ao mesmo tempo, não ser surpreendido ou escandalizado pela oposição acadêmica.

No fim, a academia pluralista será abençoada por acadêmicos e estudantes cristãos que levam a sério a graça comum e a antítese. A graça comum pode inspirar uma postura acadêmica de colaboração colegiada, apreço, curiosidade e elogio. A antítese pode inspirar a coragem acadêmica, um desejo de se opor ao *zeitgeist* universitário, falar algo impopular, desafiar o normal. Quando os eruditos e estudantes cristãos resistem gentilmente e recuam contra as normas acadêmicas assumidas, e o fazem com graça e humildade profundas, eles podem contribuir com algo vital para um discurso acadêmico vibrante e pluralista.

Conclusão

Esses recursos teológicos (e muitos mais) da tradição reformada capacitam os estudantes e eruditos cristãos a servirem e abençoarem academias pluralistas ao redor do mundo. A teologia reformada proporciona a eles um quadro de referências coerente que não apenas oferece significado e propósito para investigações acadêmicas, mas também um caminho para que os acadêmicos lidem com as complexidades e as pluralidades crescentes dentro da educação superior.

Dito isso, há três caminhos nos quais o pensamento reformado precisa avançar para que possa continuar a servir a universidade nas próximas décadas. Primeiro, acadêmicos reformados podem, por vezes, limitar sua pesquisa para responderem a questões que são pertinentes apenas às subculturas reformadas. Entretanto, existem debates acontecendo nas academias pluralistas em que esses pesquisadores precisam se envolver, tais como: qual é o futuro da personalidade em um mundo de inteligência artificial? Quanto à mudança climática, nós vendemos o nosso futuro? Qual é a nossa responsabilidade? Quando eruditos cristãos se envolvem cuidadosamente com outras perspectivas e discursos dentro da academia pluralista mais ampla, ambos os lados são beneficiados.

Segundo, a tradição reformada precisa ampliar nosso entendimento da pedagogia e do crescimento e desenvolvimento intelectuais. Essa coisa que chamamos de "a academia" precisa se estender para além da sala de aula e da leitura formal. Aprendizado profundo e transformativo acontece todos os anos em programas de estudo amplo, estágios, clubes sociais e atividades voluntárias. A pesquisa mostra que nossas experiências fora da sala de aula contribuem para resultados acadêmicos positivos ao menos de cinco maneiras: complexidade cognitiva, aquisição e aplicação de conhecimento, humanitarismo, competência interpessoal e intrapessoal e competência prática. "Estudantes que investem mais esforço em uma variedade de atividades se beneficiam mais intelectualmente no domínio do desenvolvimento pessoal", diz um relatório.[29] A teologia reformada da pesquisa e da pedagogia precisa expandir sua imaginação para além da sala de aula.

Finalmente, uma coisa é oferecer aos acadêmicos cristãos uma teologia sistemática para estudar; outra coisa é oferecer a eles uma imaginação teológica para sua vocação. Tantas vezes reduzida a um "sistema" frio de teologia, a tradição reformada precisa enfatizar as categorias teológicas de exploração, criatividade, inovação e estética. David Brooks

---

[29] George D. Kuh et al., *Student learning outside the classroom: transcending artificial boundaries*, ASHE-ERIC Higher Education Report Series (San Francisco: Jossey-Bass, 1995), p. 2.

faz essa sugestão quando escreve sobre como trazer a universidade de volta às suas raízes religiosas: "Se um estudante gasta quatro anos em contato regular e concentrado com a beleza — com poesia ou música, trabalho extracurricular em uma catedral, servindo uma criança com síndrome de Down, despertando com amigos queridos em uma montanha —, há uma boa chance de que aconteça algo transcendente que altere a imaginação".[30] Como pessoas feitas à imagem de Deus, temos a capacidade de abraçar uma grande imaginação sobre o que é possível. Assim equipados, podemos abordar nossos estudos com grande alegria, deleite e visão.

> **Bethany L. Jenkins** é vice-presidente de mídia da Veritas Forum, onde usa seu tempo conectando teologia, mídia, educação superior e a percepção das necessidades e dos interesses dos estudantes universitários de hoje. Ela obteve seu MA na George Washington University e é graduada em Direito pela Columbia Law School. Ela também trabalhou no Departamento de Estado do Congresso dos Estados Unidos, em Wall Street, e em grandes escritórios de advocacia. Bethany passou quinze anos na cidade de Nova York, onde foi membro da Redeemer Presbyterian Church. Hoje ela vive em Pensacola, na Flórida.

---

[30] David Brooks "The big university", *New York Times*, 6 de outubro de 2015, https://www.nytimes.com /2015/10/06/opinion/david-brooks-the-big-university.html.

PESQUISA

17   UM ENTENDIMENTO REFORMADO DOS ESTUDOS ACADÊMICOS

Nicholas Wolterstorff

Meu procedimento neste capítulo será identificar alguns temas característicos de como os membros da tradição reformada compreendem os estudos acadêmicos. Nem todo mundo na tradição abraça todos estes temas: não existe uma única compreensão da tradição reformada dos estudos acadêmicos. Mas eu acho que não pode haver dúvida de que os temas que identifico são característicos da tradição.

Primeiro tema: cosmovisão cristã

João Calvino, em uma das mais conhecidas passagens das *Institutas da religião cristã*, compara a Escritura a um par de lentes através do qual é possível observar a criação e seu Criador. A passagem ocorre nas *Institutas* 1.6. O tópico de Calvino no livro 1 é "O conhecimento de Deus, o criador".

Para entender a importância de sua imagem da Escritura como lente, precisamos considerar o que Calvino diz no capítulo anterior, "O conhecimento de Deus resplandece na formação do universo e em seu governo contínuo". "O universo", como Calvino o entende aqui, inclui os seres humanos. De acordo com ele, toda a criação em seu contínuo desenvolvimento histórico revela aspectos da glória, da sabedoria, do poder e da bondade de seu Criador. Considere as seguintes passagens:

> Para onde quer que você lance seus olhos, não há nenhum lugar no universo em que você não possa discernir ao menos algumas

Academia pública: Pesquisa

fagulhas da glória [de Deus]. Em um vislumbre, você não pode analisar esse sistema tão vasto e belo do universo, em sua ampla expansão, sem ficar completamente maravilhado pela força sem limites de seu fulgor [...]

Há inumeráveis evidências no céu e na terra que declaram a sabedoria maravilhosa [de Deus], não somente aqueles temas mais ocultos, objeto de observação mais atenta, aos quais a astronomia, medicina e todas as ciências naturais se dedicam, mas também aqueles que podem ser vistos até mesmo pelas pessoas mais incultas e ignorantes, de forma que elas não podem abrir os seus olhos sem que sejam compelidas a testemunhá-los. Na verdade, os homens que beberam ou mesmo experimentaram as artes liberais penetram mais profundamente, apoiados nelas, nos segredos da sabedoria divina.[1]

Embora Calvino insista que bastante conhecimento sobre Deus possa ser adquirido ao observar sua criação, ele também reconhece que a história humana é abundante em ideias amplamente divergentes e completamente confusas a respeito de Deus:

A mente de cada homem é como um labirinto, por isso não surpreende que nações individuais sejam arrastadas por diversas falsidades; não apenas isso, mas homens individuais têm seus próprios deuses. Pois como a imprudência e a superficialidade estão unidas à ignorância e às trevas, raramente se encontra uma pessoa que não tenha moldado um ídolo ou espectro para si em lugar de Deus. Certamente, assim como a água ferve em uma fonte vasta e cheia, uma multidão imensa de deuses flui da mente humana.[2]

Esse é o contexto no qual Calvino descreve a Escritura como um conjunto de óculos: "Assim como os velhos, ou homens de vista cansada e

---

[1] John Calvin, *Institutes of the Christian religion*, org. John T. McNeill, trad. Ford Lewis Battles, 2 vols. (1960; reimpr., Louisville: Westminster John Knox, 2006), 1.5.1, 1.5.2 [no Brasil: *A instituição da religião cristã* (São Paulo: UNESP, 2008)].

[2] Calvin, *Institutes* 1.5.12.

aqueles com a visão fraca, se você os colocar diante do mais belo livro, mesmo que eles reconheçam ser algum tipo de escrita, mal poderão interpretar duas palavras, mas, com a ajuda dos óculos, começarão a ler de maneira distinta, assim a Escritura, reunindo o conhecimento confuso de Deus em nossa mente, tendo afastado nossa tolice, claramente nos mostra o verdadeiro Deus".[3]

Considerando que a preocupação geral de Calvino no livro 1 é o conhecimento de Deus, o Criador, o que ele naturalmente destaca quando emprega a imagem da Escritura como lentes é a variedade de formas pelas quais a Escritura nos capacita a interpretar corretamente as manifestações de Deus na criação. Mas nós, seres humanos, não estamos apenas confusos e em conflito sobre como interpretar os sinais de Deus na criação; também estamos confusos e em conflito a respeito de como entendemos a criação em si, especialmente sobre como entendemos a nós mesmos, nossa natureza e destino, nossos afazeres e produções. A partir dessa discussão contínua, torna-se claro que, na visão de Calvino, a Escritura também funciona, em muitos pontos, como óculos que nos capacitam a interpretar corretamente a realidade diante de nós.

De acordo com um entendimento comum da religião em geral e das três "religiões do livro" em particular — judaísmo, cristianismo e islamismo —, a religião trata do transcendente: Deus e a vida após a morte. Certamente, pessoas religiosas também possuem crenças sobre o imanente; todos nós as temos. Então, o pensamento comum é que a religião seria um complemento. Para as crenças sobre o imanente, as pessoas religiosas complementam as crenças sobre o transcendente; por outro lado, aquelas que não são religiosas vivem normalmente sem aquele complemento.

A compreensão de Calvino sobre o cristianismo — e implicitamente do judaísmo e do islamismo também — era decisivamente diferente. O cristianismo não consiste simplesmente em crenças

---

[3] Calvin, *Institutes* 1.6.1.

sobre o transcendente complementado às crenças sobre o imanente. O cristianismo, é claro, faz declarações sobre o transcendente. Na mesma seção das *Institutas* em que ele fala da Escritura como lente, Calvino enfatiza que na Escritura nós também aprendemos de Deus como Redentor. Da Escritura recebemos "dois tipos de conhecimento de Deus". Mas o que ele está afirmando com sua imagem de Escritura como lente é que a Escritura apresenta para nós uma interpretação dos aspectos importantes da realidade *imanente*: da base da moralidade, do papel do perdão, do que dá dignidade aos seres humanos, da prioridade da justiça, da tarefa do governo — e assim por diante.

Com certeza, é uma interpretação *distinta* que a Escritura apresenta — uma interpretação diferente das visões abraçadas por aqueles que não são cristãos. Está implícita no uso que Calvino faz da imagem da Escritura como lente sua compreensão de que todos nós, seres humanos, somos intérpretes. Ninguém simplesmente engole os fatos. Somos criaturas inescapavelmente hermenêuticas. Não interpretamos apenas segmentos específicos da realidade. Nós também temos interpretações mais ou menos abrangentes, *cosmovisões*, tais como naturalismo, humanismo secular, libertarianismo, socialismo, e assim por diante.

A afirmação que Calvino faz em sua passagem da Escritura como lente é um assunto que tem sido tão característica quanto qualquer compreensão da tradição reformada de estudos acadêmicos. O cristianismo não é um complemento. Ele não consiste em afirmações sobre o transcendente que podem ser acrescentadas, se alguém quiser, ao seja lá o que for que alguém acredite sobre o imanente. Tampouco — para mencionar outra visão que por vezes se ouve — é apenas uma ética que pode ser adicionada a seja o que for que alguém acredite sobre os "fatos". O cristianismo incorpora uma interpretação distinta da realidade em geral, tanto o transcendente quanto o imanente — uma cosmovisão.

Teologia pública reformada

É importante fazer um esclarecimento antes de seguirmos adiante: a cosmovisão dos cristãos de hoje não deve ser identificada com a cosmovisão bíblica. É claro que, estritamente falando, não existe isso de *a* cosmovisão bíblica; há na Escritura todo um espectro de cosmovisões. Mas nenhum cristão contemporâneo adota uma cosmovisão idêntica a qualquer uma nesse espectro. A cosmovisão dos cristãos de hoje tem sido profundamente moldada pelas cosmovisões dos escritores bíblicos, mas ela também tem sido moldada por outros fatores: pelas descobertas científicas naturais, pelas reflexões filosóficas e teológicas, pelas mudanças em nossas visões psicológicas, e assim por diante.

Segundo tema: diversas cosmovisões

Será que o estudo acadêmico oferece a esperança de uma fuga do conflito de cosmovisões e das discordâncias baseadas em nossas diferentes visões de mundo? Quando os seres humanos se envolvem em estudos acadêmicos, eles não deixam de abraçar suas cosmovisões. Mas, quando nos envolvemos adequadamente na prática social da história, da sociologia, de estudos literários e assim por diante, podemos colocar nossas cosmovisões conflitantes na geladeira por um tempo e nada usar a não ser nossas capacidades compartilhadas de percepção, introspecção e razão? Essa, como interpreto, era a visão de Immanuel Kant.

Na *Crítica da razão pura*, Kant faz uma distinção entre o que ele chamou de teologia *da revelação* (*theologia revelata*) e o que chamou de teologia *racional* (A631=B659). A teologia racional, diz Kant, é baseada "somente na razão".[4] Embora Kant não explique o que significa para uma teologia ser baseada somente na razão, eu acho que é possível fazer uma inferência confiável a partir de sua identificação e descrição tardia das várias formas de teologia que ele considera baseadas na razão, em contraste com aquelas não tão baseadas. A teologia

---

[4] Immanuel Kant, *The critique of pure reason*, trad. J. M. D. Meiklejohn (New York: Collier & Son, 1901), p. 469 [no Brasil: *Crítica da razão pura* (Petrópolis: Editora Vozes, 2016)].

baseada somente na razão, portanto, seria racional desde que se baseasse apenas nas premissas e nas inferências que todos os seres humanos adultos cognitivamente competentes aceitariam se tais premissas e razões fossem apresentadas a eles, se eles as entendessem, se tivessem a experiência e possuíssem a informação básica correspondente, e se livremente refletissem sobre elas por tempo suficiente (o que significa tempo *suficiente* é, obviamente, uma questão interessante). Esse raciocínio é o que eu chamo de *racionalidade-Kant*.[5]

Parece-me que muitos estudiosos acreditaram, intuitiva e implicitamente, se não explicitamente, que, quando estamos envolvidos na prática da pesquisa acadêmica, podemos e devemos desejar a racionalidade-Kant — ou algo muito parecido. Devemos esperar que nós e nossos colegas repetidamente falhemos no objetivo. Trazemos aos estudos acadêmicos vieses, preconceitos, ciúmes e outras coisas semelhantes, que distorcem nosso uso das capacidades compartilhadas de percepção, introspecção e razão. Porém, quando percebemos essa distorção em um de nossos colegas, nós a indicamos para eles na esperança, se nem sempre a expectativa, de que será corrigida. Desejar a racionalidade-Kant na prática acadêmica não é como bater a cabeça de alguém contra o muro. O consenso está ao alcance.

Um segundo tema característico da compreensão da tradição reformada de estudos acadêmicos é sua rejeição à ideia de que os eruditos, em geral, podem e devem almejar a racionalidade-Kant, eliminando desse modo qualquer impacto de suas cosmovisões sobre sua prática de estudos acadêmicos. Almejar a racionalidade-Kant, ou algo muito parecido, é claramente adequado na lógica, na matemática e em muitas partes das ciências naturais, mas não há esperança de alcançá-la nas ciências sociais e nas humanidades. Quando se trata de disciplinas

---

[5] Embora eu tenha extraído essa ideia de racionalidade-Kant da passagem na *Crítica* em que Kant distingue diversos tipos de teologia, é óbvio que a ideia tem aplicação além da teologia para as disciplinas acadêmicas em geral. O estudo acadêmico possui racionalidade-Kant desde que cumpra essas condições afirmadas.

que lidam com nós mesmos, nossas sociedades e nossos artefatos culturais, encontramos discordâncias baseadas em diversas cosmovisões entre acadêmicos complemente racionais e competentes.

Com uma retórica tipicamente exuberante, o teólogo reformado holandês Abraham Kuyper (1837-1920) afirma nesta passagem:

> O caráter subjetivo, inseparável de toda ciência espiritual [i.e., ciências sociais e humanidades], não teria em si nada a se criticar se [...] a subjetividade de A fosse meramente a variação da subjetividade de B. Em virtude da afinidade orgânica entre as duas, sua subjetividade não seria mutuamente antagônica, e o sentido de uma apoiaria harmoniosamente e confirmaria o sentido da outra [...] Contudo, infelizmente, esse não é o caso no domínio da ciência [i.e., pesquisa acadêmica]. É com muita frequência evidente que nesse domínio a harmonia natural da expressão subjetiva está irremediavelmente rompida [...]. Por meio de uma investigação do eu e do cosmos se obtém uma convicção bem fundamentada, mas, quando afirmada, ela não se encaixa com nenhuma resposta daqueles que, à sua maneira, também investigaram com esforços igualmente cuidadosos [...] Por necessidade precisamos aceitar essa difícil realidade.[6]

TERCEIRO TEMA: PERMITINDO QUE UMA COSMOVISÃO CRISTÃ MOLDE OS ESTUDOS

A afirmação de que estudos acadêmicos com cosmovisão neutra são impossíveis implica um certo entendimento do chamado do acadêmico cristão: permitir que sua cosmovisão cristã molde como você se envolve com os estudos acadêmicos. Quando ela disser o que é importante estudar, deixe-a moldar suas decisões de importância. Quando ela oferecer uma interpretação da realidade estudada, permita que ela

---

[6] Abraham Kuyper, *Principles of sacred theology*, trad. J. Hendrik de Vries (Grand Rapids: Eerdmans, 1954), p. 106-7.

molde sua interpretação. Quando ela falar sobre como você lida com os estudantes, seus colegas da academia e o público, permita que ela molde como você os trata. Em geral, quando sua fé fala sobre como você se envolve em sua disciplina, ouça o que ela diz. Dessa forma, abrace sua disciplina *como um cristão*, fazendo isso em gratidão a Deus e como um ato de serviço para seus colegas seres humanos. Não procure ou finja se engajar nos estudos acadêmicos como um ser humano genérico. Esse é o terceiro tema característico da compreensão da tradição reformada de estudos acadêmicos.

Uma qualificação é exigida. Assim como não existe isso de *a* cosmovisão fisicalista, mas uma gama de visões fisicalistas, também não existe isso de *a* cosmovisão cristã contemporânea, mas uma gama dessas visões. E algumas delas são de fato estranhas, baseadas em interpretações bíblicas gravemente falhas, criticadas por teólogos, em uma recusa para aceitar os resultados bem estabelecidos da ciência natural, e assim por diante. Quando se trata de pessoas envolvidas nesse tipo de pesquisa acadêmica, ninguém diz: "Permita que sua cosmovisão cristã molde como você se envolve em seus estudos acadêmicos", mas: "Arrume a sua vida".

QUARTO TEMA: COOPERAÇÃO ENTRE DIVERSAS COSMOVISÕES

Introduzo um quarto tema ao citar outra passagem de Calvino, que merece ser muito mais bem conhecida do que parece ser. A passagem contradiz a imagem padrão de Calvino como o genebrino chato. Ele escreve que, por causa da

> descoberta ou transmissão sistemática das artes, ou do conhecimento interior e mais excelente delas [...]. serem concedidos indiscriminadamente aos pios e aos ímpios, corretamente se conta ela entre os dons naturais [de Deus]. Sempre que nos deparemos com esses assuntos nos escritores seculares, deixemos que a admirável luz da verdade brilhe neles, ensinando-lhes que a mente do homem, embora caída e pervertida de sua integridade, não obstante

será vestida e ornamentada com os excelentes dons de Deus. Se consideramos o Espírito de Deus uma fonte única de verdade, não devemos rejeitar a verdade em si, nem desprezá-la onde quer que ela surja, a menos que desejemos desonrar o Espírito de Deus. Pois, ao possuí-la com pouca estima, nós desprezamos e reprovamos o próprio Espírito.[7]

Da passagem de Calvino da Escritura como lente, inferimos que a Escritura apresenta não apenas uma compreensão de Deus como manifestada na criação, mas também uma interpretação da realidade imanente distinta daquelas de outras religiões e, por implicação, também distinta daquelas oferecidas pelos diversos tipos de secularismo. No entanto, o que Calvino enfaticamente declara na passagem anterior é que os escritores "seculares" não entendem tudo errado. Longe disso. "Embora caída e pervertida de sua integridade", a mente humana permanece "vestida e ornamentada com os excelentes dons de Deus", sendo o resultado uma série de descobertas verdadeiramente admiráveis por pensadores seculares. Desprezar as contribuições que fizeram e continuam a fazer para nosso entendimento do mundo e de nós mesmos é ser culpado de "ingratidão" a Deus. Pois o Espírito de Deus é a "fonte da verdade". Recusar reconhecer qualquer coisa digna de louvor nos escritos dos autores seculares é "desonrar o Espírito de Deus".

Os breves comentários de Calvino aqui sobre o Espírito de Deus como a fonte última dos dons intelectuais dos antigos escritores seculares foram expandidos por Abraham Kuyper em seu desenvolvimento

---

[7] A passagem continua:

Devemos negar que a verdade brilhou sobre os antigos juristas que estabeleceram a disciplina e a ordem cívica com tanta equidade? Devemos dizer que os filósofos eram cegos em sua acurada observação e astuta descrição da natureza? [...] O que devemos dizer de todas as ciências matemáticas? Devemos considerá-las delírio de homens loucos? Não, não podemos ler os escritos dos antigos sobre esses assuntos sem grande admiração. Nós nos maravilhamos neles porque somos compelidos a reconhecer quão proeminentes são. Mas devemos considerar nobre ou digno de louvor seja o que for sem reconhecer ao mesmo tempo que isso vem de Deus? Que nos envergonhemos de tal ingratidão. (Calvin, *Institutes* 2.1.14-15, com a pontuação levemente alterada.)

do que chamou de "doutrina da graça comum". Deus concedeu aos seres humanos, em geral, a graça de restringir as obras do pecado de forma que o aprendizado acadêmico possa florescer em medicina, direito, negócios, arte e assim por diante. O que Calvino chamou de "dons naturais de Deus" (na passagem anteriormente citada) é o que Kuyper descreveu como resultados da graça comum de Deus.

O ponto defendido por Calvino e Kuyper nessas passagens é um quarto tema característico da compreensão da tradição reformada de estudos acadêmicos: as diversas orientações da vida dos acadêmicos, suas diversas cosmovisões, não os impedem de contribuir para o todo do conhecimento humano. Ninguém é completamente cego para a realidade. Cabe aos cristãos reconhecerem e celebrarem o *insight* acadêmico onde quer que ele possa ser encontrado, não importa o quanto possam discordar da cosmovisão de quem o descobriu. O que alguém diz não deve ser rejeitado porque se discorda da sua cosmovisão.

Há muitos que pensam e agem de outra maneira. Eles rejeitam tudo o que as feministas liberais dizem, resistem em admitir que em certos pontos elas podem estar falando uma verdade a ser ouvida, pois rejeitam a cosmovisão feminista liberal. Eles rejeitam o que um marxista diz somente porque rejeitam a cosmovisão marxista. Se levarmos a sério a afirmação de Calvino e Kuyper de que o Espírito de Deus capacita os seres humanos em geral a discernirem algumas verdades, então precisamos aceitar sermos iluminados por nossos colegas acadêmicos, não importando quais sejam suas cosmovisões.

QUINTO TEMA: PLURALISMO DIALÓGICO

Como vimos antes, a vocação do acadêmico cristão é se envolver nos estudos *enquanto cristão* e não tentar ou fingir fazê-lo meramente como um ser humano comum. Um corolário sobre esse ponto — que, em virtude da graça comum de Deus, os seres humanos em geral, não importando suas cosmovisões, são capazes de discernir a verdade — é um quinto tema característico da compreensão reformada de pesquisa. Os cristãos não devem se isolar para "fazerem do seu jeito". Eles devem se engajar na prática humana compartilhada da filosofia, biologia, psicologia ou seja o que for enquanto falarem, ouvirem, ensinarem, aprenderem, concordarem, discordarem, corrigirem, forem corrigidos, e dessa maneira participarem do grande diálogo de dada disciplina, fazendo tudo enquanto cristãos. Em alguns de meus escritos, eu chamo essa forma de engajamento de *pluralismo dialógico*; aqui o termo "pluralismo" se refere à pluralidade de cosmovisões presentes na academia.

O acadêmico cristão estará aberto para ser corrigido não apenas sobre questões de detalhes acadêmicos, mas também sobre elementos da cosmovisão cristã defendida. Isso pode parecer preocupante quando é dito assim de forma categórica. Mas a história nos dá exemplos que todos aceitamos. Por milhares de anos, o geocentrismo fazia parte da cosmovisão dos cristãos; supunha-se que era ensinado pela Escritura. Não foi nenhuma mudança interna no cristianismo, e sim desenvolvimentos na astronomia que levaram os cristãos a aceitarem o heliocentrismo.

Mesmo nas humanidades e nas ciências sociais, quando os acadêmicos cristãos se envolvem com seus colegas da maneira que chamo de "pluralismo dialógico", eles sempre descobrirão pontos de concordância entre si mesmos e seus colegas. Considerando o que Calvino e Kuyper ensinaram sobre "graça comum", isso deve ser esperado. Os eruditos cristãos procurarão expandir os pontos de concordância para sua posição sobre algum assunto ao elaborarem argumentos que outros achem persuasivos e ao ouvirem o que parece correto no argumento dos outros. Eles não vão apenas "expressar" duas visões diferentes e deixar por isso mesmo.

Em seu bem conhecido "Como ser um filósofo cristão", meu bom amigo e antigo colega Alvin Plantinga argumenta que os filósofos cristãos devem, em suas palavras, "montar sua própria agenda".

Ele está correto a esse respeito. Porém, como sua própria prática deixa claro, o que deve ser adicionado é que eles devem montar sua agenda à luz, entre outras coisas, dos desenvolvimentos da filosofia em geral. O que serve para filósofos cristãos serve para acadêmicos cristãos em geral.

Alguém poderia esperar que Calvino, cujos estudos eram quase inteiramente dedicados à teologia e à exegese bíblica, ignoraria os antigos escritores pagãos e ficasse limitado a ler teólogos cristãos e comentadores bíblicos. Mas ele não fez isso. Ele leu amplamente os antigos filósofos, poetas, juristas e outros. Ele não apenas os leu, mas também se envolveu ativamente, discordando deles e também aprendendo com eles; em seus escritos, Calvino expressou não apenas sua discordância, como também seu endosso. Ele não os leu apenas para identificar e destacar o erro de suas opiniões. Foi especialmente com Platão que ele se envolveu de forma dialógica. Um longo e detalhado diálogo com Platão está integrado em muitas páginas das *Institutas*.

Resumo

Neste capítulo, destaquei brevemente cinco temas característicos da compreensão tradicional reformada de pesquisa. Permita-me citá-los novamente:

1. A fé cristã incorpora uma interpretação da realidade em geral, tanto imanente quanto transcendente: a chamamos de "cosmovisão".
2. A pesquisa acadêmica, especialmente nas humanidades e nas ciências sociais, não oferece uma fuga das discordâncias baseadas em nossas diversas cosmovisões.
3. A vocação do acadêmico cristão é se envolver em sua disciplina enquanto cristão.
4. As diversas cosmovisões dos acadêmicos não impedem que contribuam juntos para o todo do conhecimento humano.

5. Acadêmicos cristãos participam na prática compartilhada do aprendizado acadêmico, envolvendo-se com diversos eruditos de uma maneira que pode ser chamada de "pluralismo dialógico".

É possível identificar outros temas característicos de como a tradição reformada compreende os estudos acadêmicos. Por exemplo, é característico dos eruditos na tradição reformada considerarem todo o corpo do pensamento cristão como sua herança religiosa, não apenas o pensamento protestante. Por enquanto, os cinco temas identificados devem bastar.

Há uma forte resistência ao projeto acadêmico cristão como eu o descrevi. A religião, muitos insistem, deve ser mantida fora da academia. Algumas pessoas, incluindo alguns cristãos, baseiam essa opinião em uma compreensão muito diferente dos estudos acadêmicos; eles pensam que os estudos acadêmicos podem e devem ser um esforço consensual. Outros defendem essa visão baseados em seu entendimento da religião. Alguns consideram a religião inerentemente opressiva, rasa e discriminatória; eles insistem que ela deve ser mantida fora da academia por tal motivo. Uma visão razoavelmente mais comum, pelo menos assim me parece, é a de que a religião deve ser mantida fora da academia porque ela é inerentemente irracional. Para ser racional, as crenças das pessoas religiosas sobre o transcendente — Deus e a vida após a morte — precisam ser apoiadas por bons argumentos. Mas isso não é possível, segundo eles. Sustenta-se que os religiosos defendem suas crenças baseados na fé e não na razão.

Em minha obra publicada recentemente, *Religion in the university* [Religião na universidade],[8] tratei em bastantes detalhes a acusação de que a religião é inerentemente irracional e que deveria, por tal motivo, ser mantida fora da academia. Noto que durante as três ou quatro décadas passadas houve uma extraordinária retomada da teologia natural,

---

[8] Nicholas Wolterstorff, *Religion in the university* (New Haven: Yale University Press, 2019).

com os argumentos tradicionais reformulados com grande sofisticação e novos argumentos sendo desenvolvidos. Durante o mesmo período, filósofos da religião desafiaram poderosamente a afirmação de que as crenças religiosas, em geral, devem ser baseadas em argumentos para serem racionais. Minha posição é que, como resultado desses desenvolvimentos, a acusação de que a religião é inerentemente irracional não se sustenta. O filósofo Richard Rorty, que se identifica como ateu, escreveu o seguinte em seu livro *Philosophy and social hope* [Filosofia e esperança social]:[9] é "hipocrisia" dizer "que os cristãos não possuem, de alguma forma, nenhum direito de basear suas visões políticas em sua fé religiosa, enquanto nós, ateístas, temos todo o direito de basear as nossas na filosofia do Iluminismo. A afirmação de que, ao fazê-lo, estamos apelando para a razão, enquanto os religiosos estão sendo irracionais, é uma bobagem". Fica claro que, nessa discussão, o que Rorty diz sobre as visões políticas dos cristãos diria também sobre as visões deles a respeito de muitos outros assuntos.

ALÉM DA ACADEMIA: ESTUDOS ACADÊMICOS PÚBLICOS

Neste capítulo apresentei acadêmicos cristãos se envolvendo com seus colegas da academia: falando, ouvindo, ensinando, aprendendo, concordando, discordando, corrigindo e sendo corrigidos. Mas os acadêmicos cristãos não são apenas membros da academia; eles também são membros da igreja. Como tais, eles têm a responsabilidade de olhar para além da guilda dos acadêmicos e perguntar como podem contribuir, como corpo de eruditos, para o florescimento da igreja.

Do mesmo modo, os acadêmicos cristãos também são membros da comunidade civil. Ao reconhecerem isso, têm de semelhante modo uma responsabilidade de perguntar como, enquanto corpo de acadêmicos, podem contribuir com a justiça e o *shalom* de sua comunidade mais ampla. Eles o farão porque levaram a sério as palavras de

---

[9] Richard Rorty, *Philosophy and social hope* (London: Penguin, 1999), p. 172.

seu Senhor: "Ame o seu próximo como a si mesmo" (Marcos 12:31). Os estudos acadêmicos cristãos são, no fundo, um ato de amor.

Nicholas Wolterstorff (PhD, Harvard University) é professor emérito Noah Porter de Teologia Filosófica na Yale University e pesquisador sênior no Institute for Advanced Studies in Culture na University of Virginia. Aposentou-se depois de ensinar filosofia por trinta anos no Calvin College e por quinze anos na Yale University. Publicou extensivamente sobre liturgia, justiça, arte e educação. Seus ensaios sobre educação superior foram reunidos em *Educating for shalom: essays on Christian higher education* (Eerdmans, 2004).

RAÇA

18 A TEORIA CRÍTICA DA RAÇA, A CULTURA DO CAMPUS E A TRADIÇÃO REFORMADA

Jeff Liou

Nenhum diploma e nenhuma graduação! Essa era a punição. Cinco estudantes haviam organizado um grande protesto público no campus de sua universidade. Um acadêmico que se opunha ao movimento *#vidasnegrasimportam* veio para dar uma palestra. Em resposta, os estudantes formaram um bloqueio em frente ao local, interrompendo o evento do palestrante. Uma vez que isso era uma violação da política da faculdade, a administração aplicou a lei e ampliou o abismo de desconfiança entre os estudantes e a universidade. O jornal estudantil rapidamente publicou uma série de editoriais críticos, e os alunos reclamaram contra a administração nas redes sociais. Um ano depois, preparado ou não, eu cheguei no campus para servir como capelão dos alunos.

No tenso clima cultural de hoje, as universidades estão procurando equilibrar dois importantes compromissos acadêmicos conforme servem e educam seus alunos. Por um lado, a equipe de assuntos estudantis está trabalhando duro para receber, reter e ajudar os estudantes de minorias de forma que a comunidade de ensino mais ampla possa se beneficiar com sua presença e participação. Esses estudantes possuem capacidades e ideias valiosas; eles também oferecem uma rica diversidade cultural que potencializa o discurso acadêmico. A riqueza de seus insights é muitas vezes forjada no fogo da marginalização e na resistência à opressão cultural e racial.

Por outro lado, alguns líderes universitários estão comprometidos em proteger um espaço dialógico livre para debate aberto e discordância.

Esses líderes trabalham duro para receber no campus vozes dissidentes que não aderem a todas as doutrinas da Teoria Crítica da Raça (TCR). Essas vozes dissidentes podem definir termos-chave, como "racismo", de forma muito diferente. À medida que continua a luta para estabelecer os termos do diálogo, a falha em concordar sobre definições e limites leva a acusações de calúnia e mesmo agressões. Ser rotulado de "racista" ou de "geração *snowflake*" somente aprofunda a desconfiança e inibe o diálogo. Líderes universitários que trabalham para manter abertos os espaços dialógicos são condenados. De um lado, são atacados por normalizarem o "politicamente correto" (outro termo impreciso que é instrumentalizado). De outro, estão dignificando um imaginário social circunscrito pelo racismo. Essas dinâmicas acontecem em quase todo tipo de campus em que trabalhei ou palestrei.

Navegar esses conflitos no campus como um teólogo cristão e um homem americano do leste da Ásia é um desafio contínuo para mim. Tenho servido no ministério universitário por quase vinte anos, e há muito tempo tenho ficado desconcertado com a onipresença de estudantes negando que o racismo *seja*, na verdade, uma experiência comum para muitas pessoas de cor.[1] A negação dessa realidade para asiático-americanos *por* asiático-americanos é o que me deixa mais perplexo. Que algumas comunidades universitárias não considerem os asiático-americanos uma "minoria" tanto cria quanto reforça essa automarginalização.[2] Tenho lutado com a natureza preto-branco do diálogo racial nos Estados Unidos, com a forma como esse binário

---

[1] Durante a pandemia de COVID-19, a experiência do racismo anti-asiático provocou a mim e a um grupo de cristãos asiático-americanos a escrever uma declaração contra o racismo e a criar uma pesquisa colaborativa para confrontá-lo. Veja www.asianamerican christiancollaborative.com.

[2] Acadêmicos perguntam por que faculdades e universidades publicam estatísticas de diversidade asiático-americanas e das ilhas do Pacífico quando, por exemplo, seus estudantes AAIP experimentam falta de apoio e resultados de saúde mental desproporcionalmente negativos enquanto estão no campus. Julie J. Park e Amy Liu, "Interest convergence or divergence? A critical race analysis of Asian Americans, meritocracy, and critical mass in the affirmative action debate", *Journal of Higher Education* 85, n. 1 (janeiro/fevereiro de 2014): p. 36-64, https:// juliepark.files.wordpress.com/2009/03/park-liu-aff-action-jhe.pdf. Veja em especial a discussão esclarecedora de "convergência de interesse" (um pilar-chave da TCR) no artigo.

posiciona os estudos asiático-americanos e com o estrago que cria para a formação de estudantes asiático-americanos.

Os cristãos no campus hoje encontram com frequência a linguagem complexa, os pressupostos e os valores da TCR. Os cristãos que se envolvem no questionamento crítico da TCR sobre as dinâmicas de poder entre raças podem aprender a avaliar claramente as desigualdades e injustiças que impedem os relacionamentos significativos entre raças. Entretanto, esses cristãos podem — exatamente por essa razão — enfrentar desafios maiores para construir relacionamentos confiáveis com aqueles a quem eles criticam enquanto participam e/ou se beneficiam de sistemas injustos. Quem afirma que "o racismo é normal" está dizendo que minorias *não* têm sido pegas com a guarda baixa ou surpreendidas quando atrocidades racistas são reportadas. Esses relatos de opressão não são uma aberração escandalosa das normas da sociedade educada: eles são normais. No entanto, essa afirmação — talvez a mais evidente dos princípios fundamentais da TCR para os estudantes universitários — coloca os estudantes críticos em desacordo com aqueles que contemplam a cultura americana com maior adoração.

Estudos acadêmicos sobre cristianismo e Teoria Crítica da Raça estão começando a ganhar velocidade.[3] Alguns indivíduos e instituições cristãs rejeitam a TCR de pronto, enquanto outros a abraçam sem questionar. Este ensaio procura fornecer recursos para aqueles que desejam uma visão distintamente cristã de justiça racial: uma visão

---

[3] Aqui estão alguns exemplos: Duane Terrence Loynes Sr., "A God worth worshiping: toward a critical race theology" (PhD diss., Marquette University, 2017), https://epublications.marquette.edu/cgi/viewcontent.cgi?article=1749&context=dissertations_mu; Nathan Cartagena, "What Christians get wrong about critical race theory", *Faithfully Magazine*, Abril 2020, https://faithfullymagazine.com/critical-race-theory-christians; Aida I. Ramos; Gerardo Martí; Mark T. Mulder, "The strategic practice of 'Fiesta' in a latino protestant church: religious racialization and the performance of ethnic identity", *Journal for the Scientific Study of Religion* 59, n. 1 (março 2020): p. 161-79, https://onlinelibrary.wiley.com/doi/full/10.1111/jssr.12646; Brandon Paradise, "How critical race theory marginalizes the African American Christian tradition", *Michigan Journal of Race and Law* 20, n. 1 (Outono 2014): p. 117-211, https://repository.law.umich.edu/cgi/viewcontent.cgi?article=1037&context=mjrl; Robert Chao-Romero, *Brown church: five centuries of latina/o social justice, theology, and identity* (Downers Grove: InterVarsity, 2020).

Teologia pública reformada

que leve a sério a dor das comunidades oprimidas, as confissões reformadas e o diálogo em rápida evolução sobre raça.

ESBOÇANDO A TEORIA CRÍTICA DA RAÇA

Embora seu impacto duradouro seja inegável, o movimento dos direitos civis nos Estados Unidos tem sido criticado por não ir longe demais. O movimento carecia fundamentalmente das ferramentas críticas necessárias para compreender por completo e tratar a natureza profunda, ampla e interconectada do racismo, sexismo e classismo dentro da cultura ocidental e de suas instituições. A Teoria Crítica da Raça surgiu nos anos 1970 e 1980 para preencher essa lacuna quando um grupo de ativistas acadêmicos chegou a essa conclusão de forma independente.

A Teoria Crítica da Raça começou nas ciências jurídicas, com ênfase sobre as desigualdades raciais dentro do sistema jurídico americano. A injustiça racial, dizia a TCR, está incorporada dentro dos sistemas complexos e estruturas interconectadas da sociedade. Em outras palavras, o "racismo" é mais profundo e mais disseminado do que instâncias isoladas de conflito racial entre indivíduos. Essa desigualdade é refletida e reforçada pelo próprio direito; apesar dos ganhos dos direitos civis, o direito não foi alterado de forma significativa para evitar que a injustiça racial aumentasse.

Desde a sua gênese na metade dos anos 1970, as ferramentas críticas da TCR têm sido empregadas em uma ampla gama de campos acadêmicos, incluindo (mas não apenas) estudos educacionais, literários, históricos, de políticas públicas e agora teológicos.[4] Pressuposições, cânones e

---

[4] Como um exemplo, a TCR é aplicada em estudos educacionais. Malcolm Knowles propôs traços de um "aprendiz adulto". De acordo com Knowles, os aprendizes adultos precisam saber por que estão aprendendo algo, desejar aprender através de experiências, aprender resolvendo problemas, e precisam sentir a relevância do que estão aprendendo. Veja Malcolm S. Knowles; Elwood F. Holton; Richard A. Swanson, *The adult learner: the definitive classic in adult education and human resource development*, 7. ed. (New York: Routledge, 2012). De acordo com os teóricos críticos de raça (que chamam a si mesmos de "crits"), a descrição de Knowles de um aprendiz adulto ignora as dinâmicas de aprendizagem

métodos ocidentais fundamentais nesses campos, anteriormente inquestionáveis, estão agora sob um tremendo escrutínio crítico. Os erros do raciocínio racializado junto com a influência desproporcional da branquitude são agora um alvo frequente para a crítica acadêmica.[5]

A demanda para que as universidades expandam suas considerações acadêmicas para além da branquitude já é desafiador. A confiança filosófica da Teoria Crítica da Raça nas ferramentas críticas da Escola de Frankfurt, influenciada pelo marxismo, causa ainda mais desconforto. O Instituto Frankfurt para Pesquisa Social fornece à TCR as ferramentas conceituais para compreender as formas pelas quais os sistemas e as estruturas sociais podem efetivamente reproduzir padrões de desigualdade.

Vamos tomar, por exemplo, o individualismo liberal e sua promessa de uma sociedade meritocrática. Por décadas, Wall Street e Hollywood Boulevard projetaram a falsa promessa de que, caso trabalhassem duro, as minorias poderiam ser bem-sucedidas econômica, política e culturalmente nessa sociedade puramente meritocrática. Por meio do esforço individual, poderiam crescer através das instituições da cultura e autorrealização. A Teoria Crítica da Raça procura desmantelar o mito da meritocracia e expor as múltiplas formas pelas quais os

---

relacionadas à raça e à etnia. Ele evidencia a cegueira a normas, hábitos, costumes, valores e formas de ser de alunos pertencentes a minorias. Sua teoria resultante sobre o aprendizado de adultos (que ele chama de "andragogia") é, assim, insuficiente na educação para a diversidade. Veja Stephen D. Brookfield et al., *Teaching race: how to help students unmask and challenge racism* (San Francisco: Jossey-Bass, 2019).

[5] "Branquitude" é usado aqui no sentido que Willie Jennings apresentou: "Ninguém nasce branco. Não existe biologia branca, mas a branquitude é real. Ela é um trabalho, uma formação para uma maturidade que destrói. A branquitude é o convite para uma forma de agência e uma subjetividade que imagina a vida progredindo em direção ao que é, na verdade, uma compreensão doente de maturidade, uma maturidade que nos convida a avaliar o mundo inteiro por quão longe ele está em direção a esse objetivo". Willie James Jennings, "Can white people be saved? Reflections on the relationship of missions and whiteness", in: *Can "white" people be saved? Triangulating race, theology, and mission*, org. Love L. Sechrest; Johnny Ramírez-Johnson; Amos Yong (Downers Grove, IL: InterVarsity, 2018), p. 34. Os editores do volume com esse ensaio acrescentam que a branquitude é "em seu cerne uma maneira idólatra de ser no mundo e, assim, ativa a questão que qualquer leitor precisa confrontar sobre o grau no qual sua própria práxis e cosmovisão anseiam pela 'branquitude' ou participam dela" (p. 13).

Teologia pública reformada

sistemas e os padrões sociais formais e informais no ocidente elevam algumas identidades e afundam outras.

Diversos princípios são especialmente fundamentais para a TCR. Reconhecer que a experiência do racismo é comum, sistêmica e cultural (e não isolada, individualista e intelectual) é fundamental para a TCR. Um segundo pilar é o da "convergência de interesses". Ao estudarem os sucessos limitados do movimento de direitos civis, os acadêmicos da TCR entenderam que as vitórias legislativas para os direitos civis coincidiram "com as imposições do autointeresse branco. Pouco provém do altruísmo por si só".[6] Sistemas e estruturas de opressão só mudam quando for do seu claro interesse fazê-lo. Terceiro, a TCR busca expor e desconstruir falsas afirmações de imparcialidade e neutralidade nos estudos acadêmicos, sociedade e política. A Teoria Crítica da Raça argumenta que as declarações racionalistas abstratas de universalidade não enviesada são um mito impraticável. Todo acadêmico e líder público traria para a mesa um conjunto complexo de interesses culturais e vieses. Por consequência, a TCR procura enraizar sua pesquisa teórica no dia a dia específico, concreto, e em experiências vividas por pessoas pertencentes a minorias.

Para deixar os problemas ainda mais complexos, a TCR é autoconsciente de que raça não é a única arena de experiência vivida na qual ocorre opressão. No começo da década de 1990, Kimberlé Crenshaw introduziu o conceito de "interseccionalidade" para descrever experiências mais complexas de opressão.[7] Uma mulher preta vivendo abaixo da linha de pobreza, por exemplo, luta na intersecção do racismo, sexismo e classismo. Em certo nível, a interseccionalidade é simplesmente uma tentativa de descrever exatamente a confluência

---

[6] Richard Delgado; Jean Stefancic, *Critical Race Theory: an introduction*, 2. ed. (New York: New York University Press, 2012), p. 22 [no Brasil: *Teoria crítica da raça: uma introdução* (São Paulo: Contracorrente, 2021)].

[7] Kimberlé Crenshaw, "Mapping the margins: intersectionality, identity politics, and violence against women of color", *Stanford Law Review* 43, n. 6 (julho 1991): p. 1241-99. Quando Crenshaw articula o conceito de interseccionalidade, ela assinala os "liberais" como procurando esvaziar o discurso de raça, gênero e outras identidades distintas.

tripla da opressão que essa mulher em particular está experimentando. Dito isso, os críticos da TCR argumentam que, nos círculos da TCR, a interseccionalidade funciona como mais do que uma mera ferramenta descritiva. Ao contrário, os críticos descrevem a interseccionalidade como, no fundo, uma corrida retórica, uma corrida em que a pessoa mais oprimida é premiada com mais empatia.

Por fim, os acadêmicos ativistas que trabalham na TCR às vezes veem a si mesmos dentro da tradição "radical" de ativistas bastante conhecidos como César Chávez e Martin Luther King Jr., entre muitos outros nos movimentos abolicionista, de direitos civis, Black power e Chicano.[8] Esses acadêmicos ativistas veem a si mesmos como sucessores dessas figuras por causa de sua obra ativista para transformar as relações entre raça e poder. Aqui eles contrastam a si mesmos com os acadêmicos que não se envolvem regularmente no ativismo. O ativismo acadêmico, orientado para a práxis e concreto, é comum para os teóricos da crítica racial.

Entretanto, afastamentos importantes devem ser observados. Já foi mencionado que a TCR começou quando os estudiosos concluíram que as promessas do movimento de direitos civis não seriam realizadas. No que passou a ser chamado de "Direitos civis 2.0", não é incomum ouvir críticas da TCR a Martin Luther King Jr. como um líder limitado pelo respeito dos brancos e pela lógica da Constituição, que nunca poderia cumprir suas promessas. Dessa maneira, embora os defensores da TCR possam continuar a obra dessas figuras históricas eminentes, estão ousadamente tramando um caminho próprio a seguir.

Cristianismo e TCR

Houve uma série de respostas cristãs à TCR. Primeiro, as respostas mais negativas muitas vezes tendem a rejeitar completamente a TCR

---

[8] Delgado; Stefancic, *Critical Race Theory*, p. 5. Na lista de ativistas radicais, César Chávez e Martin Luther King Jr. foram selecionados principalmente por causa de sua confissão e espiritualidade explicitamente cristã.

por causa de seus fundamentos filosóficos dentro da Escola de Frankfurt e o que tem sido chamado de "marxismo cultural".[9] Esses críticos argumentam que a TCR exagera em suas preocupações sobre a opressão sistêmica e que tudo isso vem de uma aceitação acrítica de teoria marxista.[10] Essas críticas geralmente falham (tanto na ótica quanto nas dimensões) em levar a sério as experiências vividas pelos oprimidos. Os críticos evangélicos podem responder ao sofrimento com atos de caridade, mas estão contentes em deixar os mecanismos de desigualdade sistêmica, estrutural e reprodutiva intactos. Sua concepção individualista limitada e estreita de pecado não pode (ou não poderá) ver as formas em que o mal se incorpora nas redes e nas instituições de opressão.

Segundo, enquanto alguns cristãos rejeitam completamente a TCR, outros não parecem encontrar nada incomensurável entre a TCR e a tradição cristã. Muitos deles narrarão suas próprias experiências de racismo principalmente através das categorias da TCR. Por vezes as categorias bíblicas e teológicas parecem ser uma consideração *a posteriori*. Suas respostas intelectuais e sociais ao racismo parecem ser mais dirigidas pelas categorias e táticas da TCR.

Terceiro, alguns cristãos procuram forjar um meio-termo, tentando evitar tanto a rejeição completa da TCR como também abraçá-la por inteiro. Alguns adotam o que eu chamo de abordagem "Cristo e TCR em paradoxo". Diversos batistas do sul, por exemplo, estão abertos para ouvir alguns aspectos da TCR (por causa da revelação geral, eles dizem), mas por fim entendem que há muita incompatibilidade doutrinária.[11]

---

[9] Veja, e.g., Neil Shenvi; Pat Sawyer, "The incompatibility of critical theory and Christianity", Gospel Coalition, 15 de maio de 2019, https://www.thegospelcoalition.org/article/incompatibility-critical-theory-christianity/. Veja também suas origens em William Lind, "The roots of political correctness", American Conservative, 19 de novembro de 2009, https://www.theamericanconservative.com/the-roots-of-political-correctness/.

[10] Se esses céticos estão certos em se preocupar não é o escopo deste capítulo. Parece importante, contudo, nomear essa dinâmica.

[11] Southern Baptist Convention, "On Critical Race Theory and intersectionality", SBC 2019 Annual Meeting, 1 de junho de 2019, http://www.sbc.net/resource-library/resolutions/on-critical-race-theory-and-intersectionality. A expressão deles "categorias identificadas como pecaminosas na Escritura" é enigmática. Alguns consideram a própria ideia de raça uma

Academia pública: Raça

Por uma série de razões, algumas das quais eu discuto a seguir,[12] acho insatisfatórias essas três respostas. Em minha própria análise teológica de raça e TCR, procuro desenvolver uma quarta opção. Ao fazê-lo, encontro fontes inesperadas e improváveis dentro da tradição reformada.

TCR E TEOLOGIA REFORMADA EM DIÁLOGO

A teologia reformada afirma que a soberania, a lei e a justiça do Deus todo-poderoso fluem por todos os sistemas e estruturas sociais complexos do mundo.[13] A graça e a misericórdia de Cristo impactam a academia, a política, o mercado e toda comunidade e instituição dentro da sociedade. O poder do Espírito Santo não conhece limites ou fronteiras institucionais. A obra da justiça de Deus é abrangente, cultural e cósmica em seu escopo. A palavra e o poder de Deus não serão limitados a corações, mentes ou almas individuais. Todas as coisas estão sendo reconciliadas por Deus através da cruz de Cristo, e nele todas as coisas serão renovadas (At 19:27; Ef 6:12; Cl 1:20; Ap 21:5).

Cedo em meu desenvolvimento pastoral e teológico, cheguei à conclusão de que a visão teológica holística da tradição reformada de justiça e cultura tinha algo importante a oferecer para as discussões contemporâneas de raça que eram cada vez mais estruturais e sistêmicas. Eu percebi que a luta cristã com a TCR na academia e na sociedade poderia se beneficiar dos recursos da tradição reformada.

Uma corrente específica da teologia reformada que compartilha algumas ressonâncias fascinantes com a TCR é a do neocalvinismo.

---

categoria pecaminosa. Desde o esboço inicial deste capítulo, seis presidentes do seminário SBC assinaram uma declaração dizendo que a TCR é incompatível com a confissão da SBC. Veja G. Schroeder, "Seminary presidents reaffirm BFM, declare CRT incompatible", 30 de novembro de 2020, https://www.baptistpress.com/resource-library/news/seminary-presidents-reaffirm-bfm-declare-crt-incompatible/.

[12] Para uma reflexão teológica mais profunda sobre essas opções, veja Jeff Liou, "Much in every way: employing the concept of race in theological anthropology and Christian practice" (PhD diss., Fuller Theological Seminary, 2017).

[13] Obviamente, nenhuma dessas afirmações reformadas omite a realidade do pecado e a condição humana caída, que também fluem por todos os sistemas e estruturas do mundo.

Essa corrente é extremamente crítica da modernidade ocidental e suas afirmações opressivas de neutralidade e universalidade. Em contraste, o neocalvinismo dá ênfase a uma sensibilidade à diversidade de perspectivas e à particularidade das diferentes comunidades humanas. Ele resiste em tentar assimilar diferenças profundas através de sistemas sociais de poder (político, cultural ou institucional). A TCR e o neocalvinismo defendem a libertação de diversas perspectivas das afirmações e sistemas universais opressivos da modernidade ocidental. A palestra do neocalvinista Abraham Kuyper intitulada "Uniformidade: a maldição da vida moderna" é um excelente exemplo.[14]

O restante deste capítulo apresenta uma breve tentativa de explorar como seria um diálogo crítico e construtivo entre a TCR e a teologia reformada. Como dois parceiros de conversa improvável, de acordo com o que veremos a seguir, compartilham ressonâncias importantes que não podem ser ignoradas. Nas páginas a seguir, também exploraremos como essas duas tradições fariam bem em aprender uma com a outra.

CRÍTICA MÚTUA AO LIBERALISMO OCIDENTAL MODERNO

O ocidente depositou sua fé na tradição liberal moderna e em sua promessa de maximizar a liberdade de todos os indivíduos. De acordo com a fé moderna do liberalismo, a justiça racial será alcançada quando a sociedade aceitar completamente os ideais e a linguagem do liberalismo: todas as pessoas foram "criadas iguais" (cf. a Constituição dos EUA). Se dermos tempo suficiente ao liberalismo, se permitimos que ele governe, eduque e permeie nosso discurso civil, o progresso histórico em direção à justiça racial será o resultado natural.[15] Essa é a fé ocidental moderna no liberalismo.

---

[14] Abraham Kuyper, "Uniformity: the curse of modern life [1869]", in: *Abraham Kuyper: a centennial reader*, org. James D. Bratt (Grand Rapids: Eerdmans, 1998), p. 20-44.

[15] De 2016 a 2020, o número de vezes que a palavra "progresso" nas relações de raça foi mencionada no seminário que eu ensino sobre Martin Luther King Jr. caiu para zero. No entanto, isso não é negligenciar a importante análise econômica que foca nas correlações entre a economia neoliberal e a atenuação da pobreza global. O parágrafo conectado com essa nota de rodapé destaca, ao contrário, o constitucionalismo mais geral.

Academia pública: Raça

A Teoria Crítica da Raça não é amiga do liberalismo. As promessas e as proteções legislativas do liberalismo podem ser e têm sido manipuladas para servir aos poderosos às custas dos vulneráveis. Derrick Bell argumenta que os afro-americanos devem rejeitar o otimismo liberal e assumir um "realismo racial" sobre as formas em que o liberalismo ignora e mesmo perpetua a desigualdade racial. Bell afirma "que toda a cosmovisão liberal da soberania dos direitos públicos e privados mediados pela regra da lei precisa ser explodida". Sua cosmovisão "é uma miragem atrativa que mascara a realidade do poder econômico e político".[16] De acordo com a TCR, as forças do racismo e do liberalismo na verdade combinam para deturpar nossas instituições, imaginações, economias e relações sociais.

Os teólogos reformados descrevem os efeitos disseminados do pecado usando termos abrangentes extraordinariamente semelhantes aos da TCR. Considere, por exemplo, os comentários de Abraham Kuyper sobre a conexão entre pecado e sistemas, e entre mal e estruturas sociais. Aqui ele fala especificamente sobre como o pecado humano assumiu forma institucional nas estruturas da política e da economia ocidentais modernas:

> Com o tempo, o erro e o pecado juntaram forças para entronizar falsos princípios que violam a natureza humana. Com base nesses princípios falsos, foram construídos sistemas que envernizaram a injustiça e caracterizaram como normal o que na verdade se opunha às exigências da vida [...] O mais forte, quase sem exceção, sempre soube como dobrar cada costume e lei de forma que o lucro seja seu e a perda pertença ao mais fraco. Os homens não comem uns aos outros literalmente, como canibais contudo, a mais poderosa exploração dos mais fracos ocorria por meio de uma arma contra a qual não havia defesa.[17]

---

[16] Derrick Bell, "Racial realism", *Connecticut Law Review* 24, n. 2 (outono de 1992): p. 363-79, https://www.yumpu.com/en/document/read/5890538/connecticut-law-review-iu-school-of-liberal-arts.

[17] Abraham Kuyper, *The problem of poverty*, trad. James W. Skillen (Sioux Center: Dordt College Press, 2011), p. 31-2 [no Brasil: *O problema da pobreza: a questão social e a religião cristã* (Rio de Janeiro: Thomas Nelson Brasil, 2020)].

A doutrina neocalvinista do pecado apresentada aqui é profundamente estrutural e sistêmica em seu escopo. O mal é entendido não apenas como uma ação ou uma disposição individual do coração, mas como um vírus institucional e cultural que está disseminado. A partir do pecado, diz Kuyper, "foram construídos sistemas que envernizaram a injustiça". Nesse ponto, a ressonância entre Kuyper e Bell é extraordinária. Além disso, Kuyper parece estar a um passo das formulações estruturais do mal que podem comumente ser encontradas nas teologias da libertação "latinx" e negra do século 21.

Afirmação mútua da riqueza cultural

Historicamente falando, o ocidente moderno tem menosprezado as comunidades de cor e "países em desenvolvimento". Consciente ou inconscientemente, o dogma da superioridade ocidental é amplamente aceito e, com isso, moldou-se o Outro global em termos de suposta deficiência cultural. Assim moldado, o ocidente moderno é sempre o salvador e o Outro global sempre precisa ser salvo.

Esse tipo de pensamento deficitário foi desafiado pela pedagoga Tara Yosso em 2005.[18] O pensamento deficitário é um ponto cego na educação, que faz com que os educadores caracterizem o trabalho pedagógico como suprir o que falta aos estudantes. As experiências educacionais dos estudantes das minorias divergem das normas presumidas que informam, por exemplo, as políticas educacionais. A lente crítica de Yosso está voltada para essas normas. Em oposição ao pensamento deficitário, ela define a riqueza cultural comunitária como "uma gama de conhecimentos, habilidades, talentos e contatos possuídos e utilizados pelas minorias para sobreviver e resistir às formas macro e micro de opressão".[19] Essa riqueza cultural inclui o seguinte: resiliência na aspiração, habilidades linguístico-culturais, o sentimento

---

[18] Tara J. Yosso, "Whose culture has capital? A critical race theory discussion of community cultural wealth", *Journal of Race, Ethnicity, and Education* 8, n. 1 (agosto 2006): p. 69-91.

[19] Yosso, "Whose culture has capital?", p. 69.

de pertencimento a sistemas de família robustos, um senso histórico e a formação ética envolvendo a desigualdade. Os educadores, ela argumenta, deveriam reconhecer essas formas de riqueza cultural.

Infelizmente, a igreja ocidental não apenas aceitou o pensamento deficitário moderno com frequência; ela também o *fortaleceu* ativamente na teologia e na vida pública. A história das missões globais é marcada por um vai e vem de déficit e riqueza nos contextos culturais globais.[20] Influenciada pelo pensamento deficitário, a doação cristã pode com frequência ser pouco mais do que caridade. De forma semelhante, a ação cristã pode falhar em desmantelar a maquinaria estrutural que propaga a desigualdade global. O pensamento deficitário na igreja cala a possibilidade de um diálogo transcultural significativo, com parceria e troca mútua entre comunidades cristãs. Sempre procurando preencher os déficits percebidos dos outros, os cristãos brancos e ocidentais falham em ver sua própria necessidade de riqueza e bens culturais que as minorias possuem. Como veremos em breve, os cristãos reformados não são espectadores inocentes aqui. Eles muitas vezes aceitaram o pensamento deficitário acriticamente e, mais do que isso, perpetuaram ideias culturais, doutrinas e sistemas políticos que ativamente prejudicam as comunidades de cor.

O pensamento deficitário é teologicamente problemático; também é biblicamente confuso. A Escritura usa repetidamente a frase "riqueza das nações" e ideias relacionadas (Sl 105:44; Is 60:11; 61:6; 66:12,20; Ag 2:7; Zc 14:14; Rm 15:16; Ap 21:26). Essas ocorrências se referem à riqueza material *e* cultural de nações e culturas distintas de Israel. Na Escritura, as diferentes produções culturais por elas oferecidas agradam a Deus. A escatologia reformada de Richard Mouw, em particular, destaca as implicações pública, teológica e cultural dessa

---

[20] Veja, e.g., Henry Morton Stanley, *In darkest Africa: or the quest, rescue, and retreat of Emin, governor of Equatoria*, 2 vols. (London: S. Low, Marston, Searle, & Rivington, 1890). Veja também o contra-argumento no mesmo ano por William Booth, *In darkest England: and the way out* (New York: Funk & Wagnalls, 1890).

verdade bíblica.[21] Se as riquezas culturais de Gana, Guatemala, Emirados Árabes e Filipinas serão bem recebidas na Nova Jerusalém, como isso poderá desafiar o pensamento deficitário tão disseminado no cristianismo ocidental e branco de hoje?

TEOLOGIA REFORMADA DO LADO DE BAIXO

Nesta seção eu exploro como uma conversa com a TCR pode produzir frutos dentro da tradição reformada. Yosso afirmou que comunidades oprimidas desenvolvem de forma singular uma clareza moral e uma percepção sobre a natureza da injustiça. Sobreviventes do Holocausto se unem à luta por direitos civis. Sobreviventes de campos de concentração japoneses (dos EUA) e da exclusão chinesa denunciaram os maus-tratos aos imigrantes na fronteira sul dos EUA. Suas experiências de opressão e a percepção moral que elas produzem são bens culturais e intelectuais profundos que vão além de cartazes de manifestações e passam a residir na memória e na imaginação da nação. O cristianismo reformado precisa disso.

Allan Boesak é um teólogo reformado e um negro sul-africano que se envolveu profundamente no movimento contra o *apartheid*. Negros sul-africanos que, como Boesak, lutaram durante o *apartheid*, produziram obras profundas de clareza teológica, política e profética. A teologia de Boesak e sua vida demonstram o poder de valorizar ativos intelectuais e são — por si só — profundos ativos intelectuais teológicos. A vida e a obra de Boesak são presentes de riqueza teológica e cultural para a comunidade reformada global.

Considere as seguintes palavras de Boesak. Ele apresenta uma crítica profética severa, não apenas do *apartheid*, mas também da cumplicidade sistêmica do cristianismo reformado em suas mazelas estruturais. Os leitores reformados podem (e devem) receber essas palavras como uma dura repreensão, mas também devem receber a censura

---

[21] Veja Richard J. Mouw, *When the kings come marching in: Isaiah and the New Jerusalem*, ed. rev. (Grand Rapids: Eerdmans, 2002).

de Boesak como um presente da riqueza cultural de um irmão que possui percepção moral e sabedoria teológica para oferecer:

> Foram cristãos reformados que passaram anos trabalhando nos detalhes do *apartheid*, como uma norma eclesiástica e como uma norma política. Foram cristãos reformados que apresentaram essa lei para o africâner como a única solução possível, como uma expressão da vontade de Deus para a África do Sul, de acordo com o evangelho e a tradição reformada. Foram cristãos reformados que criaram o nacionalismo africâner, igualando a tradição reformada e os ideais africâneres ao reino de Deus. Foram eles que conceberam a teologia do *apartheid*, distorcendo deliberadamente o evangelho para servir a suas metas racistas. Eles apresentaram essa norma como um falso evangelho que poderia ser a salvação de todos os sul-africanos.[22]

Como os cristãos reformados devem responder à crítica profética de Boesak? Ele prescreve uma ação profética. "Os cristãos reformados são chamados não para aceitar as realidades pecaminosas do mundo. Antes, somos chamados para desafiar, moldar, subverter e humanizar a história até que ela se conforme à norma do reino de Deus."[23]

Forjado no sofrimento, Boesak convoca as confissões reformadas para uma forma ativa de fidelidade, para que sejam *práticas e públicas*, em vez de meramente *intelectuais ou pessoais*. O que as confissões reformadas do século 16 têm a ver com o racismo do século 21? Boesak reflete sobre a primeira resposta do Catecismo de Heidelberg e a aplica diretamente à experiência de desumanização dos negros sul-africanos.

---

[22] Allan Boesak, *Black and reformed: apartheid, liberation, and the calvinist tradition* (New York: Orbis Books, 1984), p. 88. Não pense que a declaração oficial contra o apartheid da World Alliance of Reformed Churches resolveu o assunto em 1982. Sua reformulação norte-americana na forma do "kinismo" (uma interpretação nacionalista branca do cristianismo) foi declarada como heresia pela Christian Reformed Church of North America em 2019. O kinismo atribui sua teologia segregacionista a Calvino, Kuyper e Berkhof. Os alunos dessas figuras reformadas devem estar preparados para produzir um roteiro que ativamente se afaste da injustiça racial, e não que seja a favor dela. Sem essa prontidão, que garantia pode haver de que as vulnerabilidades não serão exploradas novamente?

[23] Boesak, *Black and reformed*, p. 90.

Ele fala sobre a insistência do catecismo de que nosso corpo e nossa alma pertencem somente a Jesus Cristo. Os escritos de Boesak crescem em detalhes tocantes à medida que ele descreve o sofrimento dos corpos e das almas negras sob sistemas de racismo e opressão.[24] Pessoas que afirmam pertencer a Cristo contestam e subvertem diretamente o controle institucional e a violência do *apartheid*. Aqui o método de Boesak situa as confissões reformadas dentro do contexto das experiências vividas, reais, da injustiça racial.

Em contraste, durante a era dos direitos civis, algumas igrejas reformadas brancas no meio-oeste americano limitaram as discussões do racismo a "um assunto do coração".[25] Muitos cristãos reformados mantêm essa linha de pensamento hoje. A luta vivida de Boesak a partir do lado de baixo do poder produziu profundas percepções teológicas e morais sobre o chamado público de um seguidor de Cristo em meio aos sistemas de racismo. A sabedoria teológica das reflexões de Boesak está livremente disponível aos filhos das igrejas reformadas brancas que procuram por recursos para navegar por conflitos contemporâneos sobre raça e TCR. A riqueza cultural está aí se eles a quiserem.

Conclusão

Enquanto escrevo este capítulo, os cristãos norte-americanos estão processando e respondendo às importantes mortes de três negros americanos nas mãos da polícia: Ahmaud Arbery, Breonna Taylor e George Floyd. Suas mortes se encontraram com o que considero ser uma nova e atípica onda de apoio por parte dos cristãos brancos. O uso da *#vidasnegrasimportam* está na moda mais do que nunca. Enquanto a hashtag e a retórica da TCR forem pouco mais do que um sentimento, não exigirão nada dos estudantes que as usam. Infelizmente, as universidades podem formar estudantes para empregar retóricas libertadoras

---

[24] Boesak, *Black and reformed*, p. 97.

[25] Eugene P. Heideman, *The practice of piety: the theology of the midwestern reformed church in America, 1866-1966*, Historical Series of the Reformed Church in America (Grand Rapids: Eerdmans, 2009), p. 251.

sem prepará-los para o trabalho longo e árduo de libertação fora do campus. Uma segurança confortável pode ser encontrada no jogo de palavras retórico e na abstração teórica.

Como a TCR, a teologia reformada pode ficar presa pelos perigos da abstração, da inação e do conforto autocentrado que produz o hiperdoutrinarismo. Os estudantes de teologia reformada podem ser facilmente tentados a ficarem sentados em uma análise intelectual complacente do racismo e da TCR. Eles podem afirmar confortavelmente aspectos da TCR usando as doutrinas teológicas da revelação geral e da graça comum. Ou podem confortavelmente desprezar a TCR afirmando uma antítese clara entre o evangelho de Jesus e o evangelho de Marx.

Se os cristãos reformados vão se engajar profundamente nos sistemas e nas estruturas racistas com sua mente e coração, suas ideias e instituições, eles vão precisar ir além da teologia abstrata ou da reflexão sociológica. Eles precisam ouvir ativamente e aprender sobre as lutas corporificadas de seus irmãos e irmãs no lado de baixo desses sistemas de poder. Eles devem fazer mais do que casualmente ler os testemunhos proféticos de Boesak e as confissões de Belhar e Accra. Eles precisarão se envolver ativamente na ação reformada. Afinal, a melhor teologia reformada sempre foi feita nas ruas, quer em Genebra, quer na Cidade do Cabo.

> **Jeff Liou** (PhD, Fuller Theological Seminary) é diretor nacional de formação teológica pela InterVarsity Christian Fellowship e professor assistente adjunto de Ética Cristã no Fuller Theological Seminary. Ele contribuiu em dois volumes: *Intersecting realities: race, identity, and culture in the spiritual-moral life of young Asian Americans* (Cascade, 2018) e *Discerning ethics: diverse Christian responses to divisive moral issues* (InterVarsity Academic, 2020). Jeff possui um cargo ministerial na Christian Reformed Church of North America.

Sexta parte

...

Culto Público

CEIA

19 UM MIGRANTE À MESA DO SENHOR:
uma teologia reformada do lar

Alberto La Rosa Rojas

Eu tinha dez anos de idade quando minha família e eu deixamos o Peru. Isso foi em 2001. A instabilidade econômica associada a uma longa série de escândalos políticos, terrorismo e corrupção foram os fatores de nossa decisão de imigrar. Nós nos estabelecemos nos subúrbios de Chicago e ficamos na casa do meu tio. Ele havia se oferecido para ser o responsável pelo pedido do meu pai de residência nos EUA. Infelizmente, minha família não era apta a receber um status legal por causa de uma série de circunstâncias infelizes e inesperadas.[1] Como resultado, vivi como um imigrante ilegal nos EUA por catorze longos anos. Até que em 2018 eu finalmente recebi a cidadania completa nos Estados Unidos.[2] Na maior parte da minha juventude, fui

---

[1] Um dos eventos imprevistos que mais impactaram a capacidade de receber residência legal nos EUA foram os ataques às Torres Gêmeas em Nova York no 11 de setembro de 2001. Os ataques terroristas de 11/9 resultaram em uma grande reformulação das políticas de imigração nos EUA, com o efeito de que imigrantes, particularmente do hemisfério sul, eram identificados cada vez mais como possíveis ameaças à segurança nacional. Nos anos que se seguiram, muitas leis que antes haviam aberto caminhos para o status legal aos imigrantes foram eliminadas ou tiveram seus critérios para a elegibilidade do pedido tornados bem mais estreitos e específicos, deixando muitos de fora.

[2] Sou grato por muitos privilégios de ser cidadão dos EUA; ainda assim, as questões sobre o lar, as quais eu passei a ter depois que deixamos o Peru e que se intensificaram durante meu tempo como imigrante ilegal, continuam a ser o centro de minha reflexão teológica. Também espero, por meio deste capítulo, dar voz aos cerca de dez milhões de imigrantes ilegais nos EUA que vivem nas sombras e que permanecem quietos no medo da deportação e de perderem novamente suas casas. Tendo dito isso, reconheço que minha história é apenas uma entre muitas e de forma alguma pode representar a diversidade de esperanças, medos e realidades enfrentadas por meus irmãos e irmãs imigrantes.

"um imigrante ilegal", de acordo com o rótulo sarcástico de algumas pessoas nos Estados Unidos.

Quando finalmente consegui o status oficial como residente nos EUA, uma das primeiras coisas que fiz foi retornar para minha terra natal, o Peru, com minha esposa Anna. Saindo do aeroporto internacional Jorge Chávez, fui imediatamente surpreendido pelo poderoso cheiro do Oceano Pacífico que entrava nas minhas narinas. Meus sentidos rapidamente ficaram sobrecarregados, e minha mente rodopiava à medida que eu lutava para absorver cada detalhe de um lugar que vivia na minha memória e imaginação por catorze anos. Na manhã seguinte, corri para o telhado da casa de minha infância para apreciar a vista da minha cidade natal, Callao. Eu sentia o Pacífico cintilante à minha esquerda e as encostas andinas à minha direita a me abraçar e acolher— um filho pródigo que finalmente havia voltado para casa.

No entanto, aquele sentimento de lar, seu mistério sagrado, foi arrancado de mim tão rapidamente quanto havia vindo. Aconteceu primeiro quando desci do telhado e encontrei *mi tía* Nelly. Quando eu era um jovem rapaz no Peru, ela fora uma segunda mãe para mim. Mas agora, catorze anos depois, ela falou comigo com uma reserva sutil, mas distante, quase como se estivesse falando com um estranho. Tive o mesmo sentimento de familiaridade distante em muitas das minhas interações durante meu tempo no Peru. Embora tivesse imaginado essa viagem como um retorno triunfante ao lar, eu me senti cada vez mais como uma visita — nativo e ainda assim estrangeiro, reconhecido e quase desconhecido. A assombrosa questão não poderia ser ignorada: se o Peru não era mais o meu lar, onde *era* o meu lar?

Apesar de ter passado boa parte da minha vida nos Estados Unidos, crescer como imigrante ilegal fez com que fosse incrivelmente desafiador me sentir complemente "em casa". Como imigrante ilegal, eu não podia legalmente me candidatar para um emprego, tirar carteira para dirigir ou procurar ajuda financeira para a faculdade.

Eu não poderia deixar o país com meu grupo de jovens ou com o time de futebol. Eu vivia com o medo constante de ser deportado e separado de minha família. Com a idade, passei a entender e aceitar esse estado permanente de contingência e limite. Reconheci que um fio muito fino me conectava com as pessoas e lugares que me rodeavam. Eu sempre soube que aquele fio poderia ser rompido a qualquer hora. Mesmo depois de me tornar um cidadão dos EUA, eu ainda tinha um sentimento de ambiguidade sobre onde e o que é o lar. Muitos hispânicos nos EUA se referem a essa ambiguidade como sendo *ni de aqui, ni de alla*, ou simplesmente de lugar nenhum. À medida que teologizo sobre a crise da imigração, estou falando sobre o desejo visceral pelo lar e a crise da falta do lar.

Minha própria biografia destaca algumas situações nas quais muitos imigrantes ao redor do mundo lutam com questões de lar e a sensação de não pertencimento.[3] Dito isso, aqueles que veem a si mesmos como "nativos", "anfitriões" ou "cidadãos" também lutam com questões de lar e a sensação de não pertencimento. Alguns deles tratam questões como estas: os imigrantes são uma ameaça para a segurança e a ordem de nossa terra natal? Como preservamos nossas tradições culturais e pertencimento em um mundo cada vez mais globalizado? A experiência de um lar estável só é possível para quem tem dinheiro e poder?

No século 21, as culturas dominantes estão cada vez mais sendo afetadas pelas forças da globalização e da migração em massa. Essas forças globais têm levado alguns cidadãos, movidos pelo medo, a tentativas persistentes de assegurar seus "lares", mesmo que deixem outros

---

[3] Por todo o resto do capítulo, usarei o termo "ausência do lar" para me referir à experiência daqueles que vivem com o fardo constante de encontrar, estabelecer ou preservar um sentimento de lar no mundo, mesmo se talvez estejam habitando uma casa ou um abrigo físico estável. Para uma lente sociológica sobre a interconectividade do lar e a experiência dos imigrantes, veja Paolo Boccagni, *Migration and the search for home: mapping domestic space in migrants' everyday lives, mobility and politics* (New York: Palgrave Macmillan, 2017).

desabrigados.[4] As questões globais sobre imigração e pluralismo, a crise ecológica e a retomada de formas viciosas de populismo e nacionalismo apontam para questões amplas a respeito de como os humanos entendem, experimentam e desempenham as formas de estar em casa neste mundo.

Como sinais dos tempos, essas realidades indicam para a igreja global a necessidade de uma reflexão teológica mais profunda sobre o significado do lar à luz da autorrevelação de Deus.[5] Como imigrante, teologizar sobre o significado de lar não é uma atividade abstrata ou uma forma de sentimentalismo, mas uma demanda existencial importante e uma tarefa política urgente. Isso ocorre em parte porque os imigrantes, não importando seu status, estão sendo cada vez mais acusados por esse crescente sentimento global de não pertencimento.

Em vista desse sentimento crescente de não pertencimento sentido por imigrantes e cidadãos, surge um conflito de desejos: o desejo dos imigrantes de fazer um lar para si em sua nova terra e o desejo dos cidadãos de proteger e preservar sua própria sensação de pertença em meio a um oceano ondulante de mudança.[6] As questões

---

[4] Em um ensaio, a teóloga "latinx" Jacqueline Hidalgo observa que, por toda a história, "populações dominantes lutaram continuamente para construir casas sobre as costas de outras". Jacqueline Hidalgo, "La lucha for home and la lucha as home: latinx/a/o theologies and ecologies", *Journal of Hispanic/Latino Theology* 21, n. 1 (May 2019): p. 10, https://repository.usfca.edu/jhlt/vol13/iss1/1.

[5] Para trabalhos recentes que refletem teologicamente sobre "lar", veja Steven Bouma-Prediger; Brian J. Walsh, *Beyond homelessness: Christian faith in a culture of displacement* (Grand Rapids: Eerdmans, 2008); Natalia Marandiuc, *The goodness of home: human and divine love and the making of the self*, AAR Academy Series (New York: Oxford University Press, 2018); Miroslav Volf, "The world as God's home", três das Edward Cadbury Lectures, University of Birmingham, UK, May 2019, gravado, https://www.birmingham.ac.uk/schools/ptr/departments/theologyandreligion/events/cadburylectures/2019/index.aspx.

[6] Por todo este capítulo, estou utilizando os termos "imigrante" e "cidadão" como um mecanismo heurístico para sinalizar a diferença entre aqueles que vivem em seu país de nascimento e possuem um sentimento relativamente forte de estar em casa lá e aqueles que não vivem em seu país de nascimento e, portanto, experimentam em seu lugar de residência o fato de serem estrangeiros. Contudo, em termos jurídicos, os termos são mais fluidos do

Culto público: Ceia

que surgem desses desejos conflitantes são o ímpeto para as reflexões teológicas a seguir.

O lar e a mesa do Senhor

Eu demonstro por todo este capítulo como uma teologia reformada do lar, incorporada na prática da Ceia do Senhor, pode nos ajudar a reformar nossos anseios por um lar e apontar para formas de escapar da destrutiva tensão presente. Na Ceia do Senhor, imigrantes e cidadãos são igualmente convidados a trazer seus anseios por um lar e por fim encontrar o verdadeiro lar em Jesus Cristo. No entanto, de forma paradoxal, a Ceia do Senhor também nos convida para um drama divino no qual o Verbo eterno se faz carne e estabelece um lar na criação.[7] Começo com uma reflexão sobre o desejo humano universal pelo lar como um desejo por Deus, baseado na obra de João Calvino. A partir daí, o relacionamento entre estar em casa em Deus e estar em casa no mundo é explorado, conforme apresentado na teologia reformada de Brian Walsh e Steven Bouma-Prediger. Por fim, através da obra de Karl Barth, argumento que os imigrantes e os cidadãos cristãos são chamados de volta para casa ao seguirem Cristo a caminho do Gólgota. É lá, no exílio de Cristo, que a humanidade encontra sua volta ao lar em Deus. Por todo o ensaio, chamo a atenção para a Ceia do Senhor como uma prática formativa, na qual os cristãos são convidados a representar, incorporar e testemunhar o drama triúno e cristocêntrico do lar.[8] Chamados para a mesa de Cristo, o imigrante e o cidadão podem ser orientados para a narrativa bíblica do retorno de Deus a seu lar na criação e nosso verdadeiro lar em Cristo.

---

que isso. Imigrantes podem e muitas vezes se tornam cidadãos naturalizados, como aconteceu comigo.

[7] Veja João 1:14.

[8] Meu objetivo neste capítulo não é oferecer "a solução" para a crise migratória nem oferecer uma teoria concreta para como praticar estar em casa no mundo, mas, em vez disso, apresento alguns fundamentos teológicos importantes para construir uma teologia reformada holística do lar que procure o florescimento mútuo de imigrantes e cidadãos.

Deus como nosso lar

Onde e o que é o lar? Por séculos, os cristãos muitas vezes responderam a essa questão afirmando que o céu é o nosso único lar verdadeiro. Frequentemente citado, Hebreus 11:13-16 parece tratar exatamente desse ponto. Ele descreve os patriarcas de Israel como estrangeiros e peregrinos aguardando fielmente sua entrada na pátria celestial.[9]

Em seu comentário sobre Hebreus, João Calvino observa que os patriarcas de Israel viam o céu "à distância", mas, para os cristãos, o lar celestial havia sido intimamente manifesto na pessoa de Jesus Cristo.[10] À luz disso, Calvino alerta os cristãos que anseiam encontrar seu lar neste mundo com estas palavras: "Se a terra de Canaã não absorveu a atenção [dos patriarcas], quanto mais desapegados das coisas terrenas devemos ser, que não temos habitação prometida neste mundo?".[11]

A teologia reformada do lar começa com essa afirmação fundamental: nossa vida neste mundo é uma peregrinação em direção ao Deus triúno, em quem encontramos nosso lar derradeiro.[12] "Estar em

---

[9] "Todos estes ainda viveram pela fé, e morreram sem receber o que tinha sido prometido; viram-nas de longe e de longe as saudaram, reconhecendo que eram estrangeiros e peregrinos na terra. Os que assim falam mostram que estão buscando uma pátria. Se estivessem pensando naquela de onde saíram, teriam oportunidade de voltar. Em vez disso, esperavam eles uma pátria melhor, isto é, a pátria celestial. Por essa razão Deus não se envergonha de ser chamado o Deus deles, pois preparou-lhes uma cidade" (Hb 11:13-16).

[10] "Mas se [os patriarcas] no espírito em meio de nuvens escuras, voaram para a pátria celestial, o que nós devemos fazer neste dia? Pois Cristo nos estende a mão, como se estivesse aberta, do céu, a fim de nos levar para si." John Calvin, *Commentaries on the epistle of Paul the apostle to the Hebrews*, trad. John Owen (1539; Grand Rapids: Christian Classics Ethereal Library, p. 1853), em Hebreus 11:13, http://www.ccel.org.

[11] Calvin, *Hebrews*, em 11:13.

[12] Aludindo a essa mesma passagem onze séculos antes de Calvino, Agostinho escreveu: "Ainda menos então deve o nome dos cristãos ser criticado com o cativeiro de seus santos que, aguardando com verdadeira fé a terra natal, sabem que são peregrinos mesmo em suas próprias habitações". *Augustine: the city of God against the pagans*, org. e trad. R. W. Dyson, Cambridge texts in the history of political thought (Cambridge: Cambridge University Press, 1998), 1.15 [no Brasil: *A cidade de Deus* (Bragança Paulista: Editora Universitária São Francisco, 2006)].

Culto público: Ceia

casa" é habitar na presença daquele que é nosso único refúgio, o único que oferece verdadeiro descanso.[13]

De acordo com Calvino, essa comunhão perfeita, esse "estar-em-casa" completo em Deus, é precisamente o que está faltando em um mundo sob efeito do pecado. Na presente era, nós "não temos habitação prometida"; o lar permanece uma esperança escatológica. Para Calvino, o lar então não é apenas um lugar, mas um tempo. O lar não é agora; ainda não. O lar ocorrerá quando o Espírito nos reunir no Cristo ressurreto e na Nova Jerusalém, a Cidade Santa de Deus, na era por vir.

Entretanto, para os seres humanos conscientes de sua atual sensação de não pertencimento, a Ceia do Senhor oferece um antegosto escatológico de seu futuro retorno. No pão e no vinho, oferece-se àqueles que presentemente se sentem distantes — através do poder do Espírito Santo —um lugar junto ao lado do Cristo ressurreto, o anfitrião da mesa.[14] É na comunhão à mesa com Cristo e, através dela, que os cristãos recebem os frutos da mesa: o perdão dos pecados, a vida eterna e, por fim, um retorno escatológico ao lar. Nossos anseios temporais e espaciais pelo lar convergem para a Mesa do Senhor.

Tendo praticado a comunhão à mesa, o imigrante e o cidadão têm sua compreensão e o desejo pelo lar desafiados e reordenados para nosso lar escatológico com Deus. Na Mesa do Senhor, nós ouvimos, vemos e experimentamos as boas-novas de que Deus é o nosso único verdadeiro lar. Nossos padrões terrenos de vida doméstica não serão descartados pela Ceia, mas sim transfigurados e redirecionados para Deus e sua vontade graciosa. Ao experimentarem a hospitalidade de Cristo na comunhão à mesa, os cristãos podem agora ver seus lares

---

[13] John Calvin, *Institutes of the Christian religion*, org. John T. McNeill, trad. Ford Lewis Battles, 2 vols. (Philadelphia: Westminster, 1960), 3.25.10 [no Brasil: *A instituição da religião cristã* (São Paulo: UNESP, 2008)].

[14] Para um relato reformado da Ceia do Senhor como "deleite em Cristo", veja J. Todd Billings, *Remembrance, communion, and hope: rediscovering the gospel at the Lord's table* (Grand Rapids: Eerdmans, 2018), p. 30-56.

terrenos sob uma nova luz. "Lares" terrenos, sejam eles nações, vizinhanças ou casas, tornam-se testemunhas do nosso lar eterno em Deus. Essa reestruturação eucarística de "lar" significa que não tratamos mais nossas casas terrenas como fins em e por si mesmas. Ao contrário, os lares se tornam um auxílio para nós ao anteciparem a cidade vindoura, a Nova Jerusalém, onde todas as criaturas de Deus participam da comunhão perfeita umas com os outras e com Deus.

Uma teologia reformada do lar reconhecerá e afirmará nossos desejos terrenos pelo lar como um bem e uma inclinação natural criada em nós por Deus. No entanto, ela também vai nos encorajar a não esperar que a criação, que geme em dores de parto, satisfaça nosso desejo escatológico pelo lar. Nenhuma nação, vizinhança, grupo de pessoas ou família poderia satisfazer o anseio por pertencimento. Esse desafio é para o imigrante e o cidadão igualmente. Somente a mesa de Cristo pode oferecer ao peregrino, ao imigrante e ao refugiado o descanso final e o regresso ao lar pelo qual anseiam. O mesmo é verdade para aqueles que se identificam como "nativos", "cidadãos" e "anfitriões"; a mesa desafia o impulso incansável para preservar sua sensação de pertença das ameaças percebidas em estrangeiros. Novamente, a mesa de Cristo lembra que nenhum lar terreno é final, que nenhum lar terreno satisfará completamente nosso anseio por pertencimento. Nesse sentido, a mesa chama seus participantes para viverem como peregrinos que experimentaram por antecipação o banquete vindouro. A mesa provê a esses peregrinos o acolhimento, a nutrição e o redirecionamento de que eles precisam para sua jornada escatológica ao lar.

O REGRESSO DE DEUS AO LAR

Se nosso único verdadeiro lar é em Deus, deveríamos rejeitar qualquer tipo de pertencimento na terra? Um dos desafios de confessar a Deus como nosso único lar verdadeiro é que isso pode ser interpretado como um chamado para abandonar qualquer tipo de pertencimento, enraizamento ou responsabilidade por lugares e pessoas específicas aqui na

Culto público: Ceia

terra. Esse tipo de espiritualidade gnóstica entende o mundo material como se precisasse ser transcendido ou evitado para se encontrar o lar verdadeiro em Deus.

Em seu livro *Beyond homelessness*, os teólogos reformados Steven Bouma-Prediger e Brian Walsh diagnosticam o impulso gnóstico como uma das causas subjacentes do que chamam de crise global da sensação de não pertencimento.[15] Em resposta a essa tendência gnóstica, os autores convidam os cristãos a considerarem que a narrativa bíblica não é primariamente sobre humanos e seu anseio por um lar, mas sim sobre um Deus que elege, cria e organiza a criação como um lugar adequado para habitação — não apenas para as criaturas, mas também para o Criador.[16] No princípio, Deus planejou habitar com a criação e, como continua a história, a Queda não extinguiu essa intenção. A história começa com o ato de Deus criar um lar em Gênesis e termina com o ato final de Deus voltar ao lar no livro de Apocalipse.[17] Esses temas da criação divina do lar e da volta divina ao lar aparecem sempre na história da aliança de Israel com Deus. "Minha morada estará com eles; eu serei o seu Deus, e eles serão o meu povo. Então, quando o meu santuário estiver entre eles para sempre, as nações saberão que eu, o Senhor, santifico Israel" (Ez 37:27-28, NVI).[18]

---

[15] Walsh e Bouma-Prediger descrevem os sem-teto não somente como moradores de rua no sentido socioeconômico (aqueles que não possuem um abrigo físico no mundo), mas também como a falta do lar ecológico devido à destruição sistemática de ecossistemas e como uma ausência de um lugar existencial no mundo do nômade pós-moderno, que experimenta um desenraizamento ou uma profunda falta de sentido de um lugar no mundo, apesar de aproveitar o privilégio de uma casa física e um lar nacional estável. Bouma-Prediger; Walsh, *Beyond homelessness*, p. 41-6.

[16] De acordo com esses autores, a Escritura nos ensina que "no coração do evangelho cristão está a mensagem de que todos somos sem-teto, mas que há um lar em que nosso coração ansioso pode e encontrará descanso. Esse lar é a criação redimida e transfigurada, um lugar de graça que é habitado por um Deus de amor insondável". Bouma-Prediger; Walsh, *Beyond homelessness*, p. 320.

[17] Bouma-Prediger; Walsh, *Beyond homelessness*, p. 15-28.

[18] Por todo o Antigo Testamento, o desejo de Deus de estar no lar na criação é mediado através do povo de Israel e especialmente por meio do templo em Jerusalém. Para outro exemplo, veja Salmos 132:13,14 (NVI): "O Senhor escolheu Sião, com o desejo de fazê-la

Para os cristãos, essa história pactual do desejo divino de habitar com Israel e fazer um lar para eles alcança seu clímax e cumprimento na encarnação de Jesus Cristo. Aqui o Verbo de Deus "tornou-se carne e habitou entre nós" (Jo 1:14). Há um propósito redentor para o regresso de Deus ao lar em Jesus Cristo. Ao habitar entre nós, o Verbo assume nosso modo de habitação como criaturas. Em Cristo, o Criador onipresente assume uma pequena vila e um lar da infância, uma família humana, uma cultura e uma nação. Na verdade, o Deus infinito do universo entra na experiência humana finita de amor, memória e anseio pelo lar.[19] Além disso, é porque Deus assume nossos lares, vilas e nações terrenos — nossos modos de habitar — que somos capacitados a vir para casa com Deus. Em Cristo, nossos modos terrenos de habitar e cuidar do lar são incluídos na vida triúna de Deus.

À luz disso, uma teologia reformada do lar não destruirá nem humilhará os anseios do imigrante ou do cidadão por um lar. O erro gnóstico está fora dos limites. A visão bíblica do lar não é e não pode ser de fuga espiritual da criação. Ao invés disso, a teologia reformada reestruturará seu anseio pelo lar dentro dessa história mais ampla do regresso ao lar e cuidado do lar de Deus na criação, com Israel, com a igreja e na nova criação. Como João de Patmos declara em Apocalipse, o céu descerá para a terra em um santo matrimônio, pelo qual Deus e as criaturas compartilharão a mesma habitação pela eternidade.[20] Na nova criação encontraremos nosso lar na cidade santa de Deus.

---

sua habitação: 'Este será o meu lugar de descanso para sempre; aqui firmarei o meu trono, pois esse é o meu desejo'".

[19] Em sua rejeição dos apolinaristas, Gregório de Nazianzo escreve: "Pois aquilo que ele [Cristo] não assumiu, ele não curou; mas o que é unido por Sua Divindade também é salvo". Estou aplicando o ensino de Gregório aqui para sugerir que, ao assumir um lar terreno em Cristo, Deus também redime nossos humildes lugares terrenos de habitação tão bem quanto nossos modos de habitar. Gregory of Nazianzus, *To Cledonius the priest against Apollinarius*, New Advent, https://www.newadvent.org/fathers/3103a.htm.

[20] Essa visão do regresso redentor de Deus na criação é mais bem capturada pela visão escatológica de Apocalipse 21. "Então vi um novo céu e uma nova terra [...] Ouvi uma forte voz que vinha do trono e dizia: 'Agora o tabernáculo de Deus está com os homens, com os quais ele viverá. Eles serão os seus povos; o próprio Deus estará com eles e será o seu Deus'"

Culto público: Ceia

O regresso redentor de Deus concede dignidade aos nossos lares terrenos e nos força a olhar para nossos modos atuais de cuidado do lar como, ao mesmo tempo, parte da Queda e da redenção em Cristo. Deus em Cristo julgou apropriado fazer seu lar com um povo particular em um tempo e lugar particulares — Israel. Da mesma forma, os cristãos são chamados para fazer e manter lares específicos com pessoas e lugares concretos, os quais também importam para Deus. A cura da nossa crise global dessa sensação de não pertencimento não virá ao negarmos ou minimizarmos nosso enraizamento e nosso pertencimento aos nossos lares criacionais. Ela virá pelo testemunho da obra redentora de Deus no cuidado do lar em nossas nações, vizinhanças, famílias e igrejas através do poder do Espírito Santo.

A Ceia do Senhor convida os cristãos a participarem no drama triúno redentor do regresso ao lar. Aqui, a comunhão à mesa funciona semelhantemente a um ícone através do qual os participantes são atraídos pelo Espírito à celebração escatológica do Cordeiro.[21] De acordo com o livro de Apocalipse, esse banquete santo acontece quando o lar de Deus finalmente for estabelecido na nova criação e dentre os fiéis (Ap 21:3).

Voltando os nossos olhos para a crise global atual da sensação de não pertencimento, a participação na Ceia do Senhor tem profundas implicações públicas. Dois benefícios principais merecem uma menção neste ponto. Para todos aqueles que se sentem sem lar, para todos que vagueiam, as práticas à mesa são uma experiência de acolhimento, uma adoção na família de Deus. Por outro lado, para todos aqueles que se esforçam, temerosos, para proteger e sustentar seus lares terrenos, as

---

(versículos 1,3,4). Esse não é um relato gnóstico pelo qual a terra é substituída pelo céu como nosso lugar de habitação, mas sim um relato encarnado, pelo qual Deus habita com criaturas humanas em uma forma criatural enquanto essas criaturas são exaltadas para habitar com Deus e, assim, participar do divino.

[21] Para a noção da Ceia do Senhor agindo como um ícone e atraindo os cristãos para o drama triúno testemunhado na Escritura, veja J. Todd Billings, *Remembrance, communion, and hope*, p. 7-29.

práticas à mesa oferecem uma experiência de ruptura e libertação. Segurança e pertencimento não podem ser completamente assegurados por mortais com dinheiro, status, poder político ou mesmo por direito de nascimento. Em um mundo de contingência e deslocamento, a mesa nos lembra que "lar" é um presente progressivo de Deus: ainda não está concluído. Antes do retorno de Cristo, os cidadãos nunca se sentirão completamente em casa, não importa o quão alto construam seus muros.

GÓLGOTA: O CAMINHO PARA CASA

É bom e correto amar nossos lares na criação, como vizinhanças, culturas e nações. Em um mundo pecaminoso, contudo, esse amor pelo lar pode muitas vezes ficar deturpado, exclusivo e mesmo violento. Nesta seção final, demonstro que a experiência do marginalizado, do desabrigado e do sem-teto é uma lente criticamente importante através da qual os cristãos podem começar a testemunhar e participar na redenção de seus modos presentes de cuidar do lar.

Viver em uma vizinhança segura com jardins comunitários próximos aos vizinhos que pensam e votam da mesma forma pode dar a impressão de que o lar é possível no aqui e agora. Entretanto, a crise global de imigração, a contínua destruição de ecossistemas e os sem-teto invisíveis em nossas cidades — todos são sinais de que o mundo está longe de ser o lar de Deus. Testemunhar a redenção de nossos lares deve, portanto, começar com a crise de pertencimento experimentado por aqueles que estão nas margens.

Essa dinâmica se torna evidente quando consideramos que a vida, e especificamente a morte de Jesus é o meio concreto pelo qual Deus redime nossos lares terrenos. O próprio Cristo foi enviado para fora da cidade, o próprio Cristo foi exilado e o próprio Cristo sofreu marginalização e morte. No nascimento, não havia espaço para ele na estalagem. Na morte, havia apenas exclusão e expulsão. E, contudo, a

Culto público: Ceia

beleza invertida da vida de Cristo reside no fato de que, por meio de sua rejeição no Gólgota, a humanidade é acolhida em um lar.

De acordo com o teólogo suíço reformado Karl Barth, a parábola do filho pródigo, quando lida por lentes cristológicas, nos revela duas jornadas que acontecem simultaneamente na pessoa de Jesus Cristo.[22] A primeira jornada, que a parábola descreve como a jornada de um filho longe da casa de seu pai até uma terra estranha, é a jornada do Filho de Deus a partir da pátria celeste do Pai para o mundo da humanidade finita e caída. Essa é a jornada da encarnação.[23] Ao se fazer carne, o Filho eterno de Deus constrói um lar com as pessoas de Israel que, embora vivam em sua terra natal, permanecem em um tipo de exílio sob a ocupação imperial romana. Habitando em meio a um povo, uma terra e uma história particulares, o Filho de Deus participa não somente no exílio da humanidade do Éden por causa do pecado, mas também na experiência vivida concreta de exílio. Ele vive com aqueles sob o governo imperial — desalojado, sem-teto e marginalizado. O Filho de Deus experimenta intimamente o poder romano vicioso em seu lar.

Ao mesmo tempo, na vida, morte e ressurreição de Cristo, nós testemunhamos Deus assumindo a responsabilidade por dar à humanidade seu caminho de volta para casa.[24] Barth se refere a isso como a segunda jornada acontecendo na pessoa de Cristo. O que a

---

[22] Veja "The way of the Son of God into the far country" (CD IV/1:157-210) e "The homecoming of the Son of Man" (CD IV/2:20-153), ambos em Karl Barth, *Church dogmatics*, orgs. Thomas F. Torrance; Geoffrey W. Bromiley (Peabody: Hendrickson, 2010).

[23] Nesse sentido, o país distante sempre está ao leste do Éden, aquele lugar do exílio humano de Deus, o Pai e, portanto, de existência pecaminosa; para usar as próprias palavras de Barth, o país distante é "a sociedade má do ser que não é Deus e é contra Deus". Barth, *CD* IV/1:158.

[24] Esse país distante é, portanto, também o lugar de arrependimento, porque é nele que o filho pródigo reconhece seu erro e volta para a casa de seu pai. Isso porque, para Barth, é necessário que o Filho de Deus faça sua jornada para o país distante, pois, ao vincular a si mesmo à humanidade no exílio, o Filho se torna responsável por guiar a humanidade de volta ao Pai.

parábola descreve como o regresso de um filho pródigo arrependido, Barth lê de maneira cristológica como a jornada de exaltação de Cristo, o Filho do Homem, à destra do Pai. Para Barth, essas duas jornadas constituem a forma e a natureza da obra reconciliadora de Jesus Cristo.[25] Em suma, para Barth, cada instância da vida de Jesus Cristo é simultaneamente uma revelação da falta de pertencimento da humanidade e do regresso da humanidade para Deus.[26]

A leitura cristológica de Barth da parábola revela que o regresso de Deus a um mundo fraturado e violento não corresponde muito bem a nossas visões tranquilas de "lar". O retorno de Deus é como um bebê dormindo na manjedoura do lado de fora de uma estalagem lotada. É como uma família fugindo de casa e buscando refúgio em uma terra estrangeira. É como um mestre sem-teto, sem um lugar para repousar sua cabeça. É como um fracasso messiânico, morto, pendurado em uma cruz do lado de fora dos portões da cidade.[27]

---

[25] "Aqui, o Filho do Homem retorna para a casa a qual pertence, para seu lugar como verdadeiro homem, para a comunhão com Deus, o relacionamento com seus amigos, à ordem de sua existência interior e exterior, à totalidade de seu tempo para que fora feito, para a presença e o prazer da salvação para a qual ele foi destinado." Barth, *CD* IV/2:20.

[26] Os temas do regresso e do exílio se tornam, para Barth, um tipo de dialética que compara a dialética da cruz e da ressurreição. Assim como o ressuscitado é sempre já o crucificado, assim o regresso é sempre o do exilado. Assim como não podemos olhar para o Cristo ressuscitado sem ver as feridas em suas mãos e pés, também não podemos olhar para o Filho do Homem, que está em casa com o Pai, sem ver nele as marcas de exílio e rejeição. O Deus que regressa é o Deus revelado no exílio. Como tal, o exílio do Filho de Deus é sempre uma acusação das formas humanas de estabelecer um lar no mundo à medida que elas são construídas para deixar outros desabrigados. Contudo, é uma acusação que finalmente aponta para o Sim de Deus, pois, ao olhar para a cruz, nós também reconhecemos que Deus habitou conosco em nossa falta de pátria e, assim, Deus assumiu a responsabilidade por nosso exílio, nos colocando de volta no caminho para o Pai. Em suma, Cristo é o Sim e o Amém de Deus para as palavras do salmista: "Para onde poderia eu escapar do teu Espírito? Para onde poderia fugir da tua presença? Se eu subir aos céus, lá estás; se eu fizer a minha cama na sepultura, também lá estás" (Sl 139:7,8, NVI).

[27] Na verdade, para Barth, isso é o que distingue o Deus de Israel como o único verdadeiro Deus, pois "Deus mostra a si mesmo sendo o grande e verdadeiro Deus no fato de que ele pode e irá deixar sua graça suportar esse custo, que ele é capaz, está disposto e pronto para essa condescendência, esse ato de extravagância, essa longa jornada". Barth, *CD* IV/1:159.

Confessar que *esse* Jesus é nosso regresso ao lar nos coloca diante de uma verdade desconfortável. Nossas noções confortáveis, seguras e protegidas de lar precisam ser radicalmente desestabilizadas. Barth nos convida a reconhecer que a única maneira de voltar para o Pai é revelado no caminho para o Gólgota. A estrada para casa passa pelo exílio; é o caminho da cruz.

Isso significa que discípulos que desejam a redenção de seus lares não podem se dar ao luxo de ser tentados por visões de estabilidade, conforto e descanso. Ao contrário, devem buscar pelo retorno de Deus entre o marginalizado, o pobre, o desabrigado. Esse entendimento acarreta uma rejeição de qualquer forma de cuidado do lar que resulte no desamparo do próximo.

Essa compreensão teológica de lar também equivale ao que o teólogo da libertação peruano Gustavo Gutiérrez chamou de "opção preferencial para o pobre". Nesse caso, o pobre pode ser substituído pelo desabrigado. Isso implica uma mudança epistemológica na forma pela qual os cidadãos veem os imigrantes. Os desabrigados não são visitas a quem devemos receber; são aqueles através de quem Deus está estabelecendo um lar no mundo. Em Cristo, imigrantes e cidadãos *compartilham* uma jornada comum para casa. Ambos devem peregrinar através da cruz e da ressurreição de Cristo. É na participação no exílio e no regresso de Cristo, através do poder do Espírito Santo, que o imigrante e o cidadão podem encontrar seu caminho para casa.

Quando eu era imigrante ilegal, a Ceia do Senhor representava uma prática profunda de regresso. À mesa, eu estava certo de que pertencia a *esse* lugar com *essas* pessoas. Eu pertencia não por causa do meu desejo de pertencer, ou pela decisão dos meus pais de imigrar, ou mesmo por causa do status que o governo me concedeu. Eu pertencia pela graça e pelo poder do Espírito. Ao me unir a Cristo, o Espírito me uniu a todos ao redor da mesa. Apesar dos muros de divisão que estabelecemos com base em etnia, gênero, linguagem, ou mesmo status migratório, Cristo e sua Mesa nos unem.

Na eucaristia, a igreja declara que todos aqueles reunidos ao redor da mesa são membros de uma única família e de um único lar. Através de um cálice e um pão, eles são unidos, não por poder político, mas pelo corpo e pelo sangue do Cordeiro. A Mesa estabelece um lar. É uma prática de cuidado do lar. À luz disso, a Ceia funciona como um ato revolucionário de resistência às forças de exclusão, marginalização e sentimento de não pertencimento que experimentamos no mundo e — infelizmente — na igreja.

Conclusão

Meu objetivo neste capítulo é mostrar como a interpretação reformada do lar vê a vida cristã compreendendo dois movimentos. Primeiro, nos movemos em direção a Deus, que é nosso único lar verdadeiro. Segundo, nos movemos para habitar mais profundamente em nossos lares criacionais de formas que testemunham o regresso de Deus na encarnação e no *eschaton*. Essas duas verdades teológicas são incorporadas, praticadas e exercitadas à Mesa do Senhor. À Mesa, duas coisas acontecem ao mesmo tempo. Não apenas são expostos nossos desejos, crenças e práticas pecaminosas da presente era em relação ao retorno ao lar, também nos é oferecida uma oportunidade para lembrar, praticar e antecipar nosso regresso final a Deus.

A Ceia do Senhor não apresenta respostas fáceis ou simples para a crise política do sentimento de não pertencimento para imigrantes ou cidadãos. Cada um de nós, em nossos contextos geográficos, culturais e comunitários, é chamado a testemunhar de maneira criativa sobre o retorno escatológico de Deus à criação. Este capítulo oferece uma base teológica para essa tão necessária obra contextual. No entanto, à medida que fazemos essa obra de cuidado do lar, devemos estar atentos e conscientes para as experiências e vozes dos sem-teto, dos desalojados e dos marginalizados. Se desejamos participar na obra do Espírito de transformar toda a criação, céu e terra, no lar eterno de

Deus, precisamos compartilhar uma Mesa com o próximo, esses seres humanos sofredores.

> **Alberto La Rosa Rojas** é candidato de ThD na Duke University Divinity School. A experiência de Alberto como imigrante do Peru informa e incentiva sua pesquisa, que envolve as dimensões éticas e teológicas da migração e do desejo humano pelo lar. Sua obra entrelaça *insights* da tradição teológica reformada, assim como da teologia latino-americana. Ele é graduado pelo Western Theological Seminary (Holland, Michigan) e membro da Reformed Church in America.

ORAÇÃO

20 TRAUMA E ORAÇÃO PÚBLICOS: reflexões reformadas sobre a intercessão

John D. Witvliet

O APARENTE SILÊNCIO PÚBLICO DA IGREJA

Vivemos em um mundo cheio de tragédias e traumas públicos. Em muitas manhãs, acordamos e já presenciamos notícias e relatos nas redes das mídias sociais agitadas com medo, fúria, culpa e vergonha armazenados pela epidemia de saúde pública global, racismo, tráfico humano, pobreza e fome sistêmicas, mudança climática, deslocamento de refugiados, corrupção política, perseguição religiosa, injúria moral, violência armada, encarceramento em massa, aborto, violência sexual, fraude, créditos predatórios, guerra, bullying maldoso, pornografia, cárcere privado, violência doméstica, má conduta do clero, antissemitismo e degradação ambiental. Nessa era de informações onipresentes, nossa cabeça e coração são rapidamente inundados pela enchente da tragédia e do trauma públicos.

Dolorosamente, no culto de muitas igrejas mal se mencionam os horrores do mundo. Muitas igrejas nos Estados Unidos nunca oraram pelas cidades de Ferguson, Charleston ou Charlottesville em relação ao surgimento dos atos racistas de violência que eclodiram bem no seio dessas cidades. Muitas comunidades nunca falaram diretamente sobre injustiça com indígenas, não praticaram o lamento como uma dimensão regular da vida comum, e apenas raramente — se é que já aconteceu — oraram pela situação de pessoas perseguidas ou refugiadas, ou sobre predadores sexuais, racistas, agiotas e outros inimigos do florescimento da humanidade.

Culto público: Oração

Conforme analisamos o amplo espectro das práticas litúrgicas cristãs em nosso trabalho no Calvin Institute of Christian Worship, vemos igrejas trabalhando duro para fornecer sermões empolgantes, músicas empolgantes, oportunidades de comunhão empolgantes e programas infantis empolgantes que "elevam". Embora "elevar" não seja uma coisa ruim — de fato, no culto nós "elevamos nosso coração ao Senhor" —, a definição operacional de "elevar" em muitos contextos é essencialmente sentimental. Em lugar de lamentar, confessar e interceder em relação aos horrores públicos com especificidade e honestidade, essas igrejas tendem a evitar, negar ou minimizar o trauma público. O desejo compreensível por um alívio do trauma acaba perpetuando um padrão de desengajamento.

Na parábola do bom samaritano, um sacerdote e um levita, líderes da liturgia do povo, desprezam e passam longe do homem ferido na beira da estrada. A parábola apresenta uma crítica implícita do desengajamento litúrgico com os problemas do mundo. Enquanto nos sensibiliza para a necessidade de ação cristã pública no mundo, a parábola também afeta nossas liturgias reunidas e líderes litúrgicos. Quão trágico é quando nossas liturgias ignoram e evitam o homem ferido sentado na calçada, quando nosso culto público se torna um lugar privilegiado para o desengajamento público da dor do mundo!

Uma década atrás comecei a registrar cada vez que eu ouvia a afirmação "A igreja deveria falar mais sobre X". Minha lista agora é muito grande. A frase tem sido usada repetidamente para iniciar discussões sobre abuso sexual e assédio, racismo, justiça ambiental e cuidado com a criação, perseguição religiosa e mais.

Com certeza, há muitos cristãos falando sobre essas coisas — em declarações e informes denominacionais, em blogs e livros acadêmicos, e no seminário e nas classes de educação cristã. Ainda assim, essas queixas sobre o silêncio conivente da igreja quase sempre soam verdadeiras simplesmente porque muitos cristãos não participam dessas ecologias acadêmicas, denominacionais, para eclesiásticas ou de redes sociais.

Teologia pública reformada

O que importa para muitos cristãos é que suas igrejas locais busquem nomear e se envolver com essas questões públicas *no culto público*. O silêncio *do templo* sobre esses horrores públicos é particularmente ensurdecedor. É possível, e em alguns lugares altamente provável, participar do culto toda semana por um ano e não ouvir uma única referência aos horrores do mundo.

Existem muitas razões inter-relacionadas para esse silêncio litúrgico. Primeiro, algumas igrejas operam com uma visão fraca, individualista do evangelho, focando quase toda a sua atenção litúrgica sobre conversão e conforto individuais. Segundo, algumas igrejas evitam o conflito, estando dispostas a fazer qualquer coisa para ficar longe da controvérsia pública durante o culto.[1] Neste capítulo, meu foco estará em uma terceira razão para o silêncio litúrgico: a atrofia da oração intercessória. Argumento que as congregações precisam recuperar a prática semanal de intercessão pública que esteja profundamente familiarizada com o mundo fora dos muros do templo.

ORAÇÃO INTERCESSÓRIA E VIDA PÚBLICA

A igreja precisa de mais do que uma resposta teológica pública para os traumas públicos; ela precisa de uma resposta *litúrgica* pública para eles, com liturgias e práticas espirituais que promovam uma postura de consciência e engajamento com as necessidades do mundo.

No contexto de muitos cultos hoje, a oração intercessória caiu em desuso. É impressionante para mim o quão frequentemente meus alunos relatam que, embora possuam práticas robustas de canto congregacional e pregação, suas igrejas não incluem quase nenhuma oração no culto público. Rotineiramente, os alunos alegam que suas igrejas oram

---

[1] Abordar essas duas preocupações tem sido uma especialidade para Richard Mouw. Louvo a Deus por sua defesa vigorosa de uma visão ampla do evangelho — um evangelho que abrange a graça especial e a comum, arrependimento individual e transformação cultural, a promessa da glória futura e a importância da defesa por justiça no tempo presente. Louvo a Deus por sua preocupação contínua por civilidade, por seu chamado para se envolver em questões profundamente divergentes com convicção, clareza e caridade.

sobre as necessidades de saúde dos membros, mas nunca mencionam quaisquer preocupações sociais mais amplas. Meus colegas de ensino em todo o espectro ecumênico do cristianismo repetidamente confirmam esse padrão emergente. Como Constance Cherry descobriu de maneira memorável em um estudo exemplar de algumas tradições protestantes, as canções e os sermões estão ficando maiores enquanto as orações, menores.[2]

Contudo, continua realista esperar por um futuro melhor. No Calvin Symposium on Worship de 2020, o líder da conferência, David Bailey, ofereceu as orações do povo. David orou em geral por *shalom* no mundo e então adicionou uma oração específica para Deus evitar os horrores do tráfico humano no Super Bowl (um jogo que seria realizado no dia seguinte). Aquela única frase colocou uma preocupação profunda no coração de centenas de participantes da conferência. Após o evento, uma série de comentários informais esclarecedores feitos pelos conferencistas indicava o que era necessário:

> "Nós nunca ouvimos uma oração como aquela em nossa igreja; isso é inaceitável".

> "Quem ora publicamente deve procurar ativamente nomear o que todos nós tememos nomear, e fazer isso de uma forma profundamente pastoral".

> "Intercessões mais profundas não custam nada para o orçamento da nossa igreja e, contudo, podem fazer uma diferença em nossa congregação".

Concordo de coração. Expandir o leque de pedidos em nossa oração pública para corresponder ao escopo público da atividade redentora de Deus oferece um número de benefícios para a congregação: isso alinha

---

[2] Constance Cherry, "My house shall be called a house of ... announcements", *Church Music Workshop* (Nashville: Abingdon, 2005), https://static1.squarespace.com/static/50412884e4b0b97fe5a5411a/t/5328b2c6e4b0e8b344d4a498/1395176134878/MyHouseShall_be.pdf.

nossas orações com a amplitude da preocupação divina, nos forma para nos tornarmos pessoas de preocupação sacerdotal para o mundo que Deus ama e responde diretamente ao claro mandamento bíblico de orar sobre todas as circunstâncias e em todas elas.

MODELOS HISTÓRICOS PARA INTERCESSÕES PÚBLICAS

Nos primeiros séculos da igreja, o culto público geralmente apresentava orações de intercessão por necessidades, problemas e líderes públicos. Essas orações eram baseadas em uma visão da igreja como a reunião de um "sacerdócio real" (1Pe 2:9), respondendo ao chamado divino para ser um povo que leve as necessidades do mundo a Deus. Essas orações eram moldadas pelos mandamentos do Novo Testamento que enfatizam a abrangência da oração: "Orem no Espírito *todo* o tempo em *toda* oração e súplica. Mantenham-se alertas e sempre perseverem nas súplicas por *todos* os santos" (Ef 6:18); e "em tudo, por oração e súplica, com gratidão, sejam seus pedidos conhecidos por Deus" (Fp 4:6). Embora as orações litúrgicas fossem oferecidas pela igreja e seus ministros (cf. Mt 9:38), elas também focavam explicitamente nas necessidades daqueles fora da igreja, seguindo a ordem de Paulo: "Admoesto-te, pois, antes de tudo, que se façam deprecações, orações, intercessões e ações de graças por todos os homens; pelos reis e por todos os que estão em eminência, para que tenhamos uma vida quieta e sossegada, em toda a piedade e honestidade" (1Tm 2:1,2).

Os documentos que descrevem o culto na igreja primitiva geralmente incluem amplas litanias e outras formas de oração que levam as dificuldades do mundo a Deus. Essas orações antigas pedem pela misericórdia de Deus e reforçam um entendimento de que apenas a agência humana é insuficiente para curar a dor do trauma do mundo.[3]

---

[3] John D. Witvliet, "Embodying the wisdom of ancient liturgical practices: some old-fashioned rudimentary euchology for the contemporary church", in: *Ancient faith for the church's future*, orgs. Mark Husbands; Jeff Greenman (Downers Grove: IVP Academic, 2008), p. 189-215.

Culto público: Oração

Esses antigos padrões de intercessão sacerdotal foram refinados de diversas maneiras através das tradições cristãs durante os séculos e culturas.

Na tradição reformada, *Forma de orações da igreja,* de 1542, escrita por João Calvino e subintitulada *Segundo o uso da igreja antiga,* estabelece o ritmo. Ele chama para uma oração intercessória de mil e quinhentas palavras toda semana após o sermão de domingo. Na obra, Calvino funde duas tradições litúrgicas em uma única oração, começando com uma longa paráfrase da Oração do Senhor, e conclui com uma série de pedidos cobrindo uma ampla gama de assuntos pessoais, eclesiásticos e cívicos.[4] As seções são notáveis por sua visão abrangente do que os cristãos podem e devem orar à luz da obra plural de Deus no mundo. A abordagem abrangente de Calvino para as intercessões públicas no domingo era acompanhada por um culto de oração adicional feito durante a semana. Esse culto também incluía uma abordagem semelhantemente robusta para as orações intercessórias em relação à vida pública.[5]

Em geral, as orações e canções dos primeiros reformadores foram feitas para se disseminarem fora do templo e afetarem a vida pública. Os cristãos reformados eram encorajados a transformar as melodias que aprendiam na igreja em uma trilha sonora pela qual viviam suas vidas, assoviando-as no trabalho, cantando-as na escola, repetindo-as nos momentos de refeição doméstica — em contraste com as práticas católicas romanas medievais, que restringiam o canto das canções litúrgicas e sagradas ao templo.

Para Calvino, oração e ação se entrelaçavam com sua compreensão teológica do sacerdócio de todos os cristãos. Calvino descreve a oração como uma oportunidade para "testificar, por nosso pedido, que odiamos e lamentamos tudo que vemos ser oposto à vontade de

---

[4] Para uma história mais ampla, veja C. F. Miller, "Intercessory prayer: history, method, subjects, and theology", *Studia Liturgica* 3, n. 1 (1964): p. 20-9.

[5] Elsie Anne McKee, *The pastoral ministry and worship in Calvin's Geneva* (Geneva: Librairie Droz S.A., 2016), p. 310-48. Veja também McKee, "Calvin and praying for 'all people who dwell on earth'", *Interpretation* 63, n. 2 (abril de 2009):p. 130-40.

Deus".[6] Ele incita os cristãos a orarem por uma variedade de preocupações públicas, declarando, "É por benefício da oração que nós temos acesso às riquezas que possuímos em Deus [...] Deus não nos conta nada que devamos esperar dele, sem da mesma forma nos ordenar que o peçamos pela oração". Ao valorizar como todas as nossas orações se reúnem às intercessões de Cristo que "intercede por nós à destra de Deus" (cf. Rm 8:34; 1Jo 2:1; 1Tm 2:5), Calvino defende a intercessão: "Deus não apenas permite que cada indivíduo ore por si mesmo, mas também que todos intercedam mutuamente uns pelos outros".[7] Calvino exorta: "Se, em qualquer momento, formos frios na oração ou mais negligentes do que deveríamos [...], reflitamos instantaneamente sobre como muitos estão esgotados por várias e pesadas aflições [...] Se não formos retirados de nossa letargia, devemos ter corações de pedra".[8] O estudioso de Calvino, Elsie McKee, explicou que, embora os primeiros escritos de Calvino abordassem a importância dessas intercessões na oração privada ou pessoal, os textos tardios insistem que uma preocupação abrangente para as necessidades do mundo deve ser refletida nas orações públicas da igreja.[9]

O que Calvino e seus contemporâneos deixaram para a tradição reformada de oração foi, assim, *tanto* uma visão teológica pública de orar pelas necessidades do mundo *quanto* um conjunto de práticas litúrgicas para executar tal teologia pública. Uma geração depois de Calvino, a Ordem de Culto do Palatinado, de 1563, apresentou uma "oração para todas as necessidades e preocupações da cristandade", que

---

[6] John Calvin, *A harmony of the gospels*, vol. 1 (Grand Rapids: Eerdmans, 1960), p. 208-9. Esse é o seu comentário sobre "Venha o teu reino" (Mateus 6:10).

[7] John Calvin, *Institutes of the Christian religion*, trad. Henry Beveridge (Edinburgh: Calvin Translation Society, 1846), 3.20.19 [no Brasil: *A instituição da religião cristã* (São Paulo: Ed. UNESP, 2008)].

[8] John Calvin, *Calvin's commentaries: the epistles of Paul the apostle to the Galatians, Ephesians, Philippians, and Colossians*, trad. T. H. L. Parker (Grand Rapids, Eerdmans, 1965), p. 222.

[9] Elsie Anne McKee, "Calvin never changed his mind—or did he? Evidence from the young reformer's teaching on prayer", in: *John Calvin, myth and reality: images and impact of Geneva's reformer*, org. Amy Nelson Burnett (Eugene: Cascade Books, 2011), p. 18-36.

Culto público: Oração

foi imitada na "Oração pelas necessidades gerais da cristandade" nos manuais litúrgicos reformados holandeses dos anos 1580 e além. Essas duas orações correspondem à "Oração por todo o estado da igreja militante de Cristo",[10] um texto notável do *Livro de oração comum*.

Dois séculos mais tarde, a *Liturgia da igreja protestante francesa*, de 1772, apresentou uma oração semanal que incluía petições (1) por todas as pessoas, (2) por todos os ministros, (3) por toda autoridade política, (4) por todos que sofrem de variadas aflições, (5) pelo país, e finalmente (6) pelos "deveres e atividades de nossas diversas vocações".[11] Ainda mais tarde, o *Livro presbiteriano de culto comum*, de 1906, convocava para uma oração semanal, apresentando "Súplicas: pelo suprimento de todas as nossas necessidades temporais e espirituais, e pela ajuda e conforto do Espírito Santo em todos os nossos deveres e provações", bem como uma lista robusta de intercessões públicas.

> Por todo o mundo; lembrando em especial de nosso país e todos que são investidos com autoridade civil; a Igreja Universal e aqueles com os quais estamos particularmente conectados; todos os missionários e ministros do evangelho; e todos que procuram fazer o bem na terra; todos os pobres, doentes e abatidos (especialmente aqueles por quem são pedidas orações); todas as criancinhas e os jovens reunidos nas escolas e faculdades; aqueles que estão em meio a um grande perigo ou tentação; e todos aqueles unidos a nós por laços de parentesco ou afinidade.[12]

---

[10] Para mais informações sobre essa história complexa, veja Daniel James Meeter, *Bless the Lord, o my soul: the New-York liturgy of the Dutch Reformed Church, 1767* (Lanham: Scarecrow, 1998), p. 193-202.

[11] Charleston (S.C.) French Protestant Church, *The liturgy, or forms of divine service, of the French Protestant Church, of Charleston, S.C., translated from the liturgy of the churches of Neufchatel and Vallangin: Editions of 1737 and 1772, with some additional prayers, carefully selected; The whole adapted to public worship in the United States of America*, 3. ed. (New York: A. D. F. Randolph, 1853), p. 29-31.

[12] Presbyterian Church in the U.S.A. Special Committee on Forms and Services, *Book of Common Worship* (Philadelphia: Presbyterian Board of Publication and Sabbath-School Work, 1906), p. 6.

Teologia pública reformada

Essas orações e textos litúrgicos foram complementados através da história por inúmeros teólogos pastorais que assumiram e defenderam a importância das orações públicas abrangentes. Samuel Miller, de Princeton, fala do "caráter abrangente" que "pertence ao exercício da [oração pública]".[13] Quanto à visão para o engajamento cristão nos esforços antirracismo, Francis Grimké alerta que "devemos fazer com que nossos problemas sejam mais temas de oração do que foram até agora".[14]

No seu auge, essa tradição de intercessão pública faz parte de um amplo conjunto de conexões reformadas entre o culto e a vida pública. Isso incluía a pregação pública que tratava dos hábitos e das preocupações diárias das pessoas. Além disso, incluía hinos e cânticos intencionalmente compostos para o uso dos leigos, não apenas no templo, mas também no local de trabalho e nos lares.[15] Essas liturgias públicas eram o resultado de uma teologia pública que tinha uma visão abrangente e soteriológica da atividade redentora de Deus.

Na verdade, um dos guias mais confiáveis para o que um cristão realmente acredita serem as intenções de Deus para o mundo pode ser encontrado naquilo pelo que ele ora. Em outras palavras, nossas orações públicas revelam nossa teologia pública. Nas coisas que elas mencionam (e falham em mencionar), essas orações demonstram precisamente o que acreditamos ser os elementos da vida pública com que Deus se importa.

Certamente, essas orações abrangentes de intercessão possuem uma história irregular na tradição reformada. Elas foram ignoradas, diminuídas e contestadas. Contudo, apesar de todos os caprichos e

---

[13] Samuel Miller, *Thoughts on public prayer* (Philadelphia: Presbyterian Board of Publication, 1849), p. 183.

[14] Francis J. Grimké, "Signs of a brighter future", in: *The works of Francis J. Grimké*, vol. 1, *Addresses mainly personal and racial*, org. Carter G. Woodson (Washington: Associated Publishers, 1942), p. 280.

[15] John D. Witvliet, "The spirituality of the psalter: metrical Psalms in liturgy and life in Calvin's Geneva", *Calvin Theological Journal* 32 (1997): p. 273-97.

Culto público: Oração

complexidades, uma constante é o desejo por orações públicas que expressem preocupação pública e cívica abrangentes e ativamente resistam ao escapismo e ao sentimentalismo. A visão de 360 graus das orações reformadas de intercessão confronta tanto quem conduz o culto contemporâneo quanto todos nós ao nos desafiar a melhorar, a orar de uma forma que seja consistente com a amplitude e profundidade do evangelho que pregamos.

Improvisando a intercessão

É evidente que as intercessões públicas da Genebra de Calvino ou da Edimburgo de John Knox não devem ser repetidas literalmente pelas congregações do século 21 em Jacarta, Seul, Nova York e Rio de Janeiro. Dito isso, suas intercessões podem nos desafiar a desenvolver abordagens fiéis e culturalmente apropriadas para orações abrangentes em nossos contextos exclusivos. Na verdade, seus valores talvez possam ser mais bem transmitidos na forma de um provérbio ou uma bem-aventurança: "Bem-aventurada a comunidade cristã cuja oração pública se preocupa abertamente com pedidos pela ação divina que correspondem a toda a extensão de atividade divina narrada na Escritura".

Por sua vez, esse provérbio desencadeia uma série de estratégias litúrgicas promissoras, incluindo algumas bastante diferentes das de Calvino. Visitei uma vez um ministério de plantação de igrejas não denominacional no qual um sábio pastor havia feito uma pausa no início da vida da igreja para estabelecer uma prática robusta de oração intercessória pública. Toda semana a igreja parava para orar sobre um assunto público específico além do contexto de seu próprio ministério. Antes da oração, o pastor conduzia uma breve entrevista com alguém de fora da congregação que estava tratando daquele problema; então a igreja orava por tal pessoa e a situação que procurava melhorar. No final de cada ano, por causa desse simples padrão semanal, aquela congregação já havia orado por vinte e dois temas bastante concretos de preocupação pública. Embora a oração pública de cada semana fosse estritamente limitada a um assunto específico, com o tempo aquela congregação acabava orando por um conjunto surpreendentemente diverso de assuntos.

Em outra congregação, um grupo de quatro pessoas se reunia todo sábado de manhã em uma cafeteria local para escolher quais manchetes do jornal seriam usadas para convocar a congregação a orar. Toda semana escolhiam três manchetes de preocupação nacional e internacional, três relacionadas à comunidade local e três do jornal da igreja sobre o ministério local. No domingo, essas nove notícias eram projetadas em um telão, e o dirigente do culto apresentava uma frase em sua oração por cada uma, tal como esta: "Senhor Deus, tem misericórdia de nossas escolas públicas locais e capacita cada professor e funcionários que lá servem para criarem uma cultura amorosa, justa, paciente e transformadora para cada estudante". Essas nove orações com uma única frase, estruturalmente parecidas com diversas litanias antigas, influenciam os adoradores a entrarem na vida pública e continuarem orando (e buscando) a ação redentora de Deus em todas as esferas da vida.

Em nosso trabalho no Calvin Institute of Christian Worship, notamos como contextos e culturas diferentes produzem práticas de oração pública distintas. Por exemplo, em uma cultura com a visão do tempo circular, orientada para relacionamentos, uma oração pública abrangente pode durar cerca de uma hora ou mais; em uma cultura com a visão de tempo linear, orientada para tarefas, quem ora se esforçará para montar uma oração abrangente de não mais do que quinhentas palavras. Da mesma forma, em uma cultura com uma compreensão mais hierárquica de poder, é essencial que assuntos de grande preocupação sejam nomeados por um pastor sênior. Em uma cultura mais igualitária, será mais importante que uma variedade de vozes seja representada na hora da oração. Em uma cultura que valoriza a comunicação direta, será essencial resistir aos eufemismos espirituais na descrição dos horrores do mundo; em um cenário que valoriza a comunicação indireta, seria ofensivo usar um discurso totalmente direto para temas sensíveis.[16]

Essas práticas contemporâneas de intercessão tomam a abordagem abrangente de Calvino para a oração pública e, de maneira criativa, incluem nela uma preocupação por tratar questões públicas específicas. Adicionando essa sabedoria pastoral à nossa bem-aventurança anterior, podemos dizer: "Bem-aventurada a comunidade cristã cuja oração pública é abrangente em preocupações (com pedidos para ação divina que se estendem em direção à completa gama de atividades divinas narradas na Escritura) e também específica no foco (trazendo à mente lugares, pessoas e necessidades particulares)". Qualquer uma dessas abordagens criaria espaço para nomear especificamente cada um dos horrores que listei no início deste capítulo com regularidade suficiente para convencer mesmo visitantes ocasionais de que a igreja está realmente preocupada com os males públicos.

IMPROVISANDO AS INTERCESSÕES FRAGMENTÁRIAS E ESCATOLÓGICAS

Percebi mais um atributo em muitos líderes de oração pastoral e publicamente sensíveis: sua intuição de aprofundar o forte contraste entre o lamento público e a esperança pública, mesmo dentro da mesma oração. Suas orações sobre a vida pública são, ao mesmo tempo, profundamente sombrias e resplandecentes. Simultaneamente, suas palavras de intercessão contam as verdades difíceis sobre o mal e o sofrimento públicos e as ofuscantes boas-novas sobre um Deus que um dia irá secar toda lágrima pública.

Por um lado, isso envolve mais gagueira na oração pública, maior disposição para admitir publicamente nossa completa inadequação e

---

[16] Esses temas são desenvolvidos na literatura crescente sobre inteligência cultural, incluindo David A. Livermore, *Cultural intelligence: improving your CQ to engage our multicultural world* (Grand Rapids: Baker Academic, 2009) e Livermore, *Expand your borders: discover 10 cultural clusters*, CQ Insights Series (East Lansing: Cultural Intelligence Center, 2013).

falta de palavras diante do horror. Se honestamente encararmos e nomearmos os males do mundo, uma das primeiras coisas que devemos dizer para Deus é: "Nós não sabemos o que dizer. Não sabemos como orar". Como uma pessoa ora depois do Holocausto? Depois que um homem armado entra em uma sinagoga e mata pessoas que estavam orando? Depois da morte de Breonna Taylor ou George Floyd, especialmente em uma congregação que não orava em público sobre as tragédias de Charleston e Ferguson?

Um dos presentes mais importantes que as igrejas podem conceder aos cristãos é a permissão para orar de uma forma hesitante, fragmentária. É um presente para nossos filhos quando líderes pastorais preparados dizem: "Deus da graça, estamos sem palavras... Não sabemos orar como deveríamos. Como precisamos do Espírito, que 'intercede com gemidos que não se podem exprimir'" (cf. Rm 8:26,27)! Quão apropriado é dar voz àqueles em nossas comunidades que são, a qualquer momento, "simplesmente atingidos" pelas tragédias ao nosso redor.[17]

Por outro lado, essa prática envolve uma intencionalidade maior em nomear nossa suprema esperança escatológica junto com nosso lamento balbuciado. É surpreendente que as mais vívidas passagens no Novo Testamento sobre orações balbuciadas vêm apenas alguns versículos depois da impressionante declaração de Paulo: "Considero que os sofrimentos desse tempo presente não são dignos de comparação com a glória que nos será revelada" (Rm 8:18). Para Paulo, pareceu perfeitamente possível declarar isso e também dizer: "Gememos interiormente enquanto esperamos" (v. 23) e "Não sabemos orar como deveríamos" (v. 26). Isso é muito parecido com o doloroso lamento de Jó: "Misericórdia [...] Pois a mão de Deus me feriu", que poderia de alguma forma levar diretamente a: "Eu sei que o meu Redentor vive [...]

---

[17] Veja, e.g., as comoventes reflexões sobre lamento litúrgico em Deanna A. Thompson, *Glimpsing resurrection: cancer, trauma, and ministry* (Louisville: Westminster John Knox, 2018), p. 124-6.

E depois que o meu corpo estiver destruído e sem carne, verei a Deus" (Jó 19:21, 25,26; cf. NVI).

Refinando ainda mais nosso provérbio novamente: "Sábia é a comunidade que ora por preocupações tão amplas quanto o escopo da redenção divina, que nomeia os horrores e traumas humanos específicos e que pratica seus dolorosos lamentos fragmentários e as promessas escatológicas finais de Deus".

CONECTANDO ORAÇÕES PÚBLICAS À VIDA PÚBLICA

Se devemos nos envolver com os horrores do mundo, o que certamente devemos fazer, precisamos de hábitos e padrões de oração que reconheçam e falem regularmente em alta voz sobre os horrores do mundo. Esse ato público, por sua vez, estabelece o tom e modela uma abordagem que pode ecoar pelo resto da semana na vida dos cristãos individuais.

Uma única oração pública sobre o tráfico humano pode ecoar em nosso coração durante toda a semana. Da melhor forma, a intercessão pública é uma expressão hiperconcentrada de uma postura engajada da congregação para o mundo. Ela articula um relacionamento sacerdotal da congregação com a criação: o sagrado sacerdócio apresenta o lamento da criação diante de Deus. Essas intercessões geram um enorme poder centrífugo, que se irradia externamente, para além do domingo de manhã.

Como, exatamente, pode essa prática relativamente pequena e esquecida tornar-se uma expressão comprimida dos nossos ministérios públicos de cuidado, ética e missões? Com certeza, esse processo deve começar encarando honestamente e então nomeando áreas de dor e trauma públicos toda semana em oração, resistindo assim ativamente às tentações ao escapismo e à fé sentimentalizada.

De fato, mudar nossas orações públicas é completamente insuficiente se não adicionarmos ação pública. A oração só se torna convincente e formativa dentro de uma comunidade quando ela corresponde a formas redentoras de vida. Mas nem sempre se sabe ao certo o que vem primeiro. Às vezes, uma comunidade começa a alimentar os famintos.— e mais tarde é convidada a orar sobre as causas da pobreza sistêmica e as tragédias do crédito consignado. Outras vezes, um pastor pode conduzir uma congregação a orar pela persistência irritante da pobreza estrutural, o que — por sua vez — pode iniciar uma discussão informal sobre falhas nos serviços de apoio local, falhas que a igreja pode consertar. Independentemente da rota em direção à santificação, existe um chamado para uma mudança significativa na trajetória da oração pública. Qualquer caminho chama o povo de Deus a interceder diante dele pelo mundo.

Através da prática diária de oração pública, inúmeras congregações levam diferentes traumas públicos diante de Deus e atendem a seu chamado sacerdotal no ministério de intercessão. Ao fazer isso, participam e proclamam seu sacerdócio em Cristo, um sacerdócio público que é ordenado e empoderado para cruzar a estrada e ajudar o próximo em necessidade.

John D. Witvliet (PhD, University of Notre Dame) é professor de Adoração e Congregação e Estudos Ministeriais na Calvin University e no Calvin Theological Seminary. Ele atua como diretor do Calvin Institute of Christian Worship e em seus programas de contribuições, conferências e publicações. É autor de *The biblical psalms in Christian worship* (Eerdmans, 2007) e *Worship seeking understanding* (Baker Academic, 2003), e é coeditor do *The worship sourcebook* (Faith Alive/Baker, 2013) e de diversas coleções de hinos congregacionais.

BATISMO

21 SEXISMO, RACISMO E A PRÁTICA DO BATISMO NA ÁFRICA DO SUL:
uma perspectiva reformada e transformacional

Nico Koopman

Em nasci e cresci na África do Sul sob o *apartheid*. Naquela época, o direito delineava e reconhecia quatro grupos raciais distintos: branco, negro, indiano e de cor.[1] De acordo com a lei, eu era "de cor", uma pessoa de raça misturada.

Da infância em diante, esse sistema abrangente de classificação racial determinou cada aspecto da minha vida. Ele determinava onde eu poderia brincar, com quem eu poderia estudar, como eu poderia receber assistência médica, por quem eu poderia me apaixonar, onde eu poderia trabalhar e em qual bairro eu poderia criar os meus filhos. Mesmo na morte, o *apartheid* determinaria onde meu corpo seria enterrado. Corpos de cores diferentes permaneceriam separados, na vida e na morte.

Durante os anos 1980, servi como pastor nos arredores da Cidade do Cabo. Nossas igrejas locais brancas e de cor decidiram unir nossos jovens para uma tarde de comunhão. Mais tarde, um jovem rapaz da minha congregação me confessou que havia tocado a mão de uma pessoa branca pela primeira vez naquela noite.

---

[1] A lei do apartheid fazia referência a quatro grupos raciais ou de cor: (1) pessoas brancas ou europeias; (2) indianos, i.e., pessoas da Índia e oriundas do Oriente mais amplo; (3) a maioria dos grupos populacionais, descritos como negros ou africanos; e (4) pessoas de cor, as assim chamadas pessoas misturadas ou híbridas, com alguma ancestralidade dentre indígenas Khoi e San primeiro (ou nativo), pessoas negras indígenas, pessoas negras, europeus e também pessoas de diversos países orientais como Índia, Indonésia e Malásia.

Mas o *apartheid* fez mais do que nos separar das pessoas brancas. Ele nos retratou e nos tratou como inferiores. Não brancos eram sistematicamente levados a duvidar de sua completa humanidade e, nisso, de seu status de igualdade com pessoas brancas enquanto filhos de Deus. Cidadãos de cor, como eu, enfrentavam um estigma adicional. Sendo "misturados", não éramos considerados uma "raça pura"; portanto, éramos a raça mais inferior de todas. Alguns cristãos usavam indevidamente a Bíblia e a teologia cristã para apoiar e propagar essa discriminação contra os de raça "híbrida" ou "misturada".

Como se o racismo não bastasse, as mulheres no *apartheid* na África do Sul tinham que lidar com as forças do sexismo no direito, na cultura e na religião. As mulheres enfrentavam uma ampla variedade de opressões raciais e sexuais interseccionais em lares, igrejas, escolas, no mercado e na esfera pública. Pais, professores, políticos e pregadores apoiavam políticas sexistas e padrões que suprimiam as mulheres e negavam sua completa humanidade. No *apartheid* na África do Sul, a única coisa que conhecíamos sem limites eram os movimentos do racismo e do sexismo em nossas vidas.

Apesar das reformas do pós-*apartheid* sul-africano terem desmantelado amplamente as estruturas racistas e sexistas no direito, os padrões culturais de divisão e hierarquia permanecem. Durante nossos primeiros vinte e cinco anos de democracia na África do Sul, foram feitos muitos avanços em nossas leis e culturas institucionais, mas ainda há muito trabalho a ser feito.[2] O vírus do racismo e do sexismo continua a contaminar cada esfera de nossa vida juntos.

---

[2] Para um recente conjunto de ensaios sobre os desafios do racismo na pesquisa científica na África do Sul, veja Jonathan Jansen; Cyrill Walters, orgs., *Fault lines: a primer on race, science, and society* (Stellenbosch: African Sun Media, 2020). Para uma útil coleção de ensaios pelos principais estudiosos reformados sobre os desafios dos preconceitos e práticas sexistas no continente africano, veja Elna Mouton et al., orgs., *Living with dignity: African perspectives on gender equality* (Stellenbosch: African Sun Media, 2015). A teóloga feminista reformada sul-africana L. Juliana M. Claassens analisa o desafio da discriminação, violência e estupro de mulheres em seu livro *Claiming her dignity: female resistance in the Old Testament* (Collegeville: Liturgical Press, 2016). Para uma reflexão sobre a atenção inadequada da

Culto público: Batismo

Infelizmente, as igrejas reformadas na África do Sul ainda refletem muitas dessas mesmas divisões e desigualdade. Com muita frequência, os cristãos reformados cumprem um papel ativo na perpetuação de padrões e práticas de divisão e hierarquia. Na Escritura, os membros da igreja de Jesus Cristo são claramente chamados a amar o próximo, fazer justiça e unir os diversos membros no corpo de Cristo. Apesar do chamado bíblico para a ação ser clara, a igreja recua com medo, divisão e animosidade.

Este capítulo declara que a prática reformada do batismo deve informar e iniciar nossa resposta pública às forças do racismo e do sexismo na sociedade. Argumento que o batismo não é meramente um ritual privado ou pessoal preso dentro das quatro paredes da igreja. *O batismo é um ato profundamente público, com implicações de longo alcance para nossa vida cultural e política no mundo.*

Por toda a minha vida, em luta com o racismo e o sexismo, sempre encontrei conforto, encorajamento e direção na prática do batismo. Em um mundo que questiona e abala minha dignidade e identidade, o sacramento me lembra de meu status, posição e dignidade na pessoa de Jesus Cristo. Quando criança, por crescer sob o *apartheid*, foi-me prometida uma vida de exclusão constante do berço até o túmulo. No batismo da igreja, foi-me oferecida uma vida de inclusão infinita. As águas do batismo eram, para mim, um testemunho vivo, uma proclamação pública, um sinal, um símbolo, uma afirmação, uma celebração e uma antecipação do meu lugar na adoção batismal do Senhor. Aquelas águas jorrariam da fonte em direção a minha vida pública, impactando como responderia às leis sexistas e racistas, às instituições e aos padrões culturais. A identidade principal e inclusiva que encontrei no batismo formou minha resposta a todas as identidades secundárias que encontrei em mim mesmo e naqueles ao meu redor.

---

teologia da libertação negra à injustiça e desigualdade sexual, veja um livro recente do grande teólogo reformado sul-africano Allan Aubrey Boesak, *Children of the waters of Meribah: black liberation theology, the Miriamic tradition, and the challenges of twenty-first-century empire* (Eugene: Wipf & Stock, 2019).

Política batismal

Durante os anos 1970, as tensões raciais nos Estados Unidos estavam particularmente acirradas. Muitas igrejas reformadas brancas queriam evitar completamente a discussão sobre raça e política. A igreja, conforme acreditavam, deveria ser espiritual, não política.

Em vez de gritar: "Vocês estão errados!", Richard Mouw, um filósofo e eticista reformado, lembrou esses cristãos de suas próprias práticas de batismo. Ele pediu para que refletissem sobre o que o batismo realmente quer dizer na tradição reformada. O que ele realiza? O que ele significa? E, por fim, quais são as consequências para suas vidas públicas?

Mouw argumentou não por meio de uma repreensão moral, mas através de uma história. Ele recordou um momento na vida de sua igreja branca quando uma criança negra chamada Darryl foi trazida para ser batizada. O ritual reformado convocava os corpos brancos a ficarem em pé. Ele convocava as vozes brancas para afirmarem que esse corpo negro estava agora unido aos seus corpos. Como um corpo, o ritual exigia que eles prometessem defender, educar, instruir e amar essa criança negra à medida que ela crescesse na vida e no testemunho de Cristo e de sua igreja.

Mouw convida seus leitores a refletirem sobre o impacto que essa prática litúrgica deve ter em uma congregação branca que assiste Darryl enquanto é batizado:

> Amar a Darryl exigirá que nós busquemos olhar para o mundo do seu ponto de vista, tornar nossas suas esperanças e seus medos. Assumir uma obrigação por sua instrução e educação cristãs é nos comprometermos a tentar entender o que o evangelho significa para ele, com sua tradição e história. Significa que daqui em diante teremos que manter o Darryl em mente quando planejarmos nossos sermões, escrevermos nossas liturgias, planejarmos nossos programas educativos. Tudo isso vai nos envolver na mudança, nos padrões de "contextualização" que são diferentes daqueles que caracterizaram nossa vida no passado. Nós também vamos ter que

Culto público: Batismo

prestar atenção ao que os outros estão dizendo para e sobre o Darryl. Se a sociedade americana tentar tratá-lo como um cidadão de segunda classe, teremos que protestar por ele, uma vez que ele é nosso irmão em uma nação santa de reis e sacerdotes. Toda vez que ele for alvo de uma piada cruel ou de uma calúnia ofensiva, teremos que considerar isso como uma afronta ao próprio corpo de Cristo. Se alguém sequer reclamar que ele não é "do nosso tipo", teremos que responder com insistência que, através do sangue de Jesus, nós somos do "tipo" do Darryl.[3]

Mouw não oferece um sermão abstrato sobre justiça racial. A história, a prática do batismo, já faz isso por si só. Em meio a uma cultura de supremacia branca e exclusão racial, o batismo de Darryl pode e deve ser entendido como um ato profundamente público e subversivo. O batismo de Darryl tem consequências para a vida pública de cada pessoa que se levantou para ele naquele domingo.

Ao desenvolver o testemunho de Mouw, este capítulo explora brevemente o poder persuasivo, psicológico, estrutural e social do racismo e do sexismo.[4] Ele então examina como essas forças culturais destrutivas se relacionam com *insights* teológicos reformados sobre o batismo. Em resumo, o capítulo deseja construir uma "lente batismal" através da qual os cristãos possam ver seu chamado público de buscar justiça, igualdade e unidade de Cristo — *tudo por meio do batismo*.

UMA COMPREENSÃO TRIPLA DO RACISMO E DO SEXISMO

Por muito tempo achei profundamente útil o enquadramento hierárquico do racismo de Hans Opschoor e Theo Witvliet. Eles definem o racismo como "uma ideologia específica que organiza e regula a exploração e dependência de uma 'raça' específica baseada na inferioridade cultural

---

[3] Richard J. Mouw, "Baptismal politics", *Reformed Journal* 28, n. 7 (julho de 1978): p. 2-3.

[4] Essa análise do racismo, sexismo e o significado do batismo se baseia fortemente no trabalho de décadas de Mouw sobre esses temas. Ela é, obviamente, revisitada, expandida, contextualizada e aplicada novamente.

ou lógica presumida daquela 'raça'. Dessa maneira, diferenças reais no poder são mantidas e intensificadas".[5] Aqui, o racismo consiste em três elementos: primeiro, a imagem racista consciente e principalmente subconsciente que temos de outras raças; segundo, a incorporação dessa imagem em estruturas sociais e políticas; terceiro, uma razão religiosa ou filosófica para essa imagem e suas estruturas correspondentes.[6]

Na África do Sul, preconceitos raciais e suas estruturas correspondentes eram continuamente justificados pela religião. A teologia do *apartheid* fornecia apoio ideológico para a cultura e a política de segregação. Essa dimensão religiosa ampliava, aprofundava e internalizava o racismo a níveis subconscientes e ainda justificava as estruturas racistas, elaboradas a partir desses preconceitos em sua maior parte subconscientes.

Mergulhando nas águas do *apartheid*, opressor e oprimido internalizaram essas crenças, padrões e estruturas racistas. Alguns daqueles no lado de baixo do racismo passaram a acreditar que eram inferiores e, portanto, aceitaram as estruturas opressivas que correspondiam àquelas crenças. Também eles precisavam de libertação do preconceito racial profundamente integrado.[7] Assim, quanto ao preconceito racial,

---

[5] Hans Opschoor; Theo Witvliet, "De onderschatting van het racisme", *Wending* 38, n. 9 (1983): p, 554-65, minha tradução do holandês.

[6] Essa imagem das outras raças causa uma categorização em termos de inferioridade e superioridade. Em um artigo de 1998, eu me refiro à categorização de diversos grupos raciais por alguns antropólogos nos caucasianos, i.e., as raças brancas que estão mais perto da assim chamada forma humana ideal, os gregos. As outras raças estão cada vez mais longe desse ideal e mais próximas a uma tribo de macacos. Essas raças são os mongoloides, australóides e negroides. Naquele artigo eu também expresso minhas reservas sobre o uso continuado do termo "raça". Veja Nico Koopman, "Racism in the post-apartheid South Africa", in: *Questions about life and morality: Christian ethics in South Africa Today*, org. Louise Kretzschmar; Len Hulley (Pretoria: Van Schaik, 1998), p. 153-68. O famoso teórico social negro Cornel West traça esse desenvolvimento do racismo moderno de volta ao reavivamento clássico no início do Renascimento (1300-1500) e à revolução científica do século 17. O ressurgimento da estética clássica e dos ideais culturais bem como a investigação científica positivista fomentaram a exploração e a violência que é o racismo. Veja Cornel West, *Prophesy deliverance! An Afro-American revolutionary Christianity* (Philadelphia: Westminster, 1982), p. 50-9.

[7] Esse ponto é fortemente defendido por Frantz Fanon, *Black skin, white masks* (London: Pluto, 1952).

Culto público: Batismo

todas as pessoas são racistas. Dito isso, o modelo também deixa claro que, no que se refere ao racismo estrutural, os verdadeiros racistas são somente aqueles que possuem o poder político e econômico para estruturar e reforçar seus preconceitos raciais.

Por fim, essa compreensão tripla de racismo como subconsciente, estrutural e religioso pode nos ajudar a entender muitas outras formas de discriminação, incluindo o sexismo.[8] Como o racismo, o sexismo envolve um triplo (subconsciente, estrutural e religioso) sistema de desigualdade e injustiça. O desejo humano pecaminoso de dominar, dividir e descartar não está limitado à raça. Mulheres de todas as cores padecem sob seu poder à medida que vivem e se movimentam por espaços sexistas. Aqui, recomendo a obra da feminista americana e teóloga reformada Serene Jones, entre outras.[9]

Dentro do mundo psicossocial do sexismo, as mulheres são linguística e estruturalmente entendidas como inferiores aos homens em suas capacidades físicas, psicológicas, intelectuais, morais, espirituais e gerenciais (entre outras). Hierarquias e estruturas de gênero refletem, solidificam e — por sua vez — informam essas crenças na superioridade masculina.

O essencialismo de gênero pode ser uma ferramenta crítica nas mãos dos sexistas. Dessa forma, afirma-se que pessoas de um gênero particular possuem qualidades essenciais que criam suas identidades centrais. Pressupõe-se que essas características de gênero não variam com o tempo, são imunes às forças históricas e não podem ser atribuídas à cultura ou a convenções sociais. Dentro dessa forma de essencialismo, as características de homens e mulheres são concebidas em termos opostos: mulheres são relacionais e dependentes, homens são autônomos e independentes. Essas listas são muitas vezes concebidas

---

[8] Não é difícil explicar como essas três dimensões de racismo também são elementos constituintes do classismo, sexismo, especismo, idadismo e capacitismo.

[9] Veja Amy Plantinga Pauw; Serene Jones, orgs., *Feminist and womanist essays in reformed dogmatics* (Louisville: Westminster John Knox, 2006); e Serene Jones, *Feminist theory and Christian theology: cartographies of grace* (Minneapolis: Augsburg Fortress, 2000).

em termos complementares: as mulheres são emocionais e os homens são racionais, as mulheres são receptivas e os homens são assertivos. Essas listas de características essenciais dos gêneros frequentemente refletem e reforçam as hierarquias de gênero: os homens são fisicamente superiores e as mulheres são emocionalmente superiores. Em uma sociedade sexista, o essencialismo de gênero se transforma em arma para os propósitos da hegemonia de gênero.

No fim, os pecados psicológicos, estruturais e teológicos do racismo e do sexismo se inserem em nossa mente e coração, em nossa cultura e política, e mesmo — infelizmente — em nosso culto. Onde começar a responder a essas profundas e disseminadas formas de divisão e dominação? Na próxima seção começamos a explorar o poder libertador e unificador da torrente batismal de Deus.

ÁGUAS DE JUSTIÇA, DIGNIDADE E PERTENCIMENTO

O teólogo reformado sul-africano Adrio König[10] nos dá uma útil descrição quádrupla da obra inclusiva do batismo.[11] Primeiro, o batismo confirma e celebra que nossos corpos e almas batizados pertencem a Deus. O batismo é uma declaração pública de que somos propriedade preciosa de Deus. Por meio de seu sangue na cruz, ele nos comprou. Como um rei ou uma rainha no Antigo Testamento que conquistou uma cidade e colocou seu próprio nome nela (2Sm 5:9), somos batizados no nome triúno de Deus. Essa nomeação implica vitória e propriedade. As implicações públicas dessa compra divina são claras: se os corpos batizados pertencem a Deus, ninguém pode possuí-los ou, em última análise, controlá-los. Um ataque a um corpo batizado é um ataque à propriedade divina.

---

[10] Adrio König, *Die doop as kinderdoop èn grootdoop* (Pretoria: NGK Boekhandel, 1986), p. 18-59.

[11] Além desses quatro significados inclusivos do batismo, König também afirma que o batismo confirma nosso perdão, limpa nosso pecado, faz-nos renascer em uma nova vida espiritual, moral e material e receber o dom do Espírito Santo. König, *Die doop as kinderdoop èn grootdoop*, p. 46-53.

Culto público: Batismo

Segundo, de acordo com König,[12] o batismo também significa que fomos enxertados na promessa da aliança de Deus (At 2:38-39; Gl 3-4; Cl 2:11,12). A fórmula pactual do Antigo Testamento agora é aplicada a nós: sou seu Deus, e vocês são meu povo (Jr 7:23).[13] Através das águas batismais, o povo de Deus é iniciado em um modo *pactual* de relacionamento com Deus, o próximo e toda a criação. Animais, plantas e todo o resto da criação são incluídos nas promessas pactuais de Deus. Nosso cuidado pelo meio ambiente e nosso relacionamento alegre com ele são um tema central na teologia pactual tanto no Antigo quanto no Novo Testamento (cf. as narrativas da criação, o Sabbath e as leis do jubileu, bem como visões proféticas e escatológicas). Portanto, o batismo representa o início de uma vida pública que reflete as promessas e a obra pactuais de Deus na igreja, na sociedade e em toda a criação.

Terceiro, o batismo consolida nossa união com a vida e a obra de Jesus Cristo na história.[14] Em suas águas, estamos unidos ao padrão histórico de Cristo de amor, justiça, reconciliação, sacrifício, morte e ressurreição. O batismo atrai nossa história e nossa vida para a de Cristo. A implicação pública disso é clara. No batismo, eu sou chamado a participar no ministério de Cristo de reconciliação racial e sexual na história. Eu fui recrutado. Nós nos tornamos participantes em sua vida cruciforme (Rm 6:1-14; Gl 2:19,20; Ef 2:1-10; Cl 2:12,13). O assim chamado "negro spiritual" aponta poderosamente para essa participação quando pergunta taciturno: "Onde vocês estavam quando crucificaram o meu Senhor?".

---

[12] König, *Die doop as kinderdoop èn grootdoop*, p. 33-46.

[13] O teólogo sul-africano reformado Steve de Gruchy chega a argumentar que é através do relacionamento pactual com Deus que possuímos o status da *imago Dei*. Ele afirma a convicção cristã tradicional de que ser humano é ser criado à imagem de Deus. Na estrutura do relacionamento pactual com Deus, com os humanos e mesmo com o resto da criação, no entanto, esse status de ser criado à imagem de Deus chega a sua plenitude. Veja Steve de Gruchy, "Human being in Christ: resources for an inclusive anthropology", in: *Aliens in the household of God: homosexuality and Christian faith in South Africa*, orgs. Paul Germond; Steve de Gruchy (Cape Town: David Philip, 1997), p. 247-8.

[14] König, *Die doop as kinderdoop èn grootdoop*, p. 21-31.

Quarto e último, o batismo celebra nossa incorporação à igreja como corpo de Cristo.[15] Não estamos sozinhos na obra e no testemunho públicos da reconciliação. Estamos ligados aos irmãos e irmãs ao redor do mundo. Estamos conectados a uma grande nuvem de testemunhas que se estende por milhares de anos no passado e no futuro (1Co 12; Ef 4).

Neste ponto, é importante notar que *o pertencimento cristológico encontrado no batismo não nos separa daqueles que não foram batizados*. Na verdade, o batismo em Cristo deve inspirar um sentimento mais profundo de conectividade, solidariedade e responsabilidade com nossos próximos que existem do lado de fora da igreja. Afinal, eles ainda fazem parte do mundo de Cristo. Através do batismo nós vemos a quem eles pertencem.

Esse foi precisamente o argumento de Hendrikus Berhof, um teólogo reformado holandês.[16] Ele argumentou que, por causa da graça experimentada no batismo, a graça de Cristo precisa ser publicamente estendida àqueles fora dos muros da igreja. O batismo, dessa forma, inicia uma vida pública e um padrão de inclusão. A graça de Cristo, experimentada no batismo, deve ser estendida àqueles que estão nas margens sociopolíticas da sociedade: pobres, oprimidos, incapazes, estrangeiros, crianças e outros.

O teólogo reformado americano Allen Verhey ecoa a visão de que o batismo restaura uma vida de inclusão, igualdade e serviço mútuo:

> O batismo também era, obviamente, um ato da igreja, um ato em memória de Cristo e em esperança pelo bom futuro de Deus, um ato de fé, um ato de receber a graça de Deus e sua promessa de acolher os diferentes em uma comunidade de reciprocidade e igualdade [...] Uma nova identidade foi assumida no batismo, e um novo mundo foi imaginado — uma identidade e um mundo nos quais as hierarquias sexuais (junto com hierarquias étnicas e de classe) foram radicalmente subordinadas à comunidade e à igualdade em Cristo [...] "Não mais homem e mulher" era uma

---

[15] König, *Die doop as kinderdoop èn grootdoop*, p. 31-3.
[16] Hendrikus Berkhof, *Christelijk Geloof* (Leiden: Callenbach, 1979), p. 369-70.

Culto público: Batismo

realidade escatológica, mas fez sentir o seu poder já na reciprocidade e igualdade dos membros da comunidade cristã e em uma ética sexual que honrava o celibato e a castidade.[17]

O documento reformado mais precioso da África é a Confissão de Belhar.[18] Essa confissão foi formulada durante os anos mais críticos do *apartheid*. Ela foi redigida em 1982 e finalmente adotada em 1986. Desde então, ela tem sido adotada por muitas igrejas reformadas ao redor do mundo, incluindo os Estados Unidos. De maneira memorável, essa confissão africana articula as implicações públicas do batismo de Cristo para as culturas em luta com sistemas de opressão e discriminação. Belhar confessa que a igreja é chamada para uma vida pública de unidade (art. 1), reconciliação (art. 2) e justiça (art. 3). Conforme o documento declara:

> Nós acreditamos que a unidade da igreja deve se tornar visível para que o mundo possa acreditar; que separação, inimizade e ódio entre pessoas e grupos são pecados que Cristo já conquistou e, portanto, qualquer coisa que ameace essa unidade não pode ter lugar na igreja e deve sofrer resistência [...]
>
> Nós compartilhamos uma só fé, temos um só chamado, somos de uma só alma e uma só mente; temos um só Deus e Pai, estamos cheio de um só Espírito, fomos batizados em um só batismo, comemos de um só pão e bebemos de um só cálice, confessamos um só Nome, somos obedientes a um só Senhor, lutamos por uma só causa e compartilhamos de uma só esperança [...] [Portanto], nós precisamos uns dos outros e edificamos uns aos outros, admoestando e consolando uns aos outros; para que soframos juntos em prol da justiça; oremos juntos; sirvamos juntos a Deus neste mundo; e juntos lutemos contra tudo que possa ameaçar ou deter essa unidade [...]

---

[17] Allen Verhey, *Remembering Jesus: Christian community, Scripture, and the moral life* (Grand Rapids: Eerdmans, 2002), p. 194-5.

[18] Veja Nederduitse Gereformeerde Sendingkerk in Suid-Afrika, *Die Belydenis van Belhar, 1986 [The Confession of Belhar, 1986]* (Belhar, South Africa: LUS, 1986); https://www.researchgate.net/publication/281585902_The_Belhar_Confession_-_English.

Teologia pública reformada

> Essa unidade só pode tomar forma na liberdade, e não sob constrangimento; a variedade de dons espirituais, oportunidades, contextos, convicções, bem como a diversidade de línguas e culturas, são, em virtude da reconciliação em Cristo, oportunidades para serviço e enriquecimento mútuos no único povo visível de Deus.

Antes de concluirmos esse rápido estudo das implicações públicas do batismo reformado, devemos considerar o desafio importante da teóloga feminista reformada Leanne Van Dyk. Como outros antes dela, Van Dyk argumenta que sacramentos como o batismo possuem implicações públicas e políticas. No entanto, ela adiciona que essas implicações públicas precisam ser *explícitas* para o povo de Deus no culto.[19] O batismo de uma mulher, por exemplo, deve ser claramente comunicado como uma declaração pública de seu valor, sua dignidade e sua completa pessoalidade em Cristo.

Aqui, Van Dyk se baseia na teologia sacramental de Calvino, que vê a graça de Deus agindo poderosamente através do sacramento do batismo. Para Calvino ou Van Dyk, o batismo não é meramente um ato simbólico memorialista. Também não é somente um ritual "espiritual" de devoção privada. O batismo é uma ação pública que envolve a presença e o poder do Deus vivo, um poder que tem abalado e vencido os principados e potestades deste mundo. Para Van Dyk, essas potestades incluem o sexismo, a misoginia e o patriarcado. Essa abordagem sacramental ao batismo leva a poder e ação quando chega à esfera pública.

A ênfase de Van Dyk sobre a orientação do batismo, por natureza, à ação é muito importante. Ela se alinha com a natureza dos sacramentos, a chamada *ex opera operato*.[20] Isso significa que existe ação em e

---

[19] Leanne Van Dyk, "The gifts of God for the people of God: Christian feminism and sacramental theology", in: Pauw and Jones, *Feminist and womanist essays in reformed dogmatics*, p. 204-20.

[20] O teólogo reformado Daniel Migliore enfatiza esse significado ativo, dinâmico e eficaz dos sacramentos. Veja Daniel L. Migliore, *Faith seeking understanding: an introduction to Christian theology*, 3. ed. (Grand Rapids: Eerdmans, 2014), p. 291-9.

Culto público: Batismo

através do batismo. Na verdade, Calvino via o batismo como um sinal e um símbolo do amor e da graça convidativos, inclusivos, dignificadores e humanizadores de Deus. No lavar das águas, Van Dyk convoca o povo de Deus a reconhecer e responder à presença e ao poder de Deus e ao chamado divino para defender publicamente a dignidade e a igualdade das mulheres no templo e na esfera pública. Para Calvino e Van Dyk, os sacramentos são promessas, antecipações e esperanças dessa nova vida. Através da obra do Espírito Santo, os sacramentos estão verdadeiramente afetando, operando e trazendo uma vida totalmente nova. Calvino escreve de maneira notável a respeito do caráter realizador do batismo:

> Por essas palavras, [Paulo] não apenas nos exorta à imitação de Cristo, como se tivesse dito que somos exortados pelo batismo, da mesma forma que Cristo morreu, a morrermos para nossos desejos, e, como ele ressurgiu, a ressurgirmos para a justiça; pelo contrário, ele traça o tema muito acima, de modo que, pelo batismo, Cristo nos fez participantes de sua morte, enxertada em nós. E, à medida que o ramo extrai firmeza e sustento da raiz à qual está ligado, aqueles que receberam o batismo com verdadeira fé sentem realmente a eficácia da morte de Cristo na mortificação de sua carne e a eficácia de sua ressurreição na vivificação do Espírito.[21]

De acordo com Calvino, o batismo *faz alguma coisa*. Por meio da lavagem da água, o Espírito Santo sepulta o velho e levanta o novo. O poder e a presença do Espírito Santo no batismo são boas-novas para as pessoas ansiosas por vencer males como o racismo e o sexismo. O Espírito Santo está vivo e ativo nas águas do batismo, trabalhando para nos libertar do racismo e do sexismo para uma nova vida de comunidade inclusiva. E, como argumenta Van Dyk, a congregação deve ouvir *explicitamente* essas boas-novas quando os sacramentos forem celebrados no culto.

---

[21] John Calvin, *Institutes of the Christian religion*, trad. Henry Beveridge (Edinburgh: Calvin Translation Society, 1845; via Bible Library, 2010), 4.5.130 [no Brasil: *A instituição da religião cristã* (São Paulo: UNESP, 2008)].

Ação batismal

Negros e brancos, assim como homens e mulheres — todos são desafiados através das águas pactuais de Cristo a se unirem a ele hoje em sua obra histórica de justiça racial e de gênero. Para aqueles que desejam honrar publicamente seus batismos por meio da ação pública tangível, eu os encorajo a considerar três caminhos públicos para o engajamento batismal: conscientizar, reformar as instituições e mobilizar para a ação.

Aqui, "conscientizar" tem múltiplos significados. Significa que devemos conscientizar de formas substanciais e sutis as pessoas ao nosso redor sobre o racismo e o sexismo. Também significa que devemos conscientizar-nos sobre os ricos recursos, os profundos poços teológicos e espirituais dos quais nós, cristão,s podemos beber à medida que lutamos contra o racismo e o sexismo. Os batizados precisam entender que, quando emergem das águas batismais, estão entrando na vida de hospitalidade, justiça, igualdade e inclusão em Cristo. Finalmente, conscientização significa que devemos persuadir uns aos outros de que a luta contra a discriminação não é simplesmente uma luta "política". É também uma disputa espiritual. A luta por igualdade exige o melhor de nossa espiritualidade, teologia, ministério e culto. O batismo é importante na luta pela integridade espiritual e política.

Uma segunda forma pela qual podemos honrar publicamente nosso batismo é através da reforma das nossas instituições — igrejas, famílias e escolas cristãs. Richard Mouw, em suas palavras citadas sob o título "Política batismal" (ver anteriormente), clama pela organização litúrgica. Ele argumenta que a presença de um novo membro negro batizado na congregação deve impactar o planejamento e a organização da congregação, seus sermões e canções. A própria instituição precisa mudar. Ela precisa ser reformada de uma maneira que lembre e honre o batismo de Darryl. A igreja não é a única instituição que pode ser reformada. Quanto nossos sistemas familiares precisam mudar para honrar o fato de que nossas esposas e filhas foram batizadas no poder e na dignidade de Cristo? Sou diretor em uma universidade, uma instituição notoriamente difícil de reformar. Quanto honro meu próprio batismo por meio da reforma de estruturas e práticas em minha própria instituição que ainda promovem preconceitos racistas e sexistas? Quanto planejo e trabalho em prol de uma vida de inclusão e igualdade com pessoas de outras religiões e de contextos seculares? Como eu garanto que o assim chamado significado mais denso do batismo impacte devidamente o desenvolvimento de políticas, planos, procedimentos e processos institucionais, e especialmente práticas que promovam inclusão e igualdade?

Terceiro e último, as visões batismais de justiça e igualdade precisam ser incorporadas e promovidas por meio do povo de Deus mobilizado para a ação pública. As intenções precisam ser concretizadas, as aspirações precisam ser operacionalizadas. Nossa nova vida batizada em Cristo precisa ser visível e tangível.

Contudo, em toda essa ação, devemos perceber qual é a verdade por trás do batismo. Nós não nos mobilizamos ou nos empoderamos sozinhos. O Espírito de Deus, por meio do batismo de Cristo, nos mobiliza, direciona e empodera. O Espírito nos capacita a desejar (*thelein*) e fazer (*energein*) o que é bom (Fp 2:13). Os principados e potestades do racismo e do sexismo não podem resistir ao rio impetuoso da fonte batismal.

Nico Koopman (ThD, University of the Western Cape) é vice-reitor de impacto social, transformação e trabalho, bem como professor de Teologia Sistemática e Ética na Stellenbosch University, na África do Sul. Ele foi o primeiro presidente da Global Network for Public Theology e é pesquisador do Center of Theological Inquiry em Princeton, Nova Jersey. Sua mais recente monografia, *Reading Bonhoeffer in South Africa after the transition to democracy* (Peter Lang, 2020), foi coescrita com Robert Vosloo.

CONFISSÃO

22 CONFISSÃO:
prática para o discurso público civil

Kyle David Bennett

No Dia dos Namorados de 2020, o jornalista Charles Pierce escreveu na revista *Esquire* que o presidente americano Donald Trump "confessou" as acusações em relação à Ucrânia. Pierce estava se referindo a uma entrevista na qual Trump respondeu que não se arrependia de ter enviado seu advogado pessoal, Rudy Giuliani, à Ucrânia. Como indicado na manchete, "Assim Trump basicamente confessou as acusações em relação à Ucrânia", Pierce aparentemente considerou a resposta de Trump uma confissão. No entanto, o link URL para o artigo usa a palavra "admite", e Pierce começa observando que Trump "admitiu".[1] O que está acontecendo aqui? Trump confessou? Ou ele admitiu que estava errado? Ou ele revelou ter feito algo errado negando que fosse errado?

De acordo com o artigo de Pierce, confissão, admitir um erro e confessá-lo evidentemente não são a mesma coisa. Pierce deseja que Trump *admita* seu erro e *reconheça* o dano que causou. Esse reconhecimento seria mais do que aceitar a afirmação de que alguém errou ou admitir o erro que alguém fez. O trecho de Pierce capta o espírito dos tempos. Nos dias atuais, não apenas desejamos que a verdade seja contada ou declarada; também queremos que a verdade se manifeste por uma pessoa admitir seu próprio erro e reconhecer o dano que causou. Em uma cultura de manipulação casual de poder por interesses pessoais

---

[1] Charles P. Pierce, "So Trump basically confessed to the Ukraine charges", *Esquire*, 14 de fevereiro de 2020, https://www.esquire.com/news-politics/politics/a30927792/trump-admit-rudy-giuliani-ukraine-impeachment/.

e falsidade onipresente em todas as linhas institucionais e partidárias, não apenas desejamos que se diga a verdade, mas também queremos confissão. Ansiamos por relacionamentos restaurados. E sabemos que a restauração só pode ser assegurada através da confissão.

Neste capítulo, afirmo que a prática regular de confissão é um ato profundamente público, social e até mesmo político. As práticas cristãs, particularmente aquelas envolvidas no culto litúrgico e além (e.g., disciplinas espirituais), moldam de maneira concreta e habitual nossas vidas diárias fora da igreja institucional. Elas são designadas para formar nossas disposições, comportamento e modo geral de estar no mundo. A confissão não é diferente. Em vez de ser uma prática privada de revelar o pecado entre nós e Deus, a confissão padroniza e organiza nosso modo geral de nos relacionar com os outros e nos comunicar com eles. O resultado de sua prática cultiva a sociedade com outros além das quatro paredes da igreja. Para esse fim, acredito que ela requer que nós, como cristãos, a pratiquemos. Se a confissão é saudável para nós e para a sociedade, então devemos praticá-la para a saúde da sociedade.

Após discutir diversas manifestações de confissão, me baseio em alguns *insights* da tradição reformada para nos ajudar a entender mais completa e ricamente a natureza pública dessa prática e seu resultado efetivo. Nossa prática de confissão está atrelada a como nós, como cristãos, devemos nos envolver no diálogo com nosso próximo. Nossas vidas confessantes e dialogais devem ser consistentes. Há uma dimensão horizontal para essa prática que positivamente molda nossos hábitos de interação diária com nosso próximo.

CONFISSÃO UM GUIA PARA OS PERPLEXOS

O que é confissão? O que fazemos quando confessamos? As respostas comuns giram em torno de dizer que sentimos muito ou que fizemos algo de errado. Mas bíblica, teológica e filosoficamente, é muito mais do que isso. No Novo Testamento, a palavra *confissão* [*exomologeō/*

Ἐξομολογέω] (e.g., Mt 3:6; Mc 1:5; At 19:18; Tg 5:16) significa principalmente confissão de pecados. Aqueles que confessam seus pecados uns aos outros dizem em voz alta: "Tenho vivido fora de sincronia com [*ek*] o que nós juntos [*homou*] dizemos [*legō*] que é certo e deve ser feito". Ela sinaliza principalmente que o confessor não se ajusta totalmente e está reconhecendo isso. Em outras palavras: "Eu não me ajusto ou sou semelhante ao que eu deveria ser e sei disso"; ou, inversamente: "Eu quero ser como ou semelhante a alguma coisa". Toda confissão tem a ver com nossa busca de certo jeito de viver e nossas falhas em alcançá-lo. E sempre existirão falhas.

Usando isso como um guia, explicitarei e desenvolverei diversas expressões de confissão que muitos cristãos manifestam semanalmente. Pode-se considerar o argumento a seguir como uma espécie de fenomenologia da confissão que inclui uma tipologia da confissão, uma descrição da confissão e as diferentes formas que a encontramos e praticamos. Confissão é alguma coisa: é um fenômeno, e nós a reconhecemos quando a vemos, ouvimos ou fazemos. Aqui estão algumas formas que ela assume.

Existe mais de uma maneira em que nós, como cristãos, nos referimos à confissão e a praticamos. Quando fazemos um balanço de todas essas expressões, acho que entendemos melhor a força dessa prática e o pleno escopo de sua influência. Existem cinco formas: (1) confissão de pecados particulares em oração privada para Deus; (2) confissão de pecados gerais para Deus no culto público; e (3) confissão de pecados particulares para um pastor, sacerdote ou outros amigos no corpo de Cristo. As duas últimas não estão focadas em nomear pecados, mas em nomear crenças: (4) confissão de crenças ou fé em público com ou para o corpo de Cristo; (5) crenças codificadas em escritos não canônicos como declarações afirmadas coletivamente (e.g., a Confissão de fé de Westminster). Nosso foco neste capítulo será nas primeiras quatro, com mais espaço dedicado *à* quarta expressão.

A confissão de pecados na oração particular é provavelmente o que nos vem à cabeça quando pensamos em confissão. Quando entro

Culto público: Confissão

no secreto ou me ajoelho no escuro aos pés da cama, eu intencionalmente me escondo dos olhares de outras pessoas e de estar perto delas. Começo a orar com uma saudação e quase imediatamente caio em: "Desculpe-me por... Por favor, me perdoe". Nessa expressão particular de confissão, o que nos vem à mente — ou seja, o que encaramos e reconhecemos — *são* os erros mais sutis e importantes que estamos dispostos a identificar e reconhecer, mesmo nas menores tentações. Isso é feito exclusivamente diante de Deus; nós, de maneira privada e em silêncio, nos desculpamos a ele por cometê-los. Quando nomeio meus erros, existe um sentimento de que sei que sempre estou *coram Deo* — ou seja, sempre presente diante da face de Deus. Como uma coruja de Minerva batizada, atraso-me para o que já foi visto e somente agora tive coragem ou abandonei meu orgulho para assumir o que ocorreu.[2] As características específicas dessa expressão de confissão são: (1) ser feita em privado e (2) nomear meus erros individuais específicos.

A segunda expressão de confissão é a declaração litúrgica coletiva para Deus de nossa natureza pecaminosa geral. "Por favor, levantem-se", eu ouço antes de fazer esse movimento. Meus olhos então passam pelas palavras em uma tela ou em um firme papel brilhante que tenho nas mãos. Não são minhas palavras, mas eu me uno ao ritmo dos outros e minha voz se junta à deles. "Não temos amado a ti com todo o nosso coração; não temos amado nossos próximos como a nós mesmos. Lamentamos profundamente, e nos arrependemos humildemente". Essa forma de confissão aguça a consciência de nossa condição ou estado como pecadores. Ela não tem muito a ver com os pecados individuais que cometi, embora eles venham à mente. De todas as expressões de confissão, essa é a que mais facilmente pode se tornar rotina,

---

[2] A confissão está ligada ao arrependimento, mas é levemente distinta. Quando me arrependo, nego a mim mesmo e a minha busca por autonomia. É uma revolução de toda a minha orientação. Contudo, quando confesso, rejeito atos ou feitos específicos que cometi, com ou sem intenção, em um movimento de independência contra Deus. A primeira é mais ampla no escopo e universal; a última é específica e particular. Para uma discussão esclarecedora do movimento de arrependimento, veja Anthony J. Steinbock, *Moral emotions: reclaiming the evidence of the heart* (Evanston: Northwestern University Press, 2014), p. 137-59.

uma mera formalidade. De forma sorrateira, posso me esconder atrás da raça humana quando coletivamente declaro a admissão de fazer parte da Queda e da inclinação universal ao pecado. Mas, em parte, este é o ponto: eu preciso confessar e não sou o único pecador. Estou na mesma condição de todo mundo. São características distintas dessa expressão: (1) ser feita no culto público (2) em uníssono, e (3) focar em nossa condição enquanto criaturas caídas, e não em erros particulares.

A confissão de pecados específicos para um pastor, um sacerdote ou equivalente (Tg 5:16) é outra forma de confissão. Para os cristãos que não são católicos romanos ou ortodoxos orientais, essa não é uma compreensão ou experiência típica de confissão. No entanto, em relação à experiência, eu imagino que seja. Como protestante, eu não me confesso a um "sacerdote" quando chamo meu amigo ou dirigente espiritual para confessar meu pecado? A intenção do encontro seria que, de certo modo, eu espero e pretendo que, depois dessa conversa, serei "absolvido" dos meus erros. Como protestante, posso afirmar que não há mediador além de Cristo, mas em minha vida diária eu certamente ajo como se tivesse "sacerdotes cotidianos" que, através de encorajamento pastoral e de exortações amigáveis, ajudam a me absolver de meus pecados. Eu os vejo como autoridades e recebo suas palavras como afirmações da graça que devo aceitar.[3] São características singulares dessa forma de confissão: (1) confidenciar a um indivíduo; e (2) ser feita em privado (não junto a uma congregação).

Essas primeiras três formas de confissão poderiam ser categorizadas como *penitenciais*.[4] Ou seja, elas apresentam o reconhecimento do erro.

---

[3] Dietrich Bonhoeffer capta esta ideia: "Não é exigida uma confissão de pecado na presença de todos os membros da congregação para restaurar alguém à comunhão. Encontro toda a congregação em um irmão para quem confesso meus pecados e que os perdoa". *Life together*, trad. John W. Doberstein (New York: Harper Collins, 1954), p. 113 [no Brasil: *Vida em comunhão* (São Leopoldo: Sinodal, 2011)].

[4] Tomás de Aquino identificou três atos ou partes da penitência: contrição, confissão e satisfação. Na contrição, eu me sinto triste por meus pecados e decido não pecar novamente; na confissão, relembro meus pecados e os confesso para um padre ou autoridade religiosa; na satisfação, sou absolvido pelo padre e faço jejum, oração ou dou esmolas. Veja Tomás

Culto público: Confissão

A quarta expressão poderia ser categorizada como um *credo*. Essa confissão foca em afirmar nossas crenças enquanto estamos rodeados pela comunidade cristã. Nas comunidades reformadas, por vezes nos referimos a isso como uma profissão pública de fé. Falando de modo geral, existem dois tipos de confissões que professamos: (1) documentos fundamentais para identificar a ortodoxia cristã em resposta à heresia (e.g., o Credo Niceno ou o Credo de Atanásio); e (2) documentos para resumir nossa tradição particular de fé e prática cristãs (e.g., a Confissão Belga, A Confissão de fé de Westminster, a Confissão Belhar). Ao recitar ou afirmar essas confissões, sou lembrado de que venho de uma longa linha de cristãos. Não criei "minha" fé do nada; ela foi repassada para mim.

Como podemos ver no contexto de várias dessas expressões, a confissão não é meramente um *ato*; é também uma *prática*. Os cristãos precisam se habituar à oração em uma variedade de formas. Pode ser em silêncio sozinho no quarto ou participando da liturgia com a congregação. A confissão é praticada em suas diversas formas diária e semanalmente.

Mas qual é o seu objetivo? Por que fazer isso com tal regularidade? Proponho que o fim da confissão não é apenas reconhecer os erros ou nos deixar conscientes de nosso pecado. O propósito da confissão na verdade é estabelecer e praticar o "relacionamento correto" — entre nós, nosso Deus triúno, nosso próximo e a criação de Deus. O objetivo da confissão é viver corretamente com toda a criação e o Criador, que a projetou. A confissão lembra e impulsiona seu praticante para tal visão escatológica. A seguir, vamos explorar como a confissão, mesmo em sua forma mais privada, é um ato social, público e até mesmo político.

INVERTENDO A CONFISSÃO: UM ESFORÇO REFORMADO

A prática da confissão se estende para além das quatro paredes da igreja. Ela se espalha pelos quartos da casa, banheiros de escola e cubículos no trabalho. Ela gruda e se estende às atividades diárias. A confissão

---

de Aquino, *God's greatest gifts: commentaries on the commandments and the sacraments* (Manchester: Sophia Institute Press, 1992), p. 95-6.

tem o que podemos chamar de uma "dimensão horizontal" ou pública, uma maneira pela qual beneficia a sociedade de forma mais ampla.[5] Ou seja, a confissão é uma maneira de amar nosso próximo mesmo quando não pretendemos fazê-lo.

Essa tem sido uma prática importante na tradição reformada desde João Calvino. Ele nota a importância da confissão no cultivo da humildade e na construção da comunidade. "Além do fato de que a confissão comum foi ordenada pela boca do Senhor, ninguém com a mente sã, que pese sua utilidade, pode ousar desaprová-la."[6] Pois, escreve Calvino, "se você considerar quão grandes são nossa complacência, nossa sonolência ou nossa morosidade, concordará comigo que seria uma ordenança salutar se cristãos exercitassem a humildade através de algum rito público de confissão".[7] Existe um tipo de inclinação prática aqui. Calvino entende a confissão como uma prática não apenas ordenada por Deus, mas também como uma prática profundamente *útil* e *pública* — uma ferramenta prática para despertar corações duros e esquecidos, e então reaproximá-los. A confissão é uma prática que os discípulos podem usar para construir uma comunidade e cultivar as relações corretas.

O calvinista holandês Abraham Kuyper (1837-1920) estava convencido da utilidade da confissão pública. Em seu tratado intitulado *As implicações da confissão pública*, ele conecta a prática da confissão à membresia pública de um cristão na sociedade.[8] Aqui, o foco de Kuyper

---

[5] Sobre o significado de "dimensão horizontal" e sua relação com as disciplinas espirituais, veja meu livro: Kyle David Bennett, *Practices of love: spiritual disciplines for the life of the world* (Grand Rapids: Brazos, 2017), particularmente p. 9-15.

[6] John Calvin, *Institutes of the Christian religion*, org. John T. McNeill, trad. Ford Lewis Battles, 2 vols. (Philadelphia: Westminster, 1960), 3.18 [no Brasil: *A instituição da religião cristã* (São Paulo: UNESP, 2008)].

[7] Calvin, *Institutes* 3.18.

[8] Abraham Kuyper, *The implications of public confession*, trad. Henry Zylstra (Grand Rapids: Zondervan, 1934). Essas devoções, publicadas em um jornal fundado por Kuyper, faziam parte de uma série de reflexões sobre sacramentos, batismo, confissão pública e a Ceia do Senhor. Das quarenta e quatro devoções escritas, doze eram sobre confissão pública. Ele faz uma forte ligação entre a confissão e as outras práticas.

está na profissão *pública* de fé dos jovens.[9] Ele argumenta em defesa da necessidade de catequizar as crianças nos fundamentos da fé e prepará-las para a eventual articulação pública daqueles fundamentos. Os pais devem ensinar seus filhos a "cantar em louvor ao [seu] Salvador" de forma que eles possam publicamente se levantar "na defesa do Senhor em qualquer ocasião".[10] Em outras palavras, *a profissão de fé dentro da igreja é um campo de treinamento para a profissão de fé em público.*

Por todo o ensaio, as prescrições de Kuyper mostram o processo rigoroso pelo qual a confissão pública se estabelece cada vez mais em hábitos e práticas interativos. Kuyper entendia que a capacidade de confessar e defender a fé na esfera pública não acontece da noite para o dia. A confissão deve ser praticada. Para que o conteúdo da fé se estabeleça e seus benefícios sejam vistos, a confissão deve ser praticada por toda a vida. Essa prática, segundo Kuyper, deve começar cedo no desenvolvimento de uma pessoa.

O que o ensaio de Kuyper revela é que nossa profissão de fé no templo da igreja tem uma relação concreta com a forma em que interagimos com nosso próximo na esfera pública. À medida que a confissão pública nos ajuda a relembrar o conteúdo de nossa fé e alimentar nossa coragem para afirmá-la diante de outros, há um aspecto apologético na confissão. Ela eventualmente nos auxilia na defesa da fé.[11] De acordo com Kuyper, nós somos os vice-reis de Deus na terra, estamos aqui para representá-lo e defendê-lo. Praticar a confissão é uma forma de honrar a Deus e servir a Cristo. É uma "armadura apropriada" para a batalha, e a prática da confissão nos prepara e qualifica para a luta.[12]

---

[9] Para uma discussão da visão de Kuyper do discurso público em seu diálogo com um pragmático americano contemporâneo, veja Kyle David Bennett; Jeppe Bach Nikolajsen, "The practice of pluralism: Jeffrey Stout and Abraham Kuyper on religion and civil solidarity", *International Journal of Public Theology* 8, n. 1 (fevereiro de 2014): p. 67-84.

[10] Kuyper, *Implications of public confession*, p. 24.

[11] Kuyper, *Implications of public confession*, p. 24,27.

[12] Kuyper, *Implications of public confession*, p. 23; cf. p. 71. Para uma visão da metáfora do combate e batalha em praça pública, veja Henry R. Van Til, *The Calvinistic concept of culture* (Grand Rapids: Baker Academic, 2001), p. 131 [no Brasil: *O conceito calvinista de cultura* (São Paulo: Cultura Cristã, 2019)].

Teologia pública reformada

Aqui, Kuyper está claramente descortinando um imaginário social profundo dentro da tradição reformada. A prática da confissão, se feita em público ou privado, molda como interagimos concretamente com nosso próximo no mundo. Práticas aparentemente privadas como a confissão, na verdade, possuem um significado público importante. Elas nos moldam e nós, por nossa vez, moldamos outras pessoas e, assim, a sociedade. Reconhecer meus pecados e minha fé diante de Deus é uma prática vertical, mas há igualmente uma dimensão horizontal. De forma semelhante, essa prática horizontal de professar minha fé para o corpo de Cristo tem uma dimensão horizontal invertida que molda e beneficia a esfera pública. Ela molda as interações do cidadão com aqueles de fora do corpo de Cristo.

Quer nossa confissão seja penitencial, quer seja de um credo, estamos nomeando e testemunhando publicamente os bens últimos e uma visão da vida piedosa. Fazemos isso não apenas por nós mesmos, mas também por nosso próximo. Em cada confissão nós estamos, direta ou indiretamente, explícita ou implicitamente, afirmando a natureza do mundo e declarando o padrão que a sociedade humana deve seguir. Todas as vezes que confessamos uma palavra como "criação", estamos dizendo aos outros que toda materialidade foi projetada por Deus e é boa; todas as vezes que pedimos "perdão", estamos apontando para uma forma alternativa de relacionamento; todas as vezes que dizemos "Senhor", demarcamos nossa aliança política. Embutida no vocabulário, na postura, na atitude e nos desejos de confissão está uma visão da vida piedosa. A confissão é totalmente política. Na confissão, estamos nos lembrando, antecipando e criando uma política — uma forma de vivermos juntos.

Em seu ensaio, Abraham Kuyper foca principalmente nas confissões dos jovens. Pastores de jovens têm muito pelo que lutar aqui. Mas os princípios e o entendimento da confissão são relevantes para todos nós, não importa a nossa idade. A confissão é uma maneira de ensaiar a gramática de nossa fé.[13] Por meio dela, aprendemos sobre

---

[13] James K. A. Smith, *Letters to a young Calvinist: an invitation to the reformed tradition* (Grand Rapids: Brazos, 2010), p. 52 [no Brasil: *Cartas a um jovem calvinista: um convite à tradição reformada* (Brasília: Monergismo, 2014)].

Culto público: Confissão

como falar e nomear a realidade. Por meio dela, nos lembramos de como viver nessa realidade.

Por fim, como Kuyper nota corretamente, a confissão nos instrui sobre como interagir publicamente com aqueles que discordam de nós. Declarar onde estamos (credo) ou onde falhamos em estar (penitência) é um testemunho público para o próximo. Pelo que dizemos, nós o introduzimos a uma visão e um entendimento alternativos do mundo, os quais talvez ele nunca tenha ouvido ou pensado. Pelo que fazemos, revelamos a ele como executar essa visão e viver segundo esse entendimento do mundo, que pode fazer com que reflita sobre seus próprios hábitos e práticas pessoais ou políticas.[14] Em qualquer de suas formas, a confissão tem tanto a ver com o mundo quanto com Deus e com a igreja.

CONFESSAR PARA A SAÚDE DA SOCIEDADE

O que significa ser humano? Como os humanos glorificam a Deus? O teólogo reformado Zacharius Ursinus (1534-1583) propôs seis respostas em seu comentário ao Catecismo de Heidelberg.[15] As duas últimas declaram que os seres humanos foram feitos (1) para preservar a sociedade humana e (2) dar aos outros o que lhes é devido: "deveres, gentileza e favor". Os seres humanos foram feitos para cultivar, proteger e edificar a sociedade humana. Eles foram feitos para oferecer justiça e honestidade, para "dar aos outros o que lhes é devido".

---

[14] Se queremos que outros residentes em nossas casas, vizinhanças e cidades pratiquem a confissão, nós mesmos devemos fazê-la. O que o monge do século 7, João Clímaco afirmou a respeito da confissão no monastério pode continuar em nosso contexto também: "Pelo fato de que há outros na irmandade que possuem pecados não confessados, quero induzi-los a se confessarem também". *The ladder of divine ascent* (Boston: Holy Transfiguration Monastery, 2012), p. 72 [no Brasil: *Santa escada* (São Paulo: Cultor de Livros, 2014)].

[15] Zacharaias Ursinus, *The commentary of Zacharaias Ursinus on the Heidelberg Catechism* [1616, Latim], trad. G. W. Williard, org. E. D. Bristley, 2ª ed. americana (Columbus: Scott & Bascom, 1852), p. 80-2, http://www.rcus.org/wp-content/uploads/2013/09/UrsinusZHC-Commentary-17-NEW-HC.pdf; Heidelberg Catechism, Lord's day 3, question 6, https://www.crcna.org/welcome/beliefs/confessions/heidelberg-catechism.

Teologia pública reformada

A razão pela qual todos nós ansiamos por alguma forma de sociedade é precisamente porque fomos feitos à imagem relacional de Deus. Fomos feitos por um Deus que se relaciona corretamente com seu eu intertrinitário e com sua criação. Esse Criador relacional chama suas criaturas para buscarem o caminho das relações corretas. Fomos feitos para nos relacionar corretamente com todos (mesmo com os inimigos) e com tudo (mesmo com a terra) em justiça e honestidade. Nós confessamos publicamente porque queremos ser justos com nosso Deus e com sua criação. É inerente à catequese reformada do Catecismo de Heidelberg uma certa visão de relacionamento que o confessor executa através da prática da confissão.

A confissão massageia nossos corações endurecidos, mentes fechadas e línguas auto direcionadas e os educa vagarosamente para interagirem com os outros, especialmente aqueles que são bem diferentes de nós. As práticas formativas aprendidas na confissão impactarão o que vem à mente e o que é dito quando alguém for acusado publicamente de estar errado. Na confissão, nossos corações estão sendo lembrados de nossos erros e de nossa necessidade de Deus e do próximo. Nossas emoções estão sendo convidadas a reconhecer onde rompemos a união com os outros. Nossas bocas estão sendo educadas a falar duras verdades em alto e bom som. Nossas mãos estão aprendendo a levantar os outros. Nossos pés estão aprendendo a se levantar em reverência e defender o que é certo e justo. Com o tempo, esses movimentos do corpo e da alma se sedimentam em nossos ossos. Eles encontram expressão pública, lenta e desajeitadamente, na interação diária com o próximo.

Nosso próximo anseia por essa forma de se relacionar, assim como nós. Quem não gosta de humildade, honestidade e franqueza? Virtudes intelectuais como essas podem ser traçadas a movimentos semelhantes na prática da confissão.[16] A confissão cultiva características sadias em nossa vida que são benéficas para edificar a comunhão com

---

[16] Calvin, *Institutes* 3.18. Calvino também escreve:

Culto público: Confissão

outras pessoas. Ela convvoca a sociedade e contribui para seu bem-estar. Ela edifica famílias e escolas, empresas e associações, organizações e governos. A confissão cultiva culturas saudáveis. Como todas as outras práticas litúrgicas ou disciplinas espirituais, a confissão trabalha nos indivíduos e nas instituições por eles formados.

A sociedade deseja a confissão e precisa dela. Charles Pierce anseia por vê-la em Donald Trump. Quer saibam ou não, nosso próximo anseia por posturas públicas de humildade, atitudes de autoexame e crítica e uma disposição por reconciliação e paz. Buscamos por essas características e ansiamos por elas nos outros. São aspectos desejáveis que atraem os interlocutores. Elas promovem diálogo e dão espaço para a discordância construtiva. Dessa maneira, atraem outros para comunhão e amizade,[17] promovendo o que o filósofo reformado Richard Mouw chama de "saúde social".[18]

Além do fato de que a confissão comum foi ordenada pela boca do Senhor, ninguém com a mente sã, que pese sua utilidade, pode ousar desaprová-la. Pois uma vez que, em cada assembleia sagrada, permanecemos diante de Deus e dos anjos, que outro início nossa ação teria senão do reconhecimento de nossa própria indignidade? Mas, você replica, isso ocorre através de qualquer oração; pois sempre que oramos por perdão confessamos nosso pecado. É certo. Mas se você considerar quão grande é a nossa complacência, nossa sonolência ou nossa morosidade, concordará comigo que seria uma ordenança salutar se os cristãos exercitassem a humildade através de algum rito público de confissão. Pois, ainda que a cerimônia que o Senhor estabeleceu para os israelitas fosse uma parte da tutela da lei, a realidade subjacente ainda pertence a nós de alguma forma. E, na verdade, vemos este costume observado com bons resultados nas igrejas bem reguladas: que em todo Dia do Senhor, o ministro declara a fórmula de confissão por si e pelo povo e, dessa forma, acusa a todos de perversidade e implora pelo perdão do Senhor. Em resumo, com essa chave, um portão para a oração se abre tanto para os indivíduos em particular quanto para todos, publicamente (*Institutes* 3.4.11).

Perceba, em particular, as observações de Calvino sobre a utilidade da confissão no que se refere à humildade.

[17] Cf. Charles Cummings, OCSO, *Monastic practices*, ed. rev. (Collegeville: Liturgical Press, 2015), p. 148-59. Comunicação (cf. o latim *communicare*, "compartilhar"), de um ponto de vista cristão, é em última análise sobre comunhão com outros. É existencial: compartilhar espaço e viver harmoniosamente com outros. Em nossas relações, em algum grau, devemos nos comunicar com a esperança de nos harmonizarmos de forma segura, eficiente, confortável e pacífica com outras pessoas em nosso mundo.

[18] Richard J. Mouw, *He shines in all that's fair: culture and common grace* (Grand Rapids: Eerdmans, 2002), p. 76.

Como seguidores de Jesus, nossas interações públicas sempre devem almejar a comunhão e edificação da sociedade *com* nosso próximo. Elas devem "manter o diálogo contínuo", e não o eliminá-lo.[19] A prática da confissão pode nos colocar nesse caminho. Tornamo-nos confessores que estão habituados a confessar coisas difíceis e buscar a justiça e a reconciliação. Assim, tornamo-nos interlocutores treinados a testemunhar outra forma de participar do discurso público. Nossa confissão pode ser reconhecida como um ato de civilidade. Se a civilidade nos leva à preocupação genuína com os outros enquanto mantemos compromisso com a verdade, então há muito na prática da confissão que nos impulsiona nessa direção.[20]

A confissão é um tipo de "terapia organizacional" que traz cura, não apenas para a comunidade de fé, mas também para as diversas comunidades deste mundo.[21] A confissão revela padrões de interação comunal que são saudáveis e contribuem para a vida comum harmoniosa. Mas ela não apenas *testemunha* esses padrões. Ela também *cura* padrões existentes em nossa vida cotidiana. Todos os nossos padrões de interação familiares, sociais, econômicos e políticos podem receber as marcas sadias da confissão.

Quando praticamos a confissão, não apenas apontamos para formas alternativas de interação; nós também realmente curamos as formas danificadas nas quais já interagimos com o próximo. À medida que somos moldados pela confissão, somos formados como cidadãos da sociedade política.[22] Quando assumimos a postura da confissão em nossas rotinas

---

[19] Richard J. Mouw, *Uncommon decency: Christian civility in an uncivil world* (Downers Grove: InterVarsity, 2010), p. 144.

[20] Mouw, *Uncommon decency*, p. 14.

[21] Mouw, *Uncommon decency*, p. 14; veja também p. 48: "Desejo que as igrejas cristãs possam oferecer algum guia para esse tipo de terapia organizacional. Afinal, supõe-se que somos uma comunidade modelo em que outras pessoas podem ver como Deus espera que diversos indivíduos e grupos vivam juntos".

[22] Como Abraham Kuyper, Nicholas Wolterstorff faz um paralelo entre o enlace de uma congregação por meio de práticas e como uma nação é unida por práticas compartilhadas, tais como o juramento de fidelidade, educação em história e desenvolvimento da linguagem: "Uma nação é unida pelas práticas compartilhadas — um estilo de vida comum que possibilita aos

Culto público: Confissão

diárias no mundo, isso revitaliza, conforta e agrada aqueles que estão do outro lado. Como Kuyper argumentou acertadamente, a prática da confissão nunca é um assunto privado. Suas ondulações percorrem muito além do imediato, do individual e da igreja institucional.

A postura, a atitude e os atos de confissão são aqueles que um dia praticaremos por completo. Será natural dizermos em nosso futuro: "Me desculpe, eu estava errado" e: "É nisso que acredito; esse é quem sou". O mesmo pode se tornar natural para nosso próximo. Na confissão, antecipamos a interação do Reino vindouro com nosso Deus, nosso próximo e com toda a criação. Aqui antecipamos a comunicação que leva à comunhão, a interação que traz integração. Ansiamos por esse dia, e também o nosso próximo.

Nossa capacidade de confessar, nos reconciliar e nos comunicar com nosso próximo não é automática. Na verdade, trata-se de um exercício espiritual que todos os cidadãos devem praticar, como lembra o filósofo Pierre Hadot (1922-2010).[23] Para dialogar bem, um cidadão deve ser formado espiritualmente. Para nós, cristãos, isso é ainda mais necessário: para interagirmos como Cristo, precisamos ser formados pelo Espírito (Gl 5:22,23). Isso envolve ser sensível às feridas dos outros. Devemos nos preocupar genuinamente com o diálogo. Como um ato de hospitalidade, precisamos ter espaço para estar errados, em relação a nós mesmos e ao nosso próximo. Precisamos assumir o objetivo da confissão de redenção e cura. Devemos examinar nossa consciência e estar dispostos a reconhecer nossa obstinação, quando ela atrapalha.

---

membros da nação trabalharem juntos e se comunicarem uns com os outros em um amplo espectro de assuntos. Em geral, a linguagem comum é uma parte importante dessas práticas compartilhadas". *Until justice and peace embrace* (Grand Rapids: Eerdmans, 1987), p. 100-1. A prática da confissão enlaça uma sociedade tanto quanto edifica uma congregação.

[23] Pierre Hadot, *Philosophy as a way of life: spiritual exercises from Socrates to Foucault* (Oxford: Blackwell, 1995), p. 89-93 [no Brasil: *Exercícios espirituais e filosofia antiga* (São Paulo: É Realizações, 2014)]; veja em especial a p. 93: "O diálogo só é possível se o interlocutor possui um desejo real de dialogar; ou seja, se [o outro] realmente quer descobrir a verdade, deseja o Bem das profundezas da alma e concorda em se submeter às demandas racionais do Logos".

Embora pareça de menor importância, mudar a maneira de interagirmos é boa-nova para o quebrado e o relegado ao ostracismo. Mudar como a cidade interage é, por si só, um ato de buscar o bem-estar da cidade (Jr 29:4-7). Trazemos a cura de Cristo para o próximo quando praticamos a confissão. E o servimos quando praticamos esses movimentos e hábitos de confissão em nosso diálogo com ele. Dessa forma, somos testemunhas de uma política alternativa, um reino presente e vindouro, para o qual somos destinados e pelo qual ansiamos.

Kyle David Bennett (PhD, Fuller Theological Seminary) é autor de *Practices of love: spiritual disciplines for the life of the world* (Brazos, 2017). Kyle tem ensinado na Azusa Pacific University, no Providence Christian College, no King's College, e mais recentemente foi contratado como professor associado de filosofia na Caldwell University.

PIEDADE

23   PIEDADE E VIDA PÚBLICA

Jessica Joustra

> Como gastamos os nossos dias é, obviamente, como gastamos as nossas vidas.
>
> —**Annie Dillard**, *The writing life*

Testemunhei uma confirmação à observação de Annie Dillard durante uma cerimônia fúnebre. John, um cidadão muito amado da minha comunidade, havia falecido. No dia do seu velório, centenas de carros de toda a cidade encheram o estacionamento da nossa igreja local.

Dentro do templo, o adágio de Dillard ganhou corpo à medida que a comunidade testificava o poder da vida de John lembrando-se de suas anedotas, singelas, mas belas, em sua rotina diária no trabalho e no culto. Um voluntário dedicado à comunidade, John, dedicou muito de seu tempo a diversas organizações e instituições como um ajudante comprometido e membro de conselho. Um pioneiro em tecnologia da informação, John era um consultor empresarial e gestor bastante procurado. Ele era conhecido no mercado por sua mistura única de generosidade, humildade e talento. Em sua amada família, John foi dedicado à sua esposa, com quem foi casado por mais de cinquenta anos. Ele foi um pai, avô e bisavô atento e acolhedor. E, principalmente, John foi um discípulo fiel de Jesus Cristo.

As histórias que os amigos, a família e os colegas de trabalho compartilharam sobre a vida de John foram lindas. No entanto, à medida que eu as ouvia, comecei a perceber um padrão desconfortável. "John fez um trabalho maravilhoso na comunidade", lembravam os amigos, "*mas*, quando adoeceu, nada daquilo importava mais. Tudo o que importava era o seu amor por Jesus". "Nós somos gratos pela sua capacidade técnica e sua liderança empresarial, *mas* o mais importante foram os estudos bíblicos que ele começou na nossa empresa."

Essa pequena palavra "mas" assolou muitas das histórias contadas sobre sua vida cotidiana. John era, de fato, um retrato da piedade cristã, e sou grata porque a comunidade pôde reconhecer, agradecer e encontrar conforto naquele aspecto da vida dele. Mas e a sua vida pública? E seu trabalho, seu voluntariado, sua atuação no conselho? E os empregos que ele criou? Os problemas comunitários que ele resolveu? As organizações e instituições que ele ajudou a construir? É realmente verdade que a vida "espiritual" de John foi a única coisa que realmente importava?

PIEDADE E VIDA PÚBLICA: UMA DICOTOMIA DESTRUTIVA

As histórias contadas no funeral de John dificilmente são únicas. Enfatizar a importância da espiritualidade pessoal acima ou mesmo em oposição à ação pública é um refrão comum no evangelicalismo norte-americano. Em vez de confirmar as formas em que a piedade e a ação estão interligadas, frequentemente o evangelicalismo separou as duas em uma dicotomia sintética (e destrutiva). De acordo com David Miller, teólogo e empresário, a igreja na América do Norte "muitas vezes dá a entender que o trabalho na igreja é importante, mas o trabalho no mundo, não".[1]

Nessa dicotomia simplista, os assim chamados elementos espirituais, como oração e piedade, missões e evangelismo, são o que realmente

---

[1] David W. Miller, *God at work: the history and promise of the faith at work movement* (Oxford: Oxford University Press, 2006), p. 10. Os pastores também têm refletido sobre a natureza disseminada dessa dicotomia. Um pastor relatou: "Sermão após sermão, convoquei [minha congregação] para dar mais tempo, mais dinheiro, mais energia ao trabalho da igreja. Eu pouco entendia ou validava seu chamado no mundo. Eu havia criado inadvertidamente uma dicotomia sagrado/secular em que o chamado 'sagrado' da igreja se opunha contra o chamado 'secular' no mundo". Skye Jethani, "Uncommon callings", *Christianity Today*, 14 de janeiro de 2013, http://www.christianitytoday.com/le/2013/winter/uncommon-callings.html.

importa. Por outro lado, as tarefas mundanas e materiais, como empregos, compromissos, reuniões, e-mails, e assim por diante — as coisas que, para a maioria de nós, constitui boa parte de "como gastamos os nossos dias" —, são, na melhor das hipóteses, indiferentes ao evangelho. Na pior, essas coisas materiais são antagônicas à obra do evangelho, nos distraindo do *verdadeiro* serviço no reino de Deus. Essas coisas materiais passarão; a única coisa que realmente durará é o que é espiritual.

PIEDADE E AÇÃO PÚBLICA NA TEOLOGIA REFORMADA

A vida de John, apresentada em sua ação cotidiana, recusou-se a aceitar essa dicotomia evangélica entre piedade e ação pública. O trabalho e a adoração de John foram uma coisa só — quer estivesse resolvendo uma questão tecnológica, quer estivesse estudando as Escrituras, ele estava vivendo sua vida diária *coram Deo*, diante da face de Deus. Embora seja tarde demais para perguntar a ele, estou confiante de que a vida mais integrada de John de piedade e ação pública foi profundamente formada pela comunidade reformada que o criou.

A vida integrada de John lembra a teologia holística de Herman Bavinck (1854-1921). Criado no pietismo calvinista conservador da Holanda, Herman Bavinck conhecia e estimava uma rica tradição espiritual de louvor e oração.[2] Mas, à medida que a teologia de Bavinck se desenvolveu, ele passou a argumentar que conhecer e seguir a Jesus não significava se desengajar do mundo, mas exatamente o contrário. Para Bavinck, uma união espiritual e pessoal *em Cristo* deve conduzir o cristão à ação material e pública *no mundo*.

Quando jovem, Bavinck tomou um passo decisivo em direção ao engajamento no mundo em sua escolha acadêmica. Optando contra a universidade confessional de sua denominação, Bavinck frequentou a "faculdade teológica agressivamente moderna" em Leiden.[3] Para algumas

---

[2] James Eglinton, *Trinity and organism: towards a new reading of Herman Bavinck's organic motif* (London: Bloomsbury T&T Clark, 2012), p. 5.

[3] Eglinton, *Trinity and organism*, p. 4.

Teologia pública reformada

pessoas na comunidade de Bavinck, sua escolha significava um abandono da teologia pietista de sua juventude em prol da teologia moderna mais engajada no mundo (até mesmo mundana!).[4] Mas Bavinck não via dessa forma. Ele se recusou a se render a esse "dualismo entre fé e cultura".[5] Quando amadureceu, Bavinck desenvolveu e modelou publicamente uma forma de espiritualidade cristã que era profundamente comprometida com a vida pública. Para usar a terminologia de Richard Mouw, Bavinck procurou desenvolver uma forma santa de mundanismo.[6]

Dois temas teológicos baseiam e direcionam a abordagem de Bavinck a uma espiritualidade do engajamento cultural. No primeiro, ele trabalha com as metáforas correspondentes de "pérola" e "fermento" na descrição do evangelho. Essas metáforas, misturadas como podem parecer inicialmente, reforçam sua fusão criativa de piedade e ação pública. O segundo tema é como Bavinck entendeu a imitação de Cristo no mundo. Essa visão pública e piedosa para o discipulado era, para Bavinck, o "coração da vida espiritual".[7] Neste breve capítulo, apresento esses dois conceitos como fontes teológicas para os cristãos lutarem com o relacionamento entre a vida espiritual e material no mundo.

Pérola e fermento

"O Reino dos céus", declara Jesus, "é como o fermento que uma mulher tomou e misturou em três medidas de farinha, até que ficasse toda fermentada" (Mt 13:33). A isso, Jesus adiciona: "O Reino dos céus é como um mercador à procura de pérolas preciosas e que, encontrando uma pérola de grande valor, vendeu tudo o que tinha e a comprou" (13:45,46).

---

[4] James Eglinton, *Bavinck: a critical biography* (Grand Rapids: Baker Academic, 2020), p. 71-2, 87-9.

[5] George Harinck, "'Something that must remain, if the truth is to be sweet and precious to us': The reformed spirituality of Herman Bavinck", *Calvin Theological Journal* 38 (2003): p. 252.

[6] Richard J. Mouw, *Called to holy worldliness* (Philadelphia: Fortress, 1980).

[7] Dirk van Keulen, "Herman Bavinck's reformed ethics: some remarks about unpublished manuscripts in the libraries of Amsterdam and Kampen", *The Bavinck Review* 1 (2010): p. 38.

Culto público: Piedade

Para Bavinck, essas duas imagens descrevem não apenas *o que* o evangelho proclama, mas também *como* essa proclamação se manifesta no mundo. Primeiro e mais importante, afirma Bavinck, o evangelho é uma pérola. É um tesouro único e insubstituível, um objeto de alto custo e afeição. Para obtê-lo, nós "vendemos tudo" o que temos.[8] E por que daríamos tudo por essa pérola? Porque é o "'poder de salvação para todos os que creem' (Rm 1:16)".[9]

Entretanto, preciosa como é, a pérola do evangelho não pode ficar escondida, fora de vista. Pelo contrário, como *fermento*, o evangelho vai ao mundo e o transforma, restaura e edifica.[10] O evangelho não é apenas precioso; é também poderoso e público. Nas palavras de Bavinck, é um "agente invisível de mudança" se movendo no mundo e através dele.[11] O reino de Deus não está separado ou acima deste mundo; ele o permeia.[12] A igreja, portanto — a despeito de seus erros

---

[8] Herman Bavinck, "The catholicity of Christianity and the church", trad. John Bolt, *Calvin Theological Journal* 27 (1992): p. 224.

[9] Herman Bavinck, *Reformed dogmatics*, vol. 4, *Holy Spirit, church, and new creation*, org. John Bolt, trad. John Vriend (Grand Rapids: Baker Academic, 2008), p. 396 [no Brasil: *Dogmática reformada* (São Paulo: Cultura Cristã, 2019)].

[10] Conforme escreve Bavinck:

> O pecado corrompeu muito; na verdade, tudo. A culpa do pecado humano é imensurável; a contaminação que sempre o acompanha penetra cada estrutura da humanidade e do mundo. Contudo, o pecado não domina e corrompe sem que a graça abundante de Deus no Cristo triunfe ainda mais (Romanos 5:15-20). O sangue de Cristo nos limpa de todo pecado [;] e é capaz de restaurar tudo. O evangelho é uma boa notícia, não apenas para o indivíduo, mas também para a humanidade, a família, a sociedade, o Estado, a arte e a ciência, para todo o cosmos e para toda a criação, que sofre dores de parto ("Catholicity of Christianity," p. 244).

[11] Dirk van Keulen, "Herman Bavinck on the imitation of Christ", *Scottish Bulletin of Evangelical Theology* 29, n. 1 (primavera de 2011): p. 86. O evangelho, escreve Bavinck, "pregou um princípio tão profundo e rico, e extraordinariamente poderoso, que foi destinado a exercer uma influência reformadora sobre todas as circunstâncias terrenas". "Christian principles and social relationships", in: *Essays on religion, science, and society*, org. John Bolt, trad. Harry Boonstra; Gerrit Sheeres (Grand Rapids: Baker Academic, 2008), p. 140.

[12] Bavinck, "Christian principles", p. 141. Com essa afirmação, Bavinck rejeita qualquer concepção de cristianismo que coloque um relacionamento dualista entre natureza e graça. Ao invés disso, a graça *restaura* a natureza. A graça, então, não é oposta à *natureza*; é oposta apenas ao pecado.

Teologia pública reformada

e falhas —, fez e continuará fazendo uma diferença real e tangível na sociedade. Isso acontece não por seu próprio poder e perfeição, mas pela graça e pelo poder do Espírito Santo.

Embora a tese de Bavinck possa parecer boa no papel, manter juntas as naturezas preciosa e abrangente do evangelho na vida de alguém é difícil, para dizer o mínimo. Alguns cristãos contemporâneos possuem um forte entendimento das qualidades preciosas do evangelho, sua singularidade, semelhante a uma pérola. Eles percebem prontamente como a fé cristã exige uma piedade profunda e valiosa, uma disciplina espiritual e um relacionamento inabalável e exclusivo com Jesus Cristo. Com seus olhos fixos na recompensa celeste, eles ouvem claramente as palavras de Jesus: "Meu reino não é deste mundo" (Jo 18:36) e "Grande é a recompensa de vocês no céu "(Mt 5:12, NVI). Mas uma ênfase exclusiva ou unilateral apenas na semelhança entre o evangelho e uma pérola rapidamente privatizará um evangelho destinado a ser público.[13]

Outros cristãos têm uma concepção acurada do poder fermentador do evangelho para a vida e a ação públicas. Eles enfatizam a forma que as palavras e ações de Jesus são dirigidas para mudar as coisas *aqui* e *agora*. O cristianismo traz consigo um programa público e ético, não apenas para a vida individual, mas também para toda a sociedade. Sensíveis ao poder público "reformador e renovador" do evangelho para *este* mundo,[14] eles proclamam as palavras dos profetas e de Jesus Cristo: "Corra [...] a justiça como um ribeiro perene"; "pratique a justiça... ame a fidelidade"; "Fui estrangeiro, e vocês me acolheram; necessitei de roupas, e vocês me vestiram; estive enfermo, e vocês cuidaram de mim; estive preso, e vocês me visitaram [...] O que vocês fizeram a algum dos meus menores irmãos, a mim o fizeram" (Am 5:24; Mq 6:8; Mt 25:35,36,40, NVI). Mas com uma ênfase exclusiva sobre o poder

---

[13] "O evangelho muda somente o homem interior, a consciência, o coração; o restante permanece o mesmo até o julgamento final." Bavinck, "Catholicity of Christianity", p. 237.

[14] Bavinck, "Catholicity of Christianity," p. 237.

Culto público: Piedade

fermentador do evangelho, tais cristãos correm o risco de comprometer a fonte e o condutor distintos de seu poder. Sem um enraizamento na natureza de pérola do evangelho, a igreja poderia se tornar como qualquer outra organização comunitária buscando por mudança social e política para seus próprios fins.

Na vida contemporânea, ouvimos ecos dessas tensões quando evangélicos debatem a importância relativa do evangelismo versus justiça social, oração versus política, fé versus trabalho. Bavinck recusa a dicotomia: o evangelho não é *ou* uma pérola *ou* um fermento. O evangelho é *tanto* uma pérola *quanto* um fermento.[15] Bavinck conecta a pérola e o fermento e os distingue de uma maneira bastante particular, precisa e intencional. É importante como Bavinck exatamente realiza esse feito: há consequências reais para a igreja e sua missão no mundo.

A PÉROLA PRECEDE O FERMENTO

De acordo com Bavinck, o evangelho como uma pérola deve sempre preceder seu poder fermentador. Essa ordem e distinção é muito importante. O evangelho é, primeiro e acima de tudo, uma pérola. Mesmo se "o cristianismo tivesse resultado em nada mais do que sua comunidade espiritual e santa, mesmo se não tivesse trazido nenhuma modificação nos relacionamentos tterrenos [...] ele ainda teria e nunca deixaria de ter valor eterno".[16]

Com ou sem mudança social bem-sucedida, o evangelho de Jesus Cristo é e sempre será uma pérola de grande preço. O significado e o valor do evangelho não dependem da mudança social ou política que ele faz no mundo. No evangelho, nós recebemos as "boas-novas da reconciliação e da redenção dos pecados através do sangue da cruz".[17] Perder as qualidades de pérola do evangelho, então, é perder o cerne da história.

---

[15] Bavinck, "Catholicity of Christianity", p. 236.
[16] Bavinck, "Christian principles", p. 141.
[17] Bavinck, "Christian principles", p. 142.

Embora a pérola venha primeiro, Bavinck é rápido em declarar que o evangelho *influencia* a mudança no mundo. A pérola é, e deve ser, o ímpeto para a ação fermentadora na vida pública. Assim, embora a prioridade para Bavinck seja indubitavelmente o evangelho enquanto pérola, ele recusa criar uma dicotomia entre a pérola e o fermento. Em lugar disso, ele estabelece uma ordem de causalidade — e isso é importante. Se a pérola não vem primeiro, o evangelho perde seu teor característico. Sem nenhuma atenção a esse poder único e precioso, o evangelho se torna um movimento social desenraizado, de súbito mais uma ideologia política entre outras. Portanto, o evangelho é primeiro a "proclamação do reino dos céus e da justiça [de Deus]". Assim, Bavinck argumenta, "é o evangelho que deve permanecer primeiro na igreja e nas missões, mas também além delas, em todo lugar. Ele não pode ser roubado de seu conteúdo ou dissolvido em um programa político ou social".[18]

Contudo, se a pérola não vem acompanhada pelo fermento, alerta Bavinck, os cristãos perdem o restante da história do evangelho e não conseguem alcançar seu poder transformador para suas vidas públicas, seus corpos, suas vocações, suas comunidades e seu mundo. "Desse centro" na pérola, escreve Bavinck, o fermento sai e "influencia todos os relacionamentos terrenos de uma forma reformadora e renovadora".[19] Quando o evangelho, como uma pérola, exerce um poder extraordinário no mundo, ele é um fermento. Em vez de estar em oposição ou indiferente à nossa ação pública, aqui a piedade dirige e direciona nossa ação no mundo.[20]

---

[18] Bavinck, "Christian principles", p. 142.

[19] Bavinck, "Christian principles", p. 142.

[20] Assim, para Bavinck, o evangelho não apenas permanece separado, transcendido do mundo; ele também exercita um poder fermentador que permeia o todo. Como Bavinck escreve em outro ensaio: "A fé cristã não é uma realidade quantitativa que se espalha de forma transcendente sobre o natural, mas um poder religioso e ético que entra no natural de forma imanente e elimina apenas aquilo que não é santo. O reino dos céus pode ser um tesouro e uma pérola de grande preço, mas também é uma semente de mostarda e fermento". "Catholicity of Christianity", p. 236.

Culto público: Piedade

Portanto, para Bavinck, as qualidades de pérola e de fermento do evangelho não podem e não devem ser separadas. Mas devem ser distinguidas. Em resumo, o esquema de Bavinck possibilita aos cristãos fazerem uma distinção útil entre a pérola e o fermento sem uma separação entre ambos, o que poderia realmente se mostrar fatal. O modelo de Bavinck esclarece onde se origina o poder fermentador do evangelho. Ele sustenta as afirmações salvíficas distintas, preciosas e exclusivas do evangelho assim como seu poder e consequências públicas. Embora a pérola e o fermento permaneçam distintos, Bavinck se recusa a divorciar esses dois aspectos do evangelho.

Em vez de estabelecer o material e o espiritual em oposição escatológica, Bavinck argumenta que um dia os dois experimentarão uma profunda unidade escatológica. Para ele, não é apenas a qualidade de pérola do evangelho que tem importância escatológica; a obra terrena, fermentadora do evangelho com essa era presente irá de alguma forma importar e perdurar na próxima. A Escritura, segundo ele, "mantém consistentemente a íntima ligação do espiritual e do natural", que serão "unidos de forma harmoniosa" quando Cristo retornar no novo céu e na nova terra.[21] Essas palavras possuem uma declaração impressionante: não apenas nossa ação presente é profundamente — embora de maneira misteriosa — conectada ao reino vindouro de Deus, nossa visão da vida na Cidade Santa (Apocalipse 21:2) também deve incluir nossa ação. A Cidade Santa não é meramente espiritual, pois "o que plantamos [na terra] será colhido na eternidade".[22]

A IMITAÇÃO DE CRISTO: PESSOAL E PÚBLICA

Distintas, mas nunca separadas, as metáforas da pérola e do fermento esclarecem o relacionamento integral entre a piedade cristã e a ação pública. Mas ainda resta uma questão importante: como exatamente

---

[21] Bavinck, *Reformed dogmatics*, 4:720.
[22] Bavinck, *Reformed dogmatics*, 4:727.

Teologia pública reformada

nossa piedade sustenta nossa vida pública? Para Bavinck, parte da resposta pode ser encontrada em sua compreensão nuançada da imitação de Cristo. Para ele, conhecer e seguir a Jesus é *simultaneamente* um ato de piedade pessoal e de ação pública.

No século 15, o monge católico romano Tomás de Kempis escreveu um devocional bastante influente intitulado *A imitação de Cristo*. Em seu capítulo de abertura, refletindo sobre o que significa seguir a Jesus, Tomás de Kempis exorta seus leitores a "mudar suas afeições das coisas visíveis para as invisíveis".[23] Sua compreensão da imitação, repleta de uma piedade rica e cristocêntrica, enfatizava a autonegação, a humildade, o carregar a cruz e o desapego do mundo. Para Tomás de Kempis e as milhares de pessoas que leram seus devocionais, imitar a Cristo era profundamente de *outro* mundo.

Reagindo contra essa transcendentalidade, um exemplar mais recente da imitação cristológica se comprometeu a literalmente imitar as ações de Jesus o quanto for possível na vida cotidiana.[24] Charles Sheldon, um dos primeiros proponentes dessa abordagem literal, articulou a imitação dessa maneira: "Nosso objetivo será agir assim como [Jesus] faria se ele estivesse em nosso lugar".[25] A obra de Sheldon, "um clássico do protestantismo popular na virada do século [vinte]",[26] baseou-se

---

[23] Thomas à Kempis, *The imitation of Christ*, trad. William C. Creasy (Notre Dame: Ave Maria, 1989), p. 31 [no Brasil: *A imitação de Cristo* (São Paulo: Shedd Publicações, 2001)].

[24] Em seu escrito sobre a imitação, Bavinck elabora quatro tradições dominantes de interpretação da imitação de Cristo: o mártir, o monge, o místico e o moderno. Veja Herman Bavinck, *Reformed ethics*, vol. 1, *Created, fallen, and converted humanity*, org. John Bolt (Grand Rapids: Baker Academic, 2019), p. 326-38.

[25] Charles Sheldon, *In his steps* (1896; reimpr., Old Tappan: Spire Books, 1975), p. 16 [no Brasil: *Em seus passos o que faria Jesus?* (São Paulo: Mundo Cristão, 2011)]. Como muitos perceberam, o livro de Sheldon se tornou bastante popular durante o movimento do evangelho social. Mais tarde, sua obra inspirou a corrente "What would Jesus do?" [O que Jesus faria?] no evangelicalismo norte-americano nos anos 1990. Para parte da história sobre a popularidade da corrente "WWJD" entre os jovens evangélicos, veja "What would Jesus do? The rise of a slogan", *BBC World News*, 8 de dezembro de 2011, http://www.bbc.com/news/magazine-16068178; e "What would Jesus do?", *World Magazine*, 10 de janeiro de 1998, https://world.wng.org/1998/01/what_would_jesus_do?

[26] John Howard Yoder, *The politics of Jesus*, 2. ed. (Grand Rapids: Eerdmans, 1994), p. 4.

Culto público: Piedade

fortemente na pessoa de Jesus, que transformaria a vida daqueles que o seguissem. Sua compreensão da imitação é menos atenta a Cristo como *salvador*, preferindo focar em Cristo como o "ideal moral por excelência".[27] Esse entendimento da imitação concentra nossa atenção em Jesus principalmente como um exemplo *ético* que guia nossas ações neste mundo.[28] Para muitos que leram a obra de Sheldon, imitar a Cristo era uma atividade que estava profundamente dedicada a *este* mundo.[29]

Ao invés de aliviar a dicotomia problemática entre piedade e ação, essas duas concepções da imitação na verdade agravam a divisão. Ou devemos imitar a Cristo de uma maneira distintamente de *outro* mundo, ou devemos olhar para Cristo como um exemplo enquanto nos concentramos sobre o que é realmente importante: a ação neste mundo.

A abordagem reformada de Bavinck à imitação recusa capitular a essa dicotomia. Ele argumenta que, devidamente entendida, a

---

[27] James Gustafson, *Christ and the moral life* (Chicago: University of Chicago Press, 1968), p. 156. Gustafson discorre sobre a tradição da qual Sheldon vem. Nela, a ética "é basicamente o estudo do *summum bonum*. A questão da ética pessoal se torna 'Qual é o seu ideal de vida?'". Considerando isso, conforme John Howard Yoder contesta fortemente, "os valores" encontrados no livro de Sheldon que constituem a imitação de Cristo "não são *materialmente* relacionados a Jesus. 'Fazer o que Jesus faria' significa para Sheldon simplesmente 'Fazer a coisa certa custe o que custar'; mas *qual* é a coisa certa a se fazer poderia ser reconhecida, segundo Sheldon, à parte de Jesus". *Politics of Jesus*, p. 4-5.

[28] Bavinck, *Reformed ethics*, 1:336; Herman Bavinck, "The imitation of Christ II (1918)", in: *A theological analysis of Herman Bavinck's two essays on the* Imitatio Christi, trad. John Bolt (Lewiston: Edwin Mellen, 2013), p. 402-40, aqui p. 407-8. Em seus ensaios sobre a imitação de Cristo, Bavinck levanta com consistência essas críticas da compreensão "moderna" da imitação de Cristo, como fazem estudiosos recentes, incluindo Alister McGrath e James Gustafson. Veja James M. Gustafson, *Christ and the moral life* (Chicago: University of Chicago Press, 1979), p. 155-6; Alister McGrath, "In what way can Jesus be a moral example for Christians?", *Journal of the Evangelical Theological Society* 34, n. 3 (setembro de 1991): p. 290. Com essas ênfases, o cristianismo pode simplesmente ser reduzido aos ensinos morais de Jesus. Clement Attlee, embora não seja um teólogo, destacou a trajetória que essa ênfase pode tomar em uma conversa com seu biógrafo, Kenneth Harris. Quando perguntado se acreditava no cristianismo, ele respondeu: "Acredito na ética do cristianismo. Não posso acreditar nas superstições". Kenneth Harris, *Attlee* (London: Weidenfeld & Nicolson, 1995), p. 564.

[29] Conforme argumenta E. J. Tinsley, há uma "perspectiva acentuadamente *anti*mística de nossos teólogos liberais". "The way of the Son of Man: The 'imitation of Christ' in the gospel tradition", *Interpretation 7* (1953): p. 418, ênfase adicionada.

Teologia pública reformada

imitação de Cristo tem dois aspectos distintos, embora necessariamente conectados. Antes de mais nada, imitação de Cristo é uma *união* íntima e espiritual com Cristo. Segundo, como consequência dessa união, a imitação "consiste em moldar nossa vida de acordo com Cristo".[30] Nossa principal comunhão espiritual com Cristo deve nos levar à imitação pública e ativa de suas "palavras e boas obras".[31] Tanto no conteúdo quanto na estruturação da visão de Bavinck para a imitação, podemos ouvir ressonâncias com sua concepção do evangelho como uma pérola e como o fermento.

Para Bavinck, Jesus Cristo é o redentor de nossas almas e o mestre moral de nossa vida pública. Esses dois aspectos devem ser distinguidos, mas nunca separados. Cristo não é *meramente* um exemplo de ação pública ou moral. A ação moral não é o primeiro passo em direção à união espiritual com Cristo. Se fosse assim, o discipulado cristão seria um exercício de medo e futilidade, pois quem poderia, por si mesmo, receber a união com Cristo ou viver suas exigências de justiça e integridade públicas?[32] Se Cristo é nosso modelo moral e nada mais, "então ele vem para nos julgar, e não para nos salvar".[33] Diante de um objetivo inatingível para nós, rapidamente — e corretamente — ficaríamos desencorajados. Toda imitação e ação moral pública deve, portanto, começar com a união e a redenção espirituais encontradas em Jesus Cristo. Somente se conhecermos Cristo como nosso salvador, argumenta Bavinck, poderemos ousar olhar para ele como nosso exemplo moral.[34]

Embora a imitação comece com a união espiritual em Cristo, ela deve terminar com a ação pública que surge da dita união.[35] As vidas

---

[30] Bavinck, *Reformed ethics*, 1:340.

[31] Herman Bavinck, "The imitation of Christ I [1885-1886]", in: Bolt, *Bavinck's two essays on the* Imitatio Christi, p. 372-401, aqui p. 400. Bavinck expande sua definição do segundo aspecto da imitação com essas palavras, no mesmo ensaio: nós imitamos as "virtudes e obrigações conforme a lei de Deus que Cristo, em suas palavras e boas obras, nos deixa como um exemplo".

[32] Bavinck, *Reformed ethics*, 1:336.

[33] Bavinck, "Imitation of Christ I", p. 394.

[34] Bavinck, "Imitation of Christ I", p. 394.

[35] Bavinck, *Reformed ethics*, 1:337.

Culto público: Piedade

daqueles que foram salvos pela graça através da obra de Cristo na cruz recebem a convocação de assumir a mesma forma e modelo da vida de Cristo em suas próprias vidas. Os seguidores só podem fazer isso porque, antes de tudo, Cristo se uniu a eles, por meio da obra do Espírito Santo.[36]

Moldar a vida pública de uma pessoa a um padrão cristológico externo soa estranho na melhor das hipóteses; na pior, soa impossível ou mesmo coercitivo. Portanto, esse primeiro aspecto do discipulado público sempre deve ser uma profunda união *interna* com Cristo forjada pelo Espírito Santo. Nosso padrão moral não pode permanecer fora de nós, como um ideal moral imposto, estranho ou inatingível.

E nisso está a declaração notável e confusa do evangelho: aquele a quem devemos nos conformar, Jesus Cristo, já se uniu a nós através do poder de seu Espírito![37] Dessa maneira, o padrão público que somos chamados a seguir não está mais externo a nós: é vivo e ativo dentro de nós por meio de nossa união em Cristo. Constantemente Bavinck trata da importância dessa união espiritual para o discipulado público. A imitação de Cristo, conforme ele escreve, é acima de tudo um *"relacionamento, uma vida espiritual com Jesus"*.[38] O "coração da imitação" é uma *"comunhão espiritual, de fé, com Cristo"*.[39] Sem isso, qualquer tentativa material ou pública de imitar a Jesus será inútil.

---

[36] Como afirma Bavinck: "Nossa vida só pode ser direcionada para Cristo quando ela procede dele e reside nele". *Reformed ethics*, 1:339.

[37] Os cristãos, portanto, são chamados para seguirem a Cristo, nosso padrão, conforme ele segue a lei em perfeita obediência. Para Bavinck, isso tem um foco *criacional* importante, pois essas leis são aquelas que Deus estabeleceu para seu povo na criação. A vida de Cristo, embora nos dirija escatologicamente, também nos aponta protologicamente de volta para o objetivo criado de Deus. Para mais sobre o relacionamento entre a lei moral e a imitação de Cristo, veja Bavinck, "Imitation of Christ I", p. 400; Bavinck, *Reformed ethics*, 1:377-8; John Bolt, "Christ and the law in the ethics of Herman Bavinck", *Calvin Theological Journal* 28 (1993): p. 73.

[38] Bavinck, *Reformed ethics*, 1:321, ênfase original.

[39] Bavinck, *Reformed ethics*, 1:322, ênfase original.

ESPIRITUALIDADE PÚBLICA PADRONIZADA PELA LEI

Quando pensamos sobre espiritualidade cristã, a lei, os juízos e os mandamentos de Deus não são em geral as primeiras coisas que nos vêm à mente. Na verdade, elementos como esses são muitas vezes colocados em oposição à espiritualidade, à graça e ao amor cristãos. O Antigo Testamento, é dito, nos dá a lei, enquanto o Novo Testamento nos dá uma pessoa com quem podemos ter um relacionamento espiritual de graça e misericórdia.

Mais uma vez, Bavinck recusa seguir essas dicotomias. Para ele, Cristo não está em tensão com a lei: a vida de Cristo revela, cumpre e incorpora a lei de Deus. Bavinck argumenta que Jesus é a "lei viva",[40] e dessa forma é um padrão concreto para a vida no mundo.[41] Em pensamento, palavra e ação, na vida e na morte, Jesus "cumpriu totalmente a lei moral".[42] Sua vida demonstra as "virtudes e obrigações que se conformam à lei de Deus".[43] Os cristãos, então, são chamados a imitar Jesus na observância da lei de Deus. Isso não é nada menos do que um chamado para a imitação padronizada pela lei das virtudes de Jesus em nossa vida pessoal e comunitária.

A ênfase de Bavinck na natureza *padronizada pela lei* do discipulado público flui da ênfase da tradição reformada sobre a lei de Deus como um "guia positivo" para a espiritualidade e a vida públicas.[44]

---

[40] Bavinck, *Reformed ethics*, 1:341.

[41] Sobretudo, diz Bavinck, Jesus é um padrão *concreto*, não *literal*. Jesus mostra concretamente como alguém pode aplicar perfeitamente as exigências da lei; sua vida é um "exemplo concreto" (Bavinck, "Imitation of Christ II", p. 413). Nós, então, devemos contextualizar a aplicação de Cristo da lei e as virtudes que ele incorpora em nosso próprio tempo e lugar (Bavinck, "Imitation of Christ II", p. 418, 426, 438).

[42] Bavinck, "Imitation of Christ I", p. 396.

[43] Bavinck, "Imitation of Christ I", p. 400. Bavinck é cuidadoso em notar que nem tudo na vida de Jesus deve ser imitado (não podemos, por exemplo, imitar a obra salvífica de Cristo), não é tudo na vida de Jesus que deve ser literalmente seguido. Em vez disso, Cristo é um exemplo das "mais importantes virtudes que a lei exige de nós". *Aquelas virtudes* em acordo com a lei são o que devemos imitar em nossa vida e contextos diários, não apenas na piedade pessoal, mas também em cada parte de nossa vida (Bavinck, "Imitation of Christ II", p. 426).

[44] John Calvin, *Institutes of the Christian religion*, org. John T. McNeill, trad. Ford Lewis Battles, 2 vols. (Philadelphia: Westminster, 1960), 2.7.12 [no Brasil: *A instituição da religião cristã* (São Paulo: UNESP, 2008)]. Então, os mandamentos possuem três usos:

Culto público: Piedade

Como um padrão para a vida, a lei ensina ao povo de Deus duas coisas muito importantes: a primeira tábua ensina o culto adequado e a piedade para Deus; e a segunda tábua ensina o amor adequado na ação pública que afeta o próximo. Considerando esse entendimento duplo, não deve ser nenhuma surpresa que teólogos como João Calvino voltem à lei de Deus para questões que incluem *tanto* a ordenação do culto *quanto* a ordenação da vida pública.[45]

Bavinck argumenta que essa espiritualidade da obediência pública padronizada na lei não tira nossos olhos da obra salvífica de Jesus, nem tira nossa atenção das coisas deste mundo. Pelo contrário, concentra o foco do discípulo nas duas coisas, e o faz na ordem adequada. Só é possível imitar a Jesus por causa de um "relacionamento, uma vida espiritual com Cristo".[46] Para sermos um exemplo público de uma vida conforme a lei, Cristo deve primeiro nos redimir *para* uma vida conforme a lei. Mas da obra redentora de Cristo "procede um poder reformador, recriador e renovador"[47] que capacita os cristãos a padronizarem ativamente suas vidas segundo o exemplo e a lei de Cristo.

O Espírito de Cristo nos envia para segui-lo em nossas "diversas formas de vida",[48] incluindo "Estado, sociedade, arte, ciência, agricultura, indústria, [e] comércio".[49] Em vez de seguirmos a Jesus fora do

---

punitivo, agindo como um espelho para "mostrar a justiça de Deus" e, por outro lado, mostrar nossa iniquidade. Dessa forma a lei "alerta, informa, convence e por fim condena" a humanidade. Segundo, a lei possui uma função moderadora: é um "dissuasão para os ainda não regenerados". A lei também tem um "terceiro e principal uso", sua utilidade mais importante: revelar a intenção de Deus; dessa forma, a lei oferece um guia positivo para a vida dos cristãos (Calvin, *Institutes* 2.7.6-12).

[45] No sermão de Calvino sobre o Decálogo, entre muitos outros temas, ele prega contra a superstição e a idolatria (veja seus sermões sobre Deuteronômio 5:4-7 e 5:8-10) e prega sobre como vivemos com nosso próximo, honrando-o com nossas palavras e pensamentos (veja seu sermão sobre Deuteronômio 5:17), mantendo em mente a legislação civil. John Calvin, *John Calvin's sermons on the Ten Commandments*, org. e trad. Benjamin W. Farley (Grand Rapids: Baker Books, 1980).

[46] Bavinck, *Reformed ethics*, 1:321.

[47] Bavinck, "Imitation of Christ I", p. 400.

[48] Bavinck, "Christian principles", p. 142.

[49] Bavinck, "Imitation of Christ II", p. 429. Em sua obra sobre a imitação de Cristo, Bavinck desenvolve mais os conteúdos dessa imitação.

mundo, o Espírito de Cristo nos dirige para o mundo, rumo a uma espécie de santo mundanismo, engajados culturalmente e padronizados pela lei. Os cristãos podem e devem, portanto, imitar a Cristo não apenas em oração e piedade, mas também na esfera pública.

CONCLUSÃO: VOLTANDO OS NOSSOS OLHOS PARA JESUS E PARA O MUNDO

> Volte seus olhos para Jesus,
> Veja sua maravilhosa face,
> E as coisas da terra ficarão turvas,
> À luz de sua glória e graça.[50]

Uma vez ouvi um teólogo reformado bastante conhecido comentar sobre essa canção, que resume maravilhosamente a dicotomia evangélica entre piedade e ação pública. Ele observou que somente uma palavra precisava ser alterada naquele querido hino antigo para capturar o relacionamento entre os dois. Ao invés de "turvas", ele nos pede para cantar o hino novamente com a palavra "claras". E assim fizemos.

Com uma única alteração, nosso ministro de louvor fixou nossos olhos na visão de um salvador que nos comissiona para irmos ao mundo, abraçarmos o poder fermentador do evangelho para tudo na vida. Nas artes, política, negócios e ciências, somos chamados para seguir aquele por quem "todas as coisas foram criadas", aquele em quem "todas as coisas subsistem", e aquele através de quem Deus "reconciliará consigo todas as coisas" (Cl 1:16-20).

Nos círculos evangélicos contemporâneos, muitas vezes ouvimos ecos da dicotomia equivocada desse hino, assim como fiz naquela tarde no funeral de John. A fé é da maior importância, nos dizem, enquanto os outros aspectos de nossa vida cotidiana na praça pública deveriam ser relegados ao status de nota de rodapé com aquela pequena palavra, *mas*.

---

[50] Helen Howarth Lemmel, "Turn your eyes upon Jesus", 1922; esse refrão é agora cantado por cantores e compositores evangélicos populares, incluindo Lauren Daigle e Hillsong Worship.

Todavia, como aquele teólogo reformado observou, não devemos simplesmente nos livrar do hino e de seu foco importante sobre o compromisso com Jesus Cristo e a firme segurança nele. Contudo, faríamos bem em ajustar um pouquinho a letra, para tirar o "mas" que ouvi tantas vezes no funeral de John e notar a maneira em que as coisas deste mundo ficarão *claras* à luz da glória e da graça de Deus.

A piedade é primordial para a vida cristã, mas não é o seu fim. A piedade deve nos conduzir à ação orientada pelo reino na esfera pública — conforme antecipamos o novo céu e a nova terra. Essas são boas-novas para aqueles de nós que "gastamos nossos dias"[51] com assuntos materiais e mundanos do "Estado, sociedade, arte, ciência, agricultura, indústria, comércio".[52] A essa lista devemos adicionar o trabalho de associações de bairro e conselhos escolares, fazer o jantar, cuidar de crianças, jogar basquete e jardinagem, e uma série de outras "coisas deste mundo", aparentemente comuns ou tarefas sem importância. Essas coisas também possuem relevância eterna *em Cristo e através dele*, cujo evangelho é para nós *tanto* pérola *quanto* fermento.

> **Jessica Joustra** (PhD, Fuller Theological Seminary e Vrije Universiteit) é professora assistente de Religião e Teologia na Redeemer University (Hamilton, Canadá). Ela também atua como pesquisadora associada no Neo-Calvinism Research Institute (Theologische Universiteit Kampen). Ela é editora e tradutora (com John Bolt e outros) da obra *Reformed ethics*, de Herman Bavinck (3 volumes., Baker Academic, 2019—) e coeditora de *Calvinism for a secular age: a twenty-first century Reading of Abraham Kuyper's Stone Lectures* (InterVarsity Academic, 2021). Além disso, ela atua como editora associada da *Bavinck Review*.

---

[51] Annie Dillard, *The writing life* (New York: Harper & Row, 1989), p. 32.

[52] Bavinck, "Imitation of Christ II", p. 429.

Este livro foi impresso pela Gráfica Vozes, em 2023,
para a Thomas Nelson Brasil. O papel do miolo é
pólen natural 70 g/m², e o da capa é cartão 250 g/m².